ENCYCLOPÉDIE RORET

Nouveau Manuel complet

DU

TANNEUR

CORROYEUR, HONGROYEUR

ET

FABRICANT DE COURROIES

PARIS

Société française d'éditions littéraires et techniques

12, RUE HAUTEFEUILLE, VI°

Edgar MALFERE, Directeur

1931

ENCYCLOPÉDIE RORET

TANNEUR

CORROYEUR, HONGROYEUR

ET FABRICANT DE COURROIES

ENCYCLOPÉDIE RORET

NOUVEAU MANUEL COMPLET
DU
TANNEUR
DU CORROYEUR
ET
DU HONGROYEUR

CONTENANT

Toutes les découvertes
et les perfectionnements faits en France et à l'étranger
dans ces différentes industries

SUIVI

DE LA FABRICATION DES COURROIES
Par M. MAIGNE

NOUVELLE ÉDITION, ENTIÈREMENT REFONDUE
Par Georges PETIT
Ingénieur civil

Ouvrage orné de 85 figures dans le texte

PARIS
Société Française d'Éditions Littéraires et Techniques
Edgar MALFÈRE, Directeur
12, RUE HAUTEFEUILLE, VIᵉ
1930

AVIS

Le mérite des ouvrages de l'Encyclopédie-Roret leur a valu les honneurs de la traduction, de l'imitation et de la contrefaçon. Pour distinguer ce volume, il porte la signature de l'Éditeur, qui se réserve le droit de le faire traduire dans toutes les langues, et de poursuivre, en vertu des lois, décrets et traités internationaux, toutes contrefaçons et toutes traductions faites au mépris de ses droits.

PRÉFACE

La tannerie est une industrie des plus importantes à peu près dans tous les pays civilisés, car le cuir, produit auquel elle donne naissance, a des applications très nombreuses et surtout très importantes, et pour n'en citer qu'une : celle de la chaussure, que l'on peut considérer comme un objet de première nécessité. Aussi peut-on s'étonner que cette branche de l'activité humaine soit restée très longtemps dirigée uniquement par des procédés empiriques. Nous n'osons pas dire qu'il en est encore ainsi de nos jours, mais les savants les plus compétents dans la matière n'osent pas, aujourd'hui même, se prononcer d'une façon très nette sur ce mode de traitement des peaux. Si nous considérons la plupart des fabrications, nous constatons sans peine qu'elles se sont effectuées à l'origine par des procédés souvent très logiques mais que n'auraient pas pu justifier les professionnels les mieux réputés. La science pure est venue progressivement à leur secours en soulevant un plus ou moins grand coin du voile, et au fur et à mesure de ses conquêtes elle donnait l'explication de tel procédé, le justifiait ou le condamnait, le rectifiait souvent, et c'est ainsi qu'elle est parvenue progressivement à régler à peu près toutes les industries en leur donnant des bases solides, parfaitement exactes, en un mot, en établissant la théorie de ce qu'avait produit la pratique.

Il n'en est pas ainsi pour la tannerie qui laisse encore chez les esprits les plus éclairés des doutes et des incertitudes qui sont peut-être bien près d'être levés, mais qui, il faut bien l'avouer, ne le sont pas encore. On ne saurait donc, dans l'état actuel de la science, préciser d'une façon irréfutable, en quoi consiste, scientifiquement bien entendu, le tannage des peaux et, suivant la méthode employée, on ne peut encore que signaler des faits, qu'enregistrer des résultats et que recueillir des observations, nombreuses il est vrai, qui sans former un guide d'une sécurité absolue, sont autant d'éléments auxquels le professionnel peut se reporter pour diriger son travail dans une bonne voie.

Devant cette absence de théorie du tannage, il nous a été impossible de donner les principes immédiats de son application, et il nous a fallu relater les opérations auxquelles il donne lieu en indiquant ce qui paraît les justifier, en consignant les procédés qui, généralement, conduisent au succès, en signalant les manières de faire condamnées et qui mènent aux échecs.

Nous avons divisé le présent Manuel en plusieurs parties :

La PREMIÈRE PARTIE est consacrée à l'étude des matières premières utilisées par le tanneur et qui sont la peau et les matières tannantes. Ces dernières sont aujourd'hui très connues et parfaitement étudiées ; toutes ont leur composition bien déterminée, leurs propriétés bien définies, et leur classement existe rapporté soit à leur importance et leur abondance dans le règne végétal, soit à leur richesse en matière tannante, soit au genre de tanin qu'elles renferment, soit enfin au genre de tannage auquel elles conviennent le mieux. Les études chimiques dont elles ont fait l'objet en ont précisé toutes les qualités.

Dans la SECONDE PARTIE sont envisagées d'abord toutes les opérations qui précèdent le tannage. Ces opérations sont également bien connues de nos jours et l'empirisme n'y joue plus aucun rôle ; on sait le comment et le pourquoi de chacune d'elles qui ont reçu les explications des hommes de science les plus autorisés. Puis sont traités les différents modes de tannage actuellement usités. Dans les différents chapitres qui s'y trouvent consacrés, nous avons cherché à faire ressortir les procédés qui donnent les meilleurs résultats, nous nous sommes appuyé sur les expériences les plus concluantes, mais si nous n'avons émis aucune opinion formelle, notre excuse existe dans ce fait qu'il n'y en a pas encore, même chez les savants les plus distingués qui ont étudié et qui étudient toujours le tannage.

La TROISIÈME PARTIE traite du corroyage des cuirs, question très vaste ; cette industrie, en effet, se modifie tous les jours ; tous les jours des corroyeurs habiles créent des articles nouveaux ; nous avons pensé que le meilleur était de donner la fabrication des articles les plus courants, les nouveautés en dérivant toujours.

Dans la QUATRIÈME PARTIE c'est le hongroyage qui a été traité avec ses méthodes les plus nouvelles. Le hongroyage est un tannage tout particulier traitant les mêmes produits que ceux du tanneur et, bien que faisant l'objet d'une industrie spéciale, il était bon de mettre ce procédé de tannage en regard de ceux indiqués dans la seconde partie de cet ouvrage.

Enfin, une CINQUIÈME PARTIE est consacrée à la fabrication des courroies dont l'utilisation est si grande à notre époque de machinisme à outrance.

Nous ne saurions terminer cette préface sans adresser le témoignage de notre reconnaissance à MM. Louis Meunier et Clément Vaney, dont l'ouvrage magistral *La Tannerie* nous a servi de guide précieux et dans lequel abondent les documents scientifiques qui nous ont permis d'approfondir des questions très importantes au point de vue scientifique, et que nous avons tenté de résumer et de présenter à nos lecteurs sous une forme aussi simple que possible.

NOUVEAU MANUEL COMPLET

DU

TANNEUR

DU CORROYEUR

ET DU HONGROYEUR

INTRODUCTION

Le mot *tan*, dont l'origine étymologique est
d'ailleurs inconnue, qui signifie écorce pulvérisée de chêne, de châtaigner, etc., a servi à former les mots *tannage, tanneur, tannerie*, ce qui
conduirait à faire penser que l'on réserve l'expression de tannage à l'industrie qui prépare le
cuir par l'action du tan. Il n'en est cependant
pas ainsi, car la technique industrielle applique
le mot de tannage à toutes les préparations
ayant pour but de transformer la peau d'un animal en *cuir*. Ces préparations se présentent en
assez grand nombre, elles ont toutes en vue de
rendre la peau imputrescible, mais chacune
d'elles poursuit encore l'obtention de propriétés
différentes ; tel tannage recherchera en dehors

Tanneur.   1

de l'imputrescibilité à donner à la peau tannée
une grande dureté et une parfaite imperméabilité, alors qu'un autre aura pour effet d'obtenir
avec l'imputrescibilité une grande souplesse et
même une certaine perméabilité. En un mot,
suivant l'usage auquel la peau est destinée, elle
recevra un mode de tannage approprié.

Quant à l'origine du tannage, pris dans le
sens le plus large du mot, il faut certainement
la faire remonter au début de l'humanité. Il
est permis de croire qu'à cette période des premiers âges, l'homme chassait les animaux non
seulement pour se nourrir de leur chair, mais
encore pour se vêtir de leurs peaux ; il n'endos-
sait pas celles-ci toutes sanglantes et leur faisait
subir une certaine préparation, ne serait-ce que
de les sécher, peut-être les fumer. Telle serait la
première origine du tannage. Puis vinrent graduellement des procédés moins primitifs, donnant au cuir des propriétés de conservation
très grandes et une solidité exceptionnelle. Les
historiens nous rapportent, en effet, que des
soldats de l'antiquité étaient munis de bou-
cliers en cuir pour se préserver des coups de
l'ennemi. C'est encore très loin dans les temps
anciens que l'on faisait usage d'outres en cuir
pour renfermer certains liquides ; il faut donc
remonter à ces époques pour reconnaître que
l'imperméabilisation du cuir pouvait être
obtenue.

Le tannage à l'aide d'écorces de différentes
essences de bois, pratiqué encore de nos jours,
remonte lui-même très loin dans l'histoire, et
s'il se voit aujourd'hui substituer des méthodes
très différentes, l'introduction de ces dernières

dans la pratique industrielle est en somme relativement récente.

En résumé, le but commun à tous les tannages est de rendre la peau imputrescible; quant aux procédés mis en œuvre, ils varient suivant la destination à laquelle cette peau est appelée. Pourtant on réserve le nom de tanneur à celui qui traite les peaux de bœuf, de vache, de veau, de cheval et d'âne, et qui fournissent, si nous pouvons nous exprimer ainsi, les cuirs forts, parce qu'ils sont généralement destinés à des services exigeant d'eux une grande solidité. C'est cette partie de la tannerie qui fera l'objet du présent Manuel.

Mais sont aussi de véritables tanneurs les chamoiseurs qui transforment les peaux de daim, de cerf, d'élan, de chevreuil et autres, en les traitant par l'huile de poisson, d'où l'expression de *tannage à l'huile.*

Encore tanneurs, les maroquiniers traitant spécialement les peaux de bouc ou de chèvre pour en faire le maroquin par le *tannage au sumac.*

Tanneurs également, les mégissiers qui travaillent spécialement les peaux de mouton, d'agneau et de chevreau par le *tannage dit à l'alun.*

Le parcheminier lui-même est un tanneur.

Si nous avons signalé ces différents industriels, c'est pour bien montrer que le tannage est en résumé une industrie très vaste employant, suivant le cas, des procédés très différents, donnant au cuir obtenu des propriétés également très différentes, mais conservant toujours celle de l'imputrescibilité.

Pour ces genres de tannages, que l'on peut dire spéciaux, nous ne pouvons que renvoyer le lecteur au *Manuel du Chamoiseur*, de l'En- cyclopédie-Roret, rédigé avec le soin et la compétence qui distinguent tous les ouvrages de son auteur, A. M. Villon, dont les travaux en tannerie font autorité.

Le travail du tanneur, tel que nous allons l'examiner dans le présent Manuel, comporte une série assez grande d'opérations, dont une bonne partie consiste à mettre la peau en état de subir le tannage, c'est-à-dire à être trans- formée en cuir, car la peau devrait conserver ce nom jusqu'au moment où elle a subi le tannage ; ce n'est qu'après cette dernière opération qu'elle mérite le nom de cuir. Mais dans le commerce et les ateliers, on ne se conforme pas toujours à cette distinction, et il pourra nous arriver à nous-même d'user assez indistinctement de ces deux termes cependant bien différents.

Le tannage achevé, les cuirs qui en résultent étant séchés, fournissent les *cuirs en croûte* ; là s'arrête le tannage proprement dit. Mais ces cuirs ne sont utilisés, à cet état, que pour cer- taines applications spéciales, aussi subissent-ils encore chez le tanneur quelques préparations destinées à faire du cuir la matière première pour des usages déterminés. Poussées encore plus loin, ces préparations constituent le cor- royage du cuir, c'est-à-dire sa mise en état pour servir à telles applications spéciales qu'en ré- clament différentes industries.

C'est donc l'ensemble des opérations prépa- rant les peaux pour le tannage, le tannage pro- prement dit et certaines opérations de corroyage, qui constituent l'art, très difficile et très délicat, du tanneur. Toutes ces opérations sont fort différentes les unes des autres ; elles offrent toutes leurs difficultés propres, et comme c'est de leur bonne exécution que dépend la qualité du produit final, le cuir, les connaissances et surtout l'expérience du tanneur doivent être très grandes pour lui assurer la réussite dans sa profession.

PREMIÈRE PARTIE

—

CHAPITRE PREMIER

De la peau

—

I. ANATOMIE DE LA PEAU

Pour bien comprendre le but du tannage, il faut, tout d'abord, être fixé sur la constitution anatomique de la peau des mammifères, c'est-à-dire du tissu qui est soumis à cette opération.

La peau des mammifères, abstraction faite des poils, se compose de trois couches distinctes telles que les représente la figure 1, qui en donne une coupe. En partant de l'extérieur, la première couche A est *l'épiderme*, qu'on appelle aussi *cuticule ou surpeau*. C'est une membrane très mince, transparente et douée d'une certaine élasticité ; sa portion la plus externe constitue ce que l'on désigne sous le nom de *couche cornée* ; on peut dire d'elle que c'est un tissu mort qui ne participe plus aux phénomènes vitaux et qui, du reste, se détache d'une façon continuelle sous l'effet de l'usure qu'éprouve la surface du corps et elle se remplace au fur et à mesure par le tissu réticulaire B, ou réseau de

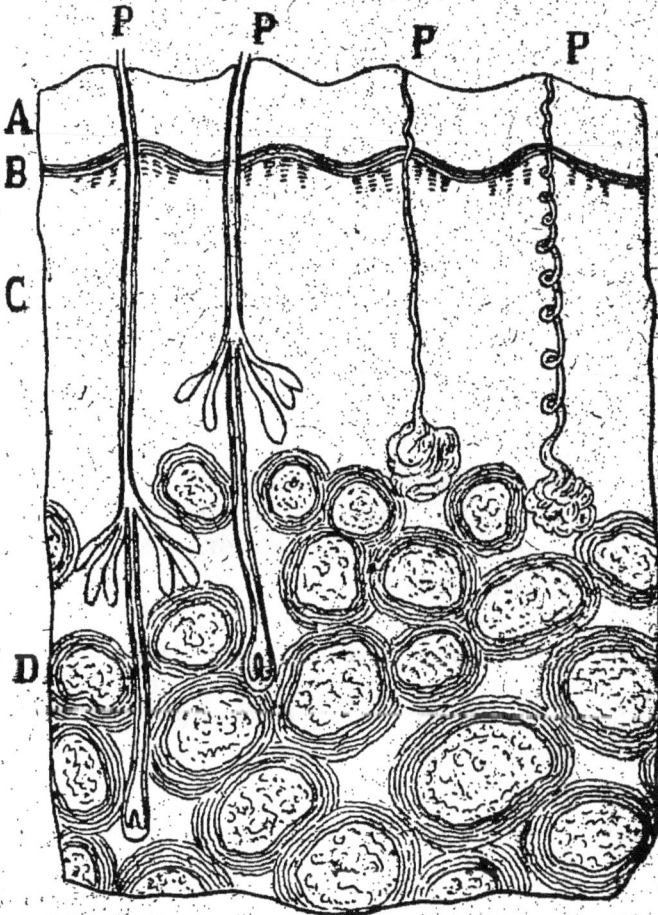

Fig. 1. — Coupe de la peau.

Malpighi, lequel est placé immédiatement sous
la couche cornée ; il est doué de vie et rempli
d'un liquide muqueux ; il constitue l'appareil
d'exhalation cutanée ; il est le siège du sens et
du toucher.

La seconde couche C forme le *derme*, ou *vraie peau*, ou *chorion*. Il diffère de l'épiderme par son épaisseur qui est beaucoup plus grande et aussi par sa constitution. Tandis que l'épiderme est formé de cellules, le derme est constitué par un feutrage serré de faisceaux de fibrilles de tissu conjonctif. Ces faisceaux se bifurquent souvent, ils sont gonflés de liquide qui entretient l'humidité et la souplesse de la peau. Le derme est la seule partie de la peau qui soit en jeu dans la fabrication du cuir.

Enfin, la troisième couche D, qui est le tissu *conjonctif sous-cutané*, est la couche inférieure de la peau. Il constitue ce qu'on appelle le *côté chair*, parce qu'il est contigu aux muscles, c'est-à-dire à la chair, tandis qu'on désigne sous le nom de *côté fleur* ou *grain*, la partie du derme qui est immédiatement sous l'épiderme. Le tissu conjonctif est composé d'un tissu cellulaire très lâche, contenant de la graisse et des glandes sudoripares, dont les canaux extérieurs traversent l'épaisseur des autres couches.

Les poils P, sont de simples productions épidermiques qui prennent naissance dans un enfoncement de l'épiderme, lequel pénètre profondément dans le derme, ainsi que le montre notre dessin.

Nous avons dit que le derme est la seule partie de la peau qu'utilise réellement l'industrie du cuir ; malgré l'uniformité de texture du derme, la pratique a prouvé que, abstraction faite des âges et du sexe, il varie beaucoup dans chaque espèce, on pourrait presque dire qu'il varie d'un individu à l'autre d'une même espèce, au point de vue de la solidité. D'une façon générale, on constate que la différence de solidité est très notable suivant que les individus appartiennent à des races sauvages ou à des races domestiques. Les premières donnent des peaux beaucoup plus solides que les secondes et, chez ces dernières, les animaux élevés en plein air dans de bons pâturages, présentent la même supériorité sur ceux qui ont été élevés à l'étable.

L'expérience a montré également que, dans tout animal, l'épaisseur de la peau est loin d'être la même sur toutes les parties du corps. Ainsi, sur le dos et la tête, elle est généralement plus grande que sur le ventre ; cette remarque concerne spécialement le genre des bovidés.

II. ORIGINE DES PEAUX

Le tanneur, dans l'acception du terme, tel que nous l'avons défini au début de ce Manuel, ne travaillant que les peaux d'animaux domestiques, reçoit celles-ci, soit sortant des abattoirs tels qu'ils existent dans les grandes villes, soit des tueries particulières telles qu'on en voit encore dans beaucoup de localités d'importance secondaire. Ces peaux, quand il s'agit de gros animaux : bœufs, vaches, taureaux, chevaux et mulets, prennent généralement dans le commerce le nom de *cuirs verts*, tandis que l'on conserve le nom de *peaux* aux dépouilles des animaux de petite taille comme le veau, le mouton et la chèvre. Mais nous répéterons, au sujet de cette classification, ce que nous avons dit au début pour différencier la peau du cuir,

que ces appellations n'ont rien de bien absolu.
De toute façon, quand on dit *cuir vert*, on entend exprimer la dépouille de l'animal telle
qu'elle est produite aussitôt après l'abatage.

Cependant, bien que la production du bétail
en France soit très considérable, elle ne suffit
pas aux besoins de l'industrie de la tannerie,
qui est obligée de rechercher à l'étranger les
peaux qui lui manquent. Celles-ci ne peuvent
pas lui être livrées à l'état de cuir vert, car elles
seraient corrompues longtemps avant d'arriver
de leurs lieux d'origine ; elles sont donc traitées
par des moyens spéciaux, que nous examinerons un peu plus loin, afin d'assurer leur conservation, et, à cause de cela, le tanneur se
trouve, avec ces produits exotiques, vis-à-vis de
matières très différentes de celles qui lui sont
fournies sous la dénomination de cuirs verts.

Lorsque l'animal est abattu, on procède
immédiatement à ce que l'on appelle *l'habillage de la dépouille*, ce qui signifie à la fois l'en-
levage de la peau sur le corps de l'animal abattu
et sa mise en état pour la livraison au tanneur.
L'habillage, ou plutôt la façon dont il est fait,
offre un très grand intérêt au tanneur, car un
bon habillage lui donne une peau d'une surface
généralement plus grande, par conséquent
d'une plus grande valeur, tout en ne laissant
que les parties utilisables et méritant le travail
du tannage ; de plus, la dépouille bien habillée
ne présente pas d'entailles malencontreuses
produites par un couteau mal dirigé, entailles
qui, produites soit dans l'étendue de la peau,
soit dans son épaisseur, lui enlèvent de suite
une grande partie de sa valeur.

Nous donnons, figure 2, le type d'une bonne dépouille. Elle présente une peau étalée et des traits en délimitent les parties principales ; en A sont la *tête* et le *collet* qui, pour présenter une forte épaisseur, ne donnent qu'un cuir de qualité secondaire ; en B sont les *flancs* qui, nous l'avons dit plus haut, forment la partie la moins épaisse de la peau ; en C se trouve le *croupon*, qui est la meilleure partie de la peau ; enfin en P sont les pattes qui participent de la qualité des flancs, mais dont le faible développement ne permet de tirer parti que pour la confection d'objets spéciaux quand la peau a été amenée à l'état de cuir.

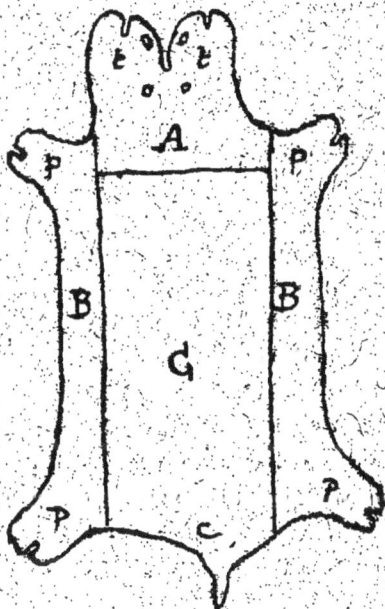

Les mauvaises dépouilles se distinguent principalement par la forme du contour de la peau, qui n'a plus la régularité qu'on remarque sur la figure 2. La limite des flancs n'est pas uniforme et se confond presque avec celle des pattes, parce que celles-ci ont été largement fendues ; la tête est également fortement fendue, présentant à son sommet une large échancrure. Ces

FIG. 2. — Type d'une bonne dépouille.

défauts d'une mauvaise dépouille sont percep-
tibles en quelque sorte à première vue, mais il
en est un très grave qui rend une dépouille
mauvaise en dépit d'une bonne forme, ce sont
des entailles faites du côté chair et provenant
de la maladresse de l'ouvrier qui fait l'habillage
et dont l'outil, au lieu de ne toucher que la
chair, a pénétré plus ou moins profondément
dans la peau. On conçoit que ces entailles déprécient énormément la peau, qui, de ce fait,
perdra toute solidité ou fournira du déchet à
l'endroit de ces entailles quand la peau aura
subi le tannage.

D'ailleurs, le commerce a si bien reconnu la
valeur d'une dépouille, que dans tous les marchés de peaux la nature de la dépouille est
stipulée.

A Paris, la dépouille est généralement bonne
et on lui assure la plus grande largeur possible ;
les pattes sont longues, et on laisse les cornes et
le crâne.

A Lyon et à Toulouse, les peaux sont vendues
sans cornes, les pattes sont longues et les queues
non entièrement vidées.

A Bordeaux, les pattes sont coupées, les
cornes enlevées et les queues vidées.

A Aix, les peaux sont sans pattes et sans
museau.

En Allemagne, dans le sud, et en Bavière, les
peaux sont de très bonne dépouille, elles sont
avec les cornes et le crâne ; dans le nord, les
dépouilles sont généralement mauvaises, sauf
à Berlin, où elles sont assez bonnes.

En Angleterre, les dépouilles sont généralement bonnes lorsqu'elles proviennent des

petites villes ; celles des grandes villes sont souvent défectueuses.

En Russie, et particulièrement en Pologne, les dépouilles sont très mauvaises ; celles surtout qui viennent de province se remarquent par de nombreuses coutelures.

En Italie, les dépouilles sont très bonnes ; elles sont assez bonnes en Espagne, bien qu'elles aient le défaut de conserver encore beaucoup de viande.

En Suède et en Norvège, les dépouilles sont en général très bonnes.

En dehors des peaux d'Europe, la tannerie fait un très grand usage des peaux dites exotiques et qui viennent des divers continents. On peut classifier leur origine par le continent qui les produit et dire ainsi : 1° les peaux de l'Amérique du Sud ; 2° les peaux de l'Amérique du Nord ; 3° les peaux d'Australie ; 4° les peaux d'Asie ; 5° enfin les peaux d'Afrique.

Les peaux de l'Amérique du Sud sont généralement désignées sous le nom de peaux de la Plata ; elles sont originaires, en réalité, de l'Uruguay, de la République Argentine et aussi du Brésil. Ce sont les produits qui font l'objet de la plus grande importation dans tous les produits de tannerie. On sait, en effet, que les pays dont nous venons de signaler les noms et principalement l'Uruguay et l'Argentine sont des contrées d'élevage par excellence, et dans bien de ces régions le bétail n'est élevé que pour la valeur de sa dépouille.

On distingue plusieurs espèces de peaux de la Plata, à savoir : 1° les *saladeros* dont la dépouille est assez soignée, avec tête inégale, c'est-à-dire non également partagée et culée inégale aussi ; 2° les *mataderos*, dont la dépouille est moins bonne que la précédente, mais avec tête et culée égales ; 3° les *campos*, avec une dépouille défectueuse et surtout très sale ; 4° les *dessechos*, avec une dépouille très irrégulière. Elle est prise en effet sur l'animal mort et, suivant le temps qui s'est écoulé entre la mort et l'habillage, ce dernier s'effectue plus ou moins facilement, d'où cette irrégularité.

Les peaux du Brésil sont à peu près identiques à celles de la Plata ; on en peut dire de même de celles du Chili. Le Pérou produit également des peaux qu'il exporte, mais les dépouilles sont très mauvaises et surtout couvertes de coutelures.

L'Amérique du Nord exporte relativement peu de peaux, aussi les produits de cette origine se trouvent-ils rarement entre les mains des tanneurs français. Les peaux de l'Amérique du Nord sont en grande partie *juivées*, terme qui désigne la dépouille d'animaux égorgés, laquelle présente alors sur le collet les incisions faites pour égorger l'animal, ce qui n'est pas sans déprécier la dépouille.

Les peaux d'Australie présentent un habillage très semblable à celui des peaux d'Amérique du Sud et se distinguent de celles-ci parce qu'elles portent des marques faites au feu. Cette manière de marquer le bétail n'est pas sans inconvénient car elle déprécie la dépouille, aussi, pour réduire cette dépréciation au minimum, une loi a réglé la façon d'apposer les marques qui sont faites maintenant sur les joues, droite et gauche, et sur les épaules correspondantes, avec des dimensions qui ne doivent pas être supérieures à 3 pouces (76 millimètres, ni inférieures à 3/4 de pouce (19 millimètres).

L'Asie fournit une assez grande quantité de peaux dont la majeure partie viennent des Indes, sans toutefois être originaires de ce pays, les ports indiens étant les grands centres de l'exportation. Les vraies peaux indiennes ou similaires proviennent de petits bœufs et de zébus et forment de bons produits. Cependant elles comportent deux catégories : celle des animaux abattus, qui sont les meilleures, et celle des animaux morts, de qualité moindre.

Avec les peaux des Indes, il faut encore compter celles des îles de la Sonde et en particulier de Java, qui présentent une texture plus serrée et une finesse plus grande de la fleur que celles des Indes. La Chine, le Japon, l'Indo-Chine et l'Archipel malais, font une assez forte exportation de peaux, et cette exportation tend à s'accroître tous les jours ; les dépouilles de ces origines sont assez irrégulières et pèchent souvent à cause de leur mode de conservation.

Des peaux d'Afrique, il n'y a guère à signaler que celles qui viennent du Cap et dont la qualité peut être comparée à celles de l'Argentine. Quant aux autres provenances, elles ne fournissent que des dépouilles très défectueuses. Cependant notre colonie de Madagascar présente une exception ; ses produits, bien que peu nombreux encore sur le marché européen, commencent à se faire une place et ne sont pas dépourvus de qualités.

Tout ce qui précède se rapporte aux animaux

de la race bovine indistinctement, y compris le buffle.

La peau de veau, que travaille aussi le tanneur, a les mêmes origines. Il est à remarquer que cette peau est très fine et elle est d'autant plus appréciée qu'elle provient d'animaux plus jeunes ; c'est ainsi que celle du veau mort-né est la meilleure, puis vient celle du veau abattu n'ayant encore été nourri que de lait, puis enfin celle du veau qui, ayant quitté la mère, est nourri au pâturage. Pour ces mêmes raisons les premières sont petites et légères, les secondes plus grandes et plus lourdes, et les troisièmes de dimensions et de poids plus forts ; c'est pourquoi le commerce de Paris a établi trois catégories pour les peaux de veaux, à savoir :

1° Veaux *légers*, dont la dépouille pèse 6 kg. 950 et au-dessous ;

2° Veaux *moyens*, dont la dépouille pèse de 7 kilogr. à 12 kg. 450.

3° Veaux *lourds*, dont la dépouille pèse 12 kg. 500 et au-dessus.

Les peaux de moutons proviennent, en dehors de l'élevage français, principalement de l'Argentine, de la Plata, d'Australie et surtout d'Afrique, qui compte parmi les exportateurs importants, l'Algérie, la Tunisie, le Maroc et le Cap ; les dépouilles viennent toutes en bon état et se divisent en trois grandes catégories qui sont :

1° *Peaux en laine*, qui sont fraîches, ou salées si elles sont de provenance exotique ;

2° *Rasons*, qui sont fraîchement tondues et se livrent comme les précédentes ;

3° *Cuirots*, qui sont des peaux délainées.

Nous venons de dire que c'étaient là les grandes catégories ; le commerce, en effet, les subdivise encore suivant leurs défauts. On a ainsi :

Les cuirs ou cuirots *galeux* ou *épidémiques*, provenant d'animaux morts d'épidémie ;

Les cuirs *gercés*, qui proviennent d'un mauvais séchage ;

Les cuirs *ridés*, qui proviennent d'animaux trop gras dont la peau s'est plissée ;

Les *boutons*, qui sont des peaux portant des espèces de verrues ;

Les *trous*, qui sont des peaux abîmées, trouées à l'habillage ;

Les cuirs *mités*, qui sont des peaux ayant subi l'attaque de certains insectes ;

Les cuirs *piqués* ou *bas de fleur*, qui ont séjourné trop longtemps à l'étuve.

Enfin on compte encore les *cuirs parchemins*, qui proviennent d'animaux malades, donnant des peaux très minces et sans fleur.

La peau du cheval peut donner de bons cuirs, mais son tannage se fait peu en France et, après avoir joui d'une certaine importance en Allemagne, il y est de plus en plus délaissé ; c'est aujourd'hui la Russie qui le pratique sur la plus grande échelle.

Les dépouilles du cheval sont généralement mauvaises, offrant les défauts signalés plus haut pour les peaux de bœufs et en plus elles présentent fréquemment d'assez grosses quantités de viande encore adhérente à la peau.

La production française comporte ce que fournit l'abatage pour les boucheries hippophagiques, dont le nombre va croissant ; ce sont généralement les meilleures peaux, mais les plus mal habillées ; puis les peaux provenant des équarrissages, qui sont les moins bonnes, mais les mieux habillées.

Les peaux exotiques viennent surtout de l'Amérique du Sud, Argentine et Plata. Elles sont généralement très bonnes, les chevaux y étant élevés à l'état de liberté et leurs peaux ayant la supériorité que nous avons signalée relativement au mode d'existence de l'animal. Malheureusement elles sont très détériorées par les marques au feu faites par les propriétaires pour reconnaître les sujets de leurs troupeaux.

III. CONSERVATION DES PEAUX

Les peaux n'étant pas soumises au tannage aussitôt après l'abatage des animaux, ne sauraient être conservées bien longtemps sans se corrompre ; il faut donc leur faire subir une préparation spéciale destinée à assurer leur conservation. On pourrait presque dire qu'il y a deux séries de procédés de conservation : 1° ceux qui s'appliquent aux peaux du pays et qui sont soumises au tannage peu après la confection de la dépouille ; 2° ceux appliqués aux peaux exotiques, appelées à subir le tannage plusieurs mois après que leur dépouille a été faite. Les premiers sont souvent appliqués par le tanneur lui-même qui, recevant les peaux au fur et à mesure qu'on les lui fournit après l'abatage, est obligé de les emmagasiner pendant un temps plus ou moins long, jusqu'à ce qu'il en ait la quantité suffisante pour faire une opération de tannage ; il choisit donc le mode de conservation qui lui paraît le meilleur ou qui lui réussit le mieux. Les seconds, qui sont mis en usage dans les pays d'origine, sont propres à peu près à chacun de ces pays et le tanneur qui utilise ces peaux doit accepter le mode de conservation qui lui est en quelque sorte imposé ; il est obligé néanmoins de les connaître afin de savoir comment traiter ces peaux pour les amener aux meilleures conditions de son travail.

Les peaux indigènes, les *peaux de pays*, comme l'on dit en terme de tannerie, sont conservées par le *salage* ou le *chaulage* ; autrement dit l'agent conservateur est le sel ou la chaux.

Le salage se fait avec du sel aussi pur que possible ; à cet effet on doit donner la préférence au sel marin ; le sel gemme, en effet, présente l'inconvénient de contenir de fortes quantités d'oxydes de fer et de manganèse qui tachent les peaux. Quant à la nature du sel, les avis sont assez partagés ; c'est ainsi qu'en France on opère le salage à l'aide du gros sel, tandis qu'en Allemagne, par exemple, on lui préfère le sel fin. On utilise pour le salage le *sel dénaturé*, c'est-à-dire rendu impropre à la consommation. Tout le monde sait que l'Etat frappe le sel d'un lourd impôt de consommation, mais il autorise l'industrie qui utilise ce produit pour son travail à le rendre impropre à la consommation en le dénaturant et, par suite, l'exempte de l'impôt en question. L'administration accepte plusieurs manières de dénaturer le sel ; ainsi elle considère comme sel dénaturé celui auquel on a intimement mélangé

10 kilogrammes de naphtaline brute essorée, ou 10 kilogrammes de naphtaline raffinée, ou 2 kilogrammes de goudron de houille, ou 2 kil. 500 de goudron de bois pour 1,000 kilogrammes de sel. En outre, l'administration autorise l'emploi d'autres dénaturants à la condition qu'ils lui soient présentés à l'avance et qu'ils soient agréés par le ministère des finances. Nous dirons cependant que l'on utilise en France à peu près exclusivement le sel dénaturé par la naphtaline, cette substance étant par elle-même un excellent agent conservateur et ne gênant en rien les opérations ultérieures auxquelles les peaux sont soumises.

Le salage peut s'effectuer de plusieurs façons :

1° On étale les peaux la chair en dessus et on les recouvre de sel en forçant la quantité de ce dernier sur les parties les plus épaisses de la peau, et aussi en mettant plus de sel en été qu'en hiver. Les peaux sont laissées ainsi pendant un jour ou deux et on les plie de manière à obtenir un carré d'une trentaine de centimètres de côté ; on les ficelle et on les garde ainsi en tannerie, ou on les expédie en cet état si le salage a été fait hors de la tannerie. Les peaux ainsi traitées sont dites en *manchons*, en *paquets* ou en *toisons*.

2° Le salage se fait comme nous venons de le dire, mais au lieu de ficeler les peaux séparément, on en forme des piles comprenant 150 à 200 peaux, lesquelles ont eu préalablement la tête et les pattes repliées. C'est ce qu'on appelle le salage en *piles*, très employé en France.

3° Les peaux sont placées pendant quelques jours dans des cuves contenant une solution saturée de sel marin ; elles sont ensuite levées, saupoudrées de sel et ficelées ; c'est le salage en *cuves*. Cette méthode a pour effet d'augmenter le poids apparent de la peau, la solution pénétrant dans le tissu dermique.

Le chaulage s'opère en imprégnant les peaux, et principalement celles de moutons, avec un lait de chaux provenant généralement des *pelains*, appareils qui servent à la préparation des peaux et que nous verrons plus loin. On enveloppe ensuite les peaux dans des sacs et elles sont expédiées en cet état.

On pourrait procéder à la conservation des peaux en utilisant bien d'autres matières que le sel et la chaux ; à ce point de vue bien des succédanés à ces produits ont été proposés, dont quelques-uns ont même été adoptés dans différents pays ; nous ne les signalerons pas ici, car leur emploi est encore assez restreint ; nous dirons seulement qu'on a recherché les produits jouissant de qualités antiseptiques et facilement solubles dans l'eau, tels que le sulfate de soude desséché, le borax, l'acide borique, le sublimé corrosif. etc.

Les peaux exotiques sont conservées de différentes façons.

Le salage en pile est très usité dans l'Amérique du Nord, dans l'Argentine et la Plata, où l'on a généralement soin d'employer le sel marin. Le salage s'effectue encore au Chili, au Pérou, à la Guyane et aux Antilles, mais dans ces dernières régions on utilise le sel gemme qui sèche plus difficilement que le sel marin, en donnant alors ce qu'on appelle des *peaux échauffées*, c'est-à-dire mal conservées.

Le *séchage* se pratique surtout dans les régions chaudes où la cherté des moyens de transport empêche d'avoir du sel ou autres produits conservateurs à bon compte. Là on se borne à laisser les peaux se sécher à l'air et à l'abri du soleil, dont la chaleur parfois très forte transforme la peau en parchemin.

Le *salage* et le *séchage* combinés s'opèrent assez souvent dans les régions où l'on peut faire sécher les peaux comme nous venons de le dire et en même temps disposer à bon compte de sel. Le séchage seul a parfois l'inconvénient de ne protéger que la surface de la peau et l'intérieur peut se putréfier en partie et présenter alors de graves défauts ; le salage remédie bien à cet inconvénient ; les peaux ainsi traitées sont dites *salées sèches*.

On dit que des peaux sont *picklées* quand elles ont subi l'opération suivante, qui s'applique aux peaux de moutons en Australie. Celles-ci délainées sont soumises à l'action du foulon avec une solution faible d'acide sulfurique, ce qui tend à les gonfler, mais grâce à l'addition d'un peu de sel, on limite ce gonflement. On les met ensuite dans une cuve avec une solution de sel très concentrée, et on les place aussitôt après dans des tonneaux pour les expédier. Le picklage donne une excellente conservation.

Les *kips plâtrés* sont des peaux originaires de l'Inde et conservées à l'aide d'un enduit pâteux dont on recouvre la peau, côté chair, enduit formé de sel gemme impur et d'une assez forte proportion de matière terreuse, le tout délayé avec de l'eau jusqu'à consistance pâteuse. Ce mode de conservation est assez efficace ; cependant la présence du sel gemme, avec ses impuretés jointes à celles que contient la matière terreuse, donne lieu souvent à des taches, surtout si les peaux ont été exposées à l'air humide.

Les *kips à l'arsenic* sont des peaux qui ont été trempées dans une solution d'acide arsénieux puis étendues sur des châssis et séchées à fond. Ce mode de conservation est très efficace et de beaucoup supérieur au précédent. Les propriétés vénéneuses de l'acide arsénieux en font, dans ce cas, un antiseptique très énergique. Aussi les kips à l'arsenic sont-ils généralement très appréciés des tanneurs.

Nous n'entreprendrons pas de faire ici l'étude du rôle que joue chaque matière employée dans la conservation des peaux. Cette étude a été poursuivie et se poursuit encore ; elle est du domaine de la science pure et, avouons-le, elle n'a pas dit encore son dernier mot, car la question est on ne peut plus complexe et si les savants qui s'en occupent n'ont pas encore conclu d'une façon absolue, ils ont déjà jeté une vive lumière sur ce qui était encore il y a peu d'années plein d'obscurité.

IV. DÉFAUTS DE LA PEAU

Les défauts que l'on peut constater sur la peau destinée au tannage peuvent provenir de trois causes différentes, à savoir :

1° Les défauts inhérents à la peau elle-même ;

2° Les défauts dus au mauvais habillage ;

3º Les défauts provenant d'une mauvaise conservation.

Défauts inhérents à la peau elle-même

Ils sont d'ordres assez différents et que l'on pourrait classer dans des causes accidentelles. Les animaux élevés en plein air ou à l'étable, ne sont pas à l'abri de certains accidents : chocs violents, éraflures, qui produisent sur le tissu épidermique et dermique même, des plaies qui, cicatrisées, laissent des traces non seulement visibles, mais encore profondes et qui détériorent la peau à l'endroit où elles se sont produites. Lorsqu'il s'agit d'animaux comme les bœufs, qui ont été soumis au travail de la charrue ou à la traction de chariots, ils ont eu à souffrir des coups d'aiguillon que les conducteurs ne leur ménagent point, d'où, plaies et cicatrices. Lorsque des animaux sont gonflés pour avoir absorbé trop d'herbe fraîche, on les pique avec une pointe acérée, ce qui donne lieu à des plaies.

Enfin les gros ruminants surtout, peuvent abriter dans le tissu de la peau certains parasites qui se développent au détriment de la peau et même de l'animal. Tout le monde a entendu parler de la mouche taon, à laquelle on n'attribue souvent que le défaut de tourmenter l'animal, mais qui en réalité a une propriété beaucoup plus novice. Le taon, lorsqu'il s'attache à l'animal, non content de le piquer, dépose dans sa peau une larve qui s'y développe et qui, à un moment donné, pratique une ouverture par laquelle elle sort pour tomber à terre et continuer son évolution.

Si l'animal est abattu au début de l'attaque du taon, la larve n'a encore fait dans la peau qu'un très petit trou, on dit alors que c'est un *varon blanc* ou non-perçant. Mais si la larve a pu prendre tout son développement et quitter son hôte elle a produit dans sa peau une ouverture assez large, c'est alors le *varon perçant* ou *perforant*. Les peaux présentant ces défauts sont dites *varonnées*, elles sont fortement dépréciées, surtout celles ayant le varon perçant, car à cet endroit la peau est inutilisable et tombe au travail.

En dehors de la mouche taon, qui cause à la peau de l'animal vivant des dégâts considérables, il existe encore d'autres insectes, mouches ou moustiques, qui peuvent altérer les qualités de la peau, mais dans des conditions assez faibles. Enfin, les animaux vivants peuvent avoir certaines gales, qui modifient la peau dans les régions où les parasites de cette affection se sont logés. C'est le cas de la gale folliculaire, assez fréquente chez nous et qui donne lieu à des excroissances ou boutons qui déprécient la valeur de la peau. Les bœufs du Brésil sont souvent affectés d'une sorte de gale qui se localise sur le cou de l'animal et parchemine en quelque sorte la peau à cet endroit et la plisse, ce qui la fait désigner sous le nom de *peau de cochon*.

Dans les peaux exotiques provenant d'animaux vivant en liberté à l'état sauvage, les marques de feu constituent souvent un défaut qui déprécie de grandes surfaces de la peau.

Défauts de l'habillage

Nous les avons déjà signalés, ils consistent dans la mauvaise dépouille, les coutelures, les quantités de viande laissée adhérente à la peau, etc...

Défauts de conservation

Le principal est *l'échauffure*, dont nous avons déjà parlé et qui produit une putréfaction de la peau plus ou moins profonde à l'endroit où elle s'est produite. On reconnaît l'échauffure par le fait que les poils s'enlèvent facilement ou tombent d'eux-mêmes à l'endroit où elle s'est produite. Au travail, ces parties attaquées se ratatinent.

Le salage par l'emploi du sel gemme peut amener l'échauffure, en tout cas, il amène souvent des taches qui déprécient le cuir. Même si l'on emploie le sel marin, l'échauffure peut se produire et se manifeste alors aux endroits où le sel n'a pas été mis en quantité suffisante. Il n'y a pas putréfaction complète, mais commencement de putréfaction, et lorsque la peau est tannée, ces endroits se distinguent par une sorte de marbrure qui leur fait donner le nom de *taches de sel*. Enfin les peaux salées depuis longtemps et qu'on désigne sous l'expression de *cuirs vieux de sel*, présentent du côté chair des cristaux de sel excessivement durs, aussi les peaux doivent-elles subir une détrempe très énergique pour assurer la dissolution complète de ce sel.

Le séchage fait à une température trop forte parchemine la peau, ainsi que nous l'avons dit ; c'est encore là un défaut dû à la conservation.

V. CLASSIFICATION DES PEAUX

Etant donné ce que nous avons dit des peaux, on voit que cette matière première du tanneur présente de grandes variétés, nous pourrions dire de grandes variations d'une peau à l'autre ; il est donc très important pour le tanneur de faire un examen assez minitieux des peaux qu'il reçoit afin d'en faire une classification selon leurs qualités et pour qu'il puisse se rendre compte en quelque sorte à l'avance des résultats qu'il peut obtenir d'un lot déterminé : c'est le début de l'établissement de son prix de revient.

Avant d'aborder la méthode à suivre pour faire cette classification, nous donnerons quelques indications générales sur la nature des peaux, étant entendu que nous n'envisagerons que celles des bœufs, vaches et taureaux, destinées à donner les gros cuirs. Suivant les individus de cette race, la peau présente des qualités différentes, aussi faut-il savoir distinguer entre elles, les peaux du bœuf, de la génisse, de la vache laitière, du taureau et du demi-taureau, ce nom étant donné aux bœufs châtrés tardivement. Bien que l'appréciation de ces différences ne puisse se faire vraiment que par une longue pratique, nous donnerons les caractères principaux qui permettent de les mettre en évidence.

Le bœuf donne une peau très forte, elle est bien ramassée et ronde. La génisse a une peau plus mince et d'un grain plus fin, ce qui la fait rechercher ; elle est plus grande, plus étendue, et fournit surtout de bons flancs et de bons collets. La peau de la vache laitière est de beaucoup moins bonne ; elle est plate et les flancs sont amincis et distendus par suite de la gestation. Le taureau, quand il est jeune, fournit une peau analogue à celle du bœuf, mais lorsqu'il est un peu âgé, elle est plus creuse et plus irrégulière que celle du bœuf ; elle est généralement mince vers le milieu du dos et du ventre, au cou et aux épaules elle est très dure ; les flancs et la tête sont épais. Dans la peau du demi-taureau, on retrouve les caractères de celle du taureau, moins accentués, mais très appréciables.

Ce sont là des caractères que l'on ne peut donner que d'une façon générale, mais qui permettent déjà de différencier les qualités des peaux à tanner, toutes autres conditions étant égales. Ils varient, comme nous l'avons dit, d'un sujet à l'autre, mais ils varient aussi par groupes d'individus selon leur mode d'élevage, leur race et les contrées d'origine. Nous donnons ci-contre un tableau, dressé par Villon, qui fournit le poids moyen de la peau des bœufs français et quelques étrangers suivant les différentes races ; si les chiffres ainsi fournis ne sont pas d'une fixité absolue, ils peuvent donner une utile indication au tanneur qui peut, à leur aide, reconnaître approximativement si telle peau qui lui a été fournie pour provenir d'un animal de telle race, présente bien les caractères qui lui sont propres.

Nom de la race	Répartition géographique	Couleur de la robe	Poids moyens vifs	Poids de la peau
			kil.	kil.
Agenaise.	Garonne entre Agen et Marmande.	Gris jaunâtre.	674	53
Durham.	Rivière de la Tess (Comté d'York et Durham).	Blanc rougé.	890	52
Charolaise.	Saône-et-Loire.	Blanche ou jaunâtre.	926	55
Vendéenne.	Vendée.	Jaune fauve foncé.	850	51
Auvergnate.	Auvergne.	Rouge vif.	930	62
Garonnaise.	D'Agen à Bordeaux.	Froment.	674	53
Gasconne.	Ariège.	Fauve.	890	56
Normande.	Normandie.	Bigarré.	985	52
Augus.	Nord de l'Ecosse.	Jaune foncé.	670	53
Bretonne.	Morbihan.	Blanc et noir (pie).	630	59
Ayr.	S. W. Ecosse.	Orangé.	901	52
Bazadaise.	Gironde.	Gris brun, noir.	814	53
Béarnaise.	Pyrénées.	Jaune rougé pâle.	790	55
Boulonnaise.	Nord de la France.	Rouge peu foncé.	850	51
Algérienne.	Algérie, Tunisie.	Maure.	907	59
Morvanaise.	Nièvre, Yonne.	Jaune clair tendre.	619	50
Aubrac.	N. O. Aveyron, S. Cantal.	Roux marron.	780	55
Hereford.	Comté d'Herefordshire.	Rouge clair.	914	53
Devon.	Comté de Devon.	Acajou foncé.	712	50
Steppes.	Russie méridionale et Hongrie.	Blanc sale.	»	»
Camargue.	Bouches-du-Rhône.	Noir.	811	54

Nous terminerons ces renseignements d'ordre pratique en disant qu'à Paris, aux enchères publiques, les cuirs verts sont divisés en trois catégories qui sont les suivantes :

Bœufs

Légers, de 34 kgr. 5 et au-dessous.
Moyens, de 35 à 47 kilogr.
Lourds, de 47 kilogr. et au-dessus.

Vaches

Légères, de 29 kgr. 5 et au-dessous.
Moyennes, de 30 kilogr. à 39 kgr. 5.
Lourdes, de 40 kilogr. et au-dessus.

Taureaux

Moyens, de 40 kilogr. et plus.
Lourds, de 50 kilogr. et plus.

Les caractères généraux que nous venons d'indiquer concernant les peaux des gros bovidés, peuvent déjà servir à faire une classification de cette matière première ; cependant elle pourrait être assez illusoire en tant que qualité, car si la peau de génisse est très appréciée et mérite de tenir le premier rang, elle n'est pas identique pour tous les sujets, et l'on peut trouver telle peau de bœuf bien supérieure en qualité à telle peau de génisse, ou telle peau de taureau ou demi-taureau supérieure à telle peau de bœuf. Le tanneur doit donc catégoriser les peaux qu'il reçoit dans l'ordre de leurs qualités intrinsèques. Dans ce classement interviennent deux facteurs principaux que nous dirons être d'abord un facteur industriel, c'est-à-dire intéressant le tanneur au point de vue du cuir qu'il pourra obtenir; ensuite un facteur commercial, qui indique au tanneur s'il a été servi suivant les clauses stipulées dans son marché. Nous ne pouvons fournir, sous ce rapport, que des indications générales ; le tanneur devra les compléter par sa propre expérience, les besoins de son industrie et les conditions dans lesquelles il a fait ses achats.

Dès que le tanneur reçoit ses peaux, il doit les peser, non seulement par mesure d'ordre pour contrôler les poids qui lui sont accusés, mais encore pour pouvoir, par la suite, apprécier le rendement ; c'est, en quelque sorte, le début de son prix de revient. Il examine ensuite si elles sont échauffées, ce que l'on reconnaît, comme nous l'avons déjà dit, à la facilité avec laquelle les poils se détachent. Il examine encore, s'il y a lieu, le salage et si la peau n'est pas *vieux de sel* ; de même il doit se rendre compte si la peau n'est pas trop mouillée pour augmenter son poids, si elle n'est pas chargée artificiellement soit de matières étrangères dissoutes ou mises en suspension dans l'eau de mouillage et déposées sur la peau avec l'eau, si enfin elle n'est pas trop chargée de crotte, de fumier ou de viande.

Toutes ces opérations se pratiquent, la peau ayant été préalablement étalée. On peut ainsi examiner facilement la qualité et le genre de la dépouille, le sexe de la bête dont elle provient ; il faut aussi s'attacher à voir si l'on n'est pas en présence de cuirs varonés et de quelle nature est le varon. Enfin, l'examen de la peau permet de reconnaître la *mortaille*, nom donné à la dépouille d'un animal mort. Cette dépouille se faisant avec plus de difficulté, se reconnaît facilement aux coutelures souvent nombreuses ; les flancs et la tête son abîmés et enfin la peau présente dans ce cas, des plaques de sang incrustées à l'intérieur.

Cet examen permettra au tanneur de classer des peaux selon leurs qualités apparentes, et, en les suivant au cours de la fabrication jusqu'au cuir fini, d'établir son rendement ; il lui permettra également de vérifier la fidèle observation des clauses d'achat et d'opérer les réfactions de prix que ces clauses lui accordent.

On voit toute l'importance de ce premier travail du tanneur, car on peut dire que c'est de la façon dont il est accompli que l'industriel s'assure le plus grand bénéfice pécuniaire et l'obtention des meilleurs produits manufacturés.

CHAPITRE II
Tanins et matières tannantes

—

SOMMAIRE. — I. Du tanin. — II. Des végétaux tannants. — III. Matières végétales tannantes employées.

Si les peaux que nous venons d'étudier avec
quelques détails constituent forcément la matière première la plus importante en tannerie, le
tanin et les matières tannantes destinés à transformer ces peaux en cuir n'ont pas moins d'importance et méritent de fixer l'attention avant
de nous avancer plus loin dans l'art du tanneur.

L'étude des tanins, au point de vue exclusivement chimique, nous entraînerait dans des
considérations scientifiques sortant complètement du cadre de ce Manuel et nécessiterait
des développements souvent bien étrangers à
ce qui intéresse le tanneur ; nous bornerons donc
l'examen que nous allons faire de ces produits
aux points qui touchent de très près la tannerie. Ce n'est pas, nous nous empressons de le
dire, que l'étude des tanins et des matières
tannantes, poussée jusqu'à ses dernières limites, puisse être inutile au tanneur ; nous pensons au contraire que ce dernier élucidera
d'autant mieux bien des points qui peuvent lui
paraître mystérieux dans la pratique de sa
profession s'il connaît à fond la chimie des
tanins. Pour ces études toutes spéciales nous ne

Tanneur. 2

pouvons que renvoyer le lecteur aux ouvrages
spéciaux, où il trouvera le sujet traité avec une
compétence bien supérieure à la nôtre.

I. DU TANIN

On appelle *tanin* ou *acide tannique*, parce
qu'elle a été primitivement étudiée dans le
tan ou écorce pulvérisée du chêne, une matière
astringente particulière qui abonde dans le
règne végétal et que l'on considère comme un
acide faible. Cette matière s'oxyde avec rapidité, surtout en présence des alcalis, et se convertit en des corps différemment colorés. Elle
précipite les sels de fer au maximum en bleu,
en noir, en gris ou en vert, et forme avec
l'albumine et la gélatine animales des composés
éminemment imputrescibles.

Aucun principe immédiat n'est peut-être
aussi répandu dans la nature que le tanin. On
le trouve, en effet, dans l'écorce ou les feuilles
de la plupart des arbres ou arbustes ; dans une
multitude de fruits, de fleurs ou de graines ;
dans les excroissances appelées vulgairement
galles ou *noix de galle* ; enfin dans plusieurs
sucs ou extraits végétaux que le commerce
tire presque exclusivement des contrées tropi-
cales, et dont les plus importants sont les *kinos*
et le *cachou*. Toutefois, il paraît reconnu :

1° Qu'on ne le rencontre pas dans l'intérieur
du tronc ;

2° Qu'il n'existe point dans les plantes vénéneuses, ni dans celles qui contiennent des sucs
laiteux ;

3° Qu'il est plus abondant dans les végétaux jeunes que dans les vieux ;

4° Que, dans toute écorce, ce sont les couches corticales qui en renferment le plus, l'épiderme en étant presque entièrement dépourvu ;

5° Que sa richesse varie suivant les saisons, le minimum ayant lieu en hiver et le maximum au renouvellement de la végétation.

Autre observation importante : c'est que le tanin n'est pas identique dans tous les végétaux, et qu'il diffère, quant à sa composition et à ses propriétés chimiques spéciales, suivant le genre botanique où il existe. Voilà pourquoi on a cru devoir distinguer les divers tanins par des noms particuliers destinés à faire connaître leur origine. Ainsi, on appelle :

Acide gallotannique,   le tanin de la noix de galle.
—   cafétannique,   —   du café.
—   cinchotannique,   —   du quinquina.
—   cachoutannique,   —   du cachou.
—   coccotannique,   —   du kino.
—   morintannique,   —   du bois jaune.
—   pinitannique,   —   des pins.
—   quercitannique,   —   du chêne ordinaire.
—   ziziphotannique,   —   du jujubier, etc.

Dans tous les cas, celui du chêne est le tanin proprement dit, et c'est de lui qu'il est question quand on emploie le mot *tanin* sans l'accompagner du nom du végétal.

On divise généralement les tanins en trois groupes, suivant la manière dont ils colorent les sels ferriques :

1° Tanins qui colorent en *bleu-noir* les sels

ferriques, tels que ceux de la noix de galle, du chêne, du sumac, du bouleau, etc. ;

2° Tanins qui colorent les mêmes sels en *vert*, tels que ceux du quinquina, du cachou, du café, du thé, de la rhubarbe, de la gomme kino, du jujubier, du bois jaune, des écorces d'orme et de saule, de plusieurs fougères, d'un grand nombre de légumineuses et de labiées, etc. ;

3° Tanins qui colorent les mêmes sels en *gris verdâtre*, tels que ceux du ratanhia, de l'absinthe, de l'ortie, de la verveine, de l'arnica, etc.

Les tanins les plus importants sont ceux de la noix de galle, du chêne et du sumac. On peut même dire que ce sont ceux qui, en raison de l'importance de leurs applications industrielles, aient été, les premiers, l'objet d'une étude très complète.

Le *tanin de la noix de galle* ou *acide gallotannique*, est le mieux connu de tous. Il est solide, blanc, sans odeur, d'une saveur très astringente, soluble dans l'eau et incristallisable. L'éther et l'alcool le dissolvent également, mais le premier moins facilement que le second. Sa dissolution aqueuse absorbe avec le temps l'oxygène de l'air et se transforme en acide gallique en dégageant de l'acide carbonique. Quand il est pur et sec, il est inaltérable à l'air. Soumis à la distillation, il se décompose en acide pyrogallique.

L'acide gallotannique ne trouble ni ne colore les sels de fer au minimum en dissolution étendue ; mais, quand le fer est au maximum, il précipite ces sels en noir bleuâtre. Dissous dans l'eau, il est complètement absorbé par la peau

des animaux. Il se forme ainsi une combinaison insoluble de tanin et de substance animale ;
l'eau ne retient plus de matière astringente, ce
qui permet de faire l'analyse d'une dissolution
tannique en pesant la peau avant et après
l'absorption.

Plusieurs acides minéraux, tels que les acides
sulfurique, phosphorique, arsénique, chlorhydrique, borique, forment, dans les dissolutions
d'acide gallotannique, des précipités blancs,
qu'on a longtemps considérés comme des combinaisons du tanin avec ces acides ; mais, dit
Pelouze, « il semble résulter d'expériences
récentes qu'ils sont produits uniquement par
le tanin, qui, étant moins soluble dans les liqueurs acides que dans l'eau pure, se dépose de
sa dissolution quand on y ajoute un acide énergique ». Enfin, l'acide gallotannique précipite
l'amidon, l'émétique, l'albumine et presque
toutes les matières animales.

C'est de la noix de galle que l'on tire habituellement le tanin pur. On a d'abord essayé de se
procurer cet acide en le précipitant, au moyen
de réactifs, d'une dissolution aqueuse de ce
produit, mais on a fini par y renoncer parce
qu'on a reconnu que, malgré tous les soins
apportés à l'opération, le tanin retenait toujours une certaine quantité de substances colorantes, et éprouvait, en outre, pendant la
précipitation, une altération plus ou moins
considérable.

On se sert très souvent aujourd'hui d'un procédé fort simple, dû à Pelouze, et qui est fondé
principalement sur la solubilité de l'acide tannique dans l'éther.

On emploie pour cela un *appareil à déplacement* consistant en une allonge de cristal, longue et étroite, fermée à l'émeri à sa partie supérieure, et dont la douille entre dans une carafe ordinaire.

Les préparatifs de l'opération étant terminés, on introduit d'abord une mèche de coton dans la douille de l'allonge, puis, par-dessus, de la noix de galle réduite en poudre fine. On comprime légèrement cette poudre ; et, lorsque son volume est égal à la moitié de la capacité de l'allonge, on achève de remplir celle-ci avec de l'éther sulfurique du commerce. On bouche parfaitement l'appareil et on l'abandonne à lui-même.

Le lendemain, on trouve dans la carafe deux couches bien distinctes de liquide : l'une, très légère et très fluide, occupe la partie supérieure ; l'autre, beaucoup plus dense, de couleur légèrement ambrée, d'un aspect sirupeux, reste au fond du vase. On ne cesse d'épuiser la poudre de noix de galle que lorsqu'on s'est assuré que le volume de ce dernier liquide n'augmente plus sensiblement. Alors on verse les deux liqueurs dans un entonnoir à robinet. On attend quelques instants ; puis, lorsque les deux couches sont formées, on laisse tomber la plus pesante dans une capsule, et l'on met l'autre de côté pour la distiller et en retirer l'éther, qui en constitue la majeure partie. On lave à plusieurs reprises, le liquide dense avec de l'éther sulfurique pur, et on le porte ensuite dans une étuve, sous le récipient d'une machine pneumatique. Il s'en dégage d'abondantes vapeurs d'éther et un peu de vapeur d'eau ; la matière augmente considérablement de volume, et laisse un résidu spongieux non cristallin, très brillant, quelquefois incolore, mais, le plus souvent, d'une teinte légèrement jaunâtre.

De 100 parties de noix de galle, on retire par ce procédé 35 à 40 0/0 de tanin. Aussi pur qu'il est possible actuellement de l'obtenir, il présente une saveur astringente extrêmement forte, mais sans le moindre mélange de saveur amère, et n'est accompagné d'aucune des matières colorantes propres aux végétaux que les acides ou les alcalis employés dans les anciens procédés dissolvaient avec lui, et qu'il était à peu près impossible d'en séparer.

Au lieu d'agir comme nous venons de le dire, on préfère souvent procéder ainsi que l'a indiqué le chimiste Dominé.

On porte de la noix de galle à la cave pour lui laisser absorber pendant trois ou quatre jours l'humidité hygrométrique. On la met ensuite dans un vase à large ouverture qu'on puisse hermétiquement fermer, et l'on verse dessus la quantité d'éther ordinaire, et non d'éther pur, marquant 56°, qui suffit pour faire une pâte molle. On opère rapidement le mélange intime à l'aide d'une spatule en bois et l'on couvre le vase. Au bout de vingt-quatre heures, on met la matière dans un carré de toile de coutil forte, et l'on soumet promptement le tout à l'action graduée d'une bonne presse. On étale sur des vases plats, à l'aide d'un pinceau, le liquide sirupeux qui s'est écoulé, et l'on porte les plats dans une étuve chauffée de 40 à 45°. La matière se boursoufle beaucoup et laisse le tanin en feuillets légers, et à peine colorés.

On divise le marc qui est resté sur la presse, on le remet dans un autre vase et on le réduit en pâte avec de l'éther chargé d'eau. A cet effet, 100 parties d'éther ordinaire à 56 degrés sont agitées vivement avec 6 parties d'eau. Sans donner aux deux liquides le temps de se séparer, on les verse sur la noix de galle et l'on continue l'opération comme il a été dit. Deux traitements suffisent : un troisième ne deviendrait nécessaire qu'autant qu'on n'aurait pas eu à sa disposition une presse suffisamment énergique.

Le tanin obtenu par la pression n'est pas tout à fait pur. Pour le purifier, on l'introduit dans un flacon avec parties égales d'eau et d'éther ; on agite pendant quelque temps, puis on laisse reposer. La matière se partage en trois couches : la couche inférieure est le tanin pur, que l'on fait sécher à la manière ordinaire.

Un troisième procédé, dû à Mohr, repose sur cette observation : que le tanin se dissout dans l'éther anhydre, d'une densité de 0,725, et forme un liquide sirupeux qui jouit de la propriété singulière de ne pas se mélanger à de nouvelles quantités d'éther. On voit donc que le tanin peut être extrait sans que l'éther soit hydraté.

L'on agite la dissolution sirupeuse avec un peu d'eau ; il se forme trois couches : la couche inférieure est une dissolution aqueuse de tanin ; celle du milieu est une dissolution éthérée ; la couche supérieure est de l'éther renfermant du tanin et de la matière colorante.

Une addition de quelques gouttes d'alcool rend donc d'abord la dissolution éthérée plus fluide, une quantité plus grande détermine la réunion des trois couches.

Il résulte de là, suivant Mohr, que, pour préparer le tanin avec la noix de galle, il est bon de se servir d'éther un peu alcoolisé ; par exemple, une partie d'alcool pour quatre parties d'éther. A l'aide de ce dissolvant, on retire des noix de galle, après trois épuisements, 78,12 0/0 de tanin pur.

Nous venons de voir que l'acide gallique résulte d'une altération qu'éprouve le tanin de la noix de galle, quand ce dernier, prélablement dissous dans l'eau, reste exposé à l'action de l'air : il n'y préexiste donc pas comme on l'a cru pendant longtemps.

Cet acide que, dans les laboratoires, on obtient en oxydant le tanin, se trouve, au contraire, tout formé dans un assez grand nombre de végétaux, notamment dans les sumacs, les cupules du chêne vélani, les feuilles de busserolle, les graines de mango et d'arnica, les gousses de libi-dibi, les racines d'ellébore et de colchique d'automne, etc. Pour l'extraire de ces parties végétales, qui contiennent également du tanin de chêne, on les fait infuser dans de l'eau chaude ; puis on mélange la liqueur avec une dissolution de gélatine, qui précipite le tanin. Ce résultat obtenu, on filtre et l'on évapore jusqu'à siccité. Reprenant alors le résidu par l'alcool bouillant, on évapore de nouveau à sec. Enfin on traite ce second résidu par de l'éther, qui dissout l'acide gallique et le dépose à l'état cristallin par l'évaporation.

Le *tanin du chêne*, ou *acide quercitannique*, diffère surtout de celui de la noix de galle en ce qu'il ne se transforme pas en acide gallique au contact de l'air, et ne donne pas d'acide pyrogallique quand on le soumet à la distillation. De plus, l'acide sulfurique le transforme en une masse amorphe de couleur rouge. Enfin, il ne peut pas être dédoublé dans toutes les circonstances qui se présentent dans la préparation du cuir, ce qui est très important pour l'opération du tannage.

L'acide quercitannique possède, comme le tanin de la noix de galle, la propriété de colorer les sels ferriques en noir bleuâtre, mais il s'en distingue en ce qu'il ne trouble pas les dissolutions de colle forte et de blanc d'œuf.

Pour s'assurer qu'une dissolution ne renferme pas d'acide gallique, Pelouze a indiqué un moyen très simple, qui consiste à laisser, pendant quelques heures, le tanin que l'on veut examiner, avec un morceau de peau dépilée par la chaux, et telle qu'on l'introduit dans le tan dans les opérations du tannage ; on agite de temps en temps, puis on filtre. Lorsque le tanin est pur, il est absorbé en totalité par le morceau de peau, et l'eau qui le tenait en dissolution ne produit pas le plus léger signe de coloration avec les sels de fer ; elle est sans saveur et ne laisse aucun résidu par l'évaporation. Si le tanin renferme la plus faible trace d'acide gallique, la liqueur colore très sensiblement les sels de fer en bleu.

Le *tanin du sumac* se comporte, sous beaucoup de rapports, comme celui de la noix de galle. Il renferme toujours une petite quantité d'acide gallique, et, quand il est conservé depuis longtemps, il se convertit en grande partie en produits secondaires par suite d'une fermentation spontanée.

II. DES VÉGÉTAUX TANNANTS

Ainsi que nous l'avons dit, le nombre des végétaux qui renferment de l'acide tannique, est très considérable. Nous allons passer sommairement en revue ceux qui ont été étudiés ou simplement signalés, en indiquant celles de leurs parties où le tanin paraît plus particulièrement exister.

Sèves tannantes

On sait que la plus grande partie de la nourriture des végétaux est absorbée par les organes à l'état liquide. Il doit donc se trouver, dans l'intérieur du tissu des plantes, un liquide particulier ayant pour destination de charrier cette nourriture dans les diverses parties où elle doit être modifiée de manière à être propre à l'assimilation. Or, ce liquide, tel qu'il arrive des racines, est ce qu'on appelle la *sève* : c'est de l'eau tenant en dissolution de l'air, de l'acide carbonique, des sels et des principes organiques.

La sève de plusieurs végétaux paraît contenir du tanin. Nous citerons surtout celle du *Chêne (Quercus)* et du *Hêtre (Fagus sylvatica)*.

Sucs tannants

Quand la sève est arrivée dans les parties vertes des végétaux, elle y subit une élaboration à la suite de laquelle se forment des sucs particuliers, qui s'échappent quelquefois au dehors lorsqu'ils sont trop abondants. Plusieurs de ces sucs sont riches en tanin. Tels sont : le *cachou*, le *gambier* et le *kino*.

Cachou. — C'est un produit de l'Asie méridionale, où on l'appelle *catechu*, *cate*, *catch*, *cutt*. Le nom de *terra japonica*, qu'on lui donne quelquefois dans le commerce, vient de la croyance où l'on était autrefois que c'était une substance minérale d'origine japonaise. On a cru, pendant longtemps, qu'il était exclusivement fourni par le palmier aréquier (*Areca catechu*), le plus élégant palmier de l'Inde, mais on sait aujourd'hui qu'il provient également de l'*Acacia catechu* et de l'*Acacia suma*, famille des Légumineuses, beaux arbres de l'Inde et de l'Archipel indien.

Pour obtenir le cachou, on fait bouillir dans l'eau le cœur du bois réduit en poudre, ainsi que les fruits ; on passe la décoction, puis on la fait évaporer, et l'on coule le produit sur des feuilles, des nattes, ou simplement sur le sol, où il sèche au soleil.

On distingue, dans le commerce, quatre sortes principales de cachous, savoir :

Le cachou brun luisant appelé aussi cachou de Bombay ou cachou de Pégu, qui a été coulé sur feuilles et arrive en pains recouverts de grandes feuilles ;

Le cachou brun terne, qui a été coulé sur des nattes et arrive en pains cubiques emballés dans des sacs ;

Le cachou brun terne, qui a été coulé sur la terre et s'expédie en sacs, en barils ou en caisses ;

Le cachou du Bengale, qui est en pains cubiques d'une faible épaisseur et d'une couleur moins foncée.

Les trois premiers sont fournis par l'*acacia catechu*, et le dernier, le plus estimé de tous, par le fruit de l'*areca catechu*, ou noix d'arec.

D'après Davy et Nées, les cachous de l'*acacia catechu* renferment 54,4 0/0 de tanin, et celui de l'*aréca catechu* 48,2 0/0.

Gambier ou *Gambir*. — Il provient aussi de l'Asie méridionale. On l'extrait par décoction des feuilles de l'*Uncaria gambir*, arbrisseau sarmenteux de la famille des Rubiacées, qui est répandu dans l'Inde, à Ceylan, dans l'Archipel indien, surtout dans les îles de la Malaisie. Il ressemble tellement au cachou par sa composition et ses propriétés, que, dans le commerce, on le désigne souvent sous le nom de *cachou jaune*. On en connaît deux variétés : l'une, dite *gambir cubique clair*, l'autre, appelée *gambir en aiguilles*, parce qu'il est en petits prismes allongés semblables à ceux de l'amidon en aiguilles.

Kino. — Comme le précédent, il présente la plus grande ressemblance avec le cachou, circonstance qui lui fait donner le nom de *cachou des rubiacées*. Dans le commerce, on l'appelle aussi, mais très improprement, *gomme kino* et *gomme astringente de Gambie*.

Il existe plusieurs sortes de kinos, toutes provenant de végétaux et de pays différents. Les mieux connues sont :

1º Le kino d'Afrique ou kino de Gambie, fourni par le *Pterocarpus erinaceus*, famille des Légumineuses ;

2º Le kino de Botany-Bay, kino de la Nou-

velle-Hollande ou kino d'Australie, fourni par
plusieurs espèces d'*Eucalyptus*, famille des
Myrtacées ;

3° Le kino de la Jamaïque, kino d'Amérique
ou kino des Indes occidentales, fourni par le
Coccoloba uvifera, famille des Polygonées ;

4° Le kino du Bengale, kino de Palas ou
Pulas, ou kino de Maduga, fourni par le *Butea
frondosa*, famille des Légumineuses ;

5° Le kino d'Amboine, kino de Malabar,
kino des Indes orientales, kino de l'Inde, ou
kino vrai, fourni par le *Pterocarpus marsupium*,
famille des Légumineuses ;

6° Le kino de la Colombie, fourni par le
Rhizophora mangle, famille des Rhizophorées.

Au Gabon, on retire aussi un kino excellent
de la sève d'un *Myristica* que les indigènes appellent *gombo*.

Les différents kinos renferment 30 à 40 et
même 60 0/0 de tanin analogue à celui du cachou.

Excroissances

Ce sont des tumeurs ou excroissances plus ou
moins arrondies et d'un volume très variable,
qui se développent sur plusieurs arbres ou
arbustes, par suite de la piqûre de divers
insectes. Ces insectes piquent les jeunes pous-
ses avec leur aiguillon et déposent leurs
œufs, ainsi qu'un liquide particulier qui a la
propriété d'y faire affluer la sève. En se portant en abondance sur le point de la blessure,
celle-ci s'y concentre et donne lieu à un gonflement qui, en peu de jours, constitue ce qu'on
appelle des *galles*.

On distingue plusieurs espèces de galles, savoir : les *galles* proprement dites, nommées communément *noix de galle*, les *galles de Chine*, les *galles de tamarisque*, les *knopperns* ou *gallons du Piémont*.

Noix de galle. — Elles se développent sur les jeunes branches et sur les pétioles de plusieurs espèces de chênes indigènes. Les meilleures sont celles qui ont été recueillies avant que le jeune insecte en soit sorti. Elles contiennent plus de tanin que les autres, lesquelles se reconnaissent à première vue à la présence du trou par lequel l'animal s'est échappé. Ce sont les premières que l'on nomme *galles noires, galles vertes, galles vraies,* tandis qu'on appelle les secondes *galles blanches* ou *galles fausses*.

Les galles sont d'autant plus estimées qu'elles proviennent de pays plus chauds. Voici celles qu'on trouve dans le commerce :

1º *Galles d'Alep* ou *de Turquie.* — Elles sont fournies par le chêne à la galle (*Quercus infectoria*), arbrisseau de la famille des Amentacées, qui croît en abondance dans tout le Levant, plus particulièrement le long des côtes de la Méditerranée. Elles ont de 10 à 20 millimètres de diamètre, et sont garnies d'aspérités pointues, qui leur ont valu le nom de *galles épineuses*. Elles se divisent en :

Noires, d'un noir grisâtre, avec efflorescence blanchâtre ; plus petites, plus pesantes et plus épineuses que les autres ;

Vertes, d'un vert jaunâtre, avec efflorescence blanchâtre ; un peu plus grosses et moins épineuses que les précédentes ;

Blanches, d'un blanc verdâtre ou d'un jaune

rougeâtre ; ce sont les plus volumineuses, les plus légères et les moins bonnes.

D'après Fehling, les galles d'Alep contiennent de 60 à 66 0/0 de tanin, quantité que Muller porte à 77,42 0/0 pour les sortes de qualité tout à fait supérieure. D'après d'autres chimistes, leur richesse ne serait que de 38 à 45 0/0. Ce sont les plus riches en principe tannant, par conséquent les plus estimées.

2° *Galles de Smyrne.* — Elles sont recueillies sur le même chêne que celles d'Alep. Comme ces dernières, elles se divisent en *noires*, *vertes* et *blanches*, mais elles leur sont de beaucoup inférieures.

3° *Galles de Morée.* — Elles proviennent aussi du *Quercus infectoria.* Elles sont très petites, très irrégulières, creuses, légères, tantôt brunes ou rougeâtres, tantôt bariolées.

4° *Galles marmorines.* — Même origine que les précédentes. Elles sont petites, rondes, un peu allongées du côté qui tenait à la plante, d'un gris de fer, unies à la surface ou recouvertes d'aspérités peu saillantes.

5° *Galles de France* ou *Galles du pays.* — Elles sont produites par le chêne rouvre (*Quercus robur*), le chêne yeuse (*Quercus ilex*) et le chêne tauzin (*Quercus tauza*). Elles sont très légères, généralement rondes et unies à la surface, brunes, noires ou d'un jaune pâle, et presque toujours percées. Elles ne contiennent guère plus de 3 à 5 0/0 de tanin. La galle, dite *pomme de chêne*, ainsi appelée parce qu'elle atteint la grosseur d'une petite pomme, est encore plus pauvre en acide tannique. On croit qu'elle provient du développement monstrueux qu'acquièrent les fleurs femelles, quand l'insecte les pique avant leur fécondation.

Galles de Chine ou *Galles du Japon.* — Elles sont fournies par les feuilles de deux espèces de sumacs (*Rhus semialata* et *Rhus osbecky*), propres toutes les deux à l'Extrême-Orient. Les Chinois leur donnent le nom de *ou-poey-tsé* ou *yen-fou-tsé*. Il y en a d'allongées et d'unies, et d'autres qui présentent des aspérités semblables à des cornes. Presque toutes sont recouvertes d'une espèce de duvet blanchâtre qui les fait ressembler à de petites souris sèches. Galloway y a trouvé 56,6 0/0 de tanin, Muller 65,73, et Fehling jusqu'à 70 0/0.

Galles de tamarix. — Plusieurs tamarix, famille des Tamariscinées, produisent des excroissances analogues à celles du chêne. Tel est, entre autres, le *tamarix de l'Inde* (*Tamaris orientalis*), dont les galles, appelés vulgairement *sakoon* ou *galles de Bokhara*, contiendraient, d'après Galloway, 26 0/0 d'acide tannique, et, d'après d'autres, jusqu'à 50 0/0.

Knopperns. — Ces excroissances sont produites par la piqûre d'un insecte sur le gland de deux chênes, le *Quercus stagnosa* et le *Quercus pubescens*, qui croissent surtout en Hongrie, en Styrie, en Croatie, dans l'Esclavonie et dans le Piémont. Elles sont très irrégulières, raboteuses, légères, de grandes dimensions et d'une couleur qui varie du jaune pâle au jaune rougeâtre ou blanchâtre. La Hongrie et l'Esclavonie en exportent chaque année des quantités considérables.

Les knopperns sont aussi désignés dans le commerce, sous le nom de *gallons de Hongrie* cu de *Piémont!* On ne doit pas les confondre avec les noix d'arec. Il est question plus loin de ces dernières. D'après plusieurs analyses, ils renferment en moyenne, de 30 à 35 0/0 de tanin.

Rove. — C'est une galle provenant de la piqûre d'un insecte sur un petit chêne de Perse et de l'Asie-Mineure. Elle a la forme d'une poire de couleur rouge foncé quand elle est fraîche, et de plus en plus foncé lorsqu'elle est plus vieille. Elle renferme de 25 à 30 0/0 de tanin.

Feuilles

Les feuilles plus ou moins riches en tanin sont surtout celles des espèces suivantes :

1° Plusieurs saules, notamment le saule blanc ordinaire (*Salix alba*), le saule aquatique (*Salix caprea*), le saule Marceau (*Salix fragilis*), le saule rouge ou verdiau (*Salix purpurea*), le saule pleureur ou saule de Babylone (*Salix babylonica*), le saule de l'Ariège (*Salix aurigenara*), le saule à grandes feuilles (*Salix grandifolia*), le saule des Pyrénées (*Salix pyrenaica*), le saule noirâtre (*Salix nigricana*), le saule bleuâtre (*Salix cœsia*), le saule lancéolé (*Salix lanceolata*), l'osier jaune ou saule jaune (*Salix vitellina*), le saule blanchâtre (*Salix incana*), l'osier blanc (*Salix viminalis*), famille des Salicinées ;

2° Plusieurs sorbiers, surtout le sorbier des oiseaux (*Sorbus aucuparia*) et le sorbier cormier (*Sorbus domestica*), famille des Rosacées ;

3° Le grenadier (*Punica granatum*), famille des Myrtacées ;

4° Le hêtre, appelé aussi fau, fayard ou fouteau (*Fagus sylvatica*), famille des Quercinées ;

5º Le châtaignier commun (*Fagus castanea, castanea vesca*), de la même famille ;

6º L'olivier (*Olea europœa*), famille des Oléacées ;

7º Le néflier commun ou néflier d'Allemagne (*Mespilus germanica*), famille des Pomacées ;

8º Le cornouiller mâle ou cornouiller commun (*Cornus mascula*), appelé vulgairement cormier, et le cornouiller sanguin ou bois punais (*Cornus sanguinea*), famille des Caprifoliacées ;

9º Le noisetier ou coudrier (*Corylus avellana*), famille des Amentacées ;

10º L'aulne, aune ou verne (*Betula alnus*), famille des Bétulacées ;

11º Le bouleau blanc (*Betula alba*), famille des Bétulacées ;

12º Le rosier (*Rosa*), plus particulièrement le rosier de Provins (*Rosa gallica*), le rosier toujours vert (*Rosa semper virens*), le rosier sauvage ou églantier (*Rosa canina*), etc., famille des Rosacées ;

13º Toutes les ronces, surtout la ronce des haies ou grande ronce (*Rumex fruticosus*), appelée aussi mûron, mûrier de renard et framboisier sauvage ; la petite ronce ou ronce à fruits bleus (*Rumex cœsius*) ; la ronce fauxmûrier (*Rumex chamœmorus*), etc., famille des Rosacées ;

14º La patience aquatique ou oseille aquatique (*Rumex aquaticus*), famille des Polygonées ;

15º Le romarin (*Rosmarinus officinalis*), appelé aussi rose marine ou encensier, famille des Labiées ;

16° La plupart des espèces du genre chêne, famille des Cupuliférées, plus spécialement le chêne à kermès ou garrouille (*Quercus coccifera*), le chêne pubescent (*Quercus pubescens*), le chêne rouvre (*Quercus robur*), le chêne tauzin (*Quercus tauza*), le chêne yeuse (*Quercus ilex*), le chêne cerris (*Quercus cerris*), etc. (voy. le chapitre suivant);

17° Presque toute la famille des Cistinées, principalement le ciste lédon (*Cistus ledon*), le ciste de Crète (*Cistus creticus*), etc. ;

18° Les diverses bruyères, famille des Ericacées, telles que la bruyère commune (*Erica vulgaris*), la bruyère cendrée (*Erica cinerea*), la bruyère tétralix (*Erica tetralix*), la bruyère ciliée (*Erica ciliaris*), la bruyère en arbre (*Erica arborea*), la bruyère à balai (*Erica scoparia*), appelée *bruse* par les Provençaux, etc., etc. ;

19° Plusieurs tamarisques ou tamarix entre autres, le tamarisque de France (*Tamarix gallica*), le tamarisque d'Allemagne (*Tamarix germanica*), le tamarisque oriental ou tamarisque d'Asie (*Tamarix orientalis*), le tamarisque d'Afrique (*Tamarix africana*), etc., famille des Tamariscinées ;

20° L'artichaut (*Cynara scolymus*), famille des Synanthérées, et peut-être la carde ou cardon (*Cynara cardunculus*), famille des Portulacées ;

21° Le prunellier ou prunier épineux (*Prunus spinosa*), famille des Rosacées ; peut-être aussi, le Prunier domestique (*Prunus domestica*), le pêcher (*Amygdalus persica*), l'abricotier (*Prunus armeniaca*), l'amandier (*Amygdalus communis*), le prunier de Briançon (*Prunus briguntiaca*) et divers cerisiers (*Prunus cera-sus*);

22° La ciguë (*Conium maculatum*), famille des Ombellifères, l'absinthe commune, aluyne ou armoise amère (*Artemisia absinthum*), famille des Synanthérées ; la petite centaurée (*Gentiana* ou *Chironia centaurium*), appelée vulgairement herbe au centaure, herbe à Chiron, herbe à la fièvre, famille des Gentianées ;

23° Le marronnier ou châtaignier d'Inde (*Œsculus hippocastanum*), famille des Acéridées, le géranium des prés (*Geranium pratense*), le géranium tacheté (*Geranium maculatum*), appelé aussi pied de corneille, etc., famille des Géraniacées ; l'onagre bisannuelle (*Œnothera biennis*), nommée vulgairement herbe aux ânes, raiponce rouge, jambon de jardinier, famille des Onagrariées ;

24° Plusieurs tilleuls, surtout le tilleul d'Europe (*Tilia europœa*), famille des Tiliacées ;

25° La busserolle ou bousserolle (*Uva ursi*), vulgairement petit buis ou raisin d'ours, famille des Ericinées ; on y a trouvé 36,4 0/0 de tanin ;

26° Plusieurs airelles, notamment l'airelle-myrtille ou raisin de bois (*Vaccinium myrtillus*), famille des Ericacées ;

27° Diverses sortes de thé (*Thea chinensis*), famille des Camelliacées. Elles sont fournies par le même arbrisseau, et les différences qu'elles présentent proviennent uniquement du choix des feuilles et des manipulations qu'on leur a fait subir. On sait qu'elles se divisent en deux catégories, celle des *thés verts* et celle des *thés noirs*. Aux thés noirs appartiennent le pekoe, le hung muey, le congo ou koong-foo, le souchong, le pouchong, le ning-yong, le hou-long, le campoy, le caper ou shwang-che, le bohea ; et aux thés verts, le hyson ou he-chun, le schou-lang, la poudre à canon ou chou-cha, l'impérial, le tonkay ou tun-ke. D'après Mulder, les thés verts contiendraient 17,80 0/0 de tanin, et les thés noirs 12,88 seulement, tandis que d'après Frank, les premiers en donneraient 34,6, et les seconds 40,6. D'un autre côté, Brande, ayant analysé quatre variétés de thé noir et cinq de thé vert, a trouvé de 23 à 28 0/0 de tanin dans les premières et de 24 à 31 dans les autres ;

28° Divers sumacs, notamment le sumac des corroyeurs (*Rhus coriaria*), nommé vulgaire-ment redoul, corroyère ou roure, famille des Térébinthacées ;

29° L'aya-pana (*Eupatorium aya-pana*), fa-mille des Synanthérées ;

30° La renouée (*Polygonum aviculare*), appe-lée vulgairement trame, traînasse, herbe des Saints-Innocents ou à cent nœuds, famille des Polygonées.

Fleurs et sommités fleuries

Parmi les végétaux dont les fleurs ou som-mités fleuries ont été reconnues contenir de l'acide tannique, se placent :

1° Plusieurs espèces du genre potentille, principalement la potentille ansérine (*Potentilla anserina*), vulgairement argentine ou herbe aux oies ; et la potentille rampante (*Potentilla reptans*) ou quintefeuille, famille des Rosacées ;

2° Le giroflier aromatique (*Caryophyllus aromaticus*), dont les fleurs non développées sont si connues sous le nom de clous de girofle, famille des Myrtacées;

3° L'aigremoine (*Agrimonia eupatoria*), appelée aussi eupatoire des Grecs, ou herbe d'eupatoire, famille des Rosacées;

4° L'arnica (*Arnica montana*), vulgairement tabac des montagnes, des Vosges ou des Savoyards, plantain ou souci des Alpes, etc., famille des Synanthérées;

5° La plupart des espèces du genre Benoîte, entre autres, la benoîte commune (*Geum urbanum*), vulgairement herbe bénite, galiote, herbe de Saint-Benoît; la benoîte aquatique (*Geum rivale*), la benoîte du Canada (*Geum canadense*), famille des Rosacées;

6° La bistorte (*Polygonum bistorta*), vulgairement couleuvrine ou serpentaire rouge, famille des Polygonées;

7° Plusieurs fougères, telles que la fougère mâle ou néphrode (*Polypodium filix mas*), la fougère femelle ou ptéride (*Aspidium filix femina*), la fougère royale ou Osmonde (*Filix florida*), la lunaire ou herbe à la lune (*Lunaria*);

8° Le fraisier (*Fragaria vesca*), la filipendule (*Spiræa filipendula*), famille des Rosacées;

9° Le millepertuis (*Hypericum perforatum*), vulgairement chasse-diable, famille des Hypéricinées;

10° La grande et la petite pervenche (*Vinca major*, *Vinca minor*), vulgairement violettes de sorciers, famille des Apocynées.

11° La persicaire douce ou pilingre (*Polygonum persicaria*) et la persicaire poivrée (*Poly-*

gonum hydropiper), appelée vulgairement piment ou poivre d'eau, ou renouée âcre, famille des Polygonées ;

12° Plusieurs plantains, notamment le plantain commun ou, grand plantain (*Plantago major*), le petit plantain (*Plantago laceolata*), le plantain moyen (*Plantago media*), le plantain corne de cerf (*Plantago coronopus*), famille des Plantaginées ;

13° Le pied de chat (*Gnaphalium dioïcum* ou *pes cati*), famille des Synanthérées ;

14° Le pied de lion ou alchemille commune (*Alchimilla vulgaris*), famille des Rosacées ;

15° La grande pimprenelle ou sanguisorbe (*Poterium sanguisorba*), famille des Rosacées ;

16° La prêle (*Equisetum arvense*), vulgairement queue de cheval ou queue de renard, famille des Equisétacées ;

17° La pulmonaire du chêne ou lichen pulmonaire (*Lichen pulmonarius*), vulgairement crapaudine ou herbe aux poumons, famille des Lichénées ;

18° Plusieurs ronces, surtout la ronce des haies (*Rumex fructicosus*), la petite ronce (*Rumex cœsius*), etc., famille des Rosacées ;

19° La tormentille droite (*Tormentilla erecta*) et la tormentille rampante (*Tormentilla reptans*), famille des Rosacées ;

20° L'ulmaire (*Spiræa ulmaria*), vulgairement vignette, reine des prés, herbe aux abeilles, famille des Rosacées ;

21° Le tilleul (*Tilia europœa*), famille des Tiliacées ;

22° Le houblon (*Humulus lupulus*), vulgairement vigne du nord, famille des Urticées :

d'après le chimiste Yves, la lupuline, extraite des cônes, contiendrait plus de 0,4 de tanin ;

23º Plusieurs rosiers, surtout celui de Provins (*Rosa gallica*).

24º La plupart des géraniers, plus particulièrement le géranier de Robert ou herbe à Robert (*Geranium robertianum*), le géranier des prés (*Geranium pratense*), le géranier sanguin (*Geranium sanguineum*), etc., famille des Géraniacées.

Fruits et semences

L'acide tannique existe dans les fruits du marronnier d'Inde, du néflier commun, du sorbier, du prunellier ou prunier épineux, du rosier sauvage ou églantier, du grenadier, de l'aulne, etc., ainsi que dans le brou de noix, dans les cônes de cyprès, dans les graines du cornouiller sauvage, de la patience aquatique, dans la badiane, appelée aussi semence de Zinghi, anis étoilé, anis des Indes, de la Chine, de Sibérie, des Philippines, etc.

Parmi les fruits tannifères les plus employés par les tanneurs des divers pays, nous citerons la vallonnée ou avelanède, le libi-dibi, les bablahs, les baliba-bolahs, la noix d'arec, les myrobolans, les algarobillas.

Vallonnée ou *avelanède*, ou *velanède*, ou *falonia*. — C'est le calice ou cupule du fruit du chêne vélani (*Quercus œgilops*), qui croît dans les îles de l'Archipel grec, dans les forêts de l'Asie-Mineure et dans plusieurs autres parties de l'Orient. On la trouve improprement classée dans le commerce, parmi les galles, sous le nom de *gallons du Levant*, et en Allemagne sous celui de *knopperns d'Orient*.

Il s'en fait un grand commerce à Smyrne, d'où l'on en exporte chaque année par millions de kilogrammes. Cette cupule est épaisse de 2 à 4 millimètres, sèche, assez légère, difficile à rompre, d'un gris rougeâtre en dedans, et hérissée à l'extérieur d'écailles libres d'un gris sombre. Le gland, qui l'accompagne habituellement, est quelquefois plus gros que le pouce. Il est toujours léger, et souvent creux ou rempli d'une poussière noirâtre qui provient de la décomposition de sa partie charnue.

Muller a trouvé jusqu'à 50,50 0/0 d'acide tannique dans l'avelanède. En moyenne, elle en renferme de 35 à 38 0/0.

Libi-dibi, divi-divi, nacasol ou *wouatta-pana*, appelé aussi *Bablah du Pérou et de l'Orénoque*. — C'est le fruit de la *cœsalpinie des corroyeurs* (*Cœsalpinia coriaria*), arbre de la famille des Cœsalpiniées, qui est très répandu dans les lieux maritimes de la Colombie, du Mexique et des Antilles, et qui, en outre, fournit à l'industrie une grande partie du bois dit du Brésil, de Pernambouc, de Sapan, de Sainte-Marthe, de Nicaragua, etc.

Le divi-divi se présente sous la forme de gousses, longues de 7 à 8 centimètres, larges de 15 à 20 millimètres, et recourbées en S, en C ou en O, ce qui les fait un peu ressembler à la racine de bistorte. Sous une enveloppe mince, lisse et d'un rouge brunâtre, chacune de ces gousses renferme 7 à 8 graines très dures, de couleur rousse et à saveur styptique. On a trouvé, dans le divi-divi, de 36 à 49,26 0/0 d'acide tannique.

Bablahs ou *Lablahs.* — Nous venons de voir que le libi-dibi est quelquefois appelé bablah du Pérou. Toutefois, aujourd'hui, on réserve spécialement ce nom de bablah aux fruits de l'acacia véritable (*Acacia vera*), acacia d'Egypte ou du Nil (*Acacia nilotica*), ou gommier rouge, arbre de la famille des Légumineuses, qui se trouve en abondance dans la Haute-Egypte, en Nubie, en Arabie, au Sénégal, dans plusieurs parties de l'Inde et de l'Amérique tropicale. En Nubie, on les appelle vulgairement nibs-nibs ou nebs-nebs. Des fruits semblables sont fournis par d'autres arbres de la même famille et qui appartiennent aux mêmes pays, surtout par l'acacia d'Arabie (*Acacia arabica*).

Les bablahs sont des gousses séchés, à peu près droites, longues d'environ 10 centimètres, larges de 8 à 10 millimètres, et d'un gris cendré recouvert d'un léger duvet qu'on prend à première vue pour une fine poussière. Ces gousses sont divisées transversalement, par des étranglements plus ou moins marqués, en un certain nombre de loges renfermant chacune une graine assez semblable à une grosse lentille. Dans le commerce, on les distingue en ajoutant à leur nom celui de leur pays d'origine.

Balibabolahs ou *balibobolahs.* — Ils proviennent d'un autre arbre de la famille des Légumineuses, l'acacia de Farnèse (*Acacia farnesiana*), qui appartient également aux pays chauds. Ce sont des gousses longues d'au moins 7 centimètres, arrondies, très gonflées, et de couleur noire, avec deux sutures blanches qui se prolongent d'une extrémité à l'autre. Chacune

de ces gousses contient vingt-cinq graines
brunes, brillantes et de forme ovale.

L'acacia de Farnèse est cultivé aujourd'hui
en Italie, en Espagne et dans une partie de
notre ancienne Provence, mais ce n'est en
Europe qu'un petit arbuste, tandis qu'en
Orient et dans l'Inde, il atteint communément
une hauteur de 5 à 6 mètres. En Provence, on
l'appelle habituellement cassier, cassie, casse
du Levant, et l'on donne à ses fruits le nom de
cassis ou graines de cassis.

Noix d'arec, appelée improprement *noix de
betel.* — C'est le fruit d'un grand arbre de la
famille des Palmiers, qui croît dans les parties
les plus chaudes de l'ancien et du nouveau
monde, plus particulièrement dans l'Inde, en
Cochinchine, dans les îles de la Malaisie, et que
Linné a nommé aréquier cachou (*Areca catechu*), parce qu'il croyait, par erreur, qu'on en
retirait exclusivement le cachou.

La noix d'arec a la grosseur d'une belle ave-
line. Elle est arrondie d'un côté et tronquée de
l'autre. Extérieurement, elle est d'un brun
foncé, mais, à l'intérieur, elle présente des
veines blanchâtres et rousses.

Myrobolams ou *myrobolans.* — Ce sont les
fruits de plusieurs badamiers, arbres de la
famille des Combrétacées, qui croissent dans
les parties les plus chaudes de l'Asie méridionale et de l'Océanie, surtout dans le Malabar
et les îles malaises. Leur couleur varie du jaune
au noir et leur grosseur de celle d'une petite
olive à celle d'une datte. On en distingue plusieurs espèces, telles que les myrobolans ci-
trins, fournis par le badamier citrin (*Terminalia*

citrina) ; les myrobolans bellirics, noix de bedda ou huleleh, fournis par le badamier belliric (*Terminalia bellirica*) ; les myrobolans chébules, fournis par le badamier chébule (*Terminalia chebula*), et les myrobolans indiques ou indiens, récoltés également sur le badamier chébule, mais avant leur maturité.

D'après Galloway, les myrobolans contiendraient 18,2 0/0 d'acide tannique, sauf cependant les noix de bedda, où il n'en aurait trouvé que 9,1 0/0. Un autre chimiste en a rencontré jusqu'à 52 0/0 dans les myrobolans bellirics.

On trouve encore, dans le commerce, des myrobolans emblics, mais les fruits de ce nom ne proviennent pas d'un badamier ; ils sont fournis par le phylante emblic (*Phylantus emblica*), de la famille des Euphorbiacées.

Algarobiles ou *algarobillas* ou *algarobas*. — Les Espagnols appellent ainsi le fruit du caroubier (*Ceratonia siliqua*), famille des Légumineuses, mais les Américains du sud donnent le même nom aux gousses de plusieurs espèces de la famille des Mimosées. Parmi ces gousses, nous citerons celles du *Prosopis pallida* et du *Prosopis dulcis*, qui sont employées sur une grande échelle par les tanneurs du Chili, du Pérou, du Brésil, du Rio de la Plata, etc.

Bulbes et racines

La plante bulbeuse où l'on a signalé le plus de tanin paraît être la *scille maritime* (*Scilla maritima*), appelée aussi oignon marin ou squille, famille des Liliacées, qui croît en abondance sur les côtes de la mer, en Espagne, en Italie, dans le nord de l'Afrique, dans le Levant, dans plusieurs de nos départements méridionaux, tels que ceux de l'Aude, de l'Hérault, etc. Sa bulbe ou oignon est grosse, charnue, en forme de poire, et recouverte de plusieurs tuniques rougeâtres, papyracées, inertes, qui en recouvrent d'autres d'un blanc rosé. On en distingue deux variétés, l'une appelée scille mâle ou scille d'Espagne, qui a les écailles ou squames rouges, et l'autre, nommée scille femelle ou scille d'Italie, qui a les écailles blanches. D'après Vogel, 100 parties de scille en contiendraient 24 de tanin, et, d'après d'autres chimistes, 8 seulement.

Parmi les racines tannantes, les plus importantes paraissent être celles des végétaux qui suivent :

1° La dentelaire (*Plumbago europœa*) vulgairement malherbe ou herbe aux cancers, famille des Plombaginées ;

2° Plusieurs fougères, entre autres, la fougère mâle ou néphrode (*Polypodium filix max*), la fougère femelle ou ptéride (*Apidium filix femina*) et la fougère royale (*Filix florida*) ;

3° Le ratanhia, arbuste rampant de la famille des Polygalées, qui croît dans les lieux arides et sablonneux du Pérou et des contrées voisines. Il en existe deux variétés, l'une appelée ratanhia ordinaire ou ratanhia de Payta, qui est la racine du krameria triandra, et l'autre, nommée ratanhia savanille ou ratanhia brun, que l'on croit fourni par le krameria ixina. L'écorce du ratanhia contient 42,5 0/0 d'acide tannique ;

4° Plusieurs espèces du genre rhubarbe,

famille des Polygonées, surtout la rhubarbe de Moscovie, de Tartarie ou de Boukharie (*Rheum palmatum* et *undulatum*), dans laquelle Brande a trouvé 9 0/0 de tanin ;

5° Le pyrèthre (*Anthemis pyrethrum*), vulgairement salivaire, famille des Synanthérées ;

6° La potentille rampante ou quintefeuille (*Potentilla reptans*) et la potentille ansérine (*Potentilla anserina*), famille des Rosacées ;

7° La patience ou oseille aquatique (*Rumex aquaticus*) et la patience sang-dragon ou oseille rouge (*Rumex sanguineus*), famille des Rosacées ;

8° La tormentille droite (*Tormentilla erecta*), famille des Rosacées ; elle renferme 17 0/0 de tanin ;

9° L'arnica (*Arnica montana*), vulgairement tabac des Savoyards, des montagnes ou des Vosges, etc., famille des Synanthérées ;

10° Plusieurs espèces du genre statice, entre autres la statice corroyère (*Statice coriaria*), qui croît naturellement en Russie, et la statice commune (*Statice limonium*), vulgairement romarin des marais, lavande triste ou lavande de mer, qui est très commune aux environs de Narbonne, famille des Plombaginées.

Bois et écorces

Le *bois* de presque tous les arbres dont les écorces sont riches en tanin contiennent plus ou moins de cette substance. Quant à ces dernières, elles sont assez nombreuses ; mais avant de faire l'énumération des plus importantes, nous croyons devoir dire quelques mots de leur constitution et de leur rôle.

On sait que, par *écorce*, on entend la partie du végétal qui entoure la tige et les racines, et qu'elle est à la plante et à l'arbre ce que la peau est à l'animal. Elle se compose de quatre parties bien distinctes, savoir : l'*épiderme*, l'*enveloppe herbacée*, les *couches corticales*, le *liber* ou *livret*.

L'*épiderme* est cette membrane mince, transparente, sèche, non élastique, qui est la partie la plus extérieure de l'écorce et qui recouvre les branches et les racines de toutes les plantes ligneuses. Il semble jouer le même rôle que celui des animaux, et il est produit par la réunion des parties les plus extérieures du tissu cellulaire, avec lequel il contracte une grande adhérence. Lorsque le végétal avance en âge, l'épiderme s'épaissit successivement par la superposition de nouvelles couches intérieures : alors il se détache et tombe par portions plus ou moins grandes. Dans certaines plantes, dites *parfaites*, l'épiderme se trouve comme verni par une substance de la nature de la cire, qui semble destinée à le garantir de la pluie et des vicissitudes atmosphériques.

Le *tissu cellulaire*, que Mirbel a nommé *enveloppe herbacée*, et Dutrochet, *médulle externe*, est la couche qui vient immédiatement après l'épiderme. Il offre un grand nombre de cellules d'une substance résineuse, le plus souvent verte et analogue au parenchyme des feuilles. Les botanistes le regardent comme étant destiné à séparer la matière de la transpiration des autres fluides : il paraît même que la décomposition de l'acide carbonique de l'air a lieu dans son tissu.

On donne le nom de *corticales* aux couches qui sont recouvertes par le tissu cellulaire. Elles sont formées de cellules allongées, placées les unes sur les autres et formant divers réseaux. Quoique tout porte à croire qu'elles exercent quelques fonctions dans la vie des plantes, cependant la nature de ces fonctions n'a pas encore été bien reconnue.

Le *liber* ou *livret* est peut-être la partie la plus essentielle de l'écorce : c'est elle qui repose sur le bois et qui, se détachant annuellement de l'écorce, se métamorphose en *aubier*, se fixe sur le cœur du végétal, et en augmente la grosseur. Le liber, examiné soigneusement, offre une sorte de réseau vasculaire, dont les alvéoles allongées sont remplies par du tissu cellulaire : il suffit de le laisser macérer quelque temps dans l'eau pour l'en séparer. Il se présente alors en feuillets qui, imitant ceux d'un livre, lui ont fait donner le nom de *liber* (livre en latin). L'étude de ce liber, sous le rapport de la physiologie végétale, est d'autant plus intéressante, qu'elle sert à rendre compte de la plupart des phénomènes de la végétation.

L'expérience a démontré que si l'on dépouille l'arbre de son écorce pendant la végétation, il exsude des bords de la plaie un liquide épais et visqueux, qui, en se desséchant, s'organise, prend une couleur verte et donne lieu à une nouvelle écorce, comme on peut l'observer chez les chênes-lièges. Cette liqueur, nommée *cambium*, doit être regardée comme un principe conservateur et régénérateur du végétal : elle est due au liber. C'est elle qui, en s'exsudant de celui-ci et de l'aubier, se distribue entre

Tanneur. 3

l'écorce et lui, et produit annuellement les
nouvelles couches de liber. Dans les tiges herbacées, le cambium agit différemment ; loin
de produire du liber, il se distribue dans les
diverses parties de la plante, afin d'opérer le
développement des organes de la végétation
ainsi que ceux de la fructification.

Duhamel a constaté le premier qu'on peut
dépouiller d'une partie de son écorce un arbre
vigoureux et en pleine végétation sans qu'il
périsse, en ayant soin de préserver la plaie du
contact de l'air ; dans ce cas, l'écorce est régé-
nérée par le cambium. Il est bon de faire observer que si cette écorce a été coupée circulaire-
ment et qu'on en ait enlevé suffisamment pour
que les deux plaies ne puissent se réunir au
moyen de deux bourrelets qui se produisent,
l'arbre ne tarde pas à périr.

L'écorce peut être considérée comme le
foyer d'un grand nombre de sécrétions végétales des plus importantes, et comme renfermant les réservoirs ou les vaisseaux des sucs
propres. Aussi, est-ce dans les écorces que résident les principes les plus énergiques des végétaux, et d'où l'on extrait plus particulièrement
et en bien plus grande quantité, la gomme, les
résines, les mucilages, les huiles volatiles, les
acides, surtout le tanin, etc. Il suffit, en effet, de
pratiquer des incisions sur l'écorce de quelques
arbres pour en voir découler des sucs résineux
ou gommeux, qui, par le contact de l'air, ne
tardent pas à se concréter.

Toutes les écorces, il est presque superflu de
le dire, ne renferment pas une égale quantité de
tanin ; il en est même qui, en raison de leur prix

élevé, ne sauraient être appliquées au tannage. Les plus riches en principes tannants sont fournies par les végétaux suivants :

1º Le chêne (*Quercus*) : nous indiquons au chapitre suivant celles des espèces de ce genre que l'on exploite le plus ordinairement ;

2º Le châtaignier commun (*Castanea vesca* ou *vulgaris*), famille des Quercinées ;

3º Le laurier cannellier (*Laurus cinnamomum*), arbre des contrées les plus chaudes de l'Ancien Monde et du Nouveau. On distingue deux sortes principales de cannelle : la cannelle de Ceylan, fournie par le cannellier de Ceylan (*Laurus cinnamomum*) qui croît aux Antilles, en Cochinchine, dans l'Inde, et surtout à Ceylan, où on le cultive sur une grande échelle ; et la cannelle de Chine, fournie par le cannellier cassia (*Laurus cassia*), qui croît au Malabar, en Cochinchine, aux îles de la Sonde, et surtout en Chine, dans la province de Kwangse ;

4º Le bouleau (*Betula alba*), vulgairement biole, aulne blanc ou arbre de la sagesse, famille des Amentacées : 1,675 0/0 de tanin, d'après Davy ;

5º Le mélèze (*Pinus larix, Larix europœa*), famille des Abiétinées : 1,675 0/0 de tanin, d'après Davy ;

6º Le marronnier d'Inde (*Œsculus hippocastanum*), famille des Hippocastanées : 1,875 pour 100 de tanin, d'après Davy ;

7º Le noisetier avelinier ou coudrier (*Corylus avellana*), famille des Amentacées : 2,916 0/0 de tanin, suivant Davy ;

8º Le hêtre (*Fagus sylvatica*), vulgairement

fau ou fayard, famille des Quercinées ; 2,084 0/0
de tanin, suivant Davy ;

9° Tous les peupliers, plus particulièrement
le peuplier d'Italie (*Populus fastigiata*), famille
des Salicinées : 3,125 0/0 de tanin ;

10° Le prunier épineux ou prunellier (*Prunus
spinosa*), famille des Rosacées : 3,33 0/0 de tanin ;

11° Le grenadier (*Punica granatum*), famille
des Myrtacées : 18,8 0/0 de tanin, d'après Davy ;

12° Le frêne (*Fraxinus excelsior*), famille des
Jasminées : 3,324 0/0 de tanin, d'après Davy ;

13° L'orme pyramidal ou orme champêtre
(*Ulmus campestris*), famille des Ulmacées :
2,71 0/0 de tanin, d'après Davy ;

14° Les divers quinquinas, arbres du genre
cinchona, famille des Rubiacées, qui appartiennent tous à l'Amérique méridionale et croissent
presque exclusivement sur les montagnes des
Andes, au Pérou, au Brésil et dans l'Equateur ;

15° Les sumacs, plus particulièrement le
sumac des corroyeurs (*Rhus coriaria*), etc.
(Voy. page 77) ;

16° Plusieurs saules, notamment le saule
blanc (*Salix alba*), famille des Salicinées :
2,295 0/0 de tanin, d'après Davy ;

17° Le sycomore ou érable blanc, appelé
aussi faux platane (*Pseudo platanus*), famille
des Acérinées : 2,295 0/0 de tanin ;

18° Tous les tamarisques ou tamaryx (*Tamarix gallica*), famille des Portulacées ;

19° La plupart des sapins, surtout le sapin
blanc d'Amérique ou sapin du Canada (*Abies
albu*), famille des Abiétinées, dont l'écorce est
désignée, dans le commerce, sous le nom
d'Hemloch.

Parmi les autres écorces tannantes, nous citerons encore celles de l'aulne, du moureiller ou
bois-tan (*Malpighia altissima*), famille des
Malpighiacées ; du gris-gris (*Bucida bucera*),
famille des Combrétacées ; de plusieurs acacias
ou mimosas, tels que l'acacia catechu, l'acacia
arabica, l'acacia farnesiana, l'acacia horrida,
l'acacia dealbata, l'acacia melanoxylon, etc.,
famille des Légumineuses ; du chêne des Antilles (*Catalpa longissima*), famille des Bigno-
niacées ; du manguier (*Mangifera indica*),
famille des Anacardiacées ; des conocarpes (*Co-
nocarpus arborea*), famille des Combrétacées ;
du badamier de Malabar (*Terminalia catalpa*),
même famille ; du palétuvier rouge (*Rhizophora mangle*), famille des Rhizophorées ; du
bois doux (*Inga dulcis*), famille des Légumineuses ; du goyavier à fruits durs (*Psidium
pomiferum*), famille des Myrtacées ; du bauhi-
nier (*Bauhinia variegata*), famille des Césalpi-
niées ; du tan rouge (*Veinmannia macrosta-
chia*), famille des Verbénacées ; du Quebracho
colorado (*Aspidospernum quebracho*), famille
des Apocynées ; de l'Hemlock, etc. ; qui toutes,
ainsi que le tarwar, écorce du cassia auriculata,
famille des Papilionacées, sont des arbres des
contrées les plus chaudes de l'ancien continent et du nouveau.

III. MATIÈRES VÉGÉTALES TANNANTES
EMPLOYÉES

Ainsi qu'on vient de le voir, la variété des
substances d'origine végétale que l'on peut em-

ployer dans le tannage est considérable, mais
en pratique la nomenclature fort longue que
nous venons d'en donner se réduit à un nombre
encore relativement restreint. C'est à dessein
que nous disons que ce nombre est *encore res-*
treint, car tous les jours amènent avec eux des
progrès nouveaux et telle matière végétale,
écorce, bois, feuilles, racines, fruits ou galles
qui ne présente aujourd'hui qu'un intérêt secondaire, parce qu'elle existe dans des contrées
peu ouvertes au commerce ou même peu explo-
rées, pourra devenir demain un produit courant
dans le commerce à la suite de nouvelles relations de peuples à peuples, ou de l'ouverture à
la civilisation de pays considérés barbares
jusqu'à ce jour.

Chaque pays emploie naturellement les matières tannantes que produit son propre sol et,
si ce principe, pour être absolument exact
d'une façon générale, était appliqué à la tannerie française, on pourrait croire que celle-ci
n'emploie exclusivement que l'écorce de chêne
dont elle produit de très grandes quantités,
300 millions de kilogrammes environ, tous les
ans, dont une partie importante, à peu près
50 millions, sont exportés à l'étranger. Cependant, malgré cette énorme production d'une
excellente matière tannante, la tannerie française utilise aussi, pour la fabrication de cuirs
spéciaux, des produits végétaux qui lui viennent de l'étranger. Nous n'examinerons pas
dans tous leurs détails ces différentes matières,
dont le lecteur retrouvera les principaux caractères dans l'énumération qui forme le sujet
des pages précédentes de ce chapitre ; mais

nous consacrerons une place plus étendue aux principales d'entre elles, à celles dont l'usage est le plus répandu dans notre tannerie. Nous procéderons à cet examen en suivant le même ordre que celui que nous avons adopté dans la classification des végétaux tannants.

Sucs tannants

Nous ne parlerons pas des sèves, car si nous en avons signalé qui contiennent du tanin, il n'y en a pas, que nous connaissions, qui soient employées dans la tannerie française.

Parmi les sucs tannants le plus généralement utilisés il faut signaler les cachous, le gambier et les kinos.

Cachous. — Ainsi que nous l'apprennent MM. Louis Meunier et Clément Vaney dans leur remarquable ouvrage sur la tannerie, le cachou est une bonne matière tannante se fixant rapidement, mais qui fermente facilement et donne peu d'acides. Il ne peut servir au tannage complet, mais on en fait une grande consommation en tannerie, comme complément de tannage en mélange avec d'autres substances tannantes. On l'emploie particulièrement dans le tannage des peaux travaillées en molleterie, des peaux sciées, des peaux destinées aux empeignes. Des tanneurs l'emploient pour les noirs lissés qu'ils nourrissent de ce tanin par l'application d'une couche sur chair.

Les cachous, qui arrivent en pains des pays d'origine que nous avons indiqués, varient dans leur valeur suivant leur richesse en tanin, aussi sont-ils souvent falsifiés. Les falsifications les moins graves pour le tanneur sont celles qui consistent à mélanger les cachous riches en tanin avec des sortes plus pauvres, mais l'essai de ces matières que nous traiterons plus loin permet d'assigner la valeur exacte du produit. Il existe aussi des falsifications plus grossières qui consistent à mélanger au produit des matières inertes telles que : l'argile, le sable, la terre, etc..; ces dernières se décèlent par leur défaut de solubilité dans l'eau et aussi par la teneur faible en tanin.

Gambier. — Le gambier a une teneur en tanin variant de 35 à 47 0/0. Il est bon pour le cuir à empeignes, à harnais, et pour les cuirs sciés. Il donne de la souplesse et de la ténacité, mais, employé seul, il fournit un cuir mou et spongieux de couleur foncée. Il se mélange bien avec l'écorce de mimosa et la valonce (L. Meunier et C. Vaney).

Le gambier est souvent mélangé au cachou. Nous ne dirons pas que ce fait constitue sa falsification, car moins riche en tanin que les bons cachous, c'est plutôt une falsification de ces derniers que fournit le mélange en question. Le moyen de reconnaître ce mélange a été fourni par Gibsen et est basé sur l'examen microscopique de la matière, ou plutôt du résidu que fournit la dissolution de son extrait par un alcali ou l'acide acétique. Avec le cachou pur le microscope fait apercevoir des débris de fibres ligneuses et de grands vaisseaux ponctués avec auréoles, mais il n'y a jamais de tissus parenchymateux dissociés.

Si le cachou est mélangé au gambier, on voit au microscope, avec ce que nous venons

d'indiquer, de nombreuses cellules parenchy-
mateuses plus ou moins dissociées, des poils
avec des ponctuations parfaitement distinctes.

Kinos. — Ces sucs, dont nous avons donné les
origines plus haut, sont encore les moins employés dans la tannerie française, nous n'ajouterons donc rien à ce que nous en avons déjà dit.

Excroissances

Noix de galle. — D'après ce que nous avons
vu précédemment, on désigne sous le nom générique de noix de galle bien des sortes
d'excroissances dues à la piqûre d'un insecte, et
ces noix de galle présentent des teneurs en
tanin assez variables selon leur origine. On
pourrait même dire que, tandis qu'il en est qui
sont très riches en tanin, il y en a, au contraire,
qui en sont très pauvres. Aussi, les premières
constituent-elles un produit de choix d'un prix
relativement élevé et qu'on utilise principalement à l'extraction du tanin et non pas à la
tannerie ; les secondes, par contre, sont trop
pauvres en matières tannantes pour trouver
leur emploi en tannerie.

Cependant on emploie en tannerie des galles
qui, pour ne pas être appelées noix, n'en sont
pas moins exactement de la même famille,
mais comme elles sont plus connues sous des
noms spéciaux, c'est sous cette dénomination
que nous en dirons quelques mots.

Knoppérns. — Ces galles sont employées en
tannerie pour la fabrication des cuirs forts à
semelles ; elles augmentent la fermeté du cuir
et lui donnent une couleur sombre et une

coupe brun foncé. On les mélange avec l'écorce
de pin ou avec la valonée pour le cuir fort
(Meunier et Vaney).

Rove. — Comme nous l'avons dit plus haut,
c'est une matière d'un rouge foncé lorsqu'elle
est fraîche, c'est-à-dire dans les meilleures conditions au point de vue de sa teneur en tanin ;
elle nous arrive à l'état de poudre ; sa couleur
fonce davantage lorsqu'elle vient de galles plus
vieilles et arrive au gris lorsqu'elle est trop
vieille. A ce dernier état, sa teneur en tanin est
très faible, aussi sa valeur est-elle beaucoup
moindre.

Cette matière réduite en poudre, comme
nous venons de le dire, donne une belle couleur au cuir, mais le cuir tanné au rove seul
n'est pas assez nourri et a un rendement trop
faible. On l'emploie principalement en mélange
avec l'écorce de chêne, de sapin et le divi-divi.
En proportion de 10 0/0 pour les cuirs à semelle,
cette matière tannante donne de bons résultats;
son mélange peut se faire jusqu'à une proportion de 15 à 20 0/0 pour les cuirs de dessus, les
cuirs de sellerie, etc. ; son emploi est indiqué
pour les cuirs refendus, à empeignes ou de genre
analogue ; son assimilation est très rapide dans
le recouchage (L. Meunier et C. Vaney).

Tamarin. — Rien à dire de ce produit au
point de vue de son emploi en tannerie, car on
l'utilise surtout en Algérie et en Tunisie.

Fruits et semences

Valonées. — De tous les fruits et semences
contenant du tanin, les valonées occupent le

rang le plus important. Leurs variétés sont assez nombreuses, mais il est à remarquer que les meilleures sortes sont celles qui ont la plus forte densité en même temps que la couleur la plus claire.

Le tanin de valonées est de qualité très estimée, il rend les cuirs fermes si l'on en fait un usage prudent, autrement la fleur serait dure; la couleur du cuir tanné à la valonée est claire et sa coupe sombre. La valonée fournit un tannage relativement cher, qui n'est employé que pour les produits de bonne qualité, surtout pour le cuir à semelles et les courroies. On la mélange généralement avec le myrobolam, le gambier, le mimosa, le chêne, le sapin.

Un mélange de 3 parties de mimosa, 1 partie de valonée, auquel on a ajouté 1/5 de gambier, donne une substance tannante qui, au point de vue du rendement, peut atteindre 55 0/0 du poids de la peau verte (L. Meunier et C. Vaney).

Myrobolams. — Les myrobolams de qualité inférieure se pulvérisent facilement entre les mains, les fruits les plus pauvres en tanin sont les plus légers. La poudre de myrobolams ne doit être ni amère ni alcaline; en les humectant et en les frottant dans la main ils ne doivent pas coller à la peau. La poudre de myrobolams est souvent falsifiée, ce dont on ne peut se rendre compte que par l'analyse chimique.

Le myrobolam gonfle la peau, mais ne donne pas un cuir dense. On peut l'employer en jus ou en poudre, mais dans ce dernier cas il faut être prudent, car ce produit peut donner lieu à des taches sur le cuir; cette poudre étant, en effet, très hygroscopique, elle forme des masses fermes lorsqu'elle a été exposée à l'humidité, masses qui opposent une grande résistance à la pénétration de l'eau et du jus.

On ne peut pas tanner complètement au myrobolam, il faut le mélanger aux écorces de chêne ou tannée pour les cuirs forts à semelles et cuirs de courroies.

En ce qui concerne le tannage du cheval, si l'on ne fait pas attention à la couleur, on peut le mélanger avec l'extrait de québracho ; dans ce cas, il donne un mélange peu coûteux et d'assez bonne qualité. On peut mélanger le jus de myrobolam avec d'autres extraits (L. Meunier et C. Vaney).

Lididibi ou *dividivi*. — Il est plus souvent désigné aujourd'hui sous le deuxième des deux noms ci-dessus et s'emploie en quantités assez grandes en tannerie. Pour l'utiliser, on le concasse et on le tamise ; ce sont les fragments de la couche charnue qui passent au travers du tamis, c'est la partie la plus riche en tanin. Sur le tamis restent les parties membraneuses et les graines qui sont rejetées. Avec la partie tamisée, on fait les jus en l'épuisant à l'eau chaude.

Le dividivi tanne rapidement et a un pouvoir gonflant moyen ; il donne un cuir mou, creux, très solide, de couleur rougeâtre désagréable, même quand cette substance est employée en faible quantité. Aussi, en raison de la couleur désagréable et malgré le bon marché de cette substance tannante, on l'emploie mélangée avec le myrobolam et la valonée (L. Meunier et C. Vaney).

Algarobilles. — Le tanin de l'algarobille est

localisé dans la paroi de la gousse, il est facilement soluble dans l'eau froide ; il donne des jus très clairs et colore faiblement le cuir en jaune clair rougeâtre. Employée seule, la matière tannante de l'algarobille ne donne pas un bon produit, car elle fournit un cuir de couleur claire, mou et souple. Il faut toujours l'employer en mélange avec d'autres matières tannantes ; on peut s'en servir avec avantage pour la préparation des cuirs à empeignes et surtout pour les tannages complémentaires où elle peut parfaitement remplacer le sumac. (L. Meunier et C. Vaney).

Feuilles

Sumac. — Sous le nom de sumac on devrait réellement ne comprendre que les feuilles pulvérisées de ce végétal, mais en réalité on donne ce nom à une poudre plus ou moins grossière qu'on obtient en triturant les tiges et les feuilles desséchées de plusieurs arbrisseaux, arbustes ou simples plantes herbacées de la famille des térébinthacées, qui viennent naturellement ou que l'on cultive exprès en Syrie, dans l'Asie-Mineure, dans l'Europe méridionale, dans presque toute l'Afrique du Nord (Maroc, Algérie, Tunisie, Tripolitaine) et dans plusieurs contrées des Etats-Unis.

La préparation de cette substance est des plus simples. Quand le moment de la récolte est arrivé, on coupe les tiges jusqu'à la racine, on les fait sécher au soleil, puis on passe le tout, tiges et feuilles, sous des meules verticales de pierre, comme celles qui servent au broyage des olives pour la fabrication de l'huile. Quelquefois on ne moud que les feuilles et leurs pétioles. Dans ce cas, aussitôt après la dessiccation, on sépare les feuilles des tiges par un battage effectué au moyen de bâtons ou de fourches, après quoi on les porte au moulin.

Il existe plusieurs espèces de sumacs ; mais deux surtout sont employées pour la préparation des cuirs, savoir : le *sumac des corroyeurs* (rhus corriara) et le *sumac des teinturiers* (rhus myrtifolia) appelé vulgairement *redon* ou *redoul, corroyère,* herbe aux tanneurs, herbe au noir, herbe aux teinturiers.

1º Le sumac des corroyeurs est surtout cultivé en Asie, en Espagne, au Portugal, en Sicile, dans les États barbaresques et dans quelques-uns de nos départements méridionaux. Il renferme les variétés commerciales appelées, du nom du pays de production, *sumacs de Sicile, sumacs d'Espagne, sumacs de Portugal, sumacs d'Amérique, sumacs de France.*

Les sumacs de Sicile sont les plus appréciés, parce que ce sont les plus riches en tanin. Le meilleur se récolte sur le territoire de Carini dans le Val di Mazara, aux environs de Palerme. Il est en poudre plus ou moins fine, bien tamisée, exempte de bûchettes, douce au toucher, et d'un beau vert tendre velouté tirant un peu sur le jaune. Sa saveur est très astringente, son odeur assez agréable et pénétrante. Une sorte, qui est de qualité inférieure, a moins d'odeur et de saveur, et une couleur d'un jaune roux.

Les sumacs d'Espagne se divisent en *sumac de Malaga, sumac de Molina* et *sumac de Valladolid.*

Le *sumac de Malaga* ou *Prieto* vient immédiatement après celui de Sicile. Il est en poudre fine, mais contenant beaucoup de bûchettes peu écrasées et quelquefois des graines. Sa couleur varie du vert pâle au vert jaune. Enfin son odeur, assez forte, ressemble parfois à celle du thé.

Le *sumac de Molina* et celui de *Valladolid* sont très inférieurs au précédent. Ils sont infiniment chargés de corps étrangers, et leur couleur est moins intense.

Les *sumacs de Portugal* sont également désignés sous le nom de *sumacs de Porto*. Ils ont à peu près les mêmes caractères que celui de Malaga, sauf que la poudre est plus grosse et souvent souillée de sable.

Les *sumacs de France* ou *sumacs de pays* comprennent deux variétés : le *sumac fauvis* et le *sumac de Donzère*.

Le *sumac fauvis* ressemble au sumac de Sicile ou à celui de Malaga, suivant qu'il a été trituré avec plus ou moins de soin, et qu'on l'a débarrassé de la presque totalité ou d'une faible partie seulement des bûchettes. Cependant sa couleur est généralement plus terne, et il se conserve moins longtemps. On le prépare dans les départements du Var et des Alpes-Maritimes, plus particulièrement aux environs de Brignoles.

Le *sumac de Donzère* se présente en poudre grossière, grenue, mais égale, ayant une couleur analogue à celle du cuir, une saveur acerbe et astringente, une couleur d'un vert foncé et sombre. C'est une sorte très estimée. Sa préparation est localisée dans quelques communes de

Vaucluse et de la Drôme, surtout aux environs de Montélimar et de Donzère.

2º Le *sumac des teinturiers* croît spontanément ou est cultivé dans les mêmes régions que le précédent. En France, on en connaît deux sortes, toutes les deux indigènes, savoir : le *sumac redoul* ou *redon* et le *sumac pudis*.

Le *sumac redoul* est en poudre fine, nette, sèche, douce au toucher et d'un vert tendre grisâtre, avec une odeur herbacée. Il est peu estimé ; on le prépare dans nos départements méridionaux, principalement dans ceux du Tarn, de Tarn-et-Garonne, de l'Hérault et de la Haute-Garonne.

Le *sumac pudis* est également en poudre fine, mais sans consistance et comme mousseuse, d'une odeur forte, d'un vert jaunâtre et clair. C'est la sorte la moins estimée. Il vient des mêmes régions que le précédent.

Les sumacs dont il vient d'être question sont les vrais sumacs. Le produit qu'on appelle *faux sumac, sumac de Venise, sumac d'Italie,* est formé des feuilles et des branches et de l'écorce du fustet ou fustel (rhus cotinus), arbrisseau qui croît aux Antilles ainsi qu'en Illyrie, en Transylvanie, et dans quelques contrées de l'Europe méridionale. Il n'est guère employé qu'en Hongrie, en Turquie et dans les autres pays de production, où on l'applique surtout à la préparation des peaux destinées à être teintes en jaune. On le désigne quelquefois sous le nom de rausch que lui donnent les Tyroliens.

Les vrais sumacs sont souvent falsifiés ; la sophistication la plus grossière consiste à mé-

langer leur poudre avec du sable, mais elle est
facilement décelée, car il suffit de jeter deux ou
trois pincées de la poudre dans un verre d'eau.
Les parties végétales surnagent quelque temps
le liquide, tandis que la matière minérale étant
plus dense tombe au fond du vase. Mais la
falsification la plus courante consiste à mélanger la poudre de vrai sumac avec la poudre de
faux sumac ou avec la poudre des feuilles de
lentisque, ou encore avec la poudre de tamarin.
Ces végétaux contiennent bien du tanin, mais
en quantité moindre que le vrai sumac, ce
qui diminue la qualité de ce dernier.

Voici la richesse en tanin des principales
sortes commerciales de sumac :

Sumac de Sicile (Alcano)	24 0/0 de tanin.
— — (Galieri)	22 —
— — (Val di Mazara)	20 —
— de Malaga	16 —
— d'Espagne	14 —
— de Porto	14 —
— d'Italie	13 —
— de France	10 à 12 —
— d'Amérique	15 à 20 —
— d'Australie	16 à 20

Nous nous sommes un peu étendu sur le
sumac parce que c'est une matière tannante
indigène et qui, si elle ne sert pas beaucoup
dans la tannerie, que nous envisageons, du
moins à son état naturel, elle sert à faire des
extraits tannants dont la tannerie fait un
grand usage aujourd'hui dans ce que l'on désigne sous le nom de tannage aux extraits,
que nous examinerons dans le chapitre spécial

qui lui sera consacré. Le sumac sert principalement en maroquinerie pour les cuirs de chèvre et de mouton destinés à être teints.

Bois et écorces

Quelques arbres ont leur bois relativement riche en tanin, tel le chêne pour ne citer que l'arbre de nos pays et que tout le monde connaît. Les bois de ces arbres peuvent donc être utilisés au tannage, et ils l'ont d'ailleurs été dans une mesure assez grande, mais étant donnée la quantité qu'il en faut pour obtenir une teneur en tanin suffisant au travail des peaux, c'est un produit encombrant, d'autant plus que, comme nous le verrons plus loin à propos du chêne, l'écorce est beaucoup plus riche en tanin que le bois lui-même, elle est moins encombrante, en outre, elle s'obtient et se manipule plus facilement. Mais, depuis l'avènement, en tannerie, des extraits, on se sert de certains bois tels que le chêne, le châtaignier et le quebracho, originaire de l'Amérique du Sud, pour la fabrication des extraits. Sans vouloir empiéter sur ce que nous dirons plus loin des extraits, on comprend de suite qu'ils constituent, sous forme liquide ou sèche, toute la matière tannante des bois en question, rassemblant ainsi, sous un petit volume, des doses de tanin qu'on n'aurait pu avoir qu'en employant une grande quantité de bois.

Si le bois n'est que peu utilisé comme matière tannante, les écorces sont restées une matière première très estimée et très recherchée en tannerie. Nous signalerons brièvement les

principales en empruntant les indications fournies à leur sujet par MM. L. Meunier et C. Vaney dans leur excellent ouvrage « La Tannerie »,
et en laissant de côté l'écorce de chêne à
laquelle, en raison de sa très grande importance, nous consacrerons un chapitre spécial.

Écorce de sapin. — L'écorce de sapin et de
pin est très utilisée dans les pays septentrionaux ; c'est la matière tannante la plus employée en Autriche-Hongrie, en Bavière, en
Wurtemberg, en Saxe et en Prusse ; on l'emploie encore beaucoup en Suisse, en Savoie et
dans le Jura français. L'écorce de sapin constitue le *tan rouge* des Allemands et des Autri-
chiens.

L'écorce de sapin contient moins de tanin et
plus de suc que l'écorce de chêne, aussi donne-
t-elle un plus grand gonflement de la peau que
l'écorce de chêne. C'est une bonne matière
tannante qui peut se substituer dans certains
cas à l'écorce de chêne.

Écorce de saule. — C'est surtout en Russie et
en Suède et Norwège que la tannerie fait usage
de l'écorce de saule, mais on la voit encore employée en Autriche-Hongrie, en Allemagne et
en Danemark. Elle fournit un cuir souple, de
couleur claire et d'une odeur caractéristique.
On peut la mélanger dans une proportion de
15 0/0 à l'écorce de chêne pour obtenir un cuir
souple et élastique.

Les variétés de saule existent en grand nombre et leurs écorces sont utilisées à peu près
indistinctement.

Écorce de bouleau. — C'est encore dans les
pays septentrionaux que cette écorce s'est vue

recherchée depuis très longtemps pour le tannage. Le nord de la Russie, la Finlande, la
Suède et la Norwège sont les premiers pays qui
aient utilisé l'écorce de bouleau, mais depuis de
longues années déjà elle s'est répandue en
Allemagne et en Amérique. C'est l'écorce de
bouleau qui communique au cuir de Russie
son odeur particulière ; le tannage, avec ce
produit, fournit un cuir clair et mou qui
convient parfaitement aux peaux légères destinées aux empeignes.

Écorces de mimosa ou d'acacia. — Ces écorces
originaires d'un acacia australien qui comprend
de très nombreuses espèces, sont très employées
dans la tannerie moderne, en mélange avec
d'autres matières tannantes, aussi ce développement dans la consommation a-t-il provoqué
l'essai d'acclimatation des arbres qui les produisent dans différentes régions telles que
l'Algérie et la Tunisie, pour ne citer que des
territoires français.

Ces écorces sont pauvres en suc, aussi don-
nent-elles un faible gonflement de la peau ; elles
ont une couleur rouge très marquée, ce qui
fait qu'en Europe, on ne les emploie qu'en
mélange avec l'écorce de chêne, la valonée, le
myrobolam, etc.

Voici des mélanges qui se pratiquent fréquemment : 3/4 de mimosa pour 1/4 de valonée,
on ajoute ensuite 1/5 du poids total de gambier.
On obtient ainsi un cuir semblable à celui qui
est tanné à l'écorce de chêne. Pour le cuir à
empeignes on peut employer le mélange suivant : 1/2 de mimosa et 1/2 de pin, ou 1/2 de
mimosa, 1/5 de myrobolam et le restant de pin.

Pour les cuirs à courroies ou de molleterie, on prend 50 0/0 de mimosa, 45 0/0 de chêne et 5 0/0 de pin.

Les écorces de mimosa d'Australie sont désignées sous le nom de *wattes*. Les meilleures et les plus riches en tanin sont le *blackwattlebark* (écorce noire) et le *greenwattlebark* (écorce verte).

Ecorce d'aulne. — L'écorce d'aulne est très riche en tanin (16 à 20 0/0); employée seule elle donne un cuir dur et très cassant. On ne peut l'utiliser qu'en mélange avec des knopperns, de la valonée ou de l'écorce de chêne.

Ecorce de manglier. — Elle ne fournit au tannage qu'un cuir mou, mais peut donner de bons résultats pour la préparation des cuirs à empeignes et à harnais quand elle est mélangée à d'autres écorces tannantes. Ainsi le mélange suivant : pin 40 parties en poids, chêne 20, mangles 30 et mimosa 10, donne un bon cuir et de bonne couleur.

Ecorce d'hemlock. — Cette écorce, assez nouvellement venue sur le marché européen, provient d'un pin du Canada; elle s'emploie surtout en mélange, car avec le tanin elle contient une matière colorante rouge qui donne une teinte foncée au cuir.

CHAPITRE III

Ecorces de chêne

SOMMAIRE. — I. Chênes. — II. De l'écorce de chêne ou tan. — III. Ecorçages. — IV. Pulvérisation des écorces.

L'écorce de chêne étant la matière tannante à peu près la plus anciennement connue, ayant été aussi employée depuis des siècles en France, où elle continue à fournir à la tannerie un produit des plus précieux, nous pensons que nous ne pouvons faire moins que lui donner une place à part et lui consacrer des développements plus détaillés qu'aux produits précédemment examinés.

Quelques mots sur les principales espèces de chênes ont ici leur place naturelle. Le nombre de celles qui sont bien connues est déjà très considérable, mais nous ne parlerons que des espèces utilisées d'une façon courante en tannerie. On sait qu'elles se groupent en deux grandes sections : les *chênes à feuilles caduques* et les *chênes à feuilles persistantes* ou *chênes verts*.

I. CHÊNES

Chênes à feuilles caduques

1° *Chêne pédonculé*, appelé vulgairement *chêne commun*, *chêne blanc*, *chêne femelle*, *chêne* à grappes, gravelin. C'est celui que l'on rencontre le plus souvent dans nos forêts, excepté toutefois aux environs de Paris. Il atteint des proportions très considérables et vit très longtemps. Son tronc est droit et bien proportionné. Cette espèce abonde dans toute l'Europe moyenne et s'avance jusque dans les parties méridionales de la Suède. Elle renferme plusieurs variétés qui diffèrent par leur port, leurs rameaux, surtout leurs feuilles.

2° *Chêne à glands sessiles*, appelé vulgairement *chêne roure ou roubre, chêne mâle, durlin*. Il parvient aux mêmes dimensions que le précédent et vit aussi longtemps, mais son tronc est noueux et rarement droit. C'est l'espèce la plus commune dans les forêts des environs de Paris. On y reconnaît une quarantaine de variétés, telles que le *chêne à trochets*, le *chêne des collines* ou *chêne laineux*, le *chêne osier* ou *chêne de haies*, le *chêne noir*, le *chêne à larges feuilles*, *chêne de malédiction* ou *auzin*, etc. ; mais elles sont toutes inférieures au durlin proprement dit.

3° *Chêne augoumois*, appelé aussi *chêne tauzin* ou *loza, chêne noir, roure*. Il croît dans les Basses-Pyrénées, la Sarthe, le Maine-et-Loire, les Landes de Bordeaux, etc. C'est aussi un grand et bel arbre, et, comme celui du roure, son tronc est noueux et souvent irrégulier. Il comprend trois variétés principales, dont une, le *chêne nain*, n'a quelquefois qu'une hauteur de 30 à 40 centimètres.

4° *Chêne cerris ou chêne chevelu*. Il ne s'élève guère au delà de 8 à 10 mètres, et a le tronc noueux et contourné. On le rencontre assez fréquemment dans la plupart de nos départements. Cette espèce fournit deux variétés importantes : le *chêne crinite*, qu'on trouve dans les forêts de la Navarre, dans les bois des environs d'Eu, etc., et dont la cupule est hérissée de longues soies velues ; et le *chêne de Bourgogne*, qui abonde dans les forêts de la Bourgogne, ainsi que sur les montagnes du Jura, et dont les dimensions égalent celles des plus grandes espèces.

5° *Chêne zéen.* C'est une espèce magnifique, dont le port a de l'analogie avec celui du châtaignier. Il est propre à l'Afrique du Nord. En Algérie, où il est très commun, il peuple les forêts de l'Edough et des Beni-Salah. On le rencontre aussi dans le cercle de la Calle et sur plusieurs autres points.

6° *Chêne pyramidal, chêne cyprès* ou *chêne des Pyrénées.* Il offre la plus grande ressemblance avec le Pédonculé, dont il diffère surtout par la forme de ses feuilles et par la tendance qu'ont ses branches à se verticaliser et à se rapprocher de la tige comme celles des cyprès et du peuplier d'Italie. Cette espèce est surtout commune dans les Landes et les Basses-Pyrénées.

7° *Chêne velani.* C'est une espèce exotique qui croît naturellement en Orient, et que l'on a introduite dans les parties les plus chaudes de l'Europe. Ses glands, appelés vulgairement *avélanèdes* ou *valonées*, sont l'objet d'un grand commerce à cause de leur richesse en tanin, ainsi que nous l'avons vu précédemment.

8° *Chêne à galles.* Il abonde dans les mêmes pays que le précédent. C'est principalement sur lui qu'on recueille les *noix de galle.*

9º *Chêne blanc.* C'est un des plus beaux arbres de la famille. Il est commun aux États-Unis, et, en général, dans toute l'Amérique septentrionale, où il atteint quelquefois jusqu'à plus de 30 mètres. Son écorce est blanche, tachetée de noir. Les mêmes contrées renferment le chêne quercitron, le chêne noir, le chêne rouge, le chêne écarlate et une foule d'autres espèces.

Chênes à feuilles persistantes

1º *Chêne yeuse.* C'est l'arbre qu'on appelle ordinairement *chêne vert,* bien que ce nom convienne aussi à toutes les espèces de la même section. Ce chêne ne s'élève guère qu'à 10 mètres, et son accroissement est très lent ; mais il vit plusieurs siècles. Il est très répandu en Espagne, en Portugal et dans la plupart de nos départements méridionaux, principalement dans ceux de l'Aude, de l'Hérault, des Pyrénées-Orientales. On le trouve aussi abondamment en Corse et en Algérie.

2º *Chêne-liège.* Il croît naturellement dans toutes les parties de l'Europe méridionale, où il s'élève parfois jusqu'à 20 mètres. Il constitue aussi une des plus importantes richesses forestières de l'Algérie.

3º *Chêne à glands doux.* On le trouve dans les mêmes pays que les précédents. Il produit des glands qui se mangent, crus ou grillés, et ont un peu le goût de la châtaigne.

4º *Chêne kermès,* appelé aussi *chêne nain.* C'est un arbrisseau qui croît en buisson dans les terrains pierreux et sablonneux de nos départements méridionaux, et sur lequel vit le kermès végétal, c'est-à-dire l'insecte qui, avant la découverte de l'Amérique, donnait à la teinture la couleur écarlate. Il dépasse rarement 1 mètre ou 1ᵐ35. Dans l'Aude, l'Hérault, les Pyrénées-Orientales, le Tarn, le Gard, où on le rencontre le plus communément, il est vulgairement désigné sous le nom de *garrouille*. Il se trouve également en abondance dans le nord de l'Afrique, surtout dans les terrains qui environnent Oran, Mostaganem, etc. C'est même de cette partie de l'ancien continent que les tanneurs tirent la plus grande partie de son écorce.

II. DE L'ÉCORCE DE CHÊNE OU TAN

L'écorce de toutes les espèces de chênes qui viennent d'être passées en revue est employée par les tanneurs. Toutefois, en Italie, on se sert beaucoup des avelanèdes ou glands du chêne avelani, dont on tire de grandes quantités du Levant. En France même, dans les départements où abonde le chêne à kermès ou garrouille, c'est presque exclusivement de la racine de cet arbre qu'on fait usage, parce qu'elle est plus riche en tanin que l'écorce.

L'expérience a mis depuis longtemps hors de doute que les écorces des différentes espèces de chênes-lièges renferment d'autant plus de tanin et un tanin d'autant plus actif qu'elles croissent dans un pays plus chaud. C'est à cette circonstance que l'on attribue la bonne qualité que présentent en général les cuirs de fabrication algérienne. Les tanneurs d'Europe auraient donc intérêt à s'approvisionner, au moins en partie, de matières tannantes dans les contrées où la température est élevée. Cette innovation trouverait un puissant auxiliaire dans le procédé de dégager et de concentrer le tanin, qui, sous cette forme d'*extrait*, perd le défaut de s'altérer à l'humidité, et, en outre, gagne, au transport, les 90 à 92 pour 100 en poids de substances stériles auxquelles il est associé dans les écorces.

On sait que, dans l'écorce de toutes les espèces de chênes, le tanin se trouve inégalement répandu. Une des parties, l'épiderme, en est même totalement dépourvu, et une autre, le liber, en contient une très faible quantité. Cet acide existe principalement dans les couches corticales.

Une foule de circonstances influent sur la valeur commerciale des écorces, c'est-à-dire sur leur richesse en tanin. Telles sont : l'âge des arbres, les conditions de la végétation, la nature du sol, son exposition, la variété même de l'essence, la partie de l'arbre, les influences météorologiques, etc.

C'est à partir de douze ou quinze ans que l'on commence ordinairement à exploiter les bois pour leur écorce. A cet âge, l'écorce est, toutes choses égales d'ailleurs, la plus estimée. La qualité diminue progressivement de dix-huit à trente ans ; cependant, à cet âge, elle est encore très recherchée. Celle que fournissent les arbres de futaie, modernes et surtout anciens, l'est beaucoup moins. De plus, celle qui provient des taillis où la végétation est vigoureuse, a une qualité supérieure à celle des massifs

mal venants ou à l'état de dégénérescence.
En outre, dans les terrains secs, sur les pentes
exposées au soleil, la capacité tannifiante de
l'écorce est toujours plus grande, à poids égal,
que dans les terrains frais et plats, où l'humidité peut séjourner. Enfin, on assure que les
sols siliceux sont plus favorables à l'écorce que
les sols calcaires et surtout argileux. Il est
encore reconnu que les brins droits, lisses et
élancés donnent de meilleures écorces que les
brins tors et noueux, et que les écorces prises
sur la tige sont supérieures à celles qui l'ont
été sur les branchages.

Une autre remarque qui a été faite depuis
longtemps, c'est que de simples variétés d'une
même espèce de chêne amènent des différences
sensibles dans la richesse en tanin de l'écorce.
Ainsi, par exemple, trois pieds de chêne yeuse
peuvent donner trois qualités différentes
d'écorces, que l'on désigne sous les noms
d'*écorce jaune*, d'*écorce rouge* et d'*écorce blanche*,
tirés de la teinte de la cassure. La jaune est la
meilleure sous tous les rapports, vient ensuite la
rouge, puis la blanche. Ce n'est pas tout :
chacun des trois arbres fournit une certaine
quantité d'*écorce noire*. Cette écorce provient
du collet et du bas du tronc ; elle est toujours
notablement supérieure à celle de la tige proprement dite et des branches, et on la mélange
généralement avec l'écorce blanche, pour
renforcer la qualité de celle-ci. Dans les tanneries où l'on emploie l'écorce d'yeuse, une composition spéciale d'un tiers d'écorce blanche, un
tiers d'écorce rouge et un tiers d'écorce noire sert,
sur la fin de la fabrication, à terminer le cuir,

On voit combien de connaissances variées doit posséder le tanneur pour apprécier la qualité des écorces qu'il achète. Toutefois, un examen attentif suffit aux praticiens exercés.

On juge qu'une écorce est de bonne qualité quand elle est blanche à l'extérieur, rougeâtre et brillante à l'intérieur ; qu'elle est sèche et rugueuse du côté du bois ; qu'elle a une saveur plus astringente et une odeur plus prononcée ; enfin, qu'elle a le liber et l'épiderme aussi minces que possible. Ces caractères indiquent qu'elle a été bien préparée, qu'elle n'a souffert ni de l'humidité, ni de l'échauffement, ni de la moisissure ; enfin qu'elle n'a eu à subir, avant la récolte, ni chocs, ni contusions.

Au contraire, une écorce est mauvaise quand elle est noirâtre et crevassée à l'extérieur, ce qui indique un commencement de décomposition. Il en est de même quand elle a été longtemps exposée à la pluie, ou qu'elle provient d'arbres malades, ou qu'elle a perdu une partie de son astringence et de son odeur.

III. ÉCORÇAGES

La récolte des écorces se pratique suivant deux méthodes fort différentes : l'*écorçage naturel* ou *écorçage en sève* et l'*écorçage artificiel* ou *écorçage par la chaleur*. Occupons-nous d'abord de la première.

Écorçage naturel

L'*écorçage naturel* a lieu au printemps, en général du 15 avril au 15 juin, c'est-à-dire au moment où la sève entre en circulation. A cette époque, en effet, celle-ci, cheminant entre l'écorce et le bois, détruit l'adhérence qui existe entre eux et donne ainsi le moyen de détacher facilement la première. L'opération ne pourrait se faire plus tard, surtout en automne et en hiver, parce que la sève n'étant pas alors en activité, l'écorce adhère tellement au bois qu'il est impossible de l'enlever.

Cette méthode d'écorçage dépend entièrement du mouvement de la sève, que plusieurs circonstances peuvent ralentir, arrêter ou accélérer. Ainsi, le travail devient impossible quand il survient un changement brusque de température, un léger brouillard ou la moindre gelée blanche. La grêle, les chenilles, les hannetons, comme aussi tout ce qui peut diminuer ou supprimer les fonctions des feuilles, sont autant de causes qui rendent le détachement de l'écorce difficile et même impraticable.

Les meilleures conditions sont une température douce, une atmosphère humide ou point trop sèche, l'absence des vents du nord et de l'est et, d'une manière générale, tout ce qui favorise l'exhalaison par les feuilles. Ainsi, l'écorce se détache mieux le matin et le soir que vers le milieu du jour. Il arrive encore que les arbres s'écorcent quelquefois mieux d'un côté que de l'autre, ce qui tend à faire attribuer une certaine influence à la manière dont ils reçoivent l'action de l'air et celle du soleil.

L'écorçage se fait, tantôt quand l'arbre est sur pied, tantôt après qu'il a été abattu.

Écorçage sur pied

Pour écorcer un arbre sur pied, on procède comme il suit :

Deux incisions annulaires sont pratiquées sur l'arbre, l'une au pied du tronc, l'autre à 1^{m}50 ou 2 mètres au-dessus, aussi haut que l'on peut atteindre. Après cela, l'écorce est fendue en lanières, d'une incision à l'autre, au moyen d'une serpette ou d'un outil tranchant quelconque. L'ouvrier glisse alors sous chaque lanière, alternativement, de chaque côté de la fente, une sorte de spatule en fer ou en bois, puis, la saisissant par le bas, l'arrache sans difficulté. L'arbre est ensuite abattu, et l'on écorce sa partie supérieure et ses branches comme les bois dont l'écorçage n'a lieu qu'après l'abatage. Dans ces deux cas, les bords des lanières se rapprochent l'un de l'autre par un effet d'élasticité, en sorte que chacune de celles-ci présente l'aspect d'un rouleau creux, qu'on nomme *fourreau*.

Ce mode d'écorçage a l'avantage de permettre à l'ouvrier de choisir les jours et les heures favorables, mais il présente un inconvénient considérable : c'est de ruiner la souche de l'arbre, du brin ou du rejet qu'on vient de dépouiller, en sorte que la production des rejets de souche est rendue impossible. L'on peut bien parer en partie à cet inconvénient en remplaçant l'incision annulaire du bas par une entaille assez profonde pour entamer l'aubier, mais cette précaution est forcément abandonnée au bon vouloir et à la conscience des ouvriers, et la moindre négligence de leur part a pour conséquence d'en paralyser l'effet. C'est pour cela qu'en France, dans les bois soumis au régime forestier, l'écorçage sur pied est généralement interdit.

Ecorçage après abatage

Comme son nom l'indique, ce mode d'écorçage exige que les arbres soient préalablement abattus, et l'on a soin de n'abattre à la fois que le nombre d'arbres qui pourront être écorcés dans la journée.

Les arbres ou les rejets étant abattus, on les découpe en billes ou billons d'une longueur de 0m 90 à 2 mètres, suivant les usages locaux. Cependant, quand il s'agit de brins d'un faible diamètre, on les laisse entiers.

La bille ou le brin étant placés sur un ou deux chevalets, on les fend longitudinalement avec la pointe d'une serpe ou tout autre instrument tranchant, puis, introduisant, comme ci-dessus, une lame plate alternativement de chaque côté de la fente, entre l'écorce et le bois, on arrive, en peu de temps, à séparer la première du second, sans qu'aucune déchirure s'y produise. Ainsi enlevée d'un seul morceau, l'écorce se referme en quelque sorte, les bords de la fente se rapprochant l'un de l'autre par un effet d'élasticité, et finit par former une sorte de rouleau creux qui est la reproduction plus ou moins exacte de la bille ou du brin d'où elle provient.

L'état atmosphérique ne permet pas toujours de pratiquer l'écorçage d'une manière aussi simple. Les arbres très noueux et, en général, tous ceux dont la forme est très irrégulière s'opposent également à l'emploi de ce mode d'opérer. On obvie à la première difficulté en pratiquant dans la longueur du sujet plusieurs fentes longitudinales à la suite desquelles l'écorce se trouve divisée en lanières plus ou moins minces qui se détachent assez facilement. Pour remédier à la seconde, on sépare l'écorce du bois en la frappant avec un maillet. On agit de même pour écorcer les jeunes brins que leur trop faible diamètre ne permettrait pas de traiter comme à l'ordinaire. Mais, sauf celles de ces derniers, c'est-à-dire des jeunes brins, les écorces ainsi obtenues sont de qualité inférieure, et on les désigne sous le nom de *taquettes*. Il arrive également, lorsque, sur les billes ou les brins, l'écorce ne se détache pas facilement, qu'au lieu de suspendre le travail pour le reprendre à un moment plus favorable, les ouvriers, ne voulant pas chômer, se contentent de planer les brins avec la serpe et laissent ainsi sur le bois la meilleure partie de l'écorce. En agissant de cette façon, ils n'obtiennent que des lanières en biseau, courtes et étroites, dont ils font des petits paquets rappelant la forme d'une poupée et que les gens du métier appellent des *calins*. Les écorces de cette espèce sont toujours de qualité inférieure.

De quelque manière que les écorces aient été détachées, soit l'arbre sur pied, soit après l'abatage, il s'agit de les faire sécher. A cet effet, on les dispose de façon à en préserver de la pluie la partie intérieure, ce qu'on obtient en les plaçant, la fente des rouleaux tournée du côté du sol, sur des perches formant un lit incliné. Peu de jours suffisent généralement. Il ne faut

Tanneur.

même que vingt-quatre heures quand le temps est favorable.

Les écorces étant amenées à une dessication convenable, on les râcle pour les débarrasser des mousses, des lichens et autres corps étrangers capables d'y favoriser la fermentation, la production des moisissures, etc., et, par suite, d'en altérer la qualité. Il n'y a plus alors qu'à les lier en bottes d'environ 1 m 15 de longueur et 1 m 15 de circonférence, après quoi on les empile dans un lieu aéré et abrité jusqu'au moment de leur transport à la tannerie.

Écorçage artificiel

Comme on vient de le voir, l'écorçage naturel est soumis à tous les caprices du temps et à une foule de circonstances plus ou moins favorables. En outre, il ne peut se faire que pendant un très petit nombre de jours. Le problème à résoudre consistait donc à trouver un procédé qui, indépendant des variations atmosphériques et des mouvements de la sève, permît de travailler en toute saison et à un moment quelconque. La question ne pouvait évidemment être résolue que par la découverte d'un agent physique ou mécanique permettant de détacher l'écorce avec autant de facilité qu'au moment de la circulation de la sève.

Le premier essai dans ce but est dû à Maître, propriétaire à Châtillon-sur-Seine (Côte-d'Or). En 1864, il imagina de détruire l'adhérence de l'écorce au moyen de l'immersion des bois dans un bain de vapeur d'eau saturée, et ses expériences furent couronnées d'un succès suffisant

pour qu'il pût fournir publiquement, à l'Exposition universelle de 1867, la démonstration
pratique du fait. En outre, l'analyse démontra
que les écorces ainsi obtenues étaient d'une
tout aussi bonne, qualité que celles de l'opération en sève.

Toutefois, le procédé Maître avait de nombreux défauts. En premier lieu, les machines
employées, et il y en avait de plusieurs modèles,
étaient compliquées, trop lourdes et peu trans-
portables, de façon qu'il fallait compter des
frais de manutention assez considérables pour
amener les bois dans des chantiers spéciaux,
établis le plus souvent à de grandes distances
des coupes. En second lieu, la surface de chauffe
de la chaudière était trop faible, et la vapeur
saturée produite donnait sur le bois une condensation proportionnelle au refroidissement
qu'on lui faisait subir et à l'augmentation
d'espace qu'on lui faisait occuper. La condensation de cette vapeur consommait beaucoup
d'eau, absorbait beaucoup de chaleur et, suivant plusieurs praticiens, était de nature à
diminuer la richesse de l'écorce. Enfin, comme
Maître employait des chaudières, les unes à
basse pression, les autres à haute pression, il
en résultait la nécessité de se servir, pour les
parois, de tôles assez épaisses, ce qui augmen-
tait notablement le poids et par suite le prix des
appareils.

Pour échapper à ces reproches, de Nomaison
chercha et réussit à perfectionner le procédé
Maître et à rendre l'écorçage artificiel véritablement pratique.

Maître pensait que la séparation de l'écorce

par la vapeur saturée provenait de l'action
dissolvante que cette vapeur exerçait sur le
cambium. De Nomaison ne vit dans ce phénomène qu'un simple effet de dilatation. Le bois
et l'écorce, se dit-il, se dilatent sous l'influence
de la température, mais d'une manière inégale ; il faut donc croire que l'écorce se dilate
plus que le bois, de sorte que l'adhérence finit
par disparaître et alors la séparation se fait
pour ainsi dire d'elle-même.

Si simple, que fût ce principe, son application
industrielle n'était pas chose facile. Il fallait
imaginer un appareil portatif très simple, peu
coûteux et pouvant être conduit par des bûcherons. Ce n'est pas tout. Les liquides du bois
entrant en ébullition vers 100 degrés et le bois
commençant à se décomposer vers 200 degrés,
il fallait encore se tenir entre ces limites. Or
ces températures ménagées ne s'obtiennent
facilement qu'avec l'eau ou la vapeur d'eau,
qui, entre autres inconvénients, peuvent dissoudre le tanin, but final de l'opération. Pour
surmonter toutes ces difficultés, de Nomaison
se décida pour l'emploi de la vapeur sèche surchauffée produite à la température de 170 degrés, dans une chaudière qui est en réalité un
simple générateur de vapeur.

L'appareil se compose de deux parties : le
générateur de vapeur et les récipients destinés
à recevoir le bois à traiter.

Le générateur consiste en une chaudière
tubulaire, verticale, cylindrique, et à foyer
intérieur, dont le corps a 1ᵐ 30 de hauteur sur
0ᵐ 67 de diamètre. Il est muni d'une petite
boîte à fumée et d'une cheminée de 1 mètre de

longueur pourvue d'un registre. Enfin, il renferme 61 tubes, ce qui donne une surface de chauffe très considérable, près de 7 mètres carrés, et des dispositions spéciales et fort simples permettent d'en régler à volonté le fonctionnement.

Ce générateur ne dépense guère plus de 600 litres d'eau par jour et de 1 stère de bois ou 2 hectolitres de coke. Le plus souvent, on chauffe au bois, ce qui permet d'utiliser les copeaux d'abatage, mais il faut avoir soin de prendre surtout du bois vert, le bois sec ayant l'inconvénient de produire un foyer trop ardent.

Un autre avantage de ce générateur, c'est son extrême légèreté. Il ne pèse, en effet, que 238 kilogrammes, ce qui le rend facilement portatif. Il est muni pour cela de poignées fixées aux parois, en sorte qu'en adaptant deux barres à ces poignées, on peut à bras d'hommes en effectuer très aisément le transport et l'installer successivement aux divers points de la forêt.

Les récipients qui contiennent les bois à écorcer sont des tonneaux en bois ou des caisses en tôle, dont les dimensions peuvent varier suivant les exigences de l'exploitation, mais qui se ferment hermétiquement quand ils ont reçu leur chargement. Il y en a ordinairement trois, disposés symétriquement autour du générateur. La vapeur pénètre dans chacun d'eux par le bas, au moyen d'un tuyau qui part de la partie supérieure de la chaudière, et qui est pourvu d'une valve pour régler l'admission. La pratique a permis de reconnaître que leur capacité totale ne doit pas être trop supérieure à deux mètres cubes, deux stères de bois étant le maximum de bois que peut traiter la vapeur produite.

L'installation du chantier et l'emploi de l'appareil sont des plus simples. Aucun ouvrier spécial n'est nécessaire ; les bûcherons suffisent.

Après avoir approvisionné d'eau la chaudière et allumé le feu, on charge les caisses. Toutefois, avant de placer le bois, il est bon d'y tracer à la serpe la fente longitudinale dont il a été question plus haut. De cette manière, quand on retire les bûches, la vapeur ayant pénétré par cette fente, l'écorce se détache presque toute seule sans qu'on soit obligé de recourir à l'outil en forme de spatule.

En général, l'opération, une fois commencée, marche d'une manière continue. Quand la première caisse est vidée, on la remplit de bois nouveau et l'on passe à la suivante, qui se trouve prête, puis à la troisième, et l'on recommence dans le même ordre.

L'écorce obtenue est blanche, nette, sous forme de fourreaux complets, lisses à l'intérieur. Le bois reste mat. Enfin, il n'y a ni lanières, ni débris.

La dessiccation des écorces se fait mieux et plus promptement qu'en temps de sève. Elle n'exige d'autre précaution que d'empiler les fourreaux comme du bois de corde, en les plaçant sur des fascines, les parties supérieures inclinées en forme de toit pour l'écoulement des eaux.

Avec une équipe de trois hommes et un enfant, on peut écorcer par jour 10 à 12 stères de bois, qui donnent 800 à 1,000 kilogrammes

d'écorce, suivant la contrée, l'âge et la nature
des arbres. Or, cette production est bien plus
considérable que celle qu'on obtient dans l'écorçage en sève ; le prix de revient est également
infiniment plus faible.

IV. PULVÉRISATION DES ÉCORCES

On sait que plus les matières végétales sont
réduites en petites dimensions, plus grande est
la facilité avec laquelle elles se prêtent à
l'action de leurs dissolvants. D'après ce principe, l'eau dissoudra le tanin d'une manière
d'autant plus prompte et plus parfaite que le
tan aura été réduit en fragments plus menus.

La pulvérisation des écorces est donc indispensable. Toutefois, elle ne doit pas être poussée trop loin, parce que si la poudre produite
était d'une finesse exagérée, la dissolution du
tanin et sa pénétration dans la peau se feraient
trop vite ou très imparfaitement.

On pulvérise ordinairement les écorces en
deux temps distincts. Le premier, qui se nomme
hachage, est une opération préparatoire consistant à les diviser en fragments de 2 à 6 centimètres de longueur, qu'on appelle *écorçons* ou
écossons. Le second, qui est la *pulvérisation
proprement dite*, consiste à prendre les fragments produits et à les convertir en poudre.

Le hachage se fait, soit avec des *hachoirs à
main*, ce qui est actuellement l'exception, soit,
c'est le cas le plus ordinaire, avec des *hachoirs
mécaniques* actionnés par un moteur quelconque, et qui, fort souvent, présentent une grande

analogie avec les hache-paille usités en agriculture. Quant à la pulvérisation proprement dite, elle s'effectue avec des appareils variés qui sont principalement les pilons, les moulins à noix, les meules verticales ou horizontales. Nous passerons rapidement en revue les différents appareils, qui tous peuvent convenir à la pulvérisation des écorces de chêne, car il est d'autres matières tannantes dont la pulvérisation ne se fait pas indistinctement avec l'un quelconque de ces outils ; c'est ainsi que les feuilles sont pulvérisées à l'aide de meules et les excroissances à l'aide des moulins à noix. Enfin, il existe bon nombre de broyeurs spéciaux, destinés à produire de grandes quantités de poudre et qui font à la fois la pulvérisation et le tamisage de la matière tannante. C'est ainsi qu'il nous a été donné de voir aux Etablissements G. Lutz et G. Krempp, 31 et 33, rue Wurtz, à Paris, très réputés pour tout l'outillage et les machines de tanneries, un modèle de broyeur-tamiseur, s'appliquant aux écorces, aux valonées, au myrobolam et autres matières, ayant une production de 200 à 1,000 kilogrammes de poudre à l'heure, suivant le degré de finesse exigée.

Quelques mots d'explication nous paraissent nécessaires, étant donné ce que nous avons dit plus haut, lorsque nous faisions remarquer que les écorces ne doivent pas être réduites en poudre trop fine. Cette observation reste juste lorsque ces produits doivent servir directement au tannage, mais aujourd'hui, avec la *fabrication des extraits*, dont nous parlerons plus loin, on fait de la pulvérisation très fine pour cette industrie spéciale, qui consiste à extraire la matière utile tannante des végétaux. On comprend que cette extraction sera rendue d'autant plus facile et plus complète par le dissolvant, que la matière est plus divisée, d'où l'utilité d'obtenir des poudres très fines.

Ceci dit, nous passerons rapidement en revue les appareils le plus généralement utilisés, servant à effectuer les deux opérations dont nous venons de parler.

Hachoir d'écorces

La figure 3 donne une vue d'ensemble de cet appareil, qui comporte un solide bâti de fonte, à l'avant duquel se trouve une sorte de trémie horizontale, au fond de laquelle se meuvent, suivant un mouvement de rotation en sens contraire, deux cylindres dentés. A l'arrière de l'appareil tourne, à une vitesse de 250 tours à la minute, un grand volant dont les bras sont munis de lames tranchantes en acier ; ces lames, dans leur mouvement de rotation, passent tout contre une contre-lame, l'ensemble des lames et contre-lame forme cisaille.

Le fonctionnement de l'appareil se comprend dès lors très facilement : les écorces en bottes sont présentées entre les cylindres munis de dents qui les entraînent vers l'arrière de l'appareil où, rencontrées par les lames fixées au volant, elles sont coupées à des longueurs égales pour former les écorçons.

La machine se complète par un dispositif spécial, qui permet de renverser instantanément le sens de la marche des cylindres dentés,

pour le cas où l'on s'aperçoit qu'un corps dur
se trouve mêlé aux écorces et pourrait ébrécher
les lames fixées au volant. Grâce à cette réver-
sibilité, les bottes d'écorces non seulement ne
sont plus entraînées vers l'arrière, mais sont

Fig. 3. — Hachoir d'écorces G. Lutz et G. Krempp.

même ramenées à l'avant, ce qui permet de
visiter la botte et d'en enlever le corps dur
dangereux. Les lames sont solidement fixées
aux bras du volant, et une série de vis de réglage les amène exactement contre l'arête de la
contre-lame. Cet appareil, qui est mû mécaniquement à l'aide de poulies que l'on voit à

l'arrière du volant, peut fournir de 50,000 à 75,000 kilogrammes d'écorçons par journée de dix heures. Le même modèle se fait pour de plus faibles productions et se trouve nécessairement plus réduit.

On voit que ce même appareil pourrait être facilement manœuvré à bras d'hommes, ce qui, nous le répétons, est l'exception aujourd'hui.

A peu près tous les hachoirs d'écorces sont établis sur les principes que nous venons d'indiquer ; ils ne diffèrent entre eux que par des dispositifs de détails ; nous ne nous appesantirons donc pas davantage sur ce genre d'appareils et passerons de suite aux appareils produisant la pulvérisation, qui peuvent être divisés en deux classes : ceux qui traitent les écorces entières et, par conséquent, dispensent du hachoir, et qui sont représentés par les pilons et les moulins à noix, et ceux qui ne traitent que l'écorce réduite en écorçons et dont la meule est le type.

Pilons

Les pilons ou moulins à pilons sont des appareils analogues aux bocards des usines métallurgiques. Un arbre à cames, mis en mouvement par un moteur quelconque, soulève alternativement de lourdes pièces de bois ou *pilons*, armées par le bas de lames tranchantes ou coupoirs, puis les laisse retomber dans des auges renfermant les écorces. La courbure des auges doit être établie de telle sorte que les écorces puissent tourner sur elles-mêmes en se présentant sous l'action du pilon.

Disons de suite que l'on reproche aux pilons d'échauffer les écorces, de laisser perdre par évaporation une partie du tanin, de ne pas travailler très régulièrement, à tel point que le tan est presque toujours mélangé de gros morceaux d'écorce que les couteaux n'ont pas atteints, et qui produisent des fossettes dans le cuir. Malgré cela, beaucoup de tanneries utilisent les pilons dont la poudre passe pour être supérieure, principalement pour le tannage des peaux de veaux, mais aussi, à notre avis, parce que cet appareil est très simple et très robuste, très frustre et peut être construit ou réparé par n'importe quel charpentier ou charron, ce qui n'est pas sans intérêt pour des tanneries situées en pleine campagne, loin d'ateliers de mécaniciens.

Nos dessins (fig. 4 et 5), représentent un de ces appareils que nous avons choisi, avec intention, parmi les plus anciens modèles créés, car les pilons modernes en diffèrent très peu. Nous trouvons en *d* un arbre en fer, mis en rotation par un moteur quelconque, supportant et faisant mouvoir les touches à galets *k* des pilons *c*. Cet arbre *d* communique son mouvement au pignon conique *e*, engrenant avec un pignon du même genre *i*, placé verticalement, et qui communique le mouvement à un petit arbre horizontal, sur lequel se trouve un autre pignon du même genre que le premier, faisant mouvoir aussi un pignon *h* placé horizontalement et de la même façon que les précédents ; celui-ci transmet son mouvement à un arbre vertical *o* et sert, au moyen des pignons dont nous venons de parler, à donner un mou-

vement de va-et-vient à un râteau placé horizontalement et compris dans les côtés de la
pile *n*.

Ce râteau, par son mouvement continuel,
agite les résidus du tan qui, se trouvant hachés
au moyen des couteaux fonctionnant dans
ladite pile *n*, sont forcés de sortir par les trous

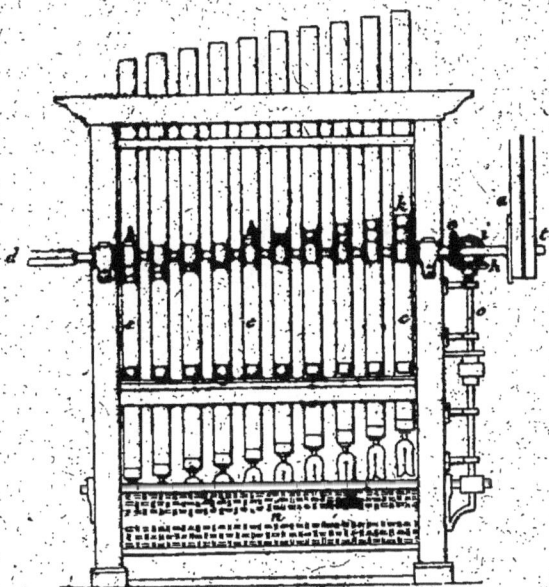

FIG. 4. — Moulin à pilon (vue de face).

de différentes dimensions, pratiqués sur les
côtés de la pile *n*, pour se jeter dans un conduit
en bois qui les fait descendre dans un auget *u*
(fig. 5).

Au-dessus de cet auget se trouve un tambour *z*, correspondant, au moyen d'une courroie sans fin, à laquelle sont assujettis des
seaux *x*, à un autre tambour *z'* du même genre

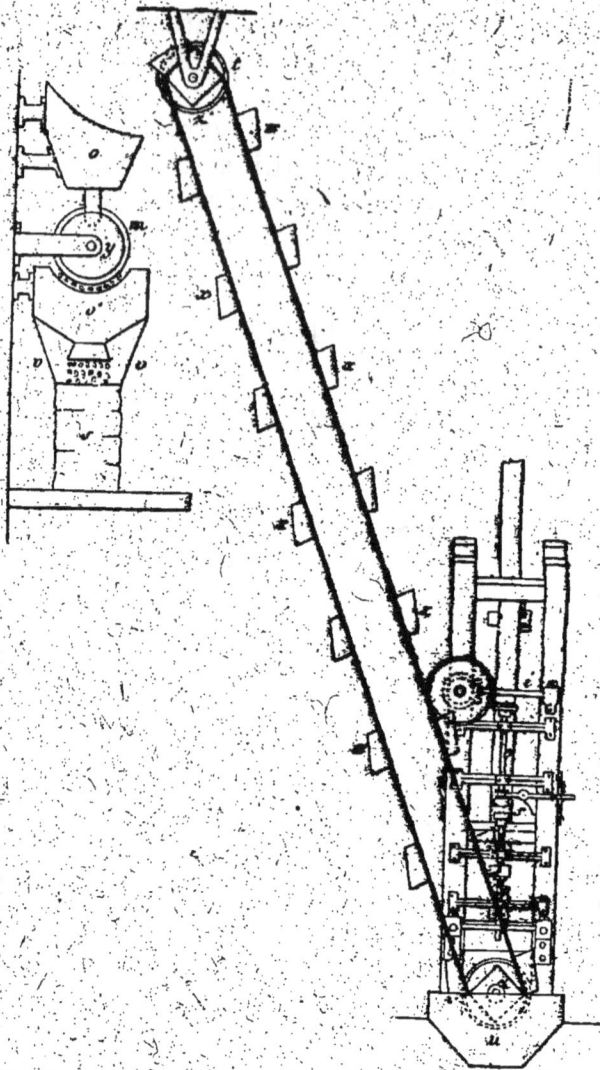

Fig. 5. — Moulin à pilon (vue de côté).

que le premier. Ces deux tambours z et z' sont mis en mouvement par une courroie a (fig. 4), prenant son mouvement, d'un bout sur un tambour t placé à l'extrémité de l'arbre d, et de l'autre, sur un autre tambour placé en contre-haut du précédent et faisant partie de celui qui supporte la courroie sans fin, à laquelle sont adaptés les seaux, de sorte que ceux-ci, se trouvant mus par la révolution de la courroie sur les tambours, ramassent les résidus qui se trouvent dans l'auget u, et, dans leur mouvement ascensionnel, vont les porter dans une trémie en bois o (fig. 5).

Dans le fond de cette trémie est ménagée une ouverture correspondant à un conduit menant les résidus dans une sorte de bluterie m, divisée, dans sa longueur, en trois parties, dont chacune est percée de trous de différentes dimensions ; cette bluterie est mise en mouvement par l'arbre y, qui est mû lui-même à l'aide d'une courroie prise sur l'arbre d (fig. 4). Les résidus, ainsi classés par grosseur, tombent dans un auget o, divisé également en trois compartiments, sous chacun desquels est un sac s qui les emmagasine ; les sacs pleins sont remplacés par des vides et rangés dans des greniers, où la marchandise est tenue à l'abri de l'humidité et où elle tient une place moindre que celle qu'occuperait le même poids d'écorces non réduites en poudre. Nous insistons un peu sur ce dernier point, car s'il existe des tanneries dans lesquelles le tan n'est pulvérisé qu'au fur et à mesure des besoins, ce qui nécessite une grande place pour loger les écorces en bottes, et dans ce cas le matériel de pulvérisation qu'elles utilisent est d'une puissance souvent très réduite, par contre il est des tanneries qui ne

jouissent que d'un emplacement restreint et
qui ont avantage à pulvériser de suite toutes
leurs écorces pour les loger plus facilement, ce
qui nécessite l'emploi d'appareils relativement
puissants et encombrants, du genre de celui
que nous venons de décrire.

Ainsi que nous l'avons dit, les moulins à
pilons constituent un appareil assez rudimentaire ; nous venons de le voir, avec des développements qui en font une machine très complète;
il est à peu près inutile de dire que, suivant les
besoins et le mode d'installation de la tannerie,
il peut être apporté bien des modifications au
type pris pour exemple, ce qui peut le rendre
plus ou moins compliqué.

Moulins à noix

Nous ne pouvons mieux définir le moulin à
noix qu'en disant que c'est, en plus grand, le
moulin à café que l'on rencontre dans tous les
ménages ; on l'appelle encore quelquefois moulin à cloche, en raison de sa forme intérieure.

Nous donnons, figure 6, une coupe de ce
genre de moulin. Réduit à ses organes principaux, cet appareil se compose d'une sorte de
cloche en fonte b (d'où le nom de moulin à
cloche), qui porte sur sa périphérie des nervures
assez espacées vers le haut, qui vont en se
resserrant vers le bas pour se terminer par un
très grand nombre à la partie tout à fait inférieure, où ces nervures sont coupantes ; autour
de cette noix règne une enveloppe cylindrique a
sur une certaine hauteur, terminée en bas par
une partie conique o; cette enveloppe est

munie, à l'intérieur, de nervures pareilles à celles de la noix.

Sans aller plus loin dans notre description, nous pouvons déjà donner le fonctionnement de l'appareil : le produit à pulvériser est versé entre l'enveloppe et la noix, cette dernière, douée d'un mouvement de rotation suivant son axe vertical. De par la forme même des nervures de l'enveloppe et de la noix, la matière est entraînée vers le bas de l'appareil où, rencontrant les nervures coupantes, elle se trouve déchiquetée; les résidus s'écoulent dans le faible intervalle qui sépare, tout à fait en bas, la noix de son enveloppe.

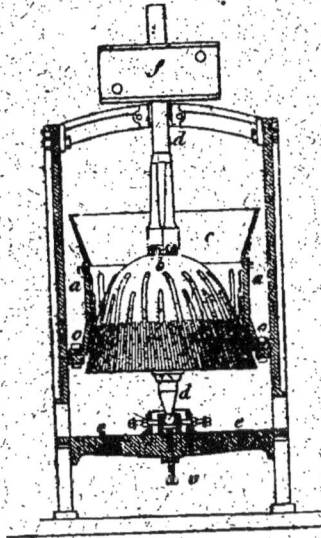

FIG. 6.
Moulin à noix.

L'appareil se complète d'un arbre vertical d, sur lequel est fixée la noix b et qui est mis en rotation par une poulie f ; cet arbre se prolonge sous la noix par la partie d dont l'extrémité porte dans une crapaudine reposant sur une traverse fixe e. Une vis v permet de régler la finesse de mouture ; en effet, si l'on actionne cette vis de façon à soulever la crapaudine, on élève en même temps la partie d de l'arbre vertical de la noix. L'intervalle entre cette dernière et l'enveloppe qui l'entoure, en bas, devient moins grand et laisse passer des résidus moins volumineux ; on a une mouture plus fine. Inversement, en actionnant la vis *v* de façon à faire descendre la crapaudine, la noix descend aussi, l'intervalle entre cette dernière devient plus grand, laissant alors passer des résidus plus volumineux ; on a une mouture plus grosse.

La partie supérieure de l'enveloppe *a* se termine par une partie tronconique *c*, sorte de trémie qu'on appelle *boisseau*, et qui permet de charger une certaine quantité d'écorces au-dessus de la noix. Ce moulin n'était primitivement utilisé que pour la pulvérisation des écorçons, mais aujourd'hui on s'en sert d'une façon courante pour pulvériser directement les écorces ; à cet effet, le boisseau *c* est suffisamment haut pour que les écorces puissent s'y tenir debout. On obtient ainsi un appareil qui fait à la fois l'office du hachoir et du pulvérisateur, et qui peut très bien convenir aux tanneries de faible importance, n'ayant que peu d'écorces à traiter à la fois car, dans ce cas, sa production n'est pas très forte et varie, suivant les dimensions de l'appareil, entre 150 et 500 kilogrammes de tan à l'heure.

Le moulin dont nous donnons la représentation, peut recevoir des modifications et des simplifications ; c'est ainsi que le modèle construit par les établissements Lutz et Krempp, supprime complètement toute la charpente figurée sur notre dessin (fig. 6), et réduit l'appareil aux pièces principales *a b c*, supportées sur un socle creux en fonte, dans lequel est logée la transmission du mouvement et du réglage.

Il est muni en outre d'un plateau breveté à lames mobiles, permettant de le régler selon la force motrice à dépenser, empêchant l'engorgement et lui donnant constamment une marche régulière.

On reproche au moulin à noix précisément cet engorgement qu'évite le perfectionnement signalé ci-dessus, et qui se manifeste surtout lorsque les écorces sont un peu humides ; mais il a l'avantage de convenir aux petits établissements, car il fonctionne très facilement au manège actionné par un cheval.

Moulins à meules

Ainsi que nous l'avons dit plus haut, il y a les moulins à meules verticales et ceux à meules horizontales ; nous examinerons d'abord les premiers, étant entendu que les meules ne travaillent que les écorçons.

Moulins à meules verticales. — Ces moulins sont semblables à ceux que l'on emploie pour triturer le plâtre, le ciment et pour écraser les graines oléagineuses.

Une ou deux meules verticales de pierre dure tournent dans une auge horizontale, qui est, tantôt en même matière, tantôt en fonte. Ces meules ont ordinairement une épaisseur de 45 à 50 centimètres et un diamètre d'environ 2 mètres ; leur axe est fixé à un châssis qui fait corps avec un axe vertical, tournant sur pivot au centre de l'auge.

Quand elles fonctionnent, elles exécutent deux mouvements de rotation, l'un autour de leur axe et l'autre sur la circonférence de l'auge.

De plus leur axe est disposé de façon à pouvoir les hausser ou les abaisser.

Lorsqu'il y a deux meules, ce qui est le cas le plus général, l'une est plus rapprochée de l'arbre vertical que l'autre, afin qu'elles puissent circuler sur une plus grande surface de l'auge et écraser ainsi une plus grande quantité d'écorce.

Il arrive souvent que l'auge est percée de trous par lesquels sort le tan, quand on le juge suffisamment moulu. En outre, les meules sont presque toujours suivies, dans leur mouvement de translation, de ramasseurs qui poussent sans cesse les fragments d'écorce sur leur passage.

Les moulins à meules verticales ne conviennent que pour travailler les écorces très sèches et très friables, et, comme la poudre qu'ils produisent est d'une très grande ténuité, il est essentiel, pour éviter les pertes, d'envelopper parfaitement l'auge et le moulin.

Nous donnons, figure 7, une vue d'ensemble d'un moulin à meules verticales dont nous ferons une brève description. Un arbre horizontal b qui est supposé l'arbre principal d'une transmission, communique le mouvement circulaire des deux meules $o\ o$ à l'aide d'un pignon, invisible sur notre dessin, engrenant avec le pignon e calé sur l'arbre vertical supporté en haut par le palier c et en bas dans la crapaudine l placée au centre du fond k de l'auge m. Ainsi qu'on le voit la crapaudine l repose sur une pièce en fonte g qu'on peut soulever ou abaisser à volonté à l'aide de la traverse h munie à ses deux extrémités des vis $x\ x$.

En *j* est figurée une cale en bois placée sous le milieu de la traverse *h* et qu'on peut retirer à l'aide d'une corde, lorsqu'on veut faire descendre l'arbre vertical *d* afin de désengrener le pignon *e* et arrêter le mouvement du moulin.

Ainsi qu'on le voit les meules *o o* peuvent tourner librement autour d'un arbre horizontal passant par leur centre et qui forme un véritable moyeu. Mais pour laisser libre passage à ce moyeu, l'arbre vertical *d* est coupé à une certaine distance au-dessus et au-dessous du moyeu en question et cette coupure est remplacée par une sorte de cage formée par les deux pièces horizontales *q q* et les pièces verticales *i* et *s* ; les deux pièces *q q* sont fixées l'une à la partie supé-

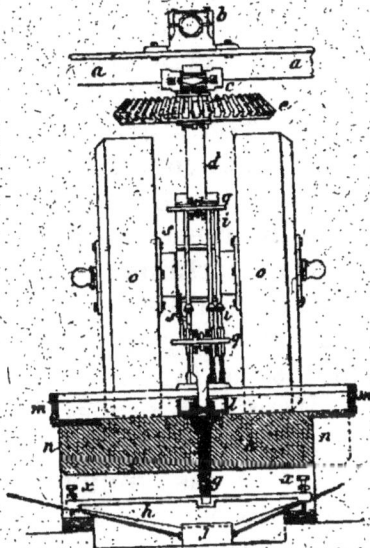

FIG. 7. — Moulin à meules verticales.

rieure de l'arbre *d* l'autre à la partie inférieure de son prolongement. De la sorte le moyeu passe dans la cage laissant d'abord les meules *o o* tourner sur elles-mêmes et permettant à l'arbre *d* de les entraîner dans le mouvement circulaire destiné à opérer la trituration de la matière répandue sur la sole *k* de l'auge. Aux montants de la cage sont placées les tiges ou manches des

raclettes qui suivent les meules pour ramasser
la matière à pulvériser et l'amener constamment
sous les meules. On peut voir sur le dessin que
la meule de droite est plus rapprochée de l'arbre
vertical que la meule de gauche, disposition permettant, comme nous l'avons dit, que les deux
meules exécutent leur travail sur toute la surface du fond de l'auge.

Nous ne dirons pas que le modèle de moulin à
meules verticales qui vient d'être décrit soit
unique ; c'est le dispositif de principe que nous
avons voulu principalement faire ressortir. Les
différents constructeurs de ce genre d'appareils
leur font subir quelques variantes quelquefois
très heureuses au point de vue de la simplifica-
tion de certains organes, ou encore pour rendre
plus accessibles certaines pièces principales, ou
enfin pour permettre à l'appareil d'absorber
moins de force.

Moulin à meules horizontales. — Nous ne
dirons que quelques mots de ce genre de moulin, le moins employé d'ailleurs pour le travail
qui nous occupe. Il est en tous points semblable
à celui qui sert à la mouture du blé pour la préparation de la farine. Il se compose donc de
deux meules superposées, l'une, l'inférieure, est
immobile, ce qui la fait désigner sous le nom
de meule *dormante* ou *gisante*, l'autre, la supérieure, pouvant se mouvoir suivant un mouvement rotatif et que l'on appelle pour cela meule
mobile ou *volante*. Les écorçons sont amenés
par une trémie dans une ouverture d'où ils
pénètrent entre les meules et en sortent par le
pourtour à l'état de poudre. Il est facile d'imaginer pour les moulins à meules verticales ou à

meules horizontales, une enveloppe qui enferme tout l'appareil et s'oppose à ce que la poussière produite voltige dans l'atelier.

Les moulins à meules horizontales donnent un tan très fin, presque réduit à l'état de poussière ; mais ils ont l'inconvénient de s'encrasser, de s'engorger et d'échauffer l'écorce, surtout quand celle-ci est humide.

Tels sont les appareils de pulvérisation les plus utilisés dans la tannerie ; ce ne sont pas les seuls qui pourraient lui servir, car depuis longtemps déjà l'industrie en général a perfectionné tous les appareils de broyage, de mouture et de pulvérisation, plusieurs d'entre eux plus spécialement créés pour telle ou telle pulvérisation, pourraient servir à la mise en poudre des matières tannantes. Cependant comme il ne s'en suit pas qu'un broyeur ou pulvérisateur convenant très bien au travail d'une matière déterminée, convienne forcément à la mouture des produits tannants, il sera toujours bon avant de faire choix d'un appareil de ce genre de l'essayer judicieusement. Nous avons indiqué succinctement les avantages et les inconvénients des appareils couramment utilisés, c'est implicitement dire qu'il faut rechercher dans toute machine nouvelle celle qui donnera les premiers et évitera les derniers.

CHAPITRE IV
Essai des matières tannantes

—

SOMMAIRE. — I. Méthode du pèse tanin.
II. Méthode J. Von Schrœder. — III. Dosage du tanin.

Si nous devions donner à la question d'essai
des matières tannantes tout le développement
qu'elle comporte, ce chapitre serait assurément le plus long de notre Manuel. En effet,
pour être complet, ce chapitre devrait comprendre d'abord l'étude chimique, non seulement des tanins fournis par les différents végétaux dont nous avons donné la nomenclature,
mais encore l'étude chimique de ces végétaux
eux-mêmes. En dehors du tanin, ceux-ci contiennent bien des matières et souvent très
différentes suivant la famille du végétal, suivant même le climat sous lequel il se développe ;
ils contiennent des matières solubles organiques et minérales telles que le sucre, les phos-
phates, les chlorures qui passant en dissolution avec leur tanin ne doivent pas être confon-
dues avec lui ; ils contiennent aussi des matières
insolubles qui, pour s'isoler plus facilement du
tanin, peuvent néanmoins se confondre avec
lui quand elles lui sont combinées ; enfin, ils
contiennent encore des produits de décomposition du tanin même.

En résumé, l'essai des matières tannantes,
s'il faut le prendre au sens exact du terme, doit
être le dosage du tanin, donnant la teneur très

exacte de cette matière ; or, c'est là une opération très longue, très délicate et qui est du ressort exclusif des chimistes, et encore ceux-ci, étant données nos connaissances actuelles sur le sujet, ne peuvent-ils pas affirmer que les résultats trouvés par eux soient rigoureusement justes. Est-ce à dire que la chimie des tanins soit encore dans l'enfance ? Certainement non, mais elle est on ne peut plus complexe et ne saurait, c'est notre humble avis, fournir des données invariables.

Un simple exemple nous fera mieux comprendre : l'écorce de chêne, matière tannante si usitée en France, peut-elle jamais être identique à elle-même ? De grandes divisions dans la famille de cet arbre nous ont déjà montré des variations de teneur en tanin d'une espèce à l'autre et aussi d'une époque à l'autre, d'un âge à un autre pour la même espèce. Si l'on ajoute encore à ces conditions spéciales celles du climat, celles du terroir, celles des différences dans les saisons, nous voyons combien peut être variable la quantité de tanin contenue dans l'écorce de chêne. La chimie sera donc impuissante pour spécifier cette teneur et lui assigner un chiffre invariable, elle ne peut se tenir que dans des à peu près ; et c'est ainsi que le tanneur doit considérer les données d'ordre général qui peuvent lui être fournies par les documents les mieux étudiés.

Nous ne voulons pas, dans les lignes ci-dessus, faire le procès de la chimie et du chimiste, mais simplement mettre en garde le tanneur contre des chiffres que, dans son inexpérience chimique, il peut croire irréfutables. Nous lui dirons à ce sujet qu'il peut avoir un lot d'une matière tannante ayant une teneur déterminée en tanin et que dans un lot suivant de mêmes matières, il pourra trouver une teneur très différente, et forcément son travail s'en trouvera modifié. C'est donc pour lui un point à surveiller de très près ; s'il est chimiste, il dispose de méthodes de dosages qui, pour ne pas être absolument irréprochables, lui offrent des certitudes plus que suffisantes pour la pratique de sa profession. S'il n'est pas chimiste, il pourra recourir utilement au professionnel dans la matière.

Les méthodes proposées pour le dosage des matières tannantes sont très nombreuses ; mais bon nombre d'entre elles présentent des côtés faibles, au point de vue de la certitude des résultats obtenus, et comme nous le disons plus haut, les chimistes même les plus expérimentés sont d'accord pour dire qu'il n'en n'est pas une absolument exempte de tout reproche.

Aussi les méthodes les plus employées empruntent-elles plus ou moins aux unes et aux autres, mais leur application est du domaine exclusif du laboratoire, et leur exposé, trop scientifique, sort du cadre de notre ouvrage. Les lecteurs qui voudraient pousser plus loin leurs connaissances à ce point de vue trouveront des documents de haute valeur dans des traités spéciaux, parmi lesquels nous ne saurions passer sous silence le magistral ouvrage « La Tannerie », de MM. L. Meunier et C. Vaney, professeurs à l'École française de Tannerie, dans lequel les auteurs ont traité avec une rare compétence cette partie si complexe de la chimie des tanins et du dosage des matières tannantes.

Pour nous qui avons, en écrivant ce Manuel, des vues plus modestes, et cherchons à ne donner que des indications pratiques, nous n'indiquerons qu'une méthode d'essai des matières tannantes, méthode ne donnant que des résultats approximatifs, mais suffisants pour la pratique courante du tannage, et que tout tanneur, même sans aucune connaissance en chimie, peut appliquer sans grandes difficultés.

I. MÉTHODE DU PÈSE-TANIN

Cette méthode, empressons-nous de le dire, est absolument défectueuse et si nous la signalons c'est pour insister sur ses défauts, puis parce qu'elle nous permettra de voir comment elle a été heureusement modifiée et enfin parce qu'elle est encore certainement préconisée, à cause de sa simplicité, mais surtout parce qu'elle a été très en usage.

Le tanin étant soluble dans l'eau, si l'on fait une infusion d'une matière tannante, plus celle-ci tiendra du tanin et plus l'infusion elle-même en sera riche, donc plus celle-ci aura une forte densité.

On a donc, partant de ce principe, établi un *pèse-tanin* tout à fait analogue au *pèse-acide* ou aréomètre dont la graduation donnait la richesse pour cent en tanin d'une solution de ce produit. Ce pèse-tanin pouvait être très exact car, pour le graduer, il suffisait de l'immerger dans des solutions différentes de tanin dans l'eau et d'établir ainsi une échelle parfaitement exacte, mais qui ne l'était que pour des solutions de tanin pur. Et alors, le tanneur faisait une infusion de sa matière tannante et plongeant le pèse-tanin dedans, devait reconnaître à la graduation de cet aréomètre que ladite matière tannante tenait tant pour cent de tanin.

C'était fort simple, parfaitement pratique et très rapide, malheureusement absolument faux !

En effet, si l'on opère l'infusion de la matière tannante à froid, cette infusion, non seulement ne comporte pas tout le tanin contenu, mais encore elle comporte des matières qui se sont dissoutes dans l'eau et qui influent sur la densité de l'infusion.

Le pèse-tanin dans ce cas, ne donne pas la teneur réelle de la matière tannante, première erreur, et il donne comme tanin des produits qui, pour être plus ou moins assimilables par la peau, ne sont pas du tanin. Autrement dit, le pèse-tanin donne en totalité la quantité de tanin dissous et ce qu'on appelle les *non-tanins*.

D'autre part, si l'on fait l'infusion à l'eau chaude et par un épuisement complet, on obtient un poids de matières qu'on appelle *extractif total*. Or si, étant donnée une matière tannante, on considère l'extractif total et l'extrait à froid, que d'un autre côté on considère l'extractif total et la teneur réelle en tanin, fournie par une analyse chimique scrupuleuse, on peut constater que ces deux groupes de données fournissent des relations qui, pour ne pas être constantes, permettent de déduire, avec une certaine approximation, d'après la densité ou force de l'infusion, la richesse en tanin de la matière étudiée.

C'est en s'appuyant sur ces dernières consi-

dérations que J. von Schrœder a basé sa méthode d'essai que nous allons indiquer, en
spécifiant néanmoins qu'elle ne fournit pas de
résultats rigoureusement exacts, mais suffisamment approchés pour la pratique courante,
et qu'elle a donné au pèse-tanin une exactitude
approximative.

II. MÉTHODE J. VON SCHRŒDER

Voici comment on opère dans l'application de
cette méthode : on prend un échantillon aussi
moyen que possible du lot de la matière à
essayer et on le réduit en poudre fine à l'aide
d'un moulin, on tamise la mouture sur un tamis
formé d'une feuille de fer-blanc percée de trous
de 1 à 2 millimètres de diamètre, l'on repasse à
la mouture tous les morceaux qui n'ont pu
traverser le tamis et l'on tamise à nouveau.

Lorsque tout l'échantillon a été ainsi préparé, on en prélève 100 grammes quand il
s'agit de l'écorce de chêne ou de l'écorce de
pin, et 50 grammes pour les autres matières.

Cette quantité prélevée et très exactement
pesée, est mise dans un flacon de 2 litres et l'on
ajoute 1 litre d'eau distillée parfaitement
mesurée ; on bouche, on agite le flacon et on
laisse digérer vingt-quatre heures, en secouant
le mélange de temps à autre.

Au bout de ce temps, on filtre sur du papier
en ayant soin de repasser sur le filtre les premières parties du jus qui ont filtré troubles ;
quand le filtrat est bien limpide, on en emplit
une éprouvette jusqu'à ce qu'elle soit pleine et

même déborde et s'il se présente des bulles à la surface, on les fait disparaître à l'aide d'une baguette en verre.

Ceci fait, on plonge dans l'éprouvette l'aréomètre Baumé qui, dans ce cas, est gradué de 0 à 2, l'intervalle de chaque division étant divisée en 50 parties égales. Il n'y a plus qu'à lire la division et se reporter aux tables que nous donnons ci-après, pages 128 et suiv.

Pour opérer avec toutes les chances d'exactitude, il faut que toutes les opérations soient faites à la température de 15 degrés, que la pesée de l'échantillon essayé soit très exacte, enfin que le jaugeage du litre d'eau distillée soit exécuté à l'aide d'un vase exactement gradué et à la température de 15 degrés.

Jusqu'ici, en somme, nous ne voyons que l'application du pèse-tanin qui a eu notre critique un peu plus haut, mais nous voyons aussi que cette application est complétée par la consultation de tables. C'est que J. von Schrœder a eu le soin, après chaque consultation de l'aréomètre, de faire les déterminations correspondantes suivantes : 1° celle de l'extrait total ; 2° celle de la teneur en tanin par deux méthodes d'analyse spéciales, celle de Löwenthal et celle dite par la poudre de peau. De sorte que le tanneur qui fera la petite manipulation chimique que nous venons de décrire et qui, opérant sur la poudre d'écorce de chêne par exemple, aura trouvé pour le jus obtenu que l'aréomètre indique 0,42, saura que ce jus contient 6,96 0/0 de matières extractives, et aurait donné par un épuisement à chaud, un extrait total de 11.88 0/0, ce qui représente 4,85 0/0 de tanin, d'après la méthode Löwenthal et 6,82 0/0, d'après la méthode par la poudre de peau.

Comme on le voit, ces deux derniers nombres ne sont pas concordants, ceci provient de ce que les deux méthodes d'analyse ne sont pas rigoureusement exactes, mais il y a là déjà une approximation qui n'est pas sans utilité, et l'on peut prendre, comme réelle, la moyenne. Mais, où la méthode d'essai de J. von Schrœder devient intéressante pour le tanneur, c'est qu'elle lui permet d'assigner les valeurs relatives de plusieurs lots de matières tannantes, soit pour en fixer le prix, soit pour en fixer la quantité à employer dans son travail.

Si par exemple, faisant l'essai d'un lot d'écorce de chêne, le tanneur trouve les chiffres que nous venons de signaler et que, procédant au même essai sur un autre lot de la même matière, il trouve que l'aréomètre marque 0,82 en se reportant à la table pour l'écorce de chêne, il voit que la teneur correspondante en tanin est de 9,66 par la méthode Löwenthal et 12,80 par la méthode à la poudre de peau. Il en conclut donc que son second lot vaut, pour le tanin qu'il renferme, environ le double du premier, ce qui lui permettra soit de le payer un prix plus élevé, soit d'en réduire la quantité dans son travail de tannage.

Nous ne saurions trop le répéter, cette méthode ne donne que des résultats approchés, très suffisants en pratique, mais dès que l'on veut des données tout à fait sûres, ou du moins aussi sûres que possible, il faut avoir recours à l'analyse chimique.

III. DOSAGE DU TANIN

Ecorce de chêne

On doit employer 100 grammes d'écorce de chêne pour effectuer l'essai.

Degré à l'aréomètre Baumé à 15° C.	Teneur approximative pour cent en matières extractives		Teneur approximative pour cent en tanin	
	Extraction à l'eau froide	Extrait total	Par la poudre de peau et pesée	Par la méthode (Lœwenthal)
0.40	6.60	11.43	6.62	4.59
0.42	6.96	11.88	6.94	4.85
0.44	7.31	12.43	7.26	5.11
0.46	7.67	12.79	7.58	5.37
0.48	8.03	13.25	7.90	5.64
0.50	8.38	13.70	8.22	5.89
0.52	8.74	14.15	8.54	6.15
0.54	9.09	14.61	8.86	6.41
0.56	9.45	15.06	9.18	6.68
0.58	9.80	15.52	9.50	6.94
0.60	10.16	15.97	9.82	7.20
0.62	10.51	16.43	10.14	7.47
0.64	10.87	16.88	10.46	7.73
0.66	11.14	17.19	10.68	7.90
0.68	11.42	17.50	10.90	8.08
0.70	11.69	17.81	11.12	8.26
0.72	11.97	18.12	11.34	8.44
0.74	12.24	18.43	11.56	8.62
0.76	12.51	18.74	11.78	8.79
0.78	12.78	19.05	12.00	8.97
0.80	13.08	19.55	12.40	9.31
0.82	13.38	20.05	12.80	9.66
0.84	13.68	20.55	13.20	10.00
0.86	13.99	21.04	13.60	10.34
0.88	14.29	21.54	14.01	10.68
0.90	14.59	22.04	14.41	11.03
0.92	14.89	22.54	14.81	11.37
0.94	15.19	23.04	15.21	11.71
0.96	15.49	23.54	15.61	12.05
0.98	15.79	24.04	16.01	12.39
1.00	16.09	24.54	16.41	12.74

Écorce de pin

On doit employer 100 grammes d'écorce de pin, pour effectuer l'essai.

Degré à l'aréomètre Baumé à 15° C.	Teneur approximative pour cent en matières extractives:		Teneur approximative pour cent en tanin:	
	Extraction à l'eau froide	Extrait total	Par la poudre de peau à l'oxyde	Par la méthode Lowenthal
0.50	8.35	16.60	8.83	5.35
0.52	9.30	16.95	9.19	5.56
0.54	9.36	17.93	9.54	5.78
0.56	9.31	16.59	9.89	5.99
0.58	10.27	19.26	10.25	6.21
0.60	10.68	19.92	10.66	6.42
0.62	10.92	20.30	10.83	6.61
0.64	11.27	20.68	11.06	6.81
0.66	11.75	21.06	11.28	7.00
0.68	12.13	21.44	11.51	7.20
0.70	12.50	21.88	11.74	7.39
0.72	12.87	22.19	11.96	7.59
0.74	13.25	22.57	12.19	7.78
0.76	13.63	22.95	12.42	7.98
0.80	14.00	23.33	12.65	8.17
0.82	14.39	23.72	12.93	8.40
	14.78	24.13	13.27	8.67
0.84	15.18	24.53	43.60	8.94
0.86	15.38	24.94	43.94	9.20
0.88	15.97	25.35	44.28	9.47
0.90	16.37	25.75	44.63	9.74
0.92	16.72	26.16	44.95	10.00
0.94	17.16	26.56	45.29	10.27
0.96	17.56	26.97	45.63	10.54
0.98	17.96	27.38	45.97	10.80
1.00	18.35	27.78	46.30	11.07
1.02	18.75	28.19	46.64	11.34
1.04	19.15	28.60	46.98	11.60
1.06	19.54	29.00	47.32	11.87
1.08	19.94	29.40	47.65	12.14
1.10	20.34	29.81	47.99	12.40
1.12	20.73	30.22	48.33	12.67

Valonées

On doit employer 50 grammes de valonées pour effectuer l'essai.

Degré à l'aréomètre Baumé à 15° C.	Teneur approximative pour cent en matières extractives		Teneur approximative pour cent en tanin	
	Extraction à l'eau froide	Extrait total	Par la poudre de peau et pesées	Par la méthode Loewenthal
0.70	21.18	28.38	16.81	12.89
0.72	21.79	29.19	17.29	13.26
0.74	22.39	30.00	17.77	13.63
0.76	23.00	30.81	18.26	14.00
0.78	23.60	31.62	18.74	14.37
0.80	24.21	32.43	19.22	14.74
0.82	24.81	33.24	19.70	15.10
0.84	25.42	34.05	20.18	15.47
0.86	26.01	34.86	20.66	15.84
0.88	26.63	35.68	21.14	16.21
0.90	27.23	36.49	21.62	16.57
0.92	27.84	37.30	22.10	16.95
0.94	28.31	37.63	22.66	17.61
0.96	28.77	37.96	23.22	18.27
0.98	29.24	38.29	23.78	18.93
1.00	29.70	38.62	24.34	19.54
1.02	30.17	38.95	24.90	20.25
1.04	30.63	39.28	25.46	20.91
1.06	31.10	39.61	26.02	21.57
1.08	31.81	40.38	26.73	22.31
1.10	32.51	41.10	27.44	23.04
1.12	33.22	41.84	28.15	23.78
1.14	33.92	42.59	28.86	24.12
1.16	34.63	43.33	29.57	25.25
1.18	35.33	44.07	30.28	25.99
1.20	36.04	44.82	30.99	26.73
1.22	36.68	45.55	31.63	27.28
1.24	37.27	46.27	32.19	27.63
1.26	37.85	47.00	32.79	27.99
1.28	38.44	47.72	33.38	28.35
1.30	39.08	48.44	33.88	28.70
1.32	39.61	49.17	34.45	29.05
1.34	40.20	49.89	35.01	29.42
1.36	40.78	50.61	35.57	29.77
1.38	41.37	51.34	36.14	30.13
1.40	41.95	52.06	36.70	30.48
1.42	42.54	52.78	37.26	30.84
1.44	43.12	53.51	37.83	31.20
1.46	43.71	54.23	38.39	31.55
1.48	44.29	54.95	38.95	31.91
1.50	44.88	55.68	39.52	32.26
1.52	45.46	56.40	40.08	32.62
1.54	46.05	57.12	40.64	32.98
1.56	46.63	57.85	41.21	33.33
1.58	47.22	58.57	41.77	33.69
1.60	47.81	59.29	42.33	34.05

Ecorce de Mimosa

On doit employer 50 grammes d'écorce de mimosa pour faire l'essai.

Degré à l'aréomètre Baumé à 15° C.	Teneur approximative pour cent en matières extractives		Teneur approximative pour cent en tanin	
	Extraction à l'eau froide	Extrait total	Par la poudre de peau et pesée	Par la méthode Löwenthal
0.40	14.77	23.59	18.85	13.50
0.42	15.51	24.77	19.79	14.18
0.44	16.25	25.93	20.73	14.85
0.46	16.99	27.12	21.67	15.53
0.48	17.73	28.30	22.62	16.20
0.50	18.47	29.48	23.56	16.88
0.52	19.20	30.66	24.50	17.56
0.54	19.94	31.84	25.44	18.23
0.56	20.68	33.02	26.39	18.91
0.58	21.42	34.20	27.33	19.58
0.60	22.19	35.40	28.12	20.19
0.62	22.98	35.9?	28.76	20.71
0.64	23.78	36.77	29.41	21.24
0.66	24.58	37.56	30.05	21.76
0.68	25.37	38.35	30.69	22.29
0.70	26.17	39.14	31.33	22.82
0.72	26.96	39.93	31.97	23.34

Degré à l'aréomètre Baumé à 15° C.	Extraction à l'eau froide	Extrait total	Par la poudre de peau et pesée	Par la méthode Löwenthal
0.74	27.76	40.72	32.62	23.87
0.76	28.56	41.51	33.26	24.39
0.78	29.35	42.30	33.90	24.92
0.80	30.03	43.20	34.60	25.45
0.82	30.60	44.22	35.35	25.98
0.84	31.16	45.23	36.10	26.52
0.86	31.73	46.25	36.85	27.05
0.88	32.29	47.27	37.60	27.59
0.90	32.66	47.88	38.04	27.91
0.92	33.02	48.48	38.49	28.23
0.94	33.38	49.09	38.93	28.54
0.96	33.74	49.69	39.37	28.85
0.98	34.10	50.30	39.81	29.17
1.00	34.47	50.90	40.26	29.48

Divi-Divi

On doit employer 50 grammes de divi-divi pour faire l'essai.

Degré à l'aréomètre Baumé à 15° C.	Teneur approximative pour cent en matières extractives		Teneur approximative pour cent en tanin	
	Extraction à l'eau froide	Extrait total	Par la poudre de peau et pesée	Par la méthode Lœwenthal
1.24	38.32	50.13	30.24	25.19
1.26	38.63	50.94	30.73	25.60
1.28	39.35	51.75	31.21	26.00
1.30	40.7	52.56	31.71	26.42
1.32	40.79	53.37	32.19	26.81
1.34	41.41	54.48	33.10	27.58
1.36	42.62	54.96	33.99	28.31
1.38	43.64	55.79	34.88	29.06
1.40	43.56	56.60	35.78	29.80
1.42	43.88	57.41	36.67	30.56
1.44	44.60	58.22	37.67	31.30
1.46	45.12	59.03	38.47	32.05
1.48	45.73	59.84	39.37	32.80
1.50	46.35	60.65	40.55	33.74
1.52	46.77	61.45	41.03	34.70
1.54	47.38	62.41	42.60	35.50
1.56	48.17	62.62	43.33	36.10

1.58	48.75	63.42	44.04	36.70
1.60	49.35	63.62	44.76	37.30
1.62	49.95	64.11	45.48	37.88
1.64	50.63	64.62	46.19	38.50
1.66	51.42	65.17	46.98	39.13
1.68	51.71	65.62	47.63	39.70
1.70	52.30	66.42	48.34	40.28
1.72	52.89	66.62	49.06	40.89
1.74	53.48	67.14	49.80	41.50
1.76	54.07	67.64	50.92	42.10
1.78	54.66	68.44	51.23	42.68
1.80	55.25	68.64	51.95	43.27
1.82	55.34	69.15	53.47	43.74

Algarobilles

L'essai doit être fait avec 50 grammes de substance.

Degré à l'aréomètre Baumé à 15° C	Teneur approximative pour cent en matières extractives		Teneur approximative pour cent en tanin	
	Extraction à l'eau froide	Extrait total	Par la poudre de peau et pesées	Par la méthode Löwenthal
1.40	42.88	53.59	35.52	22.27
1.42	43.49	54.35	36.03	22.59
1.44	44.11	55.12	36.53	22.90
1.46	44.72	55.89	37.04	23.22
1.48	45.33	56.65	37.55	23.54
1.50	45.95	57.42	38.06	23.86
1.52	46.56	58.18	38.56	24.18
1.54	47.17	58.95	39.07	24.49
1.56	47.78	59.72	39.58	24.81
1.58	48.40	60.48	40.08	25.13
1.60	49.01	61.25	40.59	25.45
1.62	49.62	62.01	41.10	25.77
1.64	50.23	62.78	41.61	26.08
1.66	50.85	63.54	42.11	26.40
1.68	51.46	64.31	42.62	26.72
1.70	52.07	65.07	43.13	27.04
1.72	52.68	65.84	43.64	27.36
1.74	53.30	66.61	44.14	27.67
1.76	53.91	67.37	44.65	27.99
1.78	54.52	68.14	45.16	28.31
1.80	55.13	68.90	45.67	28.63
1.82	55.75	69.67	46.17	28.95
1.84	56.36	70.43	46.68	29.27
1.86	56.97	71.20	47.19	29.58
1.88	57.59	71.97	47.70	29.90
1.90	58.20	72.73	48.20	30.22
1.92	58.81	73.50	48.71	30.54
1.94	59.42	74.26	49.22	30.86
1.96	60.04	75.03	49.72	31.17
1.98	60.65	75.79	50.23	31.49
2.00	61.26	76.57	50.74	31.81

Sumac

50 grammes de sumac sont employés pour faire l'essai.

Degré à l'aréomètre Baumé à 15° C.	Teneur approximative pour cent en matières extractives.		Teneur approximative pour tant en tanin
	Extraction à l'eau froide	Extrait total	Par la poudre de peau et gélatine
0.54	17.06	21.38	8.58
0.56	17.69	22.11	8.89
0.58	18.32	22.90	9.21
0.60	18.95	23.69	9.53
0.62	19.58	24.48	10.08
0.64	20.21	25.27	10.76
0.66	20.83	26.06	11.47
0.68	21.46	26.84	12.18
0.70	22.08	27.63	12.90
0.72	22.71	28.42	13.61
0.74	23.34	29.20	14.32
0.76	23.96	29.99	15.03
0.78	24.59	30.78	15.75
0.80	25.21	31.56	16.45
0.82	25.84	32.35	17.17
0.84	26.46	33.14	17.88
0.86	27.00	33.93	18.60
0.88	27.71	34.71	19.30
0.90	28.34	35.50	20.02
0.92	28.96	36.32	20.64
0.94	29.59	36.99	21.36
0.96	30.21	37.74	21.87
0.98	30.83	38.48	22.49
1.00	31.46	39.23	23.11
1.02	32.08	39.97	23.73
1.04	32.70	40.72	24.34
1.06	33.32	41.46	24.96
1.08	33.95	42.21	25.58
1.10	34.57	42.95	26.20
1.12	35.19	43.70	26.81
1.14	35.82	44.44	27.43
1.16	36.44	45.19	28.05
1.18	37.06	45.93	28.67
1.20	37.69	46.68	29.28
1.22	38.31	47.48	29.90
1.24	38.93	48.17	30.52
1.26	39.55	48.92	31.14
1.28	40.18	49.66	31.75
1.30	40.80	50.41	32.37

DEUXIÈME PARTIE

CHAPITRE V
Opérations préparatoires du tannage

Avant d'être soumises à l'action des matières tannantes qui les transformeront en cuir, les peaux doivent subir une série d'opérations préparatoires destinées, les unes, à les débarrasser de toutes les parties qui sont inutiles pour l'obtention du cuir, les autres, à les amener à un état qui leur permette d'absorber le mieux possible le tanin. Nous dirons de suite que l'on cherche à réaliser cette dernière condition à peu près dans toutes les opérations préparatoires et qu'à cet effet, on utilise l'eau en grande quantité, ce qui explique qu'il y a peu de temps encore les tanneries se plaçaient à proximité des rivières et qu'une partie des opérations s'effectuait au bord de celles-ci, d'où est venu le terme *travail de rivière* dont nous aurons à parler.

Les opérations préparatoires sont les suivantes :

1° Le *reverdissage*, qui a pour effet de ramener la peau à l'état qu'elle présente quand la dépouille vient d'être faite et que nous avons dit s'appeler alors *cuir vert*. Il a encore pour effet de nettoyer la peau des impuretés qu'elle porte, crotte, sang, etc. C'est d'ailleurs pour ces raisons que l'ancienne tannerie donnait à cette opération indifféremment les noms suivants : *lavage*, *trempage* et *dessaignage*, qui indiquent clairement le but poursuivi.

2º L'*épilage*, qui a pour but, comme le mot l'indique, de séparer le poil de la peau, et aussi l'épiderme qui, nous l'avons dit au début, n'existe plus dans le cuir. Comme cette opération s'effectue de manière à ce qu'il se produise en même temps un gonflement de la peau pour la rendre plus apte à absorber le tanin, l'ancienne tannerie la divisait en deux parties, la première qu'elle appelait *gonflement* et la seconde *épilage* ou *dépilage*.

3º L'*écharnage*, dont l'objet est de débarrasser les peaux des chairs, des productions graisseuses qui sont toujours attachées au derme. Cette opération, qui comportait dans l'ancienne tannerie plusieurs phases, prenait le nom général de travail de rivière.

4º La *passerie* ou *coudrage*, qui est une sorte de mise en état définitif de la peau en vue du tannage.

5º La *purge de chaux*, qui s'applique dans le cas où l'on s'est servi de la chaux pour l'épilage, chaux qui imprègne alors la peau plus ou moins profondément et qu'il est indispensable d'éliminer complètement.

—

1. REVERDISSAGE

Ainsi que nous l'avons vu plus haut, le tanneur peut recevoir les peaux à différents états et suivant ces derniers le reverdissage peut différer ; aussi nous allons examiner spécialement chaque cas de la pratique.

Peaux fraîches

Les *peaux fraîches* ou *vertes* sont d'abord débarrassées des parties inutiles qui y adhèrent, telles que les cornes, les sabots, etc. Cela fait, on les met dans une eau claire où on les laisse le temps nécessaire pour détremper le sang, la terre, la poussière et les autres corps étrangers qui peuvent les souiller. Une heure suffit généralement pour produire l'effet voulu. Quand elles sont très salées, l'opération est plus longue, et, alors surtout il est nécessaire de les remuer par intervalles en les secouant chaque fois à plusieurs reprises. Dans tous les cas, aussitôt que les matières étrangères se trouvent suffisamment ramollies, on rince bien les peaux, et elles sont prêtes à entrer en travail.

Dans les localités où le lavage peut se faire dans une rivière, si le courant est rapide, on attache ordinairement les peaux à des pieux ou à des piquets ; mais il faut prendre garde que l'agitation à laquelle elles sont soumises, ne puisse les détériorer en les faisant frotter contre les pierres ou le gravier. Pour prévenir cet inconvénient, il suffit de fixer en avant des pieux et des piquets, une espèce de grille ou de râtelier de bois, que l'on dispose de manière à détruire ou du moins à diminuer considérablement la vitesse de l'eau.

Peaux salées

Les peaux *simplement salées* exigent d'être maintenues dans l'eau un peu plus longtemps que les peaux fraîches. Cette immersion, ou *trempe*, n'a pas seulement pour but de les dessaigner, c'est-à-dire de détremper le sang et les autres saletés, mais encore de les *faire revenir*, de les *reverdir*, en d'autres termes, de les ramollir uniformément pour les ramener à l'état frais, de manière qu'on puisse, dans les opérations ultérieures, les courber dans tous les sens, sans y produire de crevasses.

Quarante-huit heures suffisent généralement pour ramollir les peaux au point convenable, ainsi que pour dissoudre et faire disparaître le sel dont elles sont imprégnées ; mais si l'on opère dans des cuves, il faut avoir soin de les changer d'eau de temps en temps et de bien les rincer chaque fois.

Peaux sèches

Les *peaux sèches*, soit qu'elles viennent de l'étranger, soit qu'elles sortent des boucheries du pays, ont besoin de rester longtemps dans l'eau afin d'être ramenées au degré de souplesse convenable. De plus, il faut, chaque jour, les laver fortement et à différentes reprises, les retirer de l'eau, les étirer, les fouler aux pieds, les *décrotter*, c'est-à-dire les frotter avec le couteau demi-rond, et les laisser ensuite égoutter. Il faut aussi passer dessus, une ou deux fois au moins, le *fer* ou *couteau rond* pour les *craminer*, leur *donner une ou plusieurs passes*, en d'autres termes, pour les étendre parfaitement, les bien nettoyer et les assouplir convenablement.

Comme le montre le dessin, le décrottage et le craminage (fig. 8) se font à l'aide d'une espèce

de banc, appelé *chevalet de rivière*, consistant en une grosse pièce de bois demi-cylindrique dont un bout repose sur le sol, tandis que le bout opposé est supporté sur un pied peu élevé (fig. 9). Quant au *couteau demi-rond* et au *couteau rond*, ce sont deux lames à tranchant émoussé, présentant une certaine courbure et ayant leurs extrémités enfoncées dans des poignées de bois.

Fig. 8. — Ouvrier au chevalet de rivière.

Pour opérer, l'ouvrier étend la peau sur le chevalet, le poil en dessous, puis, saisissant par les deux poignées l'outil dont il a besoin, il le pousse de haut en bas sur la peau en appuyant plus ou moins fortement.

Inutile d'ajouter qu'avant de craminer, on a soin de débarrasser les peaux des parties qui passent facilement à la putréfaction. Quant au temps qu'elles doivent rester dans l'eau, il dépend du procédé au moyen duquel on les a conservées. On conçoit, en effet, qu'il doit être plus long pour celles qui ont été à la fois salées et séchées que pour celles qu'on s'est contenté de faire sécher.

Quand les peaux bien trempées et craminées sont suffisamment amollies, on les remet à l'eau et on les y laisse plusieurs heures. Si l'eau est vive, elles peuvent y rester jusqu'à huit heures ; mais, quand elle est molle, on ne doit pas les y laisser plus de cinq à six.

Le craminage est indispensable et c'est à tort qu'on a quelquefois cherché à le supprimer. Il a

FIG. 9. — Chevalet de rivière.

simplement pour objet de faire disparaître le raccourcissement et la raideur que contractent les peaux conservées par la dessiccation.

Nous venons de dire que le craminage est indispensable. Toutefois, comme il n'est réellement utile que pour les peaux sèches, on peut le supprimer pour celles qui arrivent de la boucherie, c'est-à-dire qui sont fraîches.

Le reverdissage, tel qu'il vient d'être décrit, est celui qui a été pratiqué de tout temps, mais il existe d'autres procédés de reverdissage que nous examinerons aussi.

Une erreur que nous devons signaler est celle où sont plusieurs tanneurs, que plus les peaux ont été maintenues dans l'eau, plus le cuir en est bon. C'est l'opinion contraire qui est la vraie. Il est, en effet, incontestable, qu'en faisant séjourner les peaux trop longtemps dans l'eau, on y détermine toujours un commencement de décomposition, qui altère plus ou moins leur force, et, par suite, le cuir.

Pour faire leurs trempes, d'autres tanneurs emploient de l'eau ayant déjà servi à une ou plusieurs opérations précédentes, et à laquelle ils ajoutent chaque fois une quantité d'eau fraîche égale à celle qui a été absorbée par les peaux. Cette eau, qu'ils appellent *confit* ou *ramollissage*, agit, il est vrai, plus promptement que l'eau claire, en raison de principes fermentescibles qui sont capables de se développer au contact de la peau, dans laquelle ils trouvent des éléments de vitalité, qui causent cette action énergique dont nous venons de parler.

L'emploi des confits en tannerie est assez répandu de nos jours, mais leur action sur les peaux, si elle a reçu des explications très plausibles, n'est pas encore parfaitement connue. Elle repose, sans nul doute, sur les phénomènes très complexes de la fermentation, et nous ne croyons pas dépasser notre rôle d'informateur, en disant que le tanneur ne doit les utiliser qu'avec la plus grande prudence et lorsqu'il s'est assuré par de nombreux essais, que tel ou tel confit peut assurément lui donner de bons résultats.

Procédés mécaniques

Toutes les opérations de reverdissage, que nous venons d'indiquer, se font à la main ; or,

il était assez indiqué, à notre époque, de substituer la machine à la main-d'œuvre humaine
et l'on utilise beaucoup actuellement des appareils mécaniques destinés à faire le reverdissage.

Ces appareils sont principalement les deux
suivants : le *tonneau à fouler* et le *turbulent*.
Nous donnons la représentation du premier,

FIG. 10. — Tonneau à fouler.

emprunté au catalogue des établissements
G. Lutz et G. Krempp, de Paris. Comme on le
voit par notre dessin, c'est un véritable tonneau fait en bois de chêne, de sapin rouge ou de
pitchpin, fortement cerclé de fer et muni d'une
porte à fermeture étanche. Il est mis en rotation par poulies et engrenages autour d'un
axe horizontal formé d'un arbre creux, qui

soutient le tonneau sur les paliers, mais qui ne le traverse pas de part en part. A l'intérieur, ce tonneau est muni de barres horizontales et de grosses chevilles en bois. Les peaux à reverdir sont chargées par la porte et l'eau arrive à l'intérieur, grâce à l'arbre creux par l'intermédiaire d'une conduite que l'on voit représentée à droite de notre dessin. Le tonneau, qui tourne à une vitesse de 15 à 20 tours à la minute, entraîne les peaux qu'il contient, lesquelles sont heurtées par les chicanes et se trouvent ainsi battues dans l'eau, ce qui remplace avantageusement, quant à la rapidité du travail, le battage que produit l'eau courante de la rivière.

Le *tonneau à fouler* est depuis longtemps utilisé en tannerie, mais principalement pour le *joulage* des peaux, d'où son nom. Tout en continuant le même service, il est également employé au reverdissage, ce qui le fait alors désigner de préférence sous le nom de *tonneau de rivière*. On s'en sert surtout dans les tanneries qui ne sont pas situées aux bords d'une rivière et qui se trouvent, par conséquent, assez pauvres en eau.

Le *turbulent*, dont nous donnons une vue d'ensemble, figure 11, remplit exactement le même office que la machine précédente. Au lieu d'être de forme cylindrique, le récipient est de forme cubique, c'est en résumé une grande caisse dont les extrémités, suivant une diagonale du cube, sont armées de fortes ferrures terminées par un tourillon qui peut se mouvoir dans un palier. Par l'intermédiaire d'engrenages, un des tourillons est mis en rota-

tion, faisant ainsi tourner la caisse. En raison
de sa forme cubique et de la façon dont son
mouvement s'opère, les peaux dont est chargé

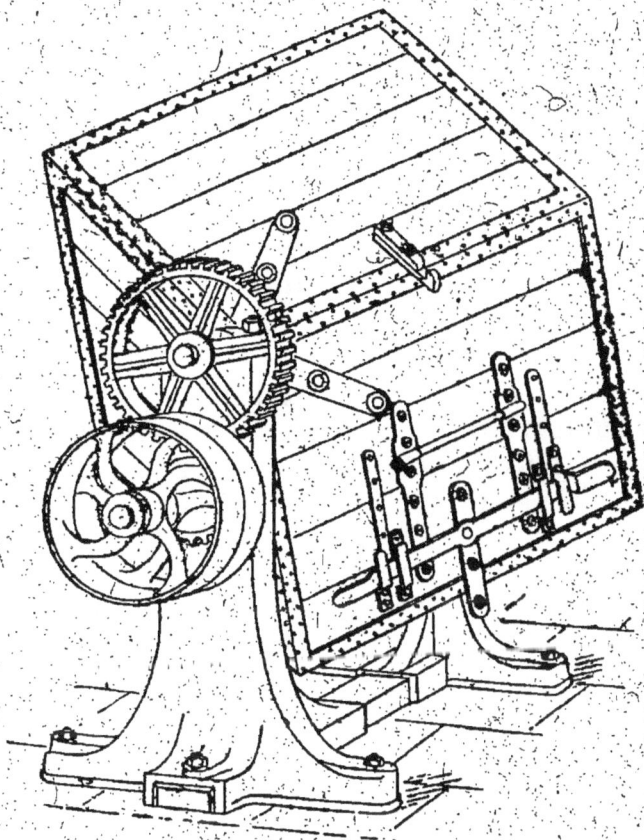

Fig. 11. — Turbulent.

le turbulent sont constamment battues dans
l'eau qu'il contient, car, à peine peuvent-elles
monter légèrement qu'elles retombent de tout
leur poids. De plus, comme l'eau est soumise
elle-même à un mouvement très irrégulier,

elle est parfaitement mélangée et tenue en contact intime avec les peaux.

Comme le tonneau de rivière, le turbulent a servi principalement à son origine au foulage des peaux, et ce n'est que plus tard qu'il a été utilisé pour accomplir ces deux opérations, comme nous aurons d'ailleurs à le dire plus loin.

Procédés chimiques

Il est peut-être un peu emphatique de donner aux moyens que nous allons signaler, le titre de procédés chimiques, car ils n'ont de chimique que l'intervention de certains produits dissous dans l'eau de reverdissage et destinés à donner à celle-ci une action plus énergique.

On ajoute quelquefois à l'eau un peu de sulfure de sodium, 1 k. 500 de ce produit par 1,000 litres d'eau lorsqu'il s'agit des kips, et la proportion est poussée jusqu'à 2 et 3 kil. de ce corps par 1,000 litres d'eau lorsqu'on est en présence de peaux fortement séchées au soleil, telles certaines peaux de la Plata. Il est assez difficile d'assigner le rôle exact de sulfure de sodium dans la circonstance. Nous penchons à croire qu'il agit un peu sur les matières grasses et mieux encore comme antiseptique.

Si l'on en croit Eitner, l'eau de reverdissage possède une action plus énergique en l'additionnant de 1 kil. de soude caustique par 1,000 litres. Ce produit, qui a pour effet de se combiner aux matières grasses de la peau pour les transformer en savon, lequel est soluble dans l'eau, semble, par ce fait, avoir ainsi un emploi très rationnel, car il débarrasse la peau de matières inutiles et qui ne peuvent que gêner l'action des matières tannantes. De plus, la présence de la soude dans l'eau de reverdissage produit un gonflement très notable de la peau, gonflement qui diminue après un trempage dans l'eau froide, mais qui a eu pour effet de donner à la peau une très grande mollesse, ce qui la met dans d'excellentes conditions pour le tannage.

Le savant anglais Procter, que nous pouvons appeler le grand Maître en matière de tannerie, préconise l'emploi de l'acide sulfureux à la dose de 1 p. 1,000. Avec cette solution le reverdissage des peaux les plus épaisses se fait en deux jours, après quoi, il suffit de les faire tremper pendant vingt-quatre heures dans l'eau pure. L'acide sulfureux possède également des propriétés antiseptiques très énergiques.

On a encore proposé bien d'autres produits soit pour hâter le reverdissage, soit pour l'améliorer ; quelques-uns, comme l'acide phénique ou le sel marin, paraissent avoir été envisagés surtout pour antiseptiser les peaux ; d'autres, comme le borax, semblent devoir agir à la fois comme dissolvants des matières grasses et comme antiseptiques. Nous devons dire que ces derniers produits sont peu utilisés soit à cause de leur inefficacité, soit peut-être encore à cause de leur prix relativement élevé.

II. ÉPILAGE

L'épilage s'effectue de plusieurs façons suivant la nature des peaux à traiter comme aussi suivant la nature des cuirs à obtenir. Nous examinerons donc les différents procédés d'épilage, en mentionnant pour chacun d'eux les peaux auxquelles il s'adresse.

Epilage à l'échauffe

Ce procédé s'applique aux grosses peaux destinées à faire du cuir fort et se subdivise lui-même en trois catégories différentes, suivant le moyen employé pour produire l'échauffe, qui sont : 1° l'*échauffe naturelle* ; 2° l'*échauffe à l'étuve*, et 3° l'*échauffe à la vapeur*.

1° *Echauffe naturelle*. — Ce procédé consiste à mettre les peaux en pile, c'est-à-dire les unes sur les autres, les peaux préalablement pliées suivant leur longueur, la fleur en dehors, puis (fig. 12) à les abandonner à elles-mêmes jusqu'à ce qu'un commencement de fermentation s'y établisse. Pour opérer, on se sert d'une caisse

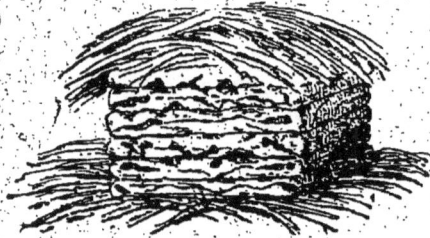

FIG. 12. — Pile d'échauffe.

fermée par un couvercle ou d'une chambre bien close, suivant le nombre de peaux qu'on veut traiter.

Il faut avoir soin de visiter la pile très souvent, afin de saisir le moment où la fermentation est arrivée au point convenable, car si on la laissait atteindre un degré trop élevé, les peaux s'en trouveraient plus ou moins détériorées et le cuir en perdrait une partie de sa force. On reconnaît que l'opération doit être terminée lorsque le poil crie en s'arrachant.

Comme les peaux sont faciles à s'altérer, on prévient cet inconvénient en les salant légèrement. A cet effet, avant de les plier, on répand sur une moitié de chacune, une ou plusieurs poignées de sel, et l'on rabat l'autre moitié par-dessus. Dans certains pays, en Allemagne par exemple, au lieu de saler les peaux, on les humecte avec un peu de vinaigre de bois.

Autrefois, pour déterminer ou activer la fermentation, on enveloppait les piles avec du fumier, ou bien on enterrait les peaux dans du fumier. En agissant ainsi, on produisait bien l'échauffe, mais il n'était pas aussi facile de visiter les peaux, par conséquent, de surveiller convenablement la marche de la fermentation, ce qui avait souvent de graves inconvénients. C'est pour ce motif qu'on a renoncé à cette méthode.

2° *Echauffe à l'étuve.* — On suspend les peaux sur des perches transversales dans une chambre de dimensions suffisantes, appelée vulgairement *étuve, chambre de fumée* ou *fumoir,* et l'on allume, sur le sol de cette chambre, vers le milieu, un feu de tannée sèche ou de poussier de mottes. Quand ce feu est bien en train, on le recouvre de tannée, et il continue de brûler lentement, sans flamme, en répandant beaucoup de fumée. On laisse les peaux dans

On donne le nom de *tannée* à l'écorce de chêne ou tan, qui ayant déjà servi au tannage, est presque entièrement épuisée de tanin ; et celui de *jus de tannée* ou *jusée* à l'eau qui a macéré assez de temps sur cette écorce pour se charger des matières solubles que cette dernière avait pu conserver. Or, c'est sur l'emploi de ce jus qu'est fondé le procédé dont nous allons parler.

On admet généralement que ce procédé est d'origine liégeoise. De là, le nom de *cuirs de Liége* ou *façon de Liége*, sous lequel on désignait autrefois les cuirs pour la fabrication desquels on l'avait adopté, et qu'on appelle aujourd'hui *cuirs jusés*. Il passe non sans raison pour être avantageux. Il présente, il est vrai, un peu moins de simplicité que les précédents ; mais cet inconvénient trouve sa compensation si l'on considère que l'emploi de la jusée constitue un véritable commencement de tannage, qui doit abréger le tannage proprement dit, et que les cuirs qu'il produit sont supérieurs en qualité à ceux que fournissent les autres procédés.

Pour préparer la jusée, on met dans une cuve de la tannée, sur laquelle on verse de l'eau. Celle-ci, après avoir séjourné quelque temps sur l'écorce, est reçue au moyen d'une ouverture pratiquée au fond de la cuve, dans un puisard ou un vaisseau inférieur d'où on l'extrait pour la reverser sur la tannée, et l'on continue ainsi jusqu'à ce que cette dernière lui ait cédé tout le tanin qu'elle contenait.

Dans plusieurs fabriques, on procède différemment. On place verticalement, dans une cuve ou dans une fosse, une espèce de tube grossier (fig. 13), ouvert par les deux bouts, et parfois formé de quatre planches clouées ensemble à angle droit. Cela fait, on remplit la cuve de tannée, et l'on verse dessus une quantité suffisante d'eau. Ce liquide traverse alors la tannée, s'empare des principes tannants qu'elle renferme, et se rend dans le fond de la cuve, d'où elle pénètre dans le tube. Celui-ci se trouve ainsi transformé en une sorte de puits, d'où l'on retire la liqueur, à l'aide d'une pompe ou d'un seau, pour la verser de nouveau sur la tannée, et autant de fois qu'il le faut pour épuiser cette dernière.

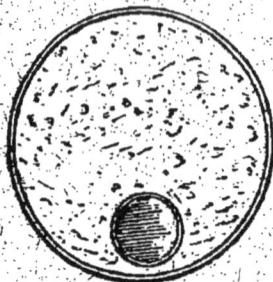

FIG. 13.
Cuve à jusée.

Le jus ainsi obtenu est semblable à du bon vinaigre. Il est clair, de couleur rouge, et présente une acidité prononcée due à une petite quantité d'acide acétique qui s'y est développé. C'est à cette circonstance qu'il doit le nom d'*eau aigre* qu'on lui donne dans quelques tanneries.

En ajoutant au jus de tannée une quantité convenable d'eau, on forme des bains appelés *passements* et, par corruption, *bassements*, dont on gradue la force à volonté. Veut-on, par exemple, préparer huit bains ? La même quantité de jus sera mêlée à sept fois son volume d'eau pour le premier ou le plus faible, à six fois pour le second, à cinq fois pour le troisième, à quatre fois pour le quatrième, à trois fois pour le cinquième, à deux fois pour le sixième, à une fois pour le septième : le huitième se composera de jus pur.

Le nombre des passements peut beaucoup varier. Dans tous les cas, ils sont versés dans des cuves de bois de chêne, cerclées en fer, qu'on enterre ordinairement jusqu'à 16 centimètres environ de leur ouverture, afin de rendre le travail plus facile. Ces cuves ont, en général, de 1m 10 à 1m 20 de diamètre, sur 1m 65 à 1m 70 de profondeur. Avec ces dimensions, elles sont suffisamment grandes pour contenir sept à huit peaux.

Un certain nombre de cuves, le plus souvent de sept à dix, composent ce qu'on appelle un

FIG. 14. — Train de jusées.

train (fig. 14). Elles sont placées à la suite les unes des autres, de manière que la force du jus augmente graduellement en allant d'une extrémité à l'autre de la file. De cette façon,

Tanneur. 6

le passement le plus faible occupe la tête du train, tandis que le plus fort en constitue la queue.

Les peaux sont d'abord placées dans le passement le plus faible, lequel doit être assez abondant pour qu'elles trempent parfaitement. On les lève deux fois dans la journée, et, après qu'elles ont égoutté, chaque fois pendant une heure, on les *rabat*, c'est-à-dire qu'on les remet dans la même cuve. Pour faciliter cet égouttage, le bord de celle-ci est muni de planches pour recevoir les peaux (fig. 15).

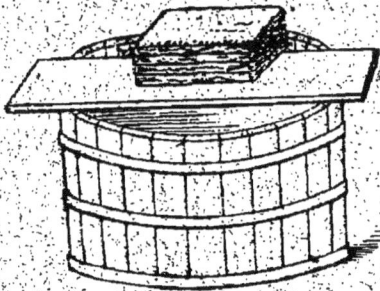

FIG. 15. — Egouttage des peaux.

Le second jour on extrait les peaux de la première cuve; on les laisse égoutter environ une heure, puis on les place dans la cuve suivante, dont le jus, comme nous l'avons dit, est d'un degré plus fort.

On continue ces changements de cuve en allant progressivement des passements faibles aux passements forts, jusqu'à ce que le poil commence à tomber, et chaque jour, on a soin de relever et de rabattre les peaux deux fois.

En été, huit jours suffisent généralement pour amener les peaux au point convenable.

En hiver, il en faut dix à douze, quelquefois même davantage, le plus ou moins d'élévation de la température avançant ou retardant le moment où l'épiderme se trouve suffisamment ouvert pour laisser arracher le poil.

Dans les ateliers bien conduits, on accélère beaucoup l'opération, et, en même temps, on en rend les résultats plus complets et plus réguliers, en disposant dans chaque cuve un agitateur qui, étant mû par un moteur quel-

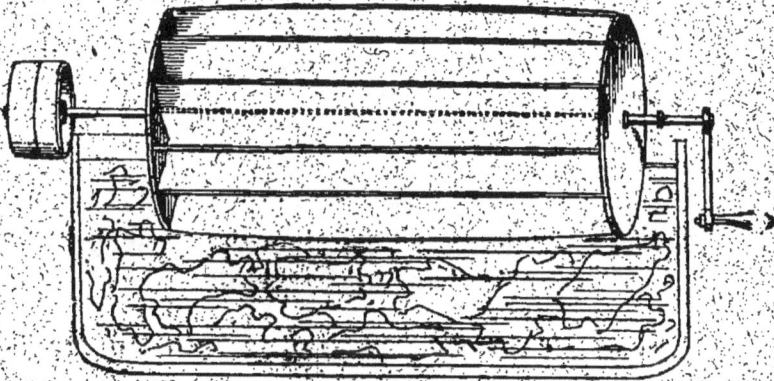

Fig. 16. — Coudreuse ou agitateur des cuves de jusée (coupe longitudinale).

conque, met successivement et uniformément toutes les parties des peaux en contact avec le jus de tan. Les figures 16 et 17 représentent la vue longitudinale et une coupe verticale de celui de ces appareils qui est le plus usité.

Nous ne saurions passer sous silence les procédés usités en Amérique et connus sous les noms d'*échauffe à l'eau chaude* et d'*échauffe à l'eau froide*.

L'*échauffe à l'eau chaude* ne diffère de l'échauffe à la vapeur qu'en ce que le courant de vapeur y est remplacé par un courant d'eau chaude. Elle exige une surveillance excessive, plus grande encore que cette dernière, sans quoi les peaux seraient rapidement altérées.

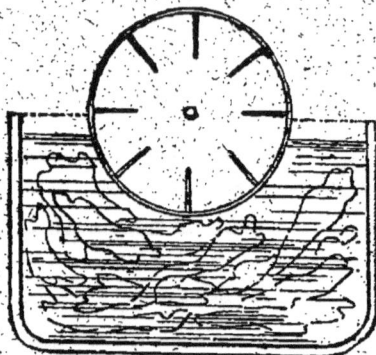

Fig. 17. — Coudreuse ou agitateur des cuves de jusée (coupe transversale).

L'*échauffe à l'eau froide*, ou *échauffe à l'américaine*, consiste à placer les peaux dans des fosses en maçonnerie enduites de ciment, munies d'une couverture et disposées de telle sorte que la température intérieure puisse s'y maintenir entre 6 et 12 degrés. De l'eau froide circule constamment autour de la partie supérieure de chaque fosse et, en même temps, une partie de cette eau s'écoule goutte à goutte dans la fosse, pour y entretenir une humidité constante, qui se rend au dehors par une ouverture ménagée à la partie inférieure. Au bout de dix à douze jours, le poil peut quitter la peau, sans que celle-ci ait subi la moindre altération.

Epilage à la chaux

L'épilage à la chaux s'appelle *pelanage* ou même *planage*, ce dernier terme étant plus ancien et ayant cédé la place au premier. Le pelanage, qui s'applique à la fabrication du cuir de molleterie, tels que cuirs lissés, veaux cirés, etc., consiste à soumettre les peaux à l'action d'un lait de chaux, autrement dit d'une eau contenant de la chaux. Il n'est pas indifférent de prendre n'importe quelle chaux pour cette opération et l'on doit toujours rechercher la *chaux grasse*, c'est-à-dire la chaux contenant moins de 6 0/0 de matières étrangères comprenant en général de l'argile et des carbonates divers, tels les carbonates de chaux, de magnésie, etc.

Pour préparer le lait de chaux, il faut commencer par éteindre la chaux, ce qui peut se faire de deux façons différentes : 1° par immersion ; 2° par aspersion.

On éteint la chaux par immersion en mettant la chaux vive dans un panier à claire-voie, qu'on plonge dans l'eau quelques secondes ; on le retire ensuite, et la chaux s'éteint, c'est-à-dire qu'elle gonfle, s'effrite, laisse échapper des jets de vapeur et finalement se met en poudre en augmentant considérablement de volume, c'est ce qu'on appelle le foisonnement. Une chaux est bonne lorsque tous ses éléments sont réduits en poudre et qu'elle ne présente plus de parties dures comme des pierres. L'extinction complète de la chaux demande quelque temps.

La chaux s'éteint par aspersion, surtout

quand on en veut éteindre une grande quantité. Dans ce cas, on fait un tas de la chaux et on l'asperge d'eau à l'aide d'un arrosoir à pomme, par exemple, de façon à bien répartir l'eau sur tous les morceaux et l'on abandonne la matière à elle-même. On constate les mêmes phénomènes que ceux signalés pour l'extinction par immersion et comme on a mis plus d'eau dans ce second procédé, toute la chaux se transforme en une sorte de pâte très épaisse dans laquelle, comme précédemment, si la chaux est bonne, on ne doit rencontrer aucune partie pierreuse ou dure.

La pâte ainsi formée est abandonnée et servira à préparer le lait de chaux, mais pour qu'elle ne se détériore pas, il est bon de la soustraire à l'action de l'air et de la pluie ; on a donc soin de faire l'extinction dans un endroit couvert, et lorsque la chaux est bien entièrement à l'état de pâte et refroidie, car, dans l'extinction, elle acquiert souvent une température de 300°, on la recouvre de sable pour la mettre à l'abri de l'air qui la transformerait partiellement en carbonate de chaux.

Pour préparer le lait de chaux, il suffit de prendre soit la chaux éteinte en poudre et de la malaxer dans l'eau, soit la chaux éteinte en pâte. Le lait de chaux ainsi préparé s'appelle *pelain*.

Pour préparer les bains de chaux, on se sert, soit de cuves de bois enfoncées en terre, soit de bassins de maçonnerie recouverts d'un enduit en ciment. Les cuves sont semblables à celles qu'on emploie pour l'échauffe à la jusée. Quant aux bassins, on les fait ordinairement de forme rectangulaire, et on leur donne une largeur d'environ 1 mètre, sur une longueur et une profondeur de 1^{m}50.

Les cuves ou les bassins sont rangés à la file et disposés de manière à contenir les laits de chaux dont la force va progressivement en augmentant.

En général, on emploie trois sortes de *pelains* : un *pelain mort*, c'est-à-dire qui a presque entièrement perdu sa force par suite de l'usage qu'on en a déjà fait ; un *pelain faible* ou *gris*, qui, ayant moins servi que le précédent, possède une activité plus grande ; et un *pelain neuf* ou *vif*, qui n'a pas encore servi.

Quand on emploie plus de trois pelains, on établit, entre le pelain mort et le pelain neuf, autant de termes moyens qu'on le juge convenable.

Dans tous les cas, on donne le nom de *train de pelanage* à l'ensemble des pelains, le pelain mort se trouvant au commencement de la file et le pelain neuf en occupant l'extrémité opposée (fig. 18).

La préparation des pelains est des plus simples, on met dans la cuve assez d'eau pour qu'elle puisse recouvrir de 4 à 5 centimètres la dernière peau qui y sera introduite et de la chaux éteinte en poudre ou en pâte en quantité équivalant par peau traitée à environ 4 ou 5 litres de chaux vive, et l'on remue avec un bouloir jusqu'à ce que la chaux soit passée à l'état de lait. La liqueur est prête à servir.

Le pelanage dure de quatre à dix jours. Il est plus long pour les peaux sèches ou salées que pour celles qui sont arrivées fraîches à la tannerie. On passe d'abord les peaux dans le pelain mort. On les relève le lendemain, on les fait égoutter sur le bord de la cuve, ce qu'on appelle *mettre en retraite*, puis on les rabat dans la cuve, en ayant soin de placer au fond celles qui précédemment étaient à la partie supérieure. Le surlendemain on les relève de nouveau pour

FIG. 18. — Train de pelanage.

les passer dans le pelain faible, et l'on répète les mêmes opérations qu'on a faites pour le pelain mort. On agit de la même manière pour le pelain neuf.

En effectuant le pelanage, quelques précautions ne sont pas à négliger.

En premier lieu, il faut que les laits de chaux soient assez abondants pour qu'il y en ait une épaisseur de 4 à 5 centimètres sur les peaux formant le dernier lit.

En second lieu, les pelains doivent, autant que possible, être abrités par une toiture, sans quoi, pendant l'égouttage, les peaux étant trop directement exposées à l'action de l'air et à

celle du soleil, ne manqueraient pas de se
dessécher et de se raccornir. Du reste, il suffit,
pour éviter cet inconvénient, de tenir les peaux
en retraite le moins possible, ce qui ne contrarie

Fig. 19. — Ouvriers mettant les peaux
dans les pelains.

en rien les résultats du pelanage. Un autre
avantage des pelains couverts, surtout quand
ils sont placés dans un lieu fermé, c'est de les
soustraire presque complètement aux effets

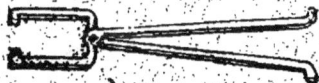

Fig. 20. — Pince de pelanage.

de la gelée, qui, tant qu'elle dure, suspend
presque entièrement leur action.
Toutes les fois qu'on veut abattre les peaux,
il ne faut pas oublier de brasser les pelains avec
le bouloir afin de soulever la chaux, qui, sans

cela, resterait au fond des cuves, où elle s'est précipitée.

Il ne faut jamais éteindre la chaux dans les pelains mêmes ; il est encore assez fréquent de voir des tanneries ou l'on met la chaux vive dans les pelains en y ajoutant l'eau voulue et en brassant le tout au bouloir ; c'est une mauvaise manière de procéder, car il peut se rencontrer des particules de chaux mal éteinte qui, venant en contact avec la peau, la détériorent. Il est préférable d'opérer comme nous l'avons dit au début, et il est encore meilleur lorsqu'on le fait, de préparer le lait de chaux complètement à part, dans une cuve spéciale et le verser ensuite dans les pelains.

Enfin il ne faut laisser les peaux dans les pelains que le temps nécessaire pour que le poil cède facilement ; un trop long contact avec la chaux provoque l'attaque du derme de la peau qui, nous le savons, constitue la partie à conserver pour le tannage.

Nous ne terminerons pas sans réfuter l'opinion de ceux qui prétendent que le travail à la chaux altère les peaux. Ce mode d'épilage ne peut produire que d'excellents effets quand il est appliqué avec soin, et c'est pour cela que tous les bons tanneurs n'en emploient pas d'autre.

Quand on opère le pelanage comme nous l'avons expliqué plus haut, les peaux étant sorties du pelain mort, celui-ci est épuisé, on le vide alors et on le remplace par un pelain neuf qui devient alors le pelain vif ; en sortant du second pelain, celui-ci est devenu le pelain mort, alors qu'en sortant du pelain vif ce dernier devient pelain gris et le train de pelanage se trouve ainsi reconstitué pour une nouvelle opération.

Tout ce que nous venons d'indiquer constitue le pelanage fait à la main, mais ce travail peut se faire aussi mécaniquement : c'est ce que réalise le pelain automatique système Tourin. Cet appareil comporte le train des trois cuves et les peaux y sont trempées suivant toute leur longueur. A cet effet, au-dessus et au centre de chaque cuve se trouve une sorte de moyeu portant un certain nombre de rayons à chacun desquels est pendue une peau. Par un mécanisme d'une vis traversant le moyeu, celui-ci peut monter ou descendre. Au début de l'opération, il est monté, et après que les peaux ont été pendues aux rayons, on fait descendre le tout dans la cuve en imprimant à la vis un mouvement de rotation par l'intermédiaire d'engrenages. Toutes les peaux se trouvent donc trempées ensemble et relevées ensemble. La durée du trempage est celle que nous avons indiquée, les mêmes précautions signalées ci-dessus restant à prendre et enfin les pelains se substituent les uns aux autres par leur force, ainsi que nous l'avons dit.

Enfin on fait également des pelains munis d'agitateurs qui remuent constamment le liquide en répartissant la chaux dans toute la masse et par conséquent uniformisant ainsi son action sur toutes les peaux.

Epilage à l'orpin

L'épilage à l'orpin est surtout employé en mégisserie ; cependant, comme il est quelques

cas spéciaux dans le traitement des peaux de
mouton où il peut trouver sa place en tannerie,
nous en dirons quelques mots.

L'orpin est un sulfure d'arsenic, il existe à
l'état naturel, mais il est également fabriqué et
c'est ce dernier surtout qui sert en tannerie.

Pour préparer l'épilage des peaux de mouton à l'orpin, on prépare d'abord une véritable
bouillie comprenant 10 kil. de chaux vive
éteinte avec 20 kil. d'eau que l'on mélange
avec 2 kil. d'orpin. Puis, les peaux sont étendues, la chair en dessus, sur une table ou simplement à terre, et un ouvrier muni d'une
espèce de pinceau formé d'un paquet de chiffons de toile ou de bouts de fil attaché à
l'extrémité d'un bâton, les enduit totalement
de la bouillie ci-dessus, c'est ce que l'on désigne
sous le terme faire l'*enchaussenage*. Cette opération terminée, l'ouvrier met les peaux, en
retraite, c'est-à-dire qu'il les dispose deux à
deux, la laine en dehors et en forme des piles.
D'autres fois, il les roule deux à deux, laine
contre laine, ou il les plie une à une, la laine en
dedans. Il n'y a plus alors qu'à les abandonner
à elles-mêmes jusqu'à ce que la laine s'arrache
facilement, ce qui a lieu au bout d'un temps
variable, mais court.

III. DÉBOURRAGE OU ÉBOURRAGE

Le *débourrage* ou *ébourrage*, n'est en somme
que la dernière phase de l'épilage. Il se pratique
soit à la main, soit mécaniquement. Nous signalerons, d'abord, la première manière de faire,
encore très répandue.

Quand, par l'un des moyens qui précèdent, les peaux se trouvent amenées au point où le poil peut en être facilement enlevé, on procède à l'arrachement de ce dernier. Alors seulement a lieu le *dépilage, épilage, débourrage, ébourrage* ou *débourrement*, et on le dit *à l'échauffe, à la vapeur, à la fusée*, etc., suivant le procédé à l'aide duquel on l'a préparé. Ainsi qu'on l'a vu, on reconnaît que la peau est suffisamment préparée pour subir cette opération, quand le poil *crie* en s'arrachant.

L'ouvrier ébourreur commence par faire une *couche*, c'est-à-dire par placer sur le chevalet de rivière (fig. 21), plusieurs peaux pliées en double. Il obtient ainsi un fond élastique, sur lequel il étend successivement chacune des peaux qu'il veut dépiler.

Fig. 21. — Épilage au chevalet de rivière.

La peau étant donc placée sur la couche, l'ouvrier prend le *couteau rond* ou *couteau sourd*, et le promène de haut en bas sur la fleur. Ce couteau est absolument disposé comme celui que représente la figure 24 (page 177), sauf que son tranchant est arrondi. Dans tous les cas, à chaque mouvement qu'il exécute, il entraîne et fait tomber le poil qu'il rencontre.

Une précaution que le débourreur ne doit pas négliger, c'est de prendre garde qu'il n'y ait aucun corps étranger, surtout un corps dur,

entre le couteau et la peau. Sans cela, cette
dernière pourrait recevoir des égratignures qui
en diminueraient la qualité. Toutefois, quand
l'ébourrage est difficile, quand le poil résiste
trop, qu'il *ne quitte pas*, il n'y a aucun inconvénient à saupoudrer la peau de cendre tamisée ou
de sable très fin, ce qui facilite beaucoup
l'opération.

Au lieu du couteau rond, on emploie souvent
la *queurse*. Cette substitution est même avantageuse, parce que la
queurse, en raison de sa
forme, n'altérerait pas la
peau dans le cas où, par
maladresse ou autre-
ment, l'ouvrier conduirait mal son outil. L'instrument de ce nom est une pierre à aiguiser,
ayant quelquefois la forme représentée par la
figure 22, mais le plus souvent ressemblant à
une plaque carrée ou rectangulaire, emmanchée
comme le couteau à écharner (fig. 24), se manœuvrant de la même manière, et constituant
une espèce de lame parallèle au dos du chevalet.

Fig. 22. — Queurse.

Ainsi que nous l'avons dit, l'ébourrage peut
s'effectuer mécaniquement et, à cet effet, bien
des machines ont été imaginées, mais elles
reposent toutes sur le principe de celle dont
nous donnons la vue générale figure 23 et qui
est due à M. Tourin. Elle est composée d'un
rouleau de 2^m 40 de longueur armé de queurses
en pierre, disposées en hélice non interrompue,
sur la surface du rouleau. Ces queurses ébourrent en tournant et en pressant la peau contre
un rouleau libre en caoutchouc. La peau est
prise, fleur en dessous entre ces deux rouleaux,

et y est amenée par un rouleau d'entraînement qui marche dans le sens inverse du rouleau armé de queurses. La compression de la peau, contre le rouleau travailleur est obtenue par le rouleau en caoutchouc, lequel appuie plus ou moins fort, selon la position des deux contre-poids dont il est muni. Un tube qui injecte de l'eau lave la peau et les queurses, de façon à

FIG. 23. — Machine à ébourrer Tourin.

ne pas détruire, par la présence des poils se fixant aux queurses, la friction qui leur est réclamée.

La bourre produite est massée sur le devant de la machine et ne subit aucune altération.

En marche, la machine ne réclame aucune surveillance et peut marcher à vide sans incon-vénient.

Avec la force d'un cheval et le service d'un homme, la machine débourre une peau de mouton par exemple en trois minutes.

Pour les grosses peaux, on utilise plus sou-vent une machine dont le travail rappelle celui qui s'opère sur le chevalet de rivière. La peau est placée poils en dessus sur un grand cône métallique mobile autour de son axe ; cette disposition permet de présenter toutes les parties de la peau à l'appareil débourreur. Ce dernier est composé d'une série de lames fixées sur une courroie sans fin, laquelle se meut suivant une génératrice du cône. Chaque lame passant ainsi sur la peau en enlève une bande de poils : l'ouvrier n'a qu'à faire mouvoir le cône pour présenter aux lames toutes les parties à ébourrer. Enfin, un tuyau injectant de l'eau vient nettoyer les lames et la peau du poil qui a été enlevé.

IV. ÉCHARNAGE

Les peaux une fois débourrées sont soumises à plusieurs manipulations, qui se font aussi sur le chevalet, et dont chacune est précédée d'une immersion dans de l'eau claire.

Premièrement, avec un couteau à deux manches, légèrement circulaire et tranchant (fig. 24), on les débarrasse de la chair et des autres impuretés qui y adhèrent encore : c'est l'écharnage.

Secondement, avec une faux munie d'un manche ou une espèce de grand couteau (fig. 25), on retranche les bords, les oreilles, les extrémités des pattes, en un mot, toutes les parties inutiles.

Troisièmement, avec la queurse, on adoucit le grain de la fleur, mais cette manipulation est généralement supprimée quand on a employé cet outil pour le dépilage : c'est cette opération qu'on appelle *queursage*.

Quatrièmement, avec le couteau rond, on donne la *grand'façon* ou *dernière façon de fleur et de chair*, c'est-à-dire qu'on nettoie parfaite-

Fig. 24. — Couteau rond.

ment les deux côtés de la peau, jusqu'à ce que l'eau de lavage sorte claire et limpide.

Toutes ces opérations sont désignées, d'une manière générale, sous le nom de *travail de rivière*, parce qu'on les effectue le plus souvent sur le bord d'un cours d'eau, en plein air :

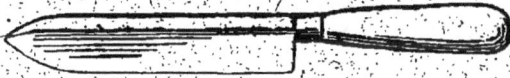

Fig. 25. — Couteau.

mais rien n'empêche de les exécuter à couvert, dans des cuves : c'est même ainsi qu'on procède ordinairement dans les tanneries des grandes villes, quand on a l'eau en quantité suffisante.

L'écharnage est une opération assez délicate, exigeant un ouvrier expérimenté. La peau est mise, comme nous l'avons dit, sur le chevalet de rivière et l'ouvrier fait marcher son couteau du haut en bas, le revers touchant la peau et la lame glissant sur elle parallèlement au chevalet, c'est le moyen d'éviter d'entrer la lame dans la

On comprend, en effet, que s'il est essentiel de la débarrasser de ce qui constitue les impuretés, il ne faut pas l'entamer. L'ouvrier doit commencer à écharner environ les deux tiers inférieurs de la peau, puis, il la retourne et achève le tiers restant qui comprend la tête. Arrivé à cette partie, il doit amincir la peau qui, nous le savons, est plus épaisse à cet endroit, et l'amener ainsi à l'épaisseur du restant. Cette dernière partie du travail doit être particulièrement soignée.

Les débris ainsi produits ne sont pas jetés ; ils sont mis dans des cuves contenant de la chaux et trouvent leur écoulement chez les fabricants de colle ; ils prennent du reste, à cause de cet usage, le nom de *colle-matières*.

L'écharnage tel que nous venons de le décrire s'applique toujours aux grandes peaux. Pour les petites peaux telles que celles de veaux, de moutons, de chèvres, etc., on peut faire usage d'une machine spéciale dont nous donnons une vue d'ensemble figure 26, et qui est construite par les établissements G. Lutz et G. Krempp, de Paris.

La partie essentielle de cet appareil se compose d'un gros cylindre muni de lames en forme d'hélice mis en rotation à l'aide d'une poulie et d'une courroie ; sous ce cylindre en existe un autre en caoutchouc tourné. La peau à écharner est prise dans un pince-peau mobile que l'on voit à l'avant de l'appareil. Une pédale permet de soulever le cylindre de caoutchouc sur lequel se trouve la peau qui, par ce mouvement est appliquée contre les lames du gros cylindre lesquelles, dans leur mouvement de rotation

coupent tout ce qu'elles rencontrent. Pour
limiter l'action de ce coupage, la pédale dont
nous avons parlé vient buter sur une vis de
réglage ; plus cette vis est levée et moins peut

FIG. 26. — Machine à écharner G. Lutz et G. Krempp.

s'élever le cylindre de caoutchouc ainsi que
la peau qui est placée dessus, et réciproquement.
Ce dispositif permet donc de ne présenter aux
lames que l'épaisseur voulue de la peau, c'est-à-
dire juste la partie à écharner qui se trouvera
seule attaquée par les lames.

Lorsque l'écharnage a été fait, comme nous
venons de le dire, la peau est retournée de

façon à écharner la partie qui, placée sous le pince-peau, ne pouvait être touchée par les lames.

Disons en passant que cette même machine peut servir à l'ébourrage, il suffit pour cela de substituer au cylindre à lames, un cylindre spécial.

V. PURGE DE CHAUX

Purge de chaux signifie en terme de tannerie, débarrasser les peaux de la chaux qui les imprègne à la suite de l'enchaussenage.

Le procédé le plus simple pour arriver à ce résultat consiste à laver les peaux à grande eau ; il n'est, malheureusement, applicable que dans des cas très rares, nous dirons même exceptionnels, c'est-à-dire quand on dispose d'une eau particulièrement *douce.* Cette dernière possède alors la propriété de dissoudre la chaux, en petite quantité il est vrai, mais en répétant souvent l'opération surtout si l'on est en présence d'une eau vive fournie par un ruisseau ou un cours d'eau, on peut arriver à enlever à peu près la totalité de la chaux fixée dans le tissu de la peau. C'est, du reste, très probablement à ce fait que l'on attribuait à telle ou telle tannerie de donner de bons produits, parce que, disait-on, elle se trouvait sur un cours d'eau possédant une eau particulièrement bonne. Cette espèce de lavage des peaux doit se faire jusqu'à ce que l'eau qui en sort ne présente plus l'aspect laiteux, dû à la présence de la chaux.

Mais lorsque l'eau est *dure,* non seulement ce

procédé n'est plus applicable, mais encore il
devient nuisible, car si l'eau enlève bien une
partie de la chaux, celle située à la surface de
la peau, elle rend insoluble celle qui se trouve
dans l'épaisseur, elle l'y durcit, et la peau
devient tout à fait impropre au tannage.

Le procédé le plus anciennement employé, et
qui réussit très bien lorsque les peaux sont
destinées à être tannées à l'écorce de chêne,
consiste à les soumettre à la *passerie*, dont nous
avons déjà parlé à propos de l'épilage, c'est-à-
dire à des bains obtenus en faisant macérer de
l'eau sur de la tannée, et on laisse les deux substances en contact jusqu'à ce qu'il s'y soit développé une certaine acidité. Ces bains sont contenus dans les mêmes cuves que ci-dessus ou
dans des cuves semblables, et l'on en forme une
série ou *train*, dont la force va aussi toujours
en augmentant. On a ainsi trois ou quatre
passements dans lesquels on place successivement les peaux, en allant du plus faible au
plus fort, et en procédant exactement comme
précédemment, c'est-à-dire en levant, abat-
tant et faisant égoutter les peaux deux fois
par jour.

Au sortir de la dernière cuve, on introduit les
peaux dans une nouvelle cuve, qu'on appelle
cuve neuve, et qui est remplie de jus aigre pur et
neuf, additionné d'environ 2 kilogrammes
d'acide sulfurique à 65 ou 66°. On agite bien
avec une pelle ou un *bouloir* (fig. 27) ou mieux
avec un agitateur à lames (fig. 16 et 17,
page 163), ce mélange d'acide et de jus, afin
qu'il soit intime : sans cette précaution, certaines peaux seraient brûlées, tandis que les

autres auraient insuffisamment éprouvé l'action du bain. Le jour même où les peaux ont été mises dans cette cuve neuve, on les lève deux fois et, chaque fois, on les laisse égoutter une heure ou deux. Chaque fois aussi, avant de les rabattre, on a soin d'agiter le liquide.

Le lendemain, on ne lève les peaux qu'une fois, et, comme précédemment, on agite le bain avant de les abattre.

Le troisième jour, dès le matin, on place les peaux dans une deuxième cuve neuve, remplie également de jus pur et neuf acidulé par l'acide sulfurique. On donne à cette cuve le nom de *gonflement neuf*, et, avant d'y introduire les peaux, on en brasse bien le contenu avec le bouloir. Le soir, on lève les peaux, on les fait égoutter pendant une heure, et on les rabat, en n'oubliant jamais d'agiter le bain chaque fois.

FIG. 27.
Bouloir.

Quand les peaux ont été retirées du gonflement neuf, on les abandonne à elles-mêmes pendant quatre à six jours, puis on les met dans une cuve dite de *refaisage*, qui est remplie de jus de tannée non aigri pour la préparation duquel on emploie un mélange de tannée et d'écorçons ou morceaux d'écorce de chêne. Ce jus marque ordinairement 20° au pèse-tanin. On y fait séjourner les peaux un mois ou six semaines, après quoi elles sont prêtes à mettre en fosses.

À côté du procédé de la passerie qui, pour

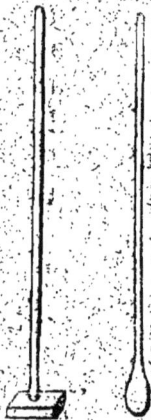

être empirique, n'en est pas moins rationnel et donnant de très bons résultats, il s'en est créé d'autres fondés sur la théorie chimique et ayant pour but de mettre les peaux chargées de chaux en présence d'un agent chimique capable de se combiner avec la chaux pour en former un produit soluble ; tel est le cas dans l'emploi de l'acide chlorhydrique.

Pour appliquer ce procédé, on fait une solution de l'acide chlorhydrique ordinaire du commerce marquant 21° à l'aréomètre Baumé, dans dix fois son poids d'eau et l'on y fait tremper les peaux en se servant pour cela des couseuses comme celles que nous avons indiquées (fig. 16 et 17, page 163). En présence de l'acide chlorhydrique, la chaux se transforme en chlorure de calcium qui se dissout et reste dans le liquide. Il se produit ce qu'on appelle en chimie, une *neutralisation*. On peut d'ailleurs facilement suivre celle-ci. Il suffit au bout de quelque temps de prélever un petit échantillon de liquide et, en y trempant un papier tournesol rouge, si celui-ci bleuit, c'est que le bain contient encore de la chaux, autrement dit, c'est que tout l'acide a été utilisé, mais qu'il n'était pas en quantité suffisante ; il suffit donc d'en ajouter, mais très peu à la fois, jusqu'à ce que le papier rouge de tournesol ne bleuisse plus. A ce moment la chaux est entièrement neutralisée et enlevée, il n'y a plus qu'à rincer la peau à l'eau fraîche.

Au lieu de papier tournesol, on peut se servir d'une solution alcoolique de phénolphtaléine ; en en mettant quelques gouttes dans le liquide pris comme échantillon, tant qu'il rougit, c'est qu'il y a de la chaux en excès. On procède donc comme ci-dessus jusqu'à ce que le liquide additionné de quelques gouttes de phénolphtaléine ne rougisse plus.

On reproche à ce procédé de tacher le cuir en brun. Cela provient de ce que l'acide chlorhydrique ordinaire du commerce contient toujours du fer et c'est lui qui occasionne les tâches en question ; mais celles-ci disparaissent rapidement dès que la solution est un peu acide après neutralisation de la chaux.

Au lieu d'acide chlorhydrique, on peut prendre l'acide sulfurique très dilué. Celui-ci neutralise bien la chaux en formant du sulfate de chaux, mais ce dernier produit est très peu soluble : s'il tombe bien à l'état de précipité dans la coudreuse, il reste aussi emprisonné, en assez forte quantité, dans l'intérieur de la peau. La présence de cette matière ne nuit pas au tannage, mais elle constitue une surcharge du cuir qui peut passer pour une fraude.

On a proposé bien d'autres produits destinés à faire la purge de la chaux à la manière dont opèrent les deux acides que nous venons de signaler. Quelques-uns d'entre eux ont été reconnus inefficaces ou tout au moins pas assez efficaces, d'autres donnent de bons résultats, ils ont l'inconvénient d'être d'un prix élevé, aussi n'en parlerons-nous pas ici, mais nous les signalerons plus loin dans le tannage aux extraits.

Confits. — On peut encore éliminer la chaux qui imprègne les peaux par les *confits.* A vrai dire, ceux-ci ne sont guère employés dans la tannerie que nous examinons, et sont surtout en usage dans la mégisserie, mais si nous en disons quelques mots ici, c'est parce que nous avons déjà cité cette opération plus haut, et puis parce que ce fut au début un procédé tout empirique, mais qui étudié depuis a justifié sa raison d'être, ce qui a permis du reste de perfectionner le procédé et, disons-le, de le rendre moins répugnant.

Les premiers confits étaient préparés, les uns à la crotte de chien, les autres à la fiente d'oiseau. Comme on le voit, la matière première n'avait rien de ragoûtant, et nous devons dire que lorsque le tannage fut étudié scientifiquement, les préparations à l'aide de ces matières furent rapidement condamnées. Cependant la science elle-même dut reconnaître que les peaux soumises à l'action de confits préparés à la crotte de chien ou à la fiente d'oiseau, reprennent la minceur et la flexibilité qu'elles avaient avant l'épilage, que l'aspect est brillant et gélatineux. Par contre, si on laisse la peau trop longtemps en contact avec ces confits, elle se creuse et perd toute fermeté. Enfin le confit lui-même peut s'altérer et tourner au *confit noir*, auquel cas la peau qui s'y trouve plongée devient molle, prend une couleur gris-bleu, se pique et finit rapidement par se percer.

De ces quelques indications, on voit que le confit a une action très énergique sur la peau, action qui peut être très bonne, comme elle peut être très mauvaise. Des savants spécialistes ont étudié ces différentes actions et bien que ces études soient d'un très grand intérêt, nous ne saurions même les résumer ici ; nous dirons simplement qu'ils ont reconnu que dans ces confits se développaient des bactéries, les unes favorables, les autres défavorables à la peau qui leur est soumise. En réalité ces confits sont le siège de fermentations très complexes qui, si nous pouvons nous exprimer ainsi, sont très favorables au travail des peaux lorsqu'elles se développent bien, ou au contraire lui sont très défavorables si elles se développent mal.

Quoi qu'il en soit, tout empiriques qu'aient été à leurs débuts les confits que nous venons de signaler, ils ne constituaient pas une simple fantaisie de tanneurs et il est certain que bien d'entre eux qui savaient les utiliser convenablement, à force d'habitude ou de savoir-faire, pouvaient en tirer d'excellents résultats.; nous n'affirmerons pas même que nombre de tanneurs de nos jours ne sachent très bien les utiliser. Cependant nous répétons ce que nous avons déjà dit, à savoir que l'utilisation de ce genre de confits n'est pas exempte de difficultés, qu'elle repose sur la conduite d'une fermentation qui dépend de circonstances aussi nombreuses que variables telles que : nature, qualité; degré de conservation des excréments.; action de la température, influence de la concentration des confits; nature de l'eau qui a servi à préparer les confits, influence de la texture des peaux soumises à ces confits, etc., etc.

C'est en raison de toutes ces causes de variation dans les confits à la crotte de chien et à la fiente d'oiseau que l'on a cherché à préparer des confits en quelque sorte artificiels et dont les éléments d'action soient sinon absolument fixes, du moins à peu près fixes. Le nombre de ces confits artificiels est assez grand, du moins parmi ceux qui sont connus, car il en existe certainement beaucoup qui constituent pour ainsi dire le secret de bien des tanneurs ; le plus connu et certainement le plus employé est le confit de son.

Le confit de son s'obtient en versant de l'eau chaude sur du son et en maintenant le bain ainsi préparé à une température de 21°, on y ajoute une certaine quantité de ce même bain fermenté comme nous allons le voir. On jette les peaux dans ce bain dont l'action se manifeste presque immédiatement, ce que l'on reconnaît à ce qu'il se dégage des gaz qui gonflent les peaux et les font *lever*, c'est-à-dire les amènent à la surface du liquide ; à ce moment le bain se charge de principes acides parmi lesquels figurent principalement l'acide acétique et l'acide lactique, les peaux levées sont enfoncées à l'aide d'un bâton arrondi et en général, avec la température ci-dessus au bout de douze à seize heures l'opération est terminée. Les acides produits par une véritable fermentation se combinent à la chaux pour former des sels de chaux solubles dans le bain.

Au début de l'opération on a le *confit doux*, et lorsque les acides ont pris naissance on a le *confit de son aigre*, c'est de ce dernier que l'on ajoute dans le premier bain.

Nous arrêterons ici nos indications sur les confits qui, comme nous l'avons dit, s'appliquent surtout en chamoiserie, en mégisserie et en maroquinerie, et le lecteur désireux d'avoir plus de détails sur le sujet consultera utile-

ment le *Manuel du Chamoiseur*, de l'ENCY-
CLOPÉDIE-RORET, mais nous ne pouvions point
passer sous silence ce procédé de purge de
la chaux, cette dernière opération préparatoire de la peau en vue du tannage restant une
des plus importantes et de celles qui font l'objet
de nombreuses études des savants spécialistes.

CHAPITRE VI

Tannage en fosse

—

SOMMAIRE. — I. Fosses. — II. Mise en fosse. —
III. Séchage des cuirs. — IV. Battage à la main. —
V. Battage mécanique. — VI. Fabrication des cuirs
à œuvre. — VII. Observations générales.

Le tannage en fosse est le procédé le plus
anciennement employé et, sinon le plus usité
en France, du moins encore très employé. Il
s'effectue généralement avec l'écorce de chêne
dont notre pays est très abondamment pourvu,
ainsi que nous avons eu occasion de le dire dans
l'étude des matières tannantes. On lui reproche,
non sans raison, de donner lieu à un prix de
revient élevé à cause du temps nécessaire à
transformer les peaux en cuirs, et nous verrons
plus loin les méthodes modernes dont le principal avantage est, précisément, de réduire ce
prix. Quoi qu'il en soit, le tannage en fosse
bien conduit donne des produits de toute pre-

mière qualité, aussi malgré son prix élevé, n'est-il pas près, croyons-nous, d'être complètement abandonné.

Le tannage en fosse s'applique aux peaux des différentes variétés à condition, toutefois, de modifier le procédé suivant la nature et l'épaisseur des peaux.

Pour la fabrication des cuirs forts que nous allons envisager dans ce procédé de tannage, les peaux ont subi les opérations préparatoires décrites au chapitre précédent qui se sont terminées par la *passerie* et le *refaisage*, opérations qui ont eu pour effet de gonfler les peaux pour les rendre aptes à absorber le tanin à la dose la plus élevée, et à éliminer toute la chaux.

Le tannage consiste, on le sait, à disposer les peaux ainsi préparées dans de grands récipients appelés *fosses* et à les tenir en contact pendant plus ou moins longtemps avec du tan pulvérisé.

I. FOSSES

Dans beaucoup de pays, les *fosses* consistent en des excavations de forme carrée, et pratiquées dans le sol, auxquelles on donne ordinairement une profondeur d'environ 2 mètres, sur une largeur de 2 mètres et demi. Leurs parois sont en maçonnerie revêtue d'un enduit hydraulique. A Paris et, en général, dans les grandes fabriques, ce sont des cuves rondes en bois de chêne, que l'on enfonce dans la terre jusqu'au niveau de leur extrémité supérieure.

On fait les reproches suivants aux fosses en maçonnerie :

1° Malgré les plus grandes précautions, elles
font souvent perdre une certaine quantité de
l'infusion tannante, parce que, au moment où
l'on ne s'y attend pas, il se forme des fissures
dans le revêtement.

2° La chaux de l'enduit, en se combinant
avec une partie du tanin, donne lieu à la production d'un tannate de chaux, sel presque
insoluble, ce qui est au détriment du cuir et
constitue une perte pour le fabricant.

Les fosses de bois sont infiniment préférables
sous tous les rapports. En premier lieu, quand
elles sont faites avec des pièces très saines, très
épaisses et cerclées de fer, elles ont une durée
excessivement longue, que l'on peut encore
prolonger en appliquant sur la surface extérieure une couche de goudron ou de quelque
autre préparation hydrofuge. En second lieu,
au moyen de ces mêmes conditions, elles conservent absolument le liquide qu'on y introduit. Enfin, bien loin de neutraliser une partie
du tanin, le bois dont elles sont fabriquées en
fournit au contraire une certaine proportion à
la liqueur tannante. Aussi, a-t-on reconnu que
les peaux se tannent mieux dans les fosses de
chêne que dans celles de maçonnerie, et c'est
pour cela que, dans les tanneries bien dirigées,
on a renoncé à se servir de ces dernières.

II. MISE EN FOSSE

Pour *mettre* ou *coucher les peaux en fosse*, on
les fend généralement en deux.

On commence par placer au fond de la fosse

une couche de 15 à 20 centimètres de tannée ou
tan ayant déjà servi, puis on couvre cette tannée de 3 à 4 centimètres de poudre neuve, bien
moulue et humectée, et l'on étend un cuir
dessus.

Dans les fosses carrées, on croise les cuirs,
c'est-à-dire qu'après en avoir mis deux dans
un sens, on en place deux dans un autre, et
qu'on les croise tous quatre avec un cinquième ;
mais, dans les fosses rondes, on place les cuirs
tout autour. Seulement, dans ce cas, on a soin
de tourner exactement à droite, et de faire en
sorte que la queue du dernier cuir porte toujours sur la partie de droite de celui qui précède. En suivant ce procédé, on peut, en
douze heures, remplir une fosse de 40 à 80 cuirs.
Comme les peaux auraient pu contracter quelques plis dans les passements, il faut, en les
pressant fortement sous les pieds, tâcher de
faire disparaître ces plis.

Sur cette première couche de cuirs, on étend
une autre couche de poudre de trois centimètres, également humectée, et l'on continue
toujours de même, en mettant alternativement
une couche d'écorce et une couche de cuirs,
jusqu'à ce que la fosse soit pleine jusqu'à
environ 50 centimètres du bord supérieur.

On doit bien faire attention qu'il y ait exactement de la poudre entre toutes les parties
des cuirs, car celles où il en manquerait ne
pourraient pas acquérir un tannage égal, et,
par suite, la force et la dureté nécessaires. Si
les extrémités font des plis, ou ce qu'on appelle
des *poches*, il faut les fendre afin de mieux les
étendre ; et, quand on est obligé de doubler et

de reborder quelques parties, on ne doit pas
oublier de mettre de la poudre entre toutes les
duplicatures. Les joues et quelques autres
parties étant plus épaisses, demandent aussi
plus d'écorce, mais on en donne moins à
l'épaule et aux pattes, qui sont plus minces.
La figure 28 montre un ouvrier mettant les
cuirs en fosse.

Nous avons dit qu'on se servait de tan humecté. A cet effet, au moment de l'employer,
on jette de l'eau des-
sus et on le mêle en-
suite exactement avec
une pelle : sans cela, la
poudre incommoderait
les ouvriers en se vo-
latilisant ; d'ailleurs,
elle se divise plus fa-
cilement quand elle est
mouillée que lorsqu'elle

FIG. 28.   Ouvrier mettant
les cuirs en fosse.

est sèche. Cependant,
certains fabricants
pensent différemment
et emploient la poudre telle qu'elle sort du
moulin ; mais la première méthode est la meilleure, et, n'eût-elle d'autre avantage que de
ne pas être nuisible à ceux qui mettent en
fosse, elle devrait être généralement adoptée.
Ceux qui ont vu des moulins à écorce savent
que les ouvriers chargés de retirer la poudre et
de la mettre dans des sacs, sont obligés de se
boucher la bouche et le nez, afin de ne pas respirer la partie la plus fine de cette poudre qui se
volatilise par le mouvement, et qui finirait par
abréger considérablement leur existence. Les

ouvriers qui couchent en fosse ne sont-ils pas exposés au même danger ? D'ailleurs, la poudre déjà humectée est gonflée et plus disposée à céder ses principes tannants à l'eau.

Quand tous les cuirs sont couchés, on met sur la dernière couche de tan neuf une quantité suffisante de tannée pour achever de remplir la fosse. Cette épaisseur de tannée se nomme *chapeau*. On la foule bien, puis on s'occupe *d'abreuver* la fosse, c'est-à-dire d'y introduire l'eau nécessaire pour dissoudre le tanin.

L'abreuvement de la fosse s'opère quelque-fois en versant l'eau dans un enfoncement ou *bassin* que l'on forme dans le chapeau et que l'on comble ensuite. Le plus souvent, on verse le liquide sur des toiles étendues au-dessus des fosses et l'on ne s'arrête que lorsque toute la masse se trouve entièrement imbibée.

Il est de règle de faire l'abreuvement en une seule fois. Il n'est cependant pas rare que, le lendemain et le surlendemain de l'opération, on ne soit obligé d'ajouter d'autre eau. Cela provient de ce que le liquide, n'ayant pas d'abord pénétré dans toute la profondeur de la fosse, s'y est ensuite infiltré peu à peu, en sorte qu'il n'en paraît plus à la surface : la fosse semblait abreuvée, mais elle ne l'était qu'im-parfaitement. Quand ce cas se présente, il faut avoir soin, en versant la nouvelle eau, qu'elle soit assez abondante pour que les cuirs de la surface soient complètement humectés.

Dans beaucoup de tanneries, on prévient l'inconvénient dont il vient d'être question, en établissant sur le côté de la fosse une gout-tière dans laquelle on fait couler un filet d'eau à

Tanneur. 7

mesure que l'on place les cuirs. De cette façon, l'abreuvement a lieu peu à peu, et il est terminé quand la fosse est remplie.

On vient de voir que l'on fait le chapeau aussitôt que la dernière couche de tan neuf est mise en place, c'est-à-dire avant l'abreuvement. Toutefois, dans plusieurs pays, notamment à Paris, on préfère ne l'établir qu'après cette opération.

Dans les tanneries d'une faible importance, où l'on n'a pas toujours un nombre suffisant de peaux pour remplir la fosse le même jour, il arrive souvent qu'on ne couche à la fois que la moitié, le tiers ou le quart des cuirs que cette fosse peut contenir. Alors, on exécute l'abreuvement en autant de reprises que le couchage lui-même; et, chaque fois, on introduit l'eau, soit au moyen d'une toile comme ci-dessus, soit à l'aide d'une rigole, comme il vient d'être dit. Dans ce cas encore, l'abreuvement se fait graduellement, et, quand la fosse est tout à fait pleine, il ne reste plus qu'à s'assurer si la quantité d'eau qu'on y a mise est assez grande pour que les cuirs et le tan soient convenablement humectés. Cela fait, on forme le chapeau.

Dans certaines localités, il est d'usage de charger le chapeau avec des planches, sur lesquelles on place même quelquefois des pierres; mais cette pratique, qui ne pourrait avoir pour but que d'empêcher les cuirs d'être soulevés par l'eau, est absolument inutile, cette dernière n'étant pas assez abondante pour produire un semblable effet.

On met les cuirs forts trois fois en fosse, et, chaque fois, avec du tan pulvérisé n'ayant pas

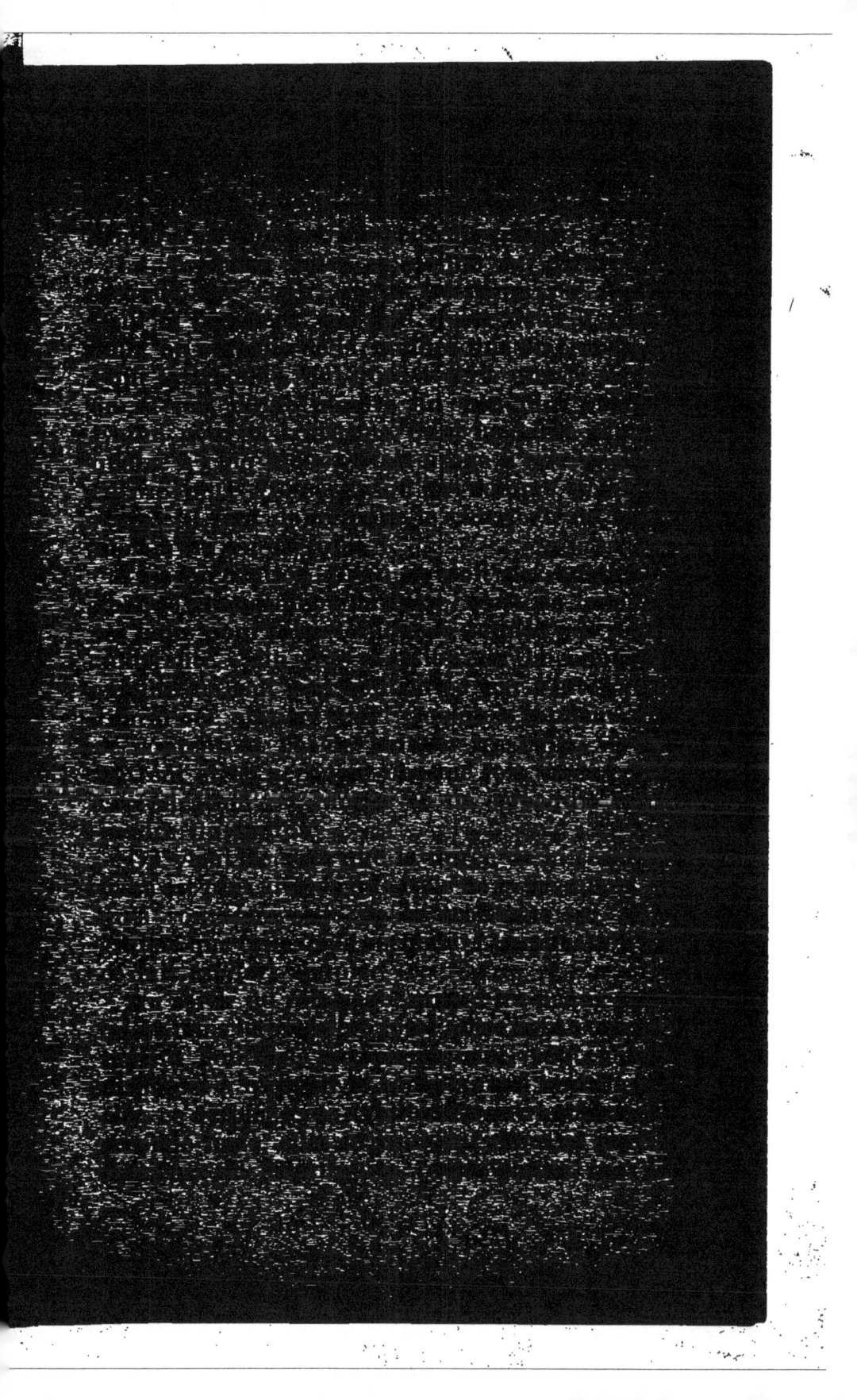

laissent plus pénétrer qu'assez difficilement :
c'est pourquoi on est obligé, pour que cette
pénétration puisse avoir lieu convenablement,
de les tenir plus longtemps en contact avec la
matière tannante. La longue durée de la troisième fosse s'explique de la même manière.
Dans cette nouvelle poudre, le cuir se per-
fectionne, gagne en qualité, et le principe
tannant s'introduit et se fixe dans les parties
où il n'avait pu encore pénétrer.

Ainsi que nous l'avons dit, le nombre des
poudres n'est que de trois. Quelquefois cependant, on en donne une quatrième ; mais cela
n'arrive que lorsque, au sortir de la troisième
fosse, le cuir n'a pas toutes les qualités voulues,
parce que les opérations précédentes n'ont pas
été faites avec le soin nécessaire.

Il est un cas qui arrive souvent, surtout dans
les tanneries de peu d'importance : c'est quand
on n'a pas assez de cuirs au même degré
d'avancement, pour remplir entièrement une
fosse. Alors, on est obligé de coucher dans la
même fosse des cuirs amenés à différents degrés
d'avancement, c'est-à-dire les uns de première
poudre, les autres de seconde, d'autres encore
de troisième. En pareille occurrence, il n'y a
qu'une marche à suivre. On met au fond de la
fosse des cuirs les plus avancés, en d'autres
termes, de troisième poudre ; dans le milieu,
ceux de seconde, et, par-dessus, ceux de première. Par une conséquence naturelle, quand
on lèvera les cuirs de troisième poudre, ceux
de seconde occuperont à leur tour le fond de la
fosse, ceux qui se trouvaient à la surface pren-
dront le milieu, et ils seront remplacés par

d'autres de première poudre, c'est-à-dire que l'on couchera pour la première fois.

Cette disposition à donner aux cuirs de poudres différentes que l'on met dans la même fosse, provient de ce que, au fond des fosses, la dissolution tannante est beaucoup plus riche que partout ailleurs, puisque, pour y arriver, l'eau a dû traverser toute la masse de la poudre, en se chargeant à mesure des principes actifs contenus dans cette poudre. Il faut donc, lorsque les cuirs sont déjà assez avancés, qu'ils se trouvent en contact avec une liqueur tannante de plus en plus énergique pour que leur pénétration continue d'une manière régulière. On admet, en outre, que l'introduction du tanin est singulièrement favorisée par la pression que les peaux des couches supérieures exercent sur celles des couches inférieures.

Ce qui précède explique pourquoi les tanneurs, quand ils changent les cuirs de fosse, mettent au fond de la nouvelle ceux qui occupaient la partie supérieure de la précédente.

Par la même raison, lorsqu'on a des écorces renfermant des proportions différentes de tanin, on doit, pour agir avec méthode, appliquer les plus pauvres au travail de la première fosse, et les plus riches au travail de la dernière ou des dernières. Le principe du tannage consiste, en effet, à mettre les peaux en contact, d'abord avec des liqueurs tannantes faibles, puis avec des liqueurs graduellement plus fortes, jusqu'à ce que les cuirs soient parvenus au point de saturation le plus parfait, ce qui réclame nécessairement un temps assez considérable, l'introduction du tanin ne pouvant et

ne devant se faire qu'avec lenteur, sous peine
de n'obtenir que des produits de très mauvaise
qualité.

Il nous reste maintenant à dire quelques mots
de la durée que doit avoir le tannage et de la
quantité de poudre qu'il faut employer.

En ce qui concerne le temps nécessaire pour
transformer les peaux en cuirs forts, il est incontestable que des tanneurs réellement à la
hauteur de leur profession ne doivent pas
dépasser douze à quinze mois. On a donc, sous
ce rapport, gagné plusieurs mois, car anciennement, l'opération ne durait pas moins de dix-
huit et vingt mois. Dans les limites actuelles,
on peut fabriquer et l'on fabrique régulièrement des cuirs forts, réunissant toutes les qualités désirables, si l'on sait travailler avec intelligence.

Quant au dosage de l'écorce, il peut varier
suivant diverses circonstances, telles que le
plus ou moins d'épaisseur des peaux, le plus ou
moins de richesse du tan, etc. Cependant, on
admet assez généralement qu'en moyenne, il ne
faut guère plus de 1 kilogramme et demi
d'écorce par kilogramme de cuir. On admet
aussi que, pour la première poudre, et la
seconde, chaque couche de tan neuf doit être
épaisse de 25 à 30 millimètres, et qu'il suffit
d'une épaisseur d'environ 15 millimètres pour
la dernière.

Le tannage en fosse s'exécute de la même
façon avec l'écorce de pin, de châtaignier, et
autres substances tannantes dont nous avons
parlé; de même, il peut encore se pratiquer
avec des substances mélangées en certaines

proportions que nous avons indiquées dans le chapitre traitant des matières tannantes.

III. SÉCHAGE DES CUIRS

Les cuirs sortant des fosses au bout du temps qui a été nécessaire à leur parfait tannage ne sont pas encore en état d'être livrés au commerce et doivent encore subir deux opérations complémentaires, le *séchage* et le *battage*, que nous allons examiner.

Le *séchage*, quoique très simple en apparence, n'en exige pas moins, de la part de l'ouvrier, beaucoup de soin, afin d'éviter les deux extrêmes, c'est-à-dire un manque ou un excès de dessiccation. En effet, les cuirs séchés trop lentement et dans un local humide, sont exposés à se moisir, ce qui les détériore beaucoup. Dans le cas contraire, si on les sèche trop rapidement ou au contact du soleil, ils deviennent cassants. Pour obvier à ces deux inconvénients, il doit y avoir dans toutes les tanneries des greniers ou *séchoirs* d'une grandeur proportionnée à l'importance de l'établissement et dans lesquels, au moyen d'ouvertures ou fenêtres garnies de persiennes à lames mobiles, on ménage un courant d'air continuel : c'est dans de tels greniers, qui ne doivent être exposés ni à l'ardeur du soleil, ni au grand vent, qu'on doit faire sécher les cuirs.

Quand on juge que les cuirs sont suffisamment tannés, on les tire de la fosse, et, tels qu'ils sont, sans les balayer ni les battre, on les porte au séchoir, où on les étend sur des perches, ou

bien on les pend par la tête à de grands clous.
Pour que l'air donne également partout, on les
tient ouverts au moyen de deux ou trois
bâtons soutenus par les ventres. De cette
façon, ils sèchent d'une manière égale.

Dans les tanneries où il n'existe pas de séchoirs, et c'est dans presque toutes celles de
province, on fait sécher les cuirs à l'ombre.

Lorsque les cuirs blanchissent, qu'ils commencent seulement à prendre de la raideur, et
avant qu'ils soit entièrement secs, on s'occupe
de les dresser. A cet effet, on les étend soit sur le
plancher du séchoir, soit sur un terrain qu'on a
eu soin de nettoyer, et on les frotte avec la
tannée qui est restée dessus quand on les a
retirés des fosses. Quelques tanneurs y ajoutent
de la poudre neuve et sèche, mais c'est une
dépense inutile.

Enfin, aussitôt que les cuirs sont bien appropriés, on les frappe avec la plante du pied, plus
sur la chair que sur fleur ; on en fait disparaître
toutes les inégalités, les bosses et les saillies,
et, après les avoir bien aplatis, ce qu'on appelle *dresser* ou *parer*, on les empile, c'est-à-dire
qu'on les place les uns sur les autres en ayant
soin que les bordages se croisent alternativement tête à tête et queue à queue. Si, parmi
les cuirs, il s'en trouve quelques petits, on
les empile séparément.

IV. BATTAGE A LA MAIN

On procède ordinairement à cette opération
vingt-quatre heures après le séchage. Elle a

pour objet, non pas seulement comme on le croyait autrefois, de rendre la surface du cuir plus lisse et plus unie, afin de lui donner du coup d'œil, mais encore d'augmenter sa fermeté, sa consistance, son imperméabilité, et de régulariser son épaisseur.

Le battage se fait à sec. Dans les petites fabriques, il consiste à étendre chaque cuir sur une table de bois, de marbre ou de pierre, puis à le frapper au moyen de maillets de bois dur

FIG. 29.
Maillet à battre
les cuirs.

(fig. 29) ou de grands marteaux de cuivre, mus, les uns et les autres, par la main de l'ouvrier (fig. 30). Dans les établissements de quelque

FIG. 30. — Ouvriers battant le cuir

importance, on se sert d'appareils spéciaux, mis en mouvement par une roue hydraulique ou par la vapeur, ainsi que nous le verrons un peu plus loin.

Quand les cuirs ont été battus, on les met de

nouveau en piles et on les charge. Au bout de
quelques jours, on les retourne et on les change
de place, toujours les empilant et les chargeant,
et l'on continue ainsi pendant environ un mois,
après quoi on les livre au commerce. Pendant
ces différentes manipulations, on doit les tenir
dans un endroit frais, mais non humide.

V. BATTAGE MÉCANIQUE

Le battage au maillet et à la main est une
opération longue et pénible, par suite, assez
onéreuse pour que l'on ait cherché, il y a longtemps déjà, à l'effectuer mécaniquement.
Comme il s'agit en résumé de donner des coups
de marteau, les premiers appareils qui ont
servi au battage des cuirs étaient absolument
analogues à ceux dont on se servait pour battre
le fer et connus sous le nom de *martinets* ;
tel est l'outil représenté figure 31, qui constitue le type à peu près le plus ancien des machines à battre le cuir. Il se compose d'un sommier *b* reposant sur deux colonnes solidement
fixées au sol et qui porte une sorte de col de
cygne *d* en fonte. Le maillet que l'on voit en *e*
est fixé à une longue tige verticale guidée par
deux glissières dont l'inférieure vient terminer
le sommier *b* alors que la supérieure est ménagée à l'extrémité du col de cygne *d*. Notons
en passant que le maillet *e* est généralement en
fonte, mais que sa panne, c'est-à-dire la partie
frappant sur le cuir, est en bronze. La levée
du maillet s'effectue par le levier *c* sur l'extrémité duquel vient agir une came *a* douée d'un

mouvement circulaire par l'entraînement de la manie g. Celle-ci en tournant, amène la came sur l'extrémité du levier c qu'elle soulève et, en même temps, le maillet e ; lorsque la came est arrivée au bout de sa course, elle échappe le levier et le maillet retombe de son propre poids. Le coup de maillet ainsi obtenu est d'autant plus vigoureux que ce dernier est plus lourd.

Fig. 31. — Machine à battre le cuir.

Quant au cuir à battre, il est placé sur une véritable enclume muée, sous le maillet ; cette enclume présente certaines particularités. C'est une masse en fer soutenue sur un solide bâti par l'intermédiaire de ressorts plats, de telle sorte que le coup de maillet donné sur le cuir imprime à l'enclume un certain fléchissement qui correspond tout à fait au rebondissement du maillet lorsqu'il est manœuvré à bras d'homme et le coup se trouve être en quelque sorte moins sec et moins brutal. Le dessous de l'enclume est muni d'un fourneau permettant de l'amener à une douce température. Nous avons respecté cette dernière disposition sur notre dessin, car les appareils de cette catégorie la possédaient tous, la pratique ayant montré que le cuir se trouvait mieux battu sous l'influence d'une légère élévation de température.

L'ouvrier fait mouvoir le cuir dans tous les sens sur l'enclume, de manière à ce que toute sa surface soit bien battue, les parties plus épaisses étant soumises à plusieurs coups de maillet.

Cet appareil est à peu près abandonné aujourd'hui et est remplacé par la machine suivante, due à Berendorf, d'un usage très général en tannerie, bien que son invention remonte à l'année 1842.

Machine Berendorf

Cette machine, représentée figure 32, se compose de trois parties essentielles :

1° D'un marteau ou fouloir en fer forgé, vertical et mobile, effectuant la pression sur le cuir, et garni sur la face inférieure d'une panne en bronze. La tige cylindrique du marteau est ajustée dans une douille verticale faisant corps avec un sommier en fonte. Ce sommier repose par ses extrémités sur deux colonnes en fonte, il porte à la partie supérieure une oreille servant de support à l'extrémité d'un levier qui transmet son action au marteau;

2° D'une enclume ou fouloir inférieur sur lequel on place le cuir. Il se compose d'un cylindre en fer dont la partie supérieure porte une

panne en bronze. Le cylindre passe librement
dans la douille d'une grande traverse, et repose
sur un madrier fixé solidement au pied des
colonnes. Il n'appuie pas directement sur le
bois, mais sur un goujon fileté. En tournant ce
goujon à droite ou à gauche, on le fait monter
ou descendre, et avec lui le cylindre. Ce mouvement s'exécute au moyen d'un volant dont

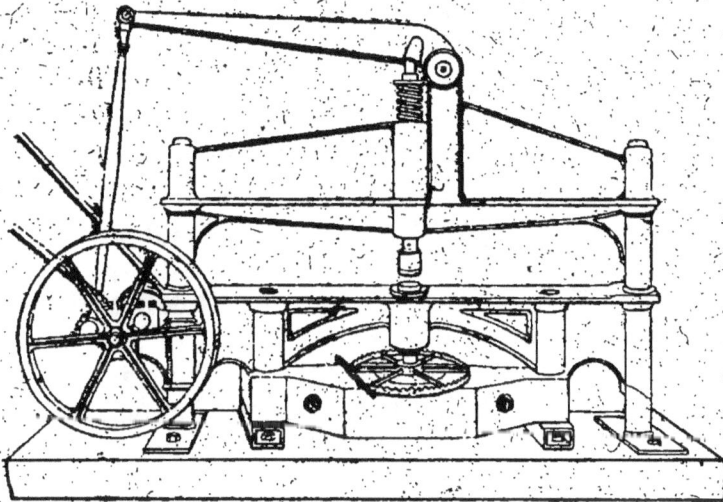

FIG. 32. — Machine à battre le cuir de Berendorf.

l'axe porte une vis sans fin qui mène une roue
dentée montée sur le goujon. L'ouvrier fait
tourner plus ou moins le volant, suivant l'épaisseur qu'il rencontre dans le cuir.

Le cuir est pressé entre les deux fouloirs, mais
à un degré voulu que l'on peut limiter, car le
fouloir inférieur fait céder, sous l'action de la
pression qu'il reçoit, le madrier qui fléchit et
revient aussitôt à sa position première. Le

cuir peut être ainsi comprimé avec une force
qui atteint 6,000 kilogrammes.

De chaque côté de la traverse dont nous
avons parlé, est placée une table sur laquelle
on fait glisser la peau ;

3° D'un levier qui fait fonctionner le fouloir
mobile ou marteau. Il s'appuie sur un pointal
en acier pivotant sur la tête du fouloir.

Lorsque le levier descend, il s'appuie sur le
pointal qui peut osciller légèrement sur lui-
même en forçant le fouloir à descendre verticalement ; en remontant, le marteau remonte
avec lui, car ils sont reliés entre eux par deux
tringles qui vont s'accrocher d'une part à un
boulon traversant l'épaisseur du levier, de
l'autre, à un boulon semblable traversant la
tête du fouloir.

Le mouvement du moteur se transmet au
levier par l'intermédiaire de bielles : l'ouvrier
amenant le cuir sous le fouloir, fait marcher la
machine plus ou moins rapidement. La vitesse
du marteau varie suivant l'habileté de l'ouvrier,
de 180 à 250 tours par minute. La force prise par
cette machine est d'environ un cheval et demi.

Ainsi qu'on le voit, des deux machines que
nous venons de décrire, la première peut être
dite à percussion, et la seconde à pression.
Cette dernière est évidemment préférable ;
son action, tout en étant rapide, est à peu près
progressive, tandis que dans la première,
l'action est brusque, brutale et saisit pour ainsi
dire le cuir, au lieu de l'amener progressivement
à l'état voulu. Aussi nous dirons que ce sont
principalement les machines à pression dont on
fait usage de nos jours pour le battage du cuir.

VI. FABRICATION DES CUIRS A ŒUVRE

On désigne d'une façon générale sous le titre de cuirs à œuvre ceux qui sont destinés à des usages spéciaux comme pour la cordonnerie, la sellerie, la carrosserie, la bourrellerie, et qui exigent certaines propriétés particulières, entre autres la grande souplesse. Ces cuirs que l'on appelle encore *cuirs de molleterie*, ne peuvent pas être employés aussitôt qu'ils sortent des mains du tanneur et doivent subir encore plusieurs manipulations plus ou moins compliquées dont l'exécution constitue la *corroierie*.

Les peaux qui servent à faire les cuirs à œuvre subissent les mêmes opérations préparatoires que celles destinées à la fabrication des cuirs forts et que nous avons données en détail au chapitre précédent. Le travail change pourtant à certains moments ; encore même varie-t-il plus ou moins, suivant qu'il s'agit de peau de vache, de peau de veau, de peau de cheval, ou enfin de peau de chèvre et de mouton. Nous n'examinerons donc dans ce qui va suivre que les variantes des opérations que nous avons accomplies pour les cuirs forts.

Peau de vache

Les peaux des jeunes bœufs s'emploient à peu près aux mêmes usages que les peaux de vaches et se traitent de la même façon. Les premières sont moins bonnes que les secondes, néanmoins, avec les peaux de jeunes bœufs, si l'on procède avec soin, on obtient aussi d'excellents résultats.

Pour ces peaux, c'est le pelanage dont on fait usage, et après lui la purge de la chaux comme nous l'avons expliqué. Le débourrage se fait de la même façon que pour les cuirs forts, avec cette seule différence qu'on se sert exclusivement du couteau rond, et qu'il n'est pas nécessaire pour faciliter l'arrachement du poil, de saupoudrer les peaux avec des cendres ou du sable. Quelques tanneurs emploient la queurse, mais à tort, parce que, s'il n'est conduit avec de très grandes précautions, cet outil peut, par ses aspérités, entamer et gâter la peau.

En principe, la purge de chaux doit être faite d'une façon très complète ; cependant, pour les peaux de vaches destinées à faire des semelles de chaussures légères, lorsque le travail est fait à la main, on se contente de passer deux ou trois fois le couteau rond sur chacune de leurs faces ; mais pour celles qui doivent servir à confectionner des ouvrages pour lesquels une grande souplesse est une condition essentielle, on pousse la même opération à fond jusqu'à ce que l'eau que la pression de l'outil fait sortir soit parfaitement claire sans teinte laiteuse.

Comme en ce cas le travail est à la fois long et pénible, on se sert avec avantage du tonneau à fouler, ou *de rivière*, représenté figure 10 (p. 151).

Le travail de rivière terminé, les peaux subissent les opérations destinées à compléter le gonflement. Ces opérations se font à peu près de la même manière que pour les cuirs forts. Elles consistent à mettre les peaux en contact avec des jus de tannée d'abord très faibles et en augmentant ensuite graduellement de force.

La première opération a reçu le nom de *coudrement*. Après avoir empli aux deux tiers environ une cuve de jus presque usé, on y jette un peu de tan neuf, puis on y met les peaux, on les lave, et, après les avoir tenues quelques instants en retraite, on les rabat en cuve. On recommence les mêmes manipulations le lendemain, et chaque fois, avant de rabattre les peaux, on ajoute à la cuve une nouvelle quantité de tan neuf, de façon à augmenter peu à peu l'activité du jus. En moyenne, on emploie 125 kilogrammes d'écorces pour 24 peaux de vaches.

Après le coudrement, les peaux sont mises *en refaisage*. A cet effet, on garnit le fond de la cuve d'une couche de poudre neuve, qu'on a soin d'humecter légèrement. Sur cette couche on étend une peau dans son entier et de toute sa longueur. On couvre ensuite cette peau d'une nouvelle couche de poudre, et l'on continue de la même manière en mettant alternativement une peau et une couche de tan. L'ouvrier ne doit pas oublier de placer les peaux en tournant tout autour de la cuve et de garnir de poudre toutes les duplicatures quand il est obligé de doubler les extrémités. Enfin, ainsi que nous l'avons dit en décrivant le travail des cuirs forts, il faut que la dernière peau soit recouverte de tannée. Toutes les peaux se trouvant mises en place, il ne reste plus qu'à abreuver la cuve. On emploie pour cela l'eau provenant du coudrement, laquelle ayant déjà servi, a presque entièrement perdu sa force. Le refaisage dure habituellement un mois.

Le tannage des cuirs à œuvre se fait absolu-

ment comme celui des cuirs forts. Seulement
on ne donne que deux poudres, la première
durant deux mois, et la seconde cinq à six
semaines.

Au sortir de la première fosse, et avant de
coucher les peaux dans la seconde, beaucoup
de tanneurs les foulent aux pieds ou les bigor-
nent afin de les assouplir ; mais cette opération
n'est véritablement nécessaire que pour celles
qui sont destinées à faire des semelles.

Le tannage terminé, on fait sécher les cuirs
en prenant les mêmes précautions que celles
indiquées déjà. Elles reçoivent le nom de *vaches
en croûte*, et passent entre les mains du corroyeur, qui les soumet aux manipulations
nécessaires pour les approprier aux différents
usages qu'on veut en faire.

Peau de veau

Les *peaux de veau* demandent à être travaillées avec plus de soins que celles de vache,
parce qu'elles sont plus délicates et, par suite,
plus facilement altérables.

Après avoir subi toutes les opérations préparatoires, elles sont soumises au pelanage. Cette
opération ne diffère de celle des vaches qu'en
ce que les pelains sont en plus grand nombre
que pour ces dernières. On peut graduer ainsi
davantage la force des laits de chaux, depuis
le pelain mort, jusqu'au pelain neuf. Le séjour
en pelains dure deux ou trois jours au plus.

Après le pelanage, on débourre les peaux à la
queurse, jamais au couteau, à cause de l'extrême finesse de la fleur qui, pour peu que ce

dernier outil fût mal conduit, pourrait être
détériorée. Ensuite, on les écharne, on en
retranche les émouchets, et l'on en *baisse*,
c'est-à-dire on en creuse les parties les plus
épaisses, telles que la tête, ce qui consiste à
enlever sur ces parties, avec la *faux*, autant de
tranches qu'il est nécessaire pour les ramener,
aussi exactement que possible, à l'épaisseur du
reste de la peau. L'écharnage, en particulier,
exige une grande habileté. Les coups doivent
être donnés en fauchant, parce que les coups
directs et fortement appuyés feraient pénétrer
le tranchant de l'outil dans la peau et affaibli-
raient les parties atteintes.

La purge de chaux qu'on appelle souvent
encore *recoulage*, qui succède au travail de rivière, doit être poussée
à fond pour faire dis-
paraître les dernières
traces de chaux. On
obtient ce résultat en
immergeant et bras-
sant les peaux dans
plusieurs eaux, jusqu'à
ce que le liquide reste
clair. Souvent aussi,
pour augmenter leur
souplesse, on leur fait
subir un *foulage* soigné.
A cet effet, on en met
plusieurs ensemble, or-
dinairement 15 à 18,

FIG. 33.
Ouvriers occupés
à la purge de chaux.

dans un baquet contenant peu d'eau, puis deux
ou quatre ouvriers, munis d'autant de pilons
coniques de bois dur et à long manche, les

frappent alternativement pendant 10 à 15 minutes (fig. 33).

Ce travail peut encore s'effectuer mécaniquement avec le tonneau à fouler.

Le *coudrement* est un peu plus compliqué que
celui des vaches.

Le premier jour, on jette les peaux dans une
cuve remplie de jus faible, en quantité suffisante pour qu'elles baignent parfaitement. La
liqueur doit être agitée continuellement afin
que les peaux, en se touchant, ne puissent ni se

Fig. 34. — Coudrement.

coller entre elles, ni former des plis, ce qui
empêcherait les parties en contact de recevoir
l'action du bain et nuirait ainsi au résultat
qu'on veut obtenir. Pour opérer cette agitation,
trois ou quatre hommes, munis chacun d'une
pelle ou d'une perche, se placent autour de la
cuve et à égale distance les uns des autres,
puis, tous ensemble, poussent l'eau dans le
même sens, comme le montre le dessin (fig. 34).

Au bout d'un quart d'heure de cette manœuvre, ils s'arrêtent quelques instants, puis recommencent à pousser la liqueur avec leurs pelles, mais en sens contraire. Après un autre quart d'heure, nouveau repos, puis nouvelle agitation dans le premier sens, et ainsi de suite pendant environ quatre heures. On a soin, à chaque arrêt, de jeter un peu de tan neuf dans la liqueur. Le lendemain, on relève les peaux, on les met égoutter, après quoi on ajoute de la poudre neuve et on rabat. On répète les mêmes opérations pendant sept à huit jours. Au bout de ce temps, on passe les peaux dans une cuve renfermant du jus plus fort, et l'on procède à l'égard de cette seconde cuve comme on a fait pour la précédente et pendant le même temps, en ayant soin chaque jour, de lever, d'ajouter du tan et de rabattre. A cette seconde cuve en succède une troisième, quelquefois même une quatrième.

Le refaisage dure ordinairement un mois. La cuve étant remplie à moitié du jus de tan neuf, on y jette du tan sec et très fin, qui, en vertu de sa légèreté relative, reste à la surface du bain. On étend alors les peaux sur ce dernier et on les enfonce en pressant dessus avec une perche. En descendant dans la cuve, les peaux entraînent nécessairement une partie de la poudre, on remplace cette dernière à mesure qu'elle disparaît.

La *mise en fosse* ne présente rien de particulier, sauf qu'on emploie des poudres plus fines que pour les vaches. De plus, comme les veaux, en raison de leur peu d'épaisseur et de leur délicatesse, absorbent le tanin avec une très

grande avidité, et que cette absorption a lieu
aussi facilement quand elles sont doubles que
lorsqu'elles sont simples, les bons tanneurs les
étendent sur le tan pliées en deux sur la longueur, fleur contre fleur. De cette façon, la
fleur ne peut éprouver aucune altération et elle
devient plus blanche et plus fine.

La durée du séjour dans les fosses varie
suivant la nature des peaux. Les peaux légères,
se trouvant presque complètement tannées au
sortir du refaisage, n'ont besoin que d'une seule
fosse, tandis qu'il en faut deux pour les peaux
fortes. La durée de chaque fosse est d'environ
six semaines.

La *dessiccation* des veaux s'opère comme celle
des vaches, sauf les précautions, qui doivent être
plus minutieuses. Aussitôt qu'elles ont perdu la
plus grande partie de leur humidité, on les met
en piles pour faire disparaître tous leurs plis,
puis on achève de les sécher et on les livre au
commerce sous le nom de *veaux en croûte*.

Peaux de chèvres et de moutons

Les *peaux de chèvres* sont généralement séchées quand elles arrivent entre les mains des
tanneurs. Il faut donc commencer par les *faire
revenir*, c'est-à-dire ramollir. A cet effet, on les
met dans l'eau, et, lorsqu'elles y ont suffisamment séjourné, on les foule aux pieds pour les
assouplir, puis on les fait successivement passer
dans trois pelains morts et un pelain neuf, en
prenant les mêmes précautions que pour les
peaux de veaux, après quoi on les débourre.

En raison de leur nature sèche et aride, les

peaux de chèvres demandent à être beaucoup travaillées de rivière : on est souvent obligé de leur donner jusqu'à dix façons. On les met en coudrement et en refaisage de la même manière que les veaux, mais en limitant à quinze jours la durée de cette dernière opération. Enfin, on ne leur donne qu'une seule poudre, parce que leur peu d'épaisseur permet au tanin de les pénétrer complètement au bout de très peu de temps.

Les *peaux de moutons* tannées constituent la *basane*. On peut les travailler comme les peaux de chèvres. Toutefois au lieu de les débourrer par le pelanage, pour celles qui n'ont pas été tondues, on utilise le procédé suivant qui est beaucoup plus expéditif et a de plus l'avantage de ne pas salir la laine. On étale sur la chair, avec un pinceau de fil ou de toile, une bouillie formée de une partie d'orpiment (sulfure d'arsenic) et de deux à trois parties de chaux, après quoi on plie les peaux en quatre et on les abandonne à elles-mêmes. Au bout de vingt-quatre heures en été, un peu plus en hiver, l'adhérence de la laine se trouve suffisamment détruite pour qu'on puisse enlever cette dernière et l'on opère ainsi ce que l'on appelle le *délainage*.

Le restant du traitement s'effectue comme pour les peaux de chèvres.

Peau de cheval

Comme la culée du cheval a une très grande épaisseur, on peut couper les peaux transversalement, de façon à séparer la culée pour la travailler en cuir fort et à ne transformer en cuir à œuvre que la partie antérieure.

Les opérations préliminaires terminées, on donne trois pelains aux peaux, et elles ne doivent rester qu'un jour dans chaque pelain. Pour 140 peaux, on recharge le pelain neuf de 6 hectolitres de chaux. Après le pelanage, les peaux sont lavées à fond, puis débourrées et soumises à diverses opérations du travail de chevalet. Elles passent alors à l'atelier des cuves.

C'est dans cet atelier qu'a lieu le tannage ; mais cette opération n'a pas lieu par la mise en fosse. Elle consiste à suspendre les peaux dans des cuves contenant un égal nombre d'infusions de tan ou *passements*.

On emploie quatre passements dont la force est ainsi graduée : 6° au pèse-tanin pour le premier, 9° pour le second, 12° pour le troisième, et 20° pour le quatrième. Les peaux restent six, huit et même dix jours en hiver, dans le premier passement. On les relève jusqu'à six et sept fois par jour pendant les trois premiers, moins souvent pendant les autres. Le second passement et le troisième durent chacun neuf à dix jours, et, dans l'un et dans l'autre, on ne relève les peaux qu'une fois par jour. Enfin, le quatrième a une durée de six à quinze jours. Pendant cette dernière période, on jette dans les cuves, chaque fois qu'on rabat les peaux, ce qui arrive aussi une fois par jour, deux corbeilles de tan neuf de 25 kilogrammes chacune, jusqu'à concurrence de sept corbeilles.

En sortant du quatrième passement, le cuir de cheval est entièrement tanné. On l'étire sur des tables de bois, de pierre ou de marbre, d'abord sur chair, puis sur fleur. Enfin, on l'essore en le suspendant, à l'aide de crochets, au plafond du séchoir, et on le livre au corroyeur avant qu'il ait eu le temps d'atteindre une complète dessiccation.

Le tannage des peaux de chevaux est, comme on voit, excessivement simple ; et cependant il exige, pendant toute la durée des opérations, une attention intelligente et soutenue. Comme on vient de le voir, il diffère des autres peaux, en ce qu'au lieu de mettre en fosse, on opère *à la flotte*.

Ce système de tannage paraît avoir été inventé par l'anglais Macbride. Il a été ainsi nommé parce que les peaux *flottent* librement dans la liqueur tannante.

Peaux diverses

Les peaux de *sanglier*, d'*ours*, de *porc*, de *truie*, etc., se tannent à peu près comme celle de veau, tandis que, pour celles de *chevreuil*, de *chien*, de *loup*, de *chevreau*, d'*agneau*, de *lapin*, de *lièvre*, etc., on se conduit comme s'il s'agissait de peau de mouton. Dans tous les cas, quand on veut conserver le poil, ce qui arrive très fréquemment, il faut procéder au débourrage avec le plus grand soin. On remplace alors les pelains par la bouillie de chaux ou par le mélange de chaux et d'orpin dont il a été question plus haut.

La *peau humaine* est susceptible d'être tannée et aussi bien que celle des autres animaux. Elle a plus de corps que celle de vache, et, ce qui est le contraire dans cette dernière, sa plus grande épaisseur se trouve au ventre. On opère comme pour les veaux, mais avec un plus grand nombre de pelains et de passements.

A diverses époques, surtout aux expositions industrielles, on a vu des peaux de *serpent* et de *crocodile* qui avaient été tannées avec un plein succès. On les avait traitées comme des peaux de veaux. Dans ces dernières années, les peaux de crocodiles sont même devenues à la mode aux Etats-Unis d'abord, puis en Europe, pour la confection des chaussures, des articles de sellerie et surtout de gainerie, mais on a fini par y renoncer, parce qu'on a reconnu que le nouveau cuir était trop pénétrable à la pluie et à l'humidité.

Cuir de garouille

Le *cuir de garouille* est ainsi appelé, parce que, pour le tanner, on emploie l'écorce de la racine de la *garouille*, nom qu'en Provence et en Languedoc on donne au chêne nain ou chêne kermès (*Quercus cocalfera*). Sa préparation est particulière à ceux de nos départements du Midi, où croît le chêne en question. Elle a pour centres principaux Béziers et Perpignan, mais elle est également développée dans plusieurs autres villes, telles que Narbonne, Nîmes, Toulouse, Pézenas, Castelnaudary, Graulhet, etc.

La fabrication du cuir de garouille n'a rien de particulier. Après avoir été passées à la chaux, débourrées et travaillées de rivière, où elles subissent quatre façons, les peaux sont mises en passerie; elles y restent trois ou quatre mois et, dans cet intervalle, on les change trois ou quatre fois d'écorce. Enfin, quand elles sortent du dernier passement, on les bute, puis on les couche en fosse et on les y laisse ordinairement un an. Il faut, en moyenne, 50 kilogrammes d'écorce pour cuir fort et petit. On fabrique des cuirs extrêmement minces, quoique toujours pour semelles, et des cuirs très épais, depuis le poids de 11 à 12 kilogrammes chacun, jusqu'à 28 et 30 kilogrammes, et même, mais exceptionnellement, au-dessus.

Différentes causes ayant fait disparaître presque complètement le chêne kermès de nos contrées, on y a pourvu en s'adressant à l'Algérie, en sorte que ce pays fournit actuellement la majeure partie des écorces qu'emploie l'industrie. Ces écorces africaines, provenant de terres vierges, chauffées par un soleil ardent, ont une vigueur extraordinaire, double au moins de celle des écorces d'Europe. Elles communiquent au cuir une fermeté remarquable, et une bonté et une imperméabilité égales à celles du cuir à la jusée. Elles lui donnent aussi une couleur acajou, que les consommateurs préfèrent à la couleur noirâtre qu'avaient les cuirs tannés avec les écorces indigènes. Toutefois, une observation qu'on ne doit pas oublier, c'est que les écorces africaines, si on les employait seules, rendraient les vaches trop raides et cassantes ; mais on prévient cet inconvénient en ajoutant à cette écorce environ un quart de leur poids d'écorce de chêne.

En résumé, dit un spécialiste, la fabrication du cuir de garouille rend de grands services à la population d'une douzaine de départements méridionaux, très montueux, très rocailleux, dans lesquels une chaussure excellente et d'un prix relativement peu élevé est indispensable. Ce cuir est tout aussi bon que celui à l'écorce de chêne : il est un peu moins lourd et un peu moins cher. Autrefois, on en faisait usage pour les chaussures militaires, mais son odeur un peu forte et sa couleur foncée l'ont fait bannir des approvisionnements de l'armée.

Cuir fort de Givet

Toutes les tanneries bien dirigées peuvent, moyennant les soins et les dépenses nécessaires, faire des cuirs de parfaite qualité. Quelques-unes cependant ont possédé ou possèdent encore, sous ce rapport, une réputation particulière, qu'elles doivent à l'excellence de leurs produits. Telles sont, entre autres, celles de Givet (Ardennes), pour les *cuirs forts*. Une description rapide des procédés employés par les tanneurs de cette ville nous semble de nature à intéresser le lecteur ; nous l'emprunterons à une note publiée par l'un d'eux, M. Charles Debraux.

Les tanneurs de Givet ne travaillent que des peaux étrangères, qu'ils choisissent parmi les plus beaux lots de l'Amérique du Sud, c'est-à-dire de Buenos-Ayres et de Montevideo. Pour eau, ils emploient celle d'une petite rivière appelée la Houille, qui est dure. Enfin, ils ne se servent que d'écorces de premier choix, qui leur sont fournies par les environs de leur ville. Enfin, ils se livrent à la fabrication depuis le mois de septembre jusqu'à celui de mai.

« Le reverdissage, beaucoup plus long que dans les autres centres de fabrication de cuirs forts, dure de quinze à vingt jours, par suite de la dureté de l'eau. Le cuir en poil, mis à l'eau, est suivi avec un soin tout particulier. Chaque jour, il est lavé, reçoit un coup de fer ou deux pendant la période du détrempage, puis enfin, lorsque les poils commencent un peu à lâcher, il est mis à l'échauffe, appelée dans le pays *pendoir*, où il reste de trois à cinq jours, jusqu'à ce que la fermentation naturelle rende l'épilage facile.

« Le cuir dépilé est remis à l'eau et passe entre les mains de l'écharneur qui, avec un soin tout particulier, baisse les têtes et écharne la peau, laquelle reçoit alors un nouveau travail de rivière, où, par plusieurs coups de fer, appelés par les ouvriers *strichage*, elle acquiert la souplesse et la malléabilité voulues pour être mise en basserie.

« Pour composer les bassements, on emploie des jusées provenant des écorces ayant déjà servi à recoucher en deuxième écorce et en troisième dans une mise en fosses précédente et conservées dans ce but. Ces écorces sont employées dans une proportion convenable et reconnue au pèse-tanin, ou plus simplement à la dégustation, et traitées par de l'eau ordinaire, qui les dépouille de toute la matière tannante et acidifiée.

« Le cuir est mis d'abord dans un bassement très faible, où il reste vingt-quatre heures, pendant lesquelles on le lève deux ou trois fois, pour que toutes les parties soient bien en contact avec le bassement. Il passe ensuite et successivement dans cinq jus de plus en plus forts, après quoi, se trouvant suffisamment monté, on le couche en fosse.

« Quelquefois, pour les cuirs mal revenus, on donne un relaissage, mais c'est rare. Aucune maison ne monte ses cuirs avec de l'acide ; la jusée suffit toujours, et c'est une des causes de la bonne qualité des produits. Dans tous les cas, arrivé à ce point, le cuir n'a plus besoin que du tannage à la fosse.

« On commence par coucher le cuir en première écorce, où il reçoit une couche d'écorce dont la moyenne est de 40 à 45 kilogrammes pour une peau de 27 à 30 kilogrammes en poil. L'écorce employée est moulue à la meule et aussi fine que possible, afin qu'elle ne laisse aucune empreinte sur le cuir. Au bout de neuf à dix mois, les cuirs sont relevés de la fosse, balayés et mis en deuxième écorce, où ils séjournent de six à huit mois : la quantité d'écorce est alors de 35 kilogrammes. On les couche en troisième écorce, et, pour ce dernier travail, on emploie l'écorce qu'on juge la meilleure et de toute première qualité. Enfin, on les lève au bout de trois ou quatre mois pour les faire sécher, et ils se trouvent fabriqués. Cette troisième écorce est recueillie avec soin, placée dans une fosse où on la dispose par couches, en la comprimant avec les pieds, puis, quand la fosse est pleine, on l'abreuve d'eau. Elle s'acidifie promptement et devient ainsi propre à préparer les basserments.

« La sèche se fait sur perches, suivant les procédés d'usage. Deux époques sont spécialement adoptées pour cette opération : de septembre à novembre et de mars à mai ».

Disons en terminant qu'autrefois les cuirs forts de Givet étaient livrés au commerce sans avoir reçu aucun apprêt après la sèche, parce qu'ils étaient assez fermes pour rendre le battage inutile, mais l'invention des machines à battre ayant permis aux autres fabricants de donner à leurs produits une fermeté relative et un coup d'œil que ceux de Givet avaient seuls naturellement, on a compris la nécessité de suivre le mouvement. Aujourd'hui donc, à Givet, comme partout ailleurs, on bat les cuirs forts au marteau mécanique, mais on continue à les laisser dans leur entier.

Si au début de ce paragraphe nous nous sommes permis de dire, en parlant des marques spéciales de cuirs, que des tanneries *ont possédé* une réputation particulière, c'est que, tout en rendant hommage aux bonnes tanneries de Givet, nous n'osons point certifier qu'elles opèrent encore comme elles le faisaient à l'époque à laquelle parut l'étude que nous venons de résumer. C'est regrettable, disons-le, mais empressons-nous de dire aussi que la faute n'en revient pas aux tanneries en question. Malheureusement l'industrie n'est pas un art et ne peut pas exclusivement vivre de la supériorité de ses produits, elle doit voir avant tout ses prix de revient et, de nos jours, c'est le bon marché auquel doit viser tout industriel pour lutter contre la concurrence. Ainsi que le dit le proverbe populaire « il y a plus d'amateurs que de connaisseurs » ; or, peu de consommateurs savent reconnaître la supériorité d'un produit lorsque intervient le prix. Les méthodes de tannages modernes, plus économiques que les anciennes, fournissent des prix de revient, et par suite de vente, moindres, ce sont donc vers celles-ci que les industriels doivent tendre, dût la qualité de leur production se trouver diminuée, dût encore leur amour-propre de fabricant en souffrir ; il faut vivre !

Si nous avons exposé cette observation, c'est qu'elle est un peu générale pour l'industrie française, qui a conservé ce sentiment artistique, qui veut du bon et du beau, mais qui ne peut pas donner à ses produits, ces deux grandes vertus, sans que les prix n'en souffrent, laissant ainsi une grande marge à la concurrence étrangère dont les produits, à bien examiner, ne valent en somme que leurs prix et manquent souvent des qualités essentielles qu'on leur réclame.

Peaux pour la confection des outres

Les outres en peau ne s'emploient plus guère dans nos pays, et leur fabrication n'offre donc qu'un intérêt purement historique ; cependant si nous en parlons ici c'est plutôt pour indiquer une préparation destinée à donner aux peaux une grande étanchéité en même temps qu'une certaine souplesse. C'est à ce point de vue tout particulier que cette préparation peut présenter quelque intérêt.

Les peaux destinées à faire les outres se préparent de deux manières suivant que les outres doivent être *cousues* ou *non cousues* ; ce sont donc ces deux méthodes que nous allons examiner.

Peaux pour outres cousues. — On emploie de préférence les *peaux de vaches*, parce qu'on assure qu'elles sont moins spongieuses que celles de bœufs et moins faciles à dilater. Dans tous les cas, les peaux demandent à être traitées avec des précautions toutes particulières, et qui commencent au moment même où on les enlève aux animaux. En effet, le boucher doit les étendre immédiatement et en long sur des perches, en prenant bien garde qu'il ne s'y forme aucun pli, et que la moindre altération ne puisse s'y produire.

Les peaux arrivent sèches chez le fabricant. La première opération consiste donc à les ramollir. Pour cela, on les met dans une eau de chaux, qui a déjà servi une fois, et on les y laisse jusqu'à ce qu'elles soient revenues à l'état frais, ce qui exige une huitaine de jours. On les taille alors suivant la forme et les dimensions que les outres doivent avoir, puis, pour préparer le dépilage, on les place dans un pelain neuf, où on les tient environ un mois. Enfin, on les débourre, on les écharne et on les travaille de rivière.

Ces opérations terminées, on procède au séchage des peaux. On commence par les débarrasser d'une grande partie de leur humidité en les suspendant en plein air à des perches. Ce résultat obtenu, on les étend matin et soir, pendant plusieurs jours, sur un terrain sec et uni, et on les rentre aussitôt que la chaleur commence à être forte. Avec ces ménagements, on empêche les peaux d'être trop rapidement saisies par le soleil, ce qui les ferait *se gondoler,* c'est-à-dire y produirait des plis et des poches.

Les peaux se maintiennent ainsi parfaitement planes et unies, et atteignent une dessiccation très avancée, que l'on complète en les étendant, pendant plusieurs jours, sur le même terrain que ci-dessus, mais, cette fois, seulement aux heures où le soleil est le plus ardent : on attend même, pour les exposer, que toute l'humidité de la nuit ait disparu, car la moindre fraîcheur les pénétrerait et y déterminerait des retraits. En général, plus on soumet les peaux à l'action du soleil ardent, plus elles se resserrent et deviennent meilleures. Elles acquièrent leur maximum de qualité en vingt à trente jours.

La dessiccation est la dernière opération que subissent les peaux. Il n'y a plus qu'à les faire tremper dans l'eau pure, au moment de s'en servir, afin de les ramollir suffisamment pour pouvoir les coudre.

Peaux pour outres non cousues. — Les *peaux de boucs* sont celles que l'on emploie presque exclusivement.

Aussitôt que l'animal est mort, on le gonfle à la manière ordinaire pour détacher la peau de la chair, puis on coupe la tête au-dessus du cou, et les jambes de devant à l'articulation du genou. Enfin, on suspend le bouc par les jambes de derrière, on extrait toutes les parties intérieures par l'ouverture du cou, et l'on coupe les jambes de derrière au même endroit que celles de devant.

Ces opérations se font avec une telle rapidité, que la peau est encore chaude quand elles sont terminées. Il s'agit alors de travailler les peaux de manière à les approprier à leur destination. Ce travail est une simple salaison. Après avoir retourné les peaux, pendant qu'elles sont chaudes et souples, afin de mettre la chair en dehors et le poil en dedans, on les étend sur une table, puis on les frotte fortement et longtemps avec du sel pilé jusqu'à ce qu'elles s'en trouvent parfaitement saturées. On les saupoudre alors de ce même sel, on les plie, on les met en pile et on couvre le tas avec une planche que l'on charge de pierres. On les abandonne à elles-mêmes pendant une quinzaine de jours. Au bout de ce temps, on les retourne pour rétablir la fleur en dehors, et l'on tond le poil un peu ras. Après cette opération, il n'y a plus qu'à lier solidement avec de la ficelle les quatre ouvertures des jambes et celle du cou.

Cuir vert

On appelle *cuir vert* une variété de cuir qui se fabrique exclusivement avec des peaux de buffles, et pour le tannage duquel on remplace l'écorce de chêne par des *feuilles de myrte* ou de *lentisque*. Ce cuir se prépare dans quelques localités de l'ancienne Provence, surtout à Grasse. Aussi l'appelle-t-on quelquefois *cuir de Grasse* ou *cuir de Provence*.

Les peaux arrivent toutes du Levant, le plus souvent d'Alexandrie ou de Constantinople. Elles sont ordinairement à l'état sec. La première opération qu'on leur fait subir a donc pour objet de les ramollir. On les introduit alors dans un pelain mort de chaux, où elles doivent rester jusqu'à ce qu'on puisse les épiler, ce qui arrive communément au bout de huit à dix jours, et même quelquefois plus tôt. Pendan

que les peaux sont dans le pelain, on les relève
de temps à autre. On ne se contente pas de les
laisser égoutter quelques heures ; mais elles
doivent rester en retraite, chaque fois, autant de
temps qu'elles ont resté dans le pelain. Quand
on sent que le poil s'arrache encore avec quelque
difficulté, on tire les peaux du pelain et on les
épile au moyen d'un couteau appelé *peloir*.

Les peaux étant débourrées, on les met à
l'eau pendant deux jours, on les écharne avec
un couteau tranchant, nommé *écharnoir*, et on
leur donne trois à quatre façons de rivière, qui
doivent suffire pour les rendre souples et les
dégager entièrement de la chaux.

Après ce travail préliminaire, les peaux se
trouvent disposées à recevoir la première
couleur. Pour cela, on les couche les unes sur
les autres dans de grandes cuves où elles doivent être à l'aise ; on les couvre de feuilles de
myrte, et l'on remplit ces cuves d'eau bouillante, dans laquelle on a fait infuser des feuilles
pulvérisées de myrte ou de lentisque. C'est là
ce qu'on appelle *former un bain*.

Quand les peaux ont été remuées pendant
deux jours très fréquemment dans ce *bain*, où
elles doivent être exactement recouvertes par
le liquide, on les lève, on les coud comme des
outres, on les remplit avec les feuilles et *l'eau*
qui ont formé le bain, et on les remet dans la
cuve, de manière à ne pas perdre de place.
Pour donner une bonne couleur, on doit lever
les peaux tous les jours, et renouveler entièrement la décoction de myrte. Il est des *tanneurs*
qui se contentent de remuer les peaux trois fois
par jour : le matin, à midi et le soir, et de verser

sur la cuve une chaudière de décoction de feuilles de myrte ou de lentisque ; d'autres, au contraire, renouvellent entièrement l'eau pendant huit à dix jours. Après cette opération qui doit durer de dix à vingt jours, les peaux sont bonnes à coucher en fosse.

Alors on les retire du bain, on les découd et on les fend en deux de la tête à la queue. Pour les coucher en fosse, on forme dans le fond de la cuve un lit de poudre ; on étend dessus une couche de peaux la chair en dessus ; l'on couvre ces peaux d'une couche humectée de feuilles de myrte ou de lentisque, et l'on continue de cette manière jusqu'à ce que la fosse soit pleine. Toutes les autres précautions en usage pour les fosses à tan étant prises, on laisse les cuirs en cet état pendant trois mois. Au bout de ce temps, on les lève, on les nettoie à l'eau, de manière à les dégager de la vieille poudre ; on leur en donne une nouvelle, et on les y laisse encore pendant trois mois. On renouvelle cette opération six fois, et toujours de la même manière. Enfin, au bout d'un an environ, on lève les cuirs pour la dernière fois, et on les fait sécher, de la même manière que les autres cuirs.

Lorsque les cuirs sont presque secs, on en retranche le ventre qui est la partie la plus faible, et on les aplatit de manière à faire disparaître toutes les rides. Cette opération, qui se nomme *embourser les cuirs*, se pratique avec un maillet, ou un instrument appelé *fer à planer*.

Ce travail terminé, on fait entièrement sécher les cuirs au grand air, et on leur donne le suif de fleur et de chair. Pour qu'ils en soient parfaitement imbibés, on les échauffe, au moyen d'un fourneau sur lequel on les promène assez vite et assez longtemps pour que la chaleur pénètre partout. Quand on s'aperçoit qu'ils ne prennent plus de suif, on les passe encore une fois sur le fourneau et on les met en pile, en ayant soin de les couvrir de planches qu'on charge de pierres ou de gros poids. Le lendemain, on termine le travail, en faisant sécher exactement les cuirs au grand air ; alors, ils ont acquis toute la blancheur et la fermeté nécessaires.

VII. OBSERVATIONS GÉNÉRALES

Nous arrêterons ici l'exposé de la préparation des cuirs à œuvre. Nous avons choisi à dessein les cas les plus particuliers de manière à faire ressortir davantage les différences de traitement que les peaux doivent subir, soit en raison de leur nature propre, soit en raison de l'usage auquel on les destine lorsqu'elles sont transformées en cuirs. Nous pensons que le lecteur trouvera ainsi, par l'étude de cas particuliers, des indications qui pourront lui être utiles dans certaines circonstances spéciales ou en vue de préparations particulières qu'il nous serait impossible d'examiner les unes après les autres.

Nous passerons sous silence une série de procédés anciens dont quelques-uns n'ont pas été sans donner des résultats satisfaisants ; on peut dire d'eux ce que l'on pourrait dire de toutes les fabrications anciennes : ils étaient basés sur des empirismes qui peuvent de nos jours trouver une explication, mais non une justification. Comme dans tous les procédés empiriques, s'il y avait un fond incontestable de vérité, le succès de l'opération était dû principalement à des tours de mains spéciaux que seuls connaissaient ceux qui les pratiquaient, mais qui étaient presque toujours complétés par des soins tout particuliers ainsi que par une surveillance constante du fabricant. Ajoutons qu'à l'époque de l'application de ces procédés, les tanneurs avaient constamment les mêmes matières premières : peaux et matières tannantes, qu'ils arrivaient alors à fixer d'une façon parfaite les propriétés et les caractères des unes comme des autres ; enfin, agissant sur des quantités toujours minimes de produits, il leur était facile de suivre leurs opérations dans leurs moindres détails, toutes conditions chez un fabricant amateur de son métier pour une bonne réussite.

C'est ainsi que l'on a connu les *cuirs à l'orge*, les *cuirs à la farine de froment*, les *cuirs au son*, les *cuirs à la levure*, etc., etc., dont tout le secret, divulgué aujourd'hui, consistait à mettre les peaux dans un milieu fermenté ou fermentescible capable de les gonfler dans de bonnes conditions et de les mettre ainsi en meilleur état pour fixer le tanin. Dans certaines de ces préparations, en dehors du gonflement meilleur, on obtenait aussi une préparation acidifiée qui rendait l'action du tanin plus énergique ou plus profonde.

Tous ces procédés sont aujourd'hui abandonnés et n'ont plus qu'une valeur historique.

Après ces méthodes particulières, nous pouvons voir celles qui furent préconisées en vue de réduire la durée du tannage qui, nous l'avons dit au début de ce chapitre, grève les cuirs tannés en fosse, d'un prix de revient très élevé.

C'est ainsi que l'on a proposé les moyens suivants, soit séparément, soit combinés plusieurs ensemble :

1° Simple immersion des peaux dans la jusée, avec ou sans intervention de l'acide sulfurique pour le gonflement ; sur ce principe sont basées les méthodes de Seguin, Jones et autres ;

2° Circulation de la liqueur tannante, préconisée par Ogereau, Sterlingne, Turnbull, etc. ;

3° Mise en mouvement des peaux dans le liquide tannant, avec les brevets de Turnbull, Squire, Knoderer, etc. ;

4° Emploi, pour augmenter la pénétration liquide tannant, du phénomène de l'endosmose, de la pression ou du vide.

Tous ces procédés s'échelonnent de 1794 au milieu environ du siècle dernier, mais aucun d'eux ne s'est véritablement développé, et ils sont tous tombés dans l'oubli bien qu'ils aient été certainement des précurseurs de procédés modernes très usités et reconnus excellents. Seguin, entre autres, faisait un véritable tannage à l'extrait, mais il le faisait mal, alors qu'on l'accomplit d'une façon parfaite de nos jours, ainsi que nous le verrons plus loin.

Enfin, dans la seconde moitié du siècle dernier, divers procédés de tannage minéral furent mis en avant, dont quelques-uns pour n'avoir pas été absolument heureux, ouvrirent la voie au tannage au chrome, si répandu aujourd'hui, et que nous examinerons dans ses détails dans un chapitre spécial.

CHAPITRE VII
Tannage aux extraits

—

SOMMAIRE. — I. Principe du tannage aux extraits. — II. Fabrication des extraits. — III. Emploi des extraits. — IV. Tannage aux extraits. — V. Du choix des extraits.

I. PRINCIPE DU TANNAGE AUX EXTRAITS

Ainsi que nous l'avons vu dans le chapitre précédent, le tannage en fosse à l'écorce de chêne est appliqué depuis de très longues années ; le tannage au sumac, pour être moins ancien, remonte également à une époque déjà lointaine, puis peu à peu d'autres matières que nous avons énumérées au chapitre II sont venues prendre une place importante à côté des deux premières, permettant ainsi aux tanneurs de faire un choix judicieux des tanins les plus convenables à leur genre de fabrication et de diminuer, dans certains cas, la longue durée du temps nécessaire au tannage à l'écorce. La nécessité d'une plus grande production, l'avantage obtenu en allant plus vite, tout en fabriquant des cuirs d'excellente qualité, les prix avantageux de certains de ces tanins, ont fait rapidement entrer ces nouvelles matières dans la voie des applications courantes et chaque jour plus étendues.

Mais la multiplicité de ces produits, leur irrégularité en teneur tannique à l'état brut, l'incomplète utilisation des tanins non solubles dans l'eau froide et les difficultés parfois de s'en approvisionner pour ce qui concerne les tanins exotiques, pouvaient arrêter bien des tanneurs dans l'intention de les employer.

C'est de là qu'est née l'industrie de l'extraction des bois et matières tannantes, parallèlement à celle des matières tinctoriales, déjà florissante depuis de nombreuses années.

En effet, n'envisageons, pour l'instant, que l'écorce de chêne dont nous venons de voir l'application dans le tannage en fosse. Cette matière, nous l'avons également vu dans l'étude que nous en avons faite, a une teneur en tanin très variable suivant les sortes de chênes, suivant les climats sous lesquels ces arbres se sont développés, suivant même l'époque de l'écorçage ; or le tanneur est toujours en présence d'un produit irrégulièrement riche en tanin, il doit donc en mettre tantôt plus, tantôt moins, et, si une longue expérience lui permet de le faire d'une façon à peu près juste, encore est-il qu'il n'en est jamais certain. De plus, dans l'écorce de chêne, le tanin seul est utile et nous savons la faible proportion qu'elle contient par rapport à la partie fibreuse et aux produits divers, matières tout à fait inutiles et qui ne font qu'encombrer les fossés Enfin le tanneur arrose le tan dans les fosses. précisément pour dissoudre le tanin contenu dans l'écorce, c'est donc cette solution, ce *jus* pour ainsi dire, qui seul est utile et actif. Il est, par conséquent, tout au moins rationnel

de ne se servir que de lui, et c'est lui qui forme
en quelque sorte *l'extrait*, dont a besoin le
tanneur, extrait forcément très dilué et possédant, comme teneur en tanin, l'irrégularité de
la teneur de l'écorce, car il est évident que si
dans deux fosses on arrose d'une même quantité
d'eau du tan très riche en tanin dans l'une et
très pauvre dans la seconde, la première mettra
les peaux en présence d'un extrait plus fort
que dans l'autre, le tannage ne se fera donc pas
de la même façon dans les deux fosses.

Ce que nous avons dit de l'écorce de chêne
s'applique à toutes les autres matières tannantes.

Si donc, l'on commence par faire le jus dont
nous venons de parler, qu'on l'isole de toutes les
matières inutiles : partie fibreuse et produits
divers, et qu'on ramène ce jus à une teneur en
tanin toujours la même, les tanneurs auront en
mains des produits prêts à être employés,
contenant sous un moindre volume des principes tannants très riches, d'une absolue régularité et entièrement utilisables. C'est ce principe qui a donné naissance aux extraits tannants.

Les extraits de bois de chêne, de bois de
châtaignier fabriqués en pleins centres d'exploitation de ces bois, furent vite en faveur ;
bientôt celui d'un bois exotique, le bois de
Quebracho, vint prendre une place prépondé-
rante dans la tannerie et révolutionner, on
peut le dire, cette industrie.

C'est à M. E. Dubosc (1) que l'on doit l'im-

(1) M. E. Dubosc fut le fondateur de la Maison

portation en Europe et sa vulgarisation dans la tannerie, du bois de Quebracho Colorado de la Plata, déjà connu, mais très peu employé dans l'Amérique du Sud.

Les pénuries d'écorces françaises, au cours de certaines années, la disparition, un jour ou l'autre, des forêts de châtaigniers, avaient incité M. Dubosc à rechercher une essence exotique de grande richesse tannique et de bas prix. Il l'avait trouvée avec ce bois de Quebracho, qui contient environ 20 0/0 de tanin, et croît à profusion dans l'Amérique du Sud. En 1873, le premier chargement est arrivé au Havre, et dès lors, d'année en année, les importations augmentèrent au point d'en arriver au tonnage formidable de 35,000 tonnes en 1889, pour ce seul port ; Anvers et Hambourg en reçoivent également des quantités considérables.

D'autres tanins, sans avoir l'importance du Quebracho ont aussi leur place marquée en tannerie, ainsi qu'on l'a vu dans le chapitre II.

II. FABRICATION DES EXTRAITS

Nous n'avons point l'intention de donner ici une description complète de cette fabrication, qui met en œuvre un matériel important, qui exige des soins de tous les instants, qui demande une connaissance parfaite de la chimie

---

Dubosc frères, firme actuellement englobée dans la Compagnie Française des Extraits tinctoriaux et tannants, au Havre.

des tanins, qui enfin est d'une importance telle, qu'elle ne peut être conduite à bien que par des techniciens expérimentés et spécialisés dans la matière. Nous énumérerons simplement les différentes opérations qu'entraîne cette industrie en disant quelques mots expliquant celles-ci.

Dans ses grandes lignes, la fabrication de tout extrait tannique suit la marche suivante :

1° Découpage, hachage et broyage des bois, écorces, fruits, feuilles, racines, etc.;

2° Extraction par l'eau à diverses températures, avec ou sans pression, suivant les propriétés des matières traitées, des principes tannants ou autres contenus dans les matières brutes ;

3° Solubilisation, clarification et décoloration ;

4° Concentration dans le vide des jus d'extraction par évaporation de façon à les amener à la densité à laquelle ils sont vendus.

Découpage.. — Le découpage, broyage, hachage des diverses matières se font à l'aide d'appareils spéciaux, appropriés aux produits à traiter et au degré de finesse de mouture exigé. Nous en avons vu quelques-uns au chapitre III spéciaux à l'écorce de chêne.

Extraction. — La préparation des jus tanniques destinés à la fabrication des extraits est faite par macération, dans l'eau, des matières à épuiser, en opérant par lessivage méthodique. L'opération est conduite de telle sorte que les jus viennent en contact des substances de moins en moins épuisées au fur et à mesure qu'ils s'enrichissent. Les appareils d'extraction sont de deux sortes :

1° Ceux permettant d'opérer en vase ouvert sous la pression atmosphérique ;

2° Ceux dénommés *autoclaves*, qui sont utilisés pour les extractions qui doivent être faites sous des pressions supérieures à une atmosphère.

Dans la première catégorie d'appareils on opère, en principe, de la façon suivante : on a un certain nombre de cuves identiques remplies de la matière dont on veut tirer le tanin. On emplit la première d'eau et généralement on chauffe à la vapeur ; cette eau s'empare du tanin qu'elle tient en dissolution ; on la vide et on l'envoie dans la seconde cuve où elle trouve de la matière neuve dont elle dissout le tanin et s'enrichit ainsi. Cette même eau enrichie passe dans une troisième cuve où elle s'enrichit de nouveau et ainsi de suite. C'est ainsi que, théoriquement du moins, au sortir de la première cuve l'eau contenant par exemple 5 pour 100 de tanin, en contiendra 10 au sortir de la seconde, 15 au sortir de la troisième, etc... Ces chiffres sont tout à fait arbitraires et destinés seulement à montrer le principe du lessivage méthodique.

Dans la pratique de la fabrication des extraits, les choses ne vont pas aussi simplement. Suivant les méthodes d'extraction, suivant les matières premières, il arrive qu'au sortir de la première cuve l'eau chargée de tanin est mise de côté, et la même cuve traitée à nouveau avec de l'eau pure qui chargée de tanin est jointe à la première, puis au bout de deux, trois ou un plus grand nombre de ces traitements, ce sont toutes ces eaux réunies qui vont à la seconde cuve pour s'y enrichir. Quelle que soit la manière de procéder, elle a pour but final d'obtenir d'une part des eaux aussi chargées que possible de tanin, et d'autre part de laisser dans la matière mise en traitement le moins de tanin possible. Le problème, on le voit, comporte l'exigence d'une double solution, ce qui le rend d'autant plus complexe à résoudre.

Enfin dans ce mode d'extraction, comme dans celui à l'autoclave, il y a des facteurs très importants qui interviennent et qui exigent de l'opérateur une connaissance très appronfondie de la chimie et aussi de la physique. Il a été parfaitement constaté que l'extraction du tanin est profondément influencée : 1° par la température à laquelle on opère ; 2° par la durée de la macération ; 3° par la nature de l'eau employée ; 4° enfin par la pression quand on fonctionne à l'autoclave. Si l'on ajoute que ces facteurs influencent encore d'une façon différente les diverses matières premières mises en œuvre, on peut voir que nous n'exagérons pas en disant que la fabrication des extraits tannants constitue une industrie chimique des plus délicates et qui ne peut être menée à bien que par des techniciens très expérimentés.

Dans la seconde catégorie d'appareils dits autoclaves on se sert de cylindres en cuivre très résistants puisqu'ils doivent pouvoir supporter à l'intérieur une pression de plusieurs atmosphères ; leurs dimensions sont variables suivant la production de l'usine, mais ils présentent généralement une capacité de 60, 70 et même 100 hectolitres. Le cylindre formant

autoclave est muni à sa partie supérieure
d'une large ouverture pouvant être hermét́-
quement close et par laquelle on introduit la
matière dont on veut retirer le tanin. A sa
partie inférieure le cylindre présente la même
ouverture par laquelle s'opère le décharge-
ment de la matière après son épuisement. Un
tube amenant l'eau pénètre dans le haut de
l'autoclave, tandis qu'un autre tube pénètre à
la partie inférieure ; c'est par ce tube qu'on fait
arriver la vapeur. Enfin l'appareil se complète
en haut d'une valve permettant l'échappement
de la vapeur, alors qu'il est muni, dans le bas,
d'un robinet qui permettra de vider le liquide
qui tiendra le tanin en dissolution.

Quant au fonctionnement de l'appareil, on
le comprend facilement : l'autoclave étant
chargé de la matière tannante, on y fait
arriver l'eau en quantité voulue, et, tout étant
bien clos, on y injecte de la vapeur qui non
seulement chauffe tout le contenu, mais encore
agit mécaniquement par la pression qu'elle
développe dans l'intérieur de l'autoclave.

Lorsque l'eau ainsi chauffée et mise en contact des matières tannantes s'est chargée de
tanin, elle est évacuée et passe dans un autre
autoclave pour s'enrichir. En un mot on procède par lessivages méthodiques comme dans
le cas précédent, sauf qu'ici ils ont lieu en vase
clos et à des températures plus élevées. En
général, dans les fabriques d'extraits, les
autoclaves sont disposés par batterie de plusieurs cylindres et des dispositifs spéciaux permettent même de faire passer le liquide chargé
de tanin d'un autoclave à l'autre.

Solubilisation. Clarification. Décoloration. — Les jus ou extraits obtenus comme nous venons de le dire sont des liquides troubles ou colorés, ils doivent donc subir certains traitements destinés à en améliorer non seulement l'aspect mais encore la qualité, au point de vue de l'usage en tannerie. Le trouble que présente le liquide est généralement dû à deux causes : 1° à la présence de matières seulement insolubles ; 2° à la présence de matières insolubles mais inertes aussi, telles que la terre, le sable, la fibre de bois réduite en poudre très fine, etc... Les premières, lorsqu'elles n'altèrent pas le liquide au point de vue de ses propriétés tannantes, sont rendues solubles par des traitements appropriés ; les secondes doivent être séparées du liquide, ce qui peut s'obtenir par un dépôt suffisamment long ou une filtration. Cette dernière, si simple qu'elle paraisse, n'est pas toujours facile à réaliser, car l'extrait contient souvent des matières très ténues qui traversent tous les tissus. On obtient alors un liquide limpide mais, nous l'avons dit, qui offre une coloration assez forte qu'il est utile de faire disparaître parce qu'elle pourrait se communiquer aux cuirs.

On procède alors à la décoloration qui peut s'opérer par des procédés très divers, brevetés pour la plupart. Certains s'appuient sur la propriété de coagulation par la chaleur de quelques substances telles que : le sang, l'albumine, la caséine, etc..., d'autres ont pour base l'emploi de sulfites, bisulfites, hyposulfites, etc..., enfin on a proposé aussi des méthodes électrolytiques.

Ajoutons que plusieurs procédés de décoloration permettent en même temps la clarification.

Toutes ces opérations terminées on se trouve en présence de jus tanniques clairs et décolorés, mais à très bas degré, 3, 4, 5 degrés Baumé, et qui offrent par conséquent un très grand volume pour une faible quantité de tanin ; c'est alors qu'on procède à la dernière opération, la concentration.

Concentration. — La concentration a pour but d'enlever aux jus que l'on vient de préparer le plus d'eau possible, de manière à obtenir sous un petit volume la plus grande quantité de tanin. Or, pour enlever l'eau, il n'y a qu'un moyen, c'est de soumettre le liquide à l'ébullition, l'eau se dégageant alors à l'état de vapeur. Mais pour amener l'eau à l'ébullition, il faut arriver à un degré de température auquel le tanin serait lui-même décomposé et disparaîtrait. Il faut donc tout en faisant bouillir le liquide, faire cette ébullition à une basse température, ce qui se réalise en opérant dans le vide, ou du moins dans un vide partiel. Ces appareils spéciaux dénommés *évaporateurs* à simple, double ou triple effet, suivant le nombre d'éléments qui les composent, sont chauffés à l'aide de serpentins spéciaux dans lesquels circule de la vapeur détendue de façon à ce qu'elle ait une faible température, et à l'aide d'une pompe à air on y fait le vide. De cette façon le jus est maintenu à l'ébullition à basse température, l'eau s'en sépare à l'état de vapeur, laquelle est évacuée par des moyens spéciaux employés dans ce genre d'évaporateurs, et l'extrait peut être amené ainsi au degré de concentration voulu, 25 à 30° B. généralement.

Il se fait aussi des extraits solides dénommés *extraits secs*, ils représentent des densités variant de 36 à 45° B. D'une façon générale, l'emploi des extraits liquides est préféré, car leur dissolution est naturellement plus facile. La plupart n'exigent aucun soin spécial et peuvent être ajoutés directement aux jus tannants. D'autres demandent à être additionnés simplement d'un peu d'eau bouillante dans laquelle ils se dissolvent aisément.

Avec les extraits préparés comme nous venons de le dire, le tanneur possède un produit tannant toujours parfaitement régulier comme composition et teneur en tanin, en outre il a ce dernier sous un volume peu encombrant et complètement débarrassé des matières inutiles ou inertes. Il lui est donc facile avec ces produits, en les dissolvant dans l'eau, de se faire des jus de la concentration qui convient à son genre de travail ; de plus cette préparation est immédiate et toutes les fois qu'il en a besoin, le cas se présenterait-il rarement, il peut, en toute sécurité, se faire toujours exactement le même jus, ce qui rend sa fabrication régulière. Enfin lorsqu'il veut forcer un bain en tanin, il peut savoir à l'avance et très exactement ce qu'il doit ajouter d'extrait à tel degré, ce qu'il ne saurait faire avec de l'écorce par exemple dont la teneur en tanin est très variable.

III. EMPLOI DES EXTRAITS

Au début de leur apparition dans le commerce, les extraits ne furent pas sans occasionner quelques déboires aux tanneurs qui, se trouvant devant une matière première, nouvelle pour leur industrie, ne les employèrent pas avec toute la prudence et toute l'attention qu'ils nécessitent. Par le fait même que l'emploi des extraits devait accélérer le tannage, il arriva que l'on voulut aller trop vite, en perdant de vue et souvent en ignorant même que pour tout tannage lent ou accéléré, il importe de ne procéder que progressivement. De là une certaine défaveur vint, sinon arrêter, mais tout au moins discréditer un peu les extraits. Cependant, peu à peu, cette prévention disparut devant les résultats indéniables de fabrications parfaites sous tous les rapports. L'extension de plus en plus grande des méthodes de tannage scientifiques et rationnelles, par opposition aux vieux procédés empiriques, est liée, du reste, en tannerie, à l'emploi progressif des extraits, qui demandent plus de soin, plus de précision dans les dosages, plus de méthode dans les opérations préparatoires, etc., que dans les anciens procédés de tannage à l'écorce de chêne.

Ainsi le déchaulage ou purge de chaux, auquel l'ancien tanneur n'attachait pas une importance capitale, parce que les premiers jus aigres des bassements se chargeaient de l'effectuer tout naturellement, est devenu dans le tannage aux extraits une opération prépara-

toire de la première utilité, car les extraits
n'étant pas aussi acides, en général, que les
jus aigres d'écorces, il peut s'en suivre de
graves inconvénients dans la marche des opérations et le résultat final s'il reste de la chaux
dans les peaux. Nous nous sommes suffisamment appesanti sur la purge de chaux pour ne
pas avoir à y revenir ici.

IV. TANNAGE AUX EXTRAITS

Le tannage aux extraits peut se faire de deux
manières différentes :

1º En utilisant à la fois les écorces et les
extraits, c'est le *tannage mixte* ;

2º En n'utilisant que les extraits, c'est le
tannage aux extraits.

Tannage mixte

Dans cette méthode, c'est dans la basserie
que l'on fait usage des extraits ; au lieu de se
servir du jus de tannée comme nous l'avons vu
faire au chapitre V, et en graduant la force des
bains, on fait ces derniers à l'aide de dissolutions d'extraits et l'on force la teneur tannique
des dernières cuves. Mais alors on ne fait plus
les refaisages, et au sortir de la basserie les
peaux sont couchées en fosses en donnant une
ou deux poudres.

Avec le tannage mixte bien conduit, les
cuirs peuvent être terminés en cinq mois ;
on voit par là que, comparé au tannage en
fosses, le procédé mixte constitue un travail

expéditif et, par suite, fait réaliser à l'industriel une très sérieuse économie.

Le tannage mixte peut encore s'effectuer en préparant les peaux de la manière ordinaire pour le tannage en fosses et en abreuvant celles-ci avec des solutions d'extraits titrant de 2 à 4° B., au plus.

L'une et l'autre des méthodes que nous venons d'indiquer du tannage mixte sont employées couramment et donnent d'excellents résultats ; nous ajouterons qu'elles ne modifient en somme que très légèrement la méthode de tannage en fosses et que les industriels rompus à cette dernière peuvent se mettre très rapidement au tannage mixte.

Tannage aux extraits seuls

Cette méthode prend beaucoup d'extension depuis quelques années en raison de la rapidité et de la simplicité d'installation qu'elle nécessite. Elle comporte également diverses façons d'opérer.

Tannage en cuves. — Nous écrivons le mot cuve au pluriel, bien que le tannage comme nous allons le décrire puisse s'effectuer dans une seule cuve. Si l'on n'opère qu'avec une cuve, on y dépose les peaux et on les recouvre d'eau ou de vieux jus, on ajoute un peu d'acide pour favoriser le gonflement, et on laisse le tout pendant une journée. Après cela on ajoute un peu d'extrait et l'on agite les peaux dans ce nouveau liquide ; il est bon, dans ce cas, de faire usage d'une coudreuse que nous avons représentée figure 16, page 163. On pourra ainsi faire les additions d'extrait toutes les heures le premier jour et en faisant de suite fonctionner la coudreuse, en faisant ce qu'on appelle un *coudrement* afin de mettre toutes les parties des peaux en contact avec le liquide tannique ; généralement une agitation d'une dizaine de minutes est suffisante. Pendant la nuit les peaux sont laissées en repos dans la cuve. Dès le second jour, les additions d'extrait qui, comme au début de l'opération, se font avec une dissolution ne titrant pas plus de 10° B., peuvent être faites à des intervalles plus longs, toutes les trois ou quatre heures par exemple. On peut ainsi opérer le tannage en un mois. Cependant il peut être effectué moins rapidement si l'on espace davantage encore les additions d'extrait, en ne les faisant, par exemple, qu'une seule fois par jour. D'une façon générale, le tannage ainsi pratiqué demande de un mois à un mois et demi pour les gros cuirs.

Si, comme nous venons de le voir, le tannage aux extraits peut s'effectuer avec une seule cuve, on ne pourrait cependant dire que c'est la meilleure méthode à préconiser ; il est en effet préférable d'opérer avec plusieurs cuves dans lesquelles les jus ou dissolutions d'extraits vont en force croissante et alors on agit absolument comme nous l'avons expliqué à propos de la basserie à la jusée. Les cuves sont en nombre suffisant pour former une graduation normale dans la force des jus, et les peaux sont passées dans la première cuve, au jus le plus faible. Quand ce jus est épuisé, les peaux passent à la seconde cuve et ainsi de suite. Le liquide de la première cuve est jeté, celui de la

seconde passe à la première, celui de la troisième à la seconde, et ainsi de suite ; enfin le jus
de la dernière cuve passé dans l'avant-dernière
est renouvelé et remplacé par un jus neuf.

Dans certaines tanneries, au lieu de faire
passer les peaux d'une cuve à l'autre, c'est le
jus des cuves qu'on fait passer successivement
dans la première cuve, en éliminant toujours
le premier, le plus faible, en faisant retourner
les autres successivement dans les cuves et en
remplaçant par un jus neuf le dernier, puis le
mouvement recommence.

Cette manière d'opérer est tellement semblable au traitement à la jusée qu'on lui a
gardé le nom de basserie et que l'on dit couramment que l'on donne le premier, le second,
etc., bassement. Nous devons ajouter que le
passage en première cuve ayant pour objet
plutôt le gonflement que le tannage proprement dit, le jus qu'elle contient doit être
additionné de jus aigri ou d'acide pour faciliter
ce gonflement ; il peut arriver même qu'il
faille acidifier ainsi les deux et quelquefois les
trois premières cuves.

Enfin on a encore perfectionné ce dernier
procédé en plaçant les peaux verticalement
dans les cuves et en les y agitant par un mouvement de rotation ; c'est l'application, du reste,
de l'appareil de coudrage breveté par M. Tourin et dont nous avons donné une brève description (p. 170). On reproche en effet à la
coudreuse telle que nous l'avons représentée
figure 16 (p. 163), de creuser les cuirs, c'est-à-
dire de leur donner une forme concave qu'on
n'efface ensuite que par un laminage ou cylin-

drage énergique ; rien de pareil ne se produit avec l'appareil de coudrage Tourin.

Tannage au tonneau. — C'est ce que l'on dénomme le tannage rapide. Dans ce cas, les cuirs sont d'abord commencés avec une immersion de deux ou trois jours dans des jus faibles d'extrait ou d'écorce, puis leur tannage est achevé de façon complète, par le passage au tonneau dont nous avons donné la forme, figure 10 (p. 151), où elles sont en contact pendant 18, 24 ou 36 heures environ, avec des jus forts d'extrait titrant 10° à 12° B. Le tonneau est animé d'un mouvement de rotation très lent (4 à 6 tours à la minute). La chaleur et le mouvement favorisent l'absorption du tanin, aussi le tonneau se présente-t-il, dans ce cas, avec un dispositif permettant le chauffage à la vapeur.

On traite également de la sorte au tonneau des cuirs tannés préalablement d'autre façon. Cette opération supplémentaire, dénommée retannage, a pour but d'améliorer le rendement de certains cuirs.

A la fin du tannage aux extraits, les cuirs subissent les mêmes opérations qu'après le tannage en fosses, et que nous avons décrites en détail au chapitre précédent.

V. DU CHOIX DES EXTRAITS

Ce que nous venons d'expliquer sur les extraits et le tannage aux extraits, s'applique indifféremment à leurs diverses variétés, aussi bien pour ce qui concerne leur fabrication que pour leur emploi. Il est de la plus haute importance pour le tanneur de savoir discerner quels sont ceux qui conviennent le mieux à son genre de fabrication, chacun d'eux ayant des propriétés particulières et intéressantes. Mais dans ce choix, interviennent des conditions propres à chaque industriel et entre autres des considérations commerciales que lui seul peut envisager, peser à leur juste valeur, et tel tanneur qui aura des raisons très plausibles de s'adresser de préférence à tel extrait, aura son confrère qui devra sinon le rejeter, du moins n'en pas faire usage pour des raisons d'ordre purement personnel : comme qualité spéciale qu'il recherche dans la nuance du cuir fini ; prix de revient fixé à une limite qu'il ne peut dépasser ; goût particulier de sa clientèle ordinaire, etc., etc. Il est donc très difficile, sinon même impossible, de spécifier exactement quel est ou quels sont les extraits dont il faut faire usage si l'on ne connaît pas, précisément, ces considérations spéciales et l'objet qui les dicte. Nous ne pouvons donc, dans la circonstance, que donner des indications générales. L'extrait de Quebracho a le grand avantage de pénétrer très rapidement le cuir, ce qui le rend précieux pour tous les genres, quitte à n'en user que modérément au début du tannage, s'il ne convient pas entièrement pour le cuir fini. Les cuirs tannés au Quebracho absorbent très facilement les nourritures grasses, les fabricants de molleterie ont donc avantage à s'en servir ainsi que tous les tanneurs faisant des cuirs demandant de la souplesse. L'extrait de châtaignier, par la bonne fermeté qu'il communique au cuir, s'adresse principalement aux tanneurs de luxe. L'extrait de myrobolans donne un cuir très doux, un peu creux, sa nuance claire le rend avantageux pour l'associer à des extraits plus colorés. L'extrait de mimosa donne un joli cuir ferme, de nuance un peu rosée.

On voit par les quelques mots que nous venons de dire sur les différents extraits, en ne citant que les plus utilisés, qu'ils jouissent chacun de leur côté de propriétés particulières, propriétés que l'on peut combiner, additionner pour ainsi dire en vue d'obtenir un résultat cherché. Le tanneur seul reste donc juge du choix qu'il doit faire selon les besoins et le type de sa fabrication.

Mais on voit aussi que la fabrication des extraits a été un véritable progrès réalisé pour le tanneur, puisque avec eux, non seulement il peut faire participer ses produits des différentes qualités que communiquent aux cuirs les divers extraits, mais encore qu'il peut le faire, d'une façon à peu près exacte, les extraits qui lui sont fournis constituant des produits toujours identiques à eux-mêmes et ne présentant plus les variations des corps végétaux naturels.

Si cependant les extraits facilitent le travail du tanneur, ils ne le suppriment pas, car il lui reste à étudier leurs effets, suivant sa fabrication, il lui reste à noter les degrés des solutions qui lui conviennent le mieux, il lui reste à enregistrer les meilleurs résultats obtenus pour les reproduire sans hésitation, il lui reste enfin à observer sa fabrication à tous les moments et à la diriger aussi judicieusement que possible.

CHAPITRE VIII

Tannage au chrome

Le tannage au chrome est très répandu aujourd'hui, en raison de l'économie de temps qu'il procure, en raison encore de l'économie que fournissent les produits mis en œuvre, en raison enfin de la bonne qualité des cuirs qui en résultent. Son apparition a été une révolution complète dans l'industrie de la tannerie et depuis lors les recherches qu'il provoque se poursuivent d'une façon continue et il est à peu près certain que, lorsque cette méthode de tannage sera plus appliquée et, par suite, mieux connue dans ses principes, ce procédé encore nouveau laissera bien loin derrière lui la vieille méthode du tannage en fosses à l'écorce de chêne, laquelle, du reste, s'est trouvée très profondément atteinte par l'application et la généralisation du nouveau procédé.

La première tentative du tannage au chrome remonte à l'année 1853 et a été publiée par Calavin, mais ces essais ne furent pas heureux, les cuirs obtenus par l'inventeur étaient raides, cassants, à grains, et perdaient facilement leur tannage. Il ne fut plus question de ce procédé jusqu'en 1880, époque à laquelle parurent les brevets du Dr Heinzerling, de Francfort-sur-le-Mein, brevets qui passèrent immédiatement en Angleterre où une fabrique de bichromate de potasse, la plus importante de la contrée, les étudia, les mit en pratique dans une petite tannerie modèle et finalement produisit de bons cuirs.

Plus tard en 1884 apparut le procédé Augustus Schultz, et depuis lors, on peut dire que les brevets se suivirent, apportant des modifications plus ou moins sensibles aux premiers procédés préconisés.

Pour compléter ces notions sur ce qu'on appelle d'une façon générale, le *tannage minéral*, disons qu'entre Calavin et les derniers inventeurs que nous venons de signaler, on a pu voir les tannages au fer dus à Knapp et à Pfanhauser, qui de 1861 à 1877 ont fourni des méthodes qui, pour n'avoir pas reçu la consécration de la pratique, n'en ont pas moins marqué, comme principe, une étape importante dans l'histoire de la tannerie.

Nous devions ces quelques notes qui donnent l'historique très succinct du tannage au chrome et, sans nous y arrêter davantage, nous passerons de suite à l'application de ce procédé dans la pratique.

Le tannage au chrome comprend déjà un assez grand nombre de procédés ou plutôt de variantes des deux mis en usage actuellement et que l'on peut classer en deux catégories : 1º les procédés à deux bains ; 2º les procédés à un seul bain, et que nous allons successivement étudier.

PROCÉDÉ À DEUX BAINS

Le principe de ce procédé est dû à Cavrois, dont nous avons déjà prononcé le nom, et si ses tentatives sont restées infructueuses, il n'en est pas moins vrai que son idée était juste et fonctionnellement parlant, et son insuccès ne résultait que du mauvais choix qu'il avait fait des produits mis en présence.

Voici en quoi réside le principe du tannage au chrome à deux bains. Tremper les peaux, après avoir subi toutes les opérations préparatoires, dans une dissolution d'acide chromique. Cet acide est facilement et également absorbé par la peau, mais il s'y trouve à un état d'instabilité absolue et, ainsi traitée, si la peau était plongée dans l'eau pure, cette dernière dissoudrait tout l'acide chromique et, par suite, l'enlèverait de la peau. Il y aurait donc, après le trempage dans l'acide chromique et l'absorption de celui-ci par la peau, de placer cette dernière dans un autre bain, qui est également une dissolution, qui est dite *réductrice* parce qu'en agissant sur l'acide chromique, le transforme en oxyde de chrome qui reste dans la peau, laquelle avec lui forme une composition parfaitement stable et rend la peau imputrescible.

Le premier bain a donc pour but de faire absorber à la peau l'acide chromique, le second bain de réduire cet acide en oxyde de chrome. On a ainsi raison de procédé à deux bains.

C'est Augustus Schultz qui donna la première méthode du tannage au chrome à deux bains permettant d'obtenir des cuirs de bonne qualité, d'une façon économique, et le brevet qu'il prit en 1884 était assez peu explicite pour que nous ne le relations pas. Disons seulement qu'il énonçait le trempage des peaux dans une dissolution de bichromate de potasse simplement quand elles étaient picklées, et dans cette même solution additionnée d'acide chlorhydrique quand les peaux n'étaient pas picklées. Elles devaient rester au contact de la solution assez longtemps pour en être pénétrées dans toute leur épaisseur. Ce dernier effet obtenu, les peaux devaient être retirées de ce premier bain, égouttées, puis trempées dans un second, formé d'une dissolution d'hyposulfite de soude dans de l'eau additionnée d'acide chlorhydrique. L'opération gagne en rapidité si les dissolutions sont à une température de 25 à 26° C.

Dans une addition à ce brevet, l'inventeur fait remarquer qu'au lieu d'hyposulfite de soude comme second bain, on peut employer le sulfite ou le bisulfite de soude ou encore une solution aqueuse d'acide sulfureux.

Ce ne fut que plusieurs années après la prise du brevet dont nous venons de résumer la teneur, que M. Schultz publia sa méthode avec plus de détails, et donna des indications précises sur la composition de ses bains en s'exprimant comme suit :

Le premier bain fait pour 45 kgr. 300 (100 livres) de peaux, doit être formé par une dissolution de bichromate de potasse à raison de 1 kgr. 812 (4 livres), pour six à huit fois d'eau bouillante, et l'on ajoute 0 kgr. 906 (2 livres) d'acide chlorhydrique. Le tout est bien mélangé et agité, puis on laisse déposer pendant une demi-heure. D'autre part, les peaux sont placées dans une cuve contenant assez d'eau pour les recouvrir, et elles doivent y être suspendues à une distance suffisante les unes des autres pour que la liqueur puisse les pénétrer facilement. On ajoute alors la liqueur chromique dans les cuves.

Les peaux restent ainsi dans les cuves jusqu'à ce que la solution les ait pénétrées dans toute leur épaisseur, ce qu'on vérifie en faisant des incisions dans les parties les plus épaisses de la peau qui doit présenter, dans toute son épaisseur, une coloration jaune uniforme.

Ce résultat obtenu, les peaux sont retirées et parfaitement égouttées, on peut même les passer à l'essoreuse, après quoi elles sont prêtes à être portées au second bain.

Le second bain, toujours pour le même poids de peaux (45 kgr. 300), se prépare comme suit : dans une cuve suffisamment grande pour contenir les peaux en entier et la solution, on dissout 4 kgr. 530 gr. (10 livres) d'hyposulfite de soude que l'on agite bien pour assurer une dissolution complète et l'on ajoute 1 kgr. 135 (2 livres 1/2) d'acide chrlorhydrique en agitant de nouveau pour assurer un mélange parfait. On plonge alors les peaux sortant du premier bain dans ce second et on les y abandonne, toujours suspendues comme dans la première opération, jusqu'à ce que la coloration jaune dont il est question plus haut ait disparu et soit retournée à une couleur blanchâtre ; des sections faites comme il a été dit pour la première opération indiquent la fin de l'opération. Il n'y a plus qu'à retirer les peaux, les faire égoutter et elles sont transformées en cuirs qu'il n'y a plus qu'à finir par les opérations ordinaires.

II. APPLICATION DU PROCÉDÉ
A DEUX BAINS

Munis que nous sommes des données exactes fournies par l'inventeur du procédé à deux bains, nous allons en examiner l'application en pratique. Cependant, avant de nous engager dans cette voie, faisons un pas en arrière pour éclairer notre lecteur qui ne serait pas versé dans la science chimique. Au début de ce chapitre, en émettant le principe du tannage au chrome à deux bains, nous disions que le premier bain avait pour objet d'imprégner, pour ainsi dire, les peaux d'acide chromique, et nous ne voyons pas cet acide figurer dans les données fournies par M. Schultz, puisqu'il n'y est question que de bichromate de potasse. Eh bien, c'est grâce à l'addition de l'acide chlorhydrique commercial à 20° que le bichromate est décomposé en acide chromique et en chlorure de potassium. Donc le premier bain, une fois fini, contient bien l'acide chromique que la peau va absorber, il contient aussi du chlorure de potassium qui restera dissous et qui est sans influence sur la peau.

Si, contrairement à la supposition que nous venons de faire, notre lecteur est tant soit peu chimiste, il aura vite reconnu que les chiffres

Tanneur.   9

donnés par l'auteur présentent une quantité trop forte de bichromate de potasse, ou une quantité trop faible d'acide chlorhydrique pour que le premier ait mis en liberté tout l'acide chromique qu'il renferme, et il paraîtrait rationnel, au point de vue chimique tout au moins, de ne mettre en présence que les quantités de bichromate et d'acide chlorhydrique suffisantes pour former l'acide chromique, ce qui aurait l'avantage, en gardant la quantité d'acide chlorhydrique mentionnée ci-dessus, de diminuer d'à peu près moitié le poids de bichromate de potasse, sel d'un prix relativement élevé, d'où économie. Un tel raisonnement serait parfaitement exact et judicieux, mais en théorie seulement. C'est à dessein, en effet, que l'inventeur ne transforme pas tout son bichromate en acide chromique, ce dernier, en effet, est très fort, réagit énergiquement sur la peau et la détériorerait, tandis que la présence de bichromate en excès atténue en quelque sorte cette énergie et la peau s'en trouve mieux.

Voici donc un premier point à observer dans l'application du procédé : avoir un premier bain contenant bien l'acide chromique indispensable, mais contenant aussi du bichromate dissous en excès. La pratique a d'ailleurs démontré qu'il était indispensable d'en agir ainsi pour obtenir de bons résultats.

Un autre point de pure pratique à noter, c'est la possibilité de remplacer le bichromate de potasse par le bichromate de soude, d'un prix un peu plus bas.

Ces différentes observations faites, nous

ajouterons qu'il est à peu près impossible de donner une manière de faire le tannage au chrome qui soit absolue, comme nous l'avons indiqué par exemple quand il s'agissait du tannage en fosses et du tannage aux extraits. Le tannage au chrome est en somme une réaction chimique, mais dans laquelle interviennent des facteurs très fixes : bichromate et acide chlorhydrique, dont les réactions sont toujours identiques, et des facteurs on ne peut plus variables qui sont les peaux, même si celles-ci proviennent d'une même race d'animaux. Il y a donc de ce dernier fait une foule d'inconnues, et le tanneur qui veut pratiquer le tannage au chrome doit suivre ses opérations avec la plus grande attention pour se rendre compte de toutes les circonstances qui se présentent, les étudier, les classer pour ainsi dire de façon à reproduire toutes celles qui sont favorables à son genre de fabrication et éviter toutes celles qui lui sont nuisibles. Or, comme de nos jours, toutes les industries, y compris la tannerie, se sont assez spécialisées, chaque tanneur a également sa spécialité soit comme matière première mise en traitement, soit comme qualité de la matière finie produite. Les inconnues dont nous parlions plus haut se réduisent donc pour lui à un nombre assez restreint pour qu'il ait assez rapidement fait de les mettre au jour.

Nous ne donnerons donc dans ce qui suit que les indications générales s'appliquant à tous les tannages au chrome. Chaque cas particulier devant être étudié spécialement par l'intéressé, qui ne devra pas ménager ses peines ni reculer devant de nombreux essais, nous répéterons pour ces derniers ce que nous avons dit souvent, à savoir que des essais non réussis en apprennent toujours plus que l'essai dont la éussite est immédiate.

Il est bien entendu que dans le tannage au chrome, les peaux subissent toutes les opérations préparatoires qu'on leur fait subir pour n'importe quel tannage, et nous insistons de nouveau sur l'utilité, sur la nécessité absolue d'opérer la purge de chaux ou déchaulage de la façon la plus complète possible.

Le tannage au chrome étant l'opération qui consiste à mettre les peaux à tremper dans les liquides que nous connaissons, on pourra faire usage des appareils qui nous ont déjà servi dans les autres méthodes : coudreuses ou tonneau. Cependant, suivant que l'on prendra l'un ou l'autre de ces appareils, le bain sera modifié. Si l'on peut dire, d'une façon tout à fait générale, que le bain doit contenir en eau de dix à vingt fois le poids du bichromate employé, elle varie suivant la nature des peaux mises en travail, et le tannage en tonneau, qui est plus énergique que celui des coudreuses, exigera une quantité moindre d'eau que ces dernières.

Quant à l'addition de l'acide chlorhydrique dans le bain, si en principe on peut la faire en une seule fois, la pratique a montré qu'il était préférable d'agir par fractionnement ; c'est ainsi qu'au début on mettra dans le premier bain environ le tiers de la dose d'acide, et puis on ajoutera le restant par petites doses et en plusieurs fois. Cette pratique s'explique d'ailleurs par ce que nous avons dit plus haut ;

en ne mettant que partie de l'acide, on ne décompose que peu de bichromate et, par suite, le bain n'est que peu riche en acide chromique, dont nous avons signalé l'action néfaste sur la peau. Celle-ci ayant absorbé une certaine quantité de cet acide, les additions successives d'acide chlorhydrique forment à nouveau de l'acide chromique et son absorption par la peau est ainsi bien graduée.

Nous ne pouvons nous empêcher de signaler le rapprochement qu'il faut faire de cette manière d'opérer avec ce qui se passe dans les autres procédés de tannage, dans lesquels nous avons toujours fait remarquer l'importance qu'il y avait à faire absorber à la peau la matière tannante toujours graduellement, et ne jamais opérer brusquement en mettant la peau en présence de jus fortement chargés de matières tannantes.

Le temps pendant lequel les peaux doivent séjourner dans ce premier bain varie nécessairement suivant l'épaisseur des peaux, puisque celles-ci doivent être pénétrées jusqu'à leur centre de la liqueur chromique, ce dont on est averti par des incisions pratiquées dans les parties les plus épaisses, ainsi que nous l'avons déjà dit, et qui doivent présenter une coloration jaune dans toute leur épaisseur. A titre d'indication générale nous dirons que les peaux de bœufs exigent un trempage de cinq à six heures, tandis que deux heures suffisent généralement pour les peaux de moutons ou de chèvres.

Lorsque les peaux ont été bien imprégnées de la liqueur du premier bain, on les en retire et on les fait bien égoutter ; comme dans cette opération on cherche à les débarrasser de la plus grande quantité possible du liquide duquel on vient de les enlever, on peut, au lieu de les laisser simplement égoutter, les essorer plus complètement par des moyens mécaniques, tels qu'en les soumettant à l'action de la presse. Mais dans cette phase du travail il faut absolument opérer dans l'obscurité ; il ne faut pas perdre de vue, en effet, que la peau agit sur l'acide chromique absolument comme la gélatine ; à la faveur de la lumière, la peau *réduit* l'acide chromique, mais d'une façon toute spéciale, et qui a pour effet de l'altérer souvent d'une façon très profonde.

La première opération ou le passage au premier bain est alors terminée, et il s'agit de passer au second bain.

Le passage au second bain n'est pas sans offrir certaines difficultés. Nous savons qu'il est destiné à opérer la réduction de l'acide chromique, qui se trouve ainsi transformé en oxyde de chrome. C'est encore là une opération chimique, et pour agir d'une façon en quelque sorte théorique, il faudrait faire la solution d'hyposulfite de soude avec une quantité telle de ce sel qu'elle réduise exactement tout l'acide chromique contenu dans les peaux ; mais précisément, quelle est cette quantité d'acide chromique qui doit nous guider dans la teneur à donner à notre bain en hyposulfite ? Elle est essentiellement variable suivant l'épaisseur des peaux, suivant ce qu'elles sont spongieuses, suivant encore leur état d'essorage au sortir du premier bain ;

enfin cette réduction de l'acide chromique par l'hyposulfite de soude n'est pas instantanée, de sorte que lorsque l'on trempe la peau dans le second bain, celui-ci entraîne de suite une certaine quantité dudit acide, et c'est autant de moins qu'en contiennent les peaux. Toutes ces circonstances, le tanneur doit toujours les avoir présentes à l'esprit pour les surveiller, les prévoir et agir en connaissance de cause, ce que sa propre expérience lui apprendra mieux que tous les conseils.

Néanmoins nous signalerons quelques avis de techniciens compétents qui ont une grande valeur. C'est ainsi que M. Procter, qui jouit d'une autorité universelle dans la science de la tannerie, conseille de faire le second bain avec un notable excès d'hyposulfite de soude et de n'y ajouter l'acide chlorhydrique que d'une façon graduelle et peu à peu, en maintenant le liquide toujours en mouvement. En agissant de la sorte, la peau n'est pour ainsi dire pas surprise, et comme dans cette réaction il se précipite une assez grande quantité de souffre sous forme pulvérulente, celui-ci ne s'attache pas à la peau, de plus cette dernière ne subit qu'un rétrécissement inappréciable.

D'autres techniciens recommandent au contraire d'agir vigoureusement en deuxième bain, c'est-à-dire d'opérer une réduction très forte au début, mais de faible durée, et de poursuivre ensuite avec des liquides moins concentrés. On voit dans cette méthode le souci de réduire de suite l'acide chromique qui se trouve à la surface de la peau avant que celui-ci n'ait été dissous dans le liquide du bain. Dans le même ordre d'idées, on conseille encore de faire sécher superficiellement la peau, pendant une nuit par exemple, avant le trempage dans le second bain, et ensuite de faire le trempage pendant quelques instants dans une solution d'hyposulfite marquant de 30º à 35º, jusqu'à ce que la surface de la peau ait pris une couleur verte un peu foncée ; on termine l'opération en procédant par une réduction lente avec des solutions faibles.

III. PROCÉDÉS DIVERS A DEUX BAINS

Les divers procédés à deux bains que nous allons passer rapidement en revue ne sont, à proprement parler, que des modifications du procédé Schultz, qui s'adressent surtout à la réduction ou second bain. Si le premier bain n'est pas toujours formé à l'aide de bichromate de potasse et d'acide chlorhydrique, c'est néanmoins de l'acide chromique qu'il renferme, et la modification réside principalement dans l'emploi de l'agent réducteur.

Procédé Norris à l'acide hydrosulfureux

Dans ce procédé, breveté en 1887, l'inventeur Norris conserve pour le premier bain identiquement la même composition que Schultz, les peaux y sont traitées de la même façon, puis en sont retirées, égouttées et essorées comme nous l'avons dit plus haut, elles passent au second bain dont voici la composition pour 45 kgr. 300 (100 livres) de peaux :

Hyposulfite de soude.	5 kgr. 700
Acide chlorhydrique à 20ᶜ Baumé. . .	2 kgr. 300
Eau.	300 litres
Grenaille de zinc	2 kgr. 700

Dans cette formule le zinc en grenaille peut être remplacé par le même métal en plaques. Quant à la propriété de ce bain, elle est la suivante : le zinc est attaqué par l'acide chlorhydrique pour former du chlorure de zinc qui reste en dissolution dans le liquide ; mais cette attaque donne lieu à la formation d'hydrogène, lequel réagit sur l'hyposulfite de soude pour former de l'acide hydrosulfureux, corps réducteur très énergique qui à son tour agit sur l'acide chromique pour en opérer la réduction.

Si l'on en croit l'auteur de cette méthode de réduction, elle aurait l'avantage de réaliser une notable économie de l'hyposulfite de soude, corps dont le prix est cependant peu élevé, et aussi d'éviter les dépôts de soufre, contre lesquels il faut s'opposer dans le procédé Schultz, car il donne au cuir un mauvais aspect.

Procédé Zahn aux sels cuivreux

Ce procédé a été breveté en 1892. Ici encore le premier bain est à peu près le même que le bain Schultz, les proportions de bichromate de potasse et d'acide chlorhydrique sont identiques mais avec addition, toujours pour 45 kgr. 300 de peaux, de 2 kilogr. de chlorure de sodium (sel de cuisine) ; la quantité d'eau préconisée par l'auteur est de 50 litres. Les peaux trempées dans ce bain de la façon ordi-

naire, puis sorties et égouttées, passent au
second bain formé comme suit :

Sulfate de cuivre.	2 kgr. 700
Chlorure de sodium	1 kgr. 500
Alun.	3 kgr.
Tournure de cuivre	en excès

La tournure de cuivre en présence du sulfate
euivrique, transforme celui-ci en sulfate cui-
vreux qui a la propriété de réduire l'acide chromique, comme du reste l'avait montré Calavin. Quant à l'adjonction du chlorure de sodium et de l'alun, il ne faut y voir que l'intention de donner au cuir un tannage complémentaire et un effet semblable à celui recherché
en mégisserie par le tannage à l'alun.

Procédés Norris et Burk aux sulfures alcalins et à l'hydrogène sulfuré

Brevetés en 1893, ces procédés s'appliquent
de la façon suivante : les peaux traitées comme
d'habitude par le premier bain au bichromate
de potasse passent à un second bain formé
d'une dissolution de sulfure de sodium à laquelle on ajoute petit à petit de l'acide chlorhydrique. Ce dernier décompose le sulfure de
sodium en donnant naissance à de l'hydrogène
sulfuré qui réduit l'acide chromique.

Au lieu de sulfure de sodium, on pourrait
prendre du sulfure de potassium, ce qui a fait
breveter l'emploi de tous les sulfures alcalins
par les auteurs.

L'un d'eux, Norris, breveta un procédé basé
sur le même principe chimique, en ce sens qu'il

préparait à part l'hydrogène sulfuré qu'il envoyait ensuite à l'état gazeux dans un tonneau où se trouvaient les peaux. Cette dernière méthode qui n'est qu'une variante de la précédente, n'a été que très peu mise en application, car l'hydrogène sulfuré est un gaz d'une très mauvaise odeur et surtout très délétère, et son maniement en quantité n'est pas sans offrir de sérieux dangers aux ouvriers chargés du travail.

Procédés Sager Chadwick aux sels ferreux

Breveté en 1896, on peut dire que ce procédé est une réminiscence de celui de Calavin, tout au moins en ce qui concerne le corps réducteur. Ici cependant nous trouvons une légère variante dans la composition du premier bain qui est constitué par une dissolution concentrée à 22 0/0 d'acide chromique additionnée d'acide acétique, dans lequel les peaux sont traitées à la façon ordinaire. Elles passent ensuite au second bain composé comme suit en poids :

Sulfate ferreux	1 partie
Acide acétique	6 parties
Eau	9 —

L'acide acétique dans ce bain a pour objet, au dire de l'auteur, de faciliter la pénétration dans la peau du liquide réducteur, lequel, en réalité, ne comprend que la solution du sulfate ferreux dans l'eau. Cependant, malgré cette précaution, la réduction de l'acide chromique n'est guère que superficielle, car si l'acide chromique est bien réduit, c'est grâce à ce qu'il cède son oxygène au sel ferreux qui alors se transforme en sel ferrique. Mais ce dernier possède la propriété de se combiner avec les tissus de la peau pour former un produit insoluble sur lequel le sel ferreux du bain n'a plus d'action, ou pour mieux dire dans lequel le sel ferreux ne peut plus pénétrer en raison du tannage superficiel de la peau. Il en résulte qu'il y a bien tannage mais tannage pour ainsi dire de deux sortes : tannage au chrome à la partie superficielle du cuir, tannage au fer à la partie interne. On comprend de suite qu'un tel cuir manque pour le moins d'homogénéité.

Procédé Bœhringer à l'acide lactique

Dans ce procédé, breveté en 1896, l'acide lactique est l'agent réducteur de l'acide chromique, par conséquent ne figure que dans le deuxième bain. Par oxydation, l'acide lactique passe à l'état d'acide pyruvique, lequel, par oxydation encore, se transforme en aldéhyde, qui, lui-même, en s'oxydant, se transforme en acide acétique. Or, ces oxydations successives se font précisément en absorbant l'oxygène de l'acide chromique, le transformant en oxyde de chrome, autrement dit, en le réduisant. L'emploi de l'acide lactique paraît très rationnel, précisément en raison de ses transformations successives, ce qui donne à son action une certaine graduation, et nous avons vu que, dans tous les procédés de tannage, les méthodes qui agissent d'une façon graduelle sont celles qui donnent généralement les meilleurs résultats.

Procédé Samuel P. Sadtler à l'eau oxygénée

Ce procédé, qui a été breveté en 1896, utilise l'eau oxygénée à 10 volumes comme agent réducteur, c'est-à-dire comme deuxième bain. Les peaux subissent toujours le même travail en premier bain, puis, en en sortant, bien égouttées, elles passent au bain d'eau oxygénée. Cette dernière n'agit pas comme agent réducteur d'une manière directe, puisque très riche en oxygène, elle ne peut qu'en céder et non pas en absorber. Mais précisément du fait qu'elle abandonne facilement de l'oxygène, elle en cède à l'acide chromique qu'elle transforme en acide perchromique, lequel est très instable et se transforme rapidement en oxyde de chrome et en oxygène; il y a, pour ainsi dire une réduction indirecte. L'avantage de ce procédé réside en ce que les peaux chargées d'acide chromique et plongées dans le second bain n'y perdent pas de cet acide par dissolution, car l'action de l'eau oxygénée est immédiate et celle-ci en transformant de suite l'acide chromique en acide perchromique sur la peau assure la formation ultérieure de l'oxyde de chrome, ce qui est recherché dans le tannage. On peut reprocher à ce procédé qu'il est coûteux, car bien que l'eau oxygénée soit devenue aujourd'hui un produit tout à fait industriel, il n'en est pas moins d'un prix relativement élevé. Le second bain à l'eau oxygénée revient à peu près à un prix double de celui classique à l'hyposulfite de soude. On a bien proposé, ce qui ne manque pas de logique, de n'utiliser l'eau oxygénée qu'au début de l'opération du second bain, de façon à fixer de suite tout l'acide chromique retenu dans la peau et de procéder ensuite à un trempage dans un bain d'hyposulfite. On pourrait presque dire que l'on aurait ainsi un procédé à trois bains.

IV. RÉSUMÉ SUR LE PROCÉDÉ A DEUX BAINS

Nous n'avons pas prétendu signaler toutes les variantes apportées au procédé de Schultz ; nous avons borné leur énumération aux méthodes dont la valeur pouvait trouver une explication plausible, laissant de côté toutes celles, déjà nombreuses, qui n'ont pas eu la consécration de la pratique ou qui n'offraient aucun caractère technique. De toutes les variantes signalées on peut évidemment dire du bien et du mal et nous nous sommes efforcé à en faire ressortir les qualités et les défauts. Si parmi ces derniers il en existe de très graves dans certains procédés, cela ne veut pas dire que ces procédés soient condamnables sans appel ; il ne faut pas perdre de vue, en effet, que le tannage est appelé à produire des cuirs de qualités et de propriétés très variables et que pour l'obtention de ces caractères spéciaux il faut souvent recourir à des moyens eux-mêmes spéciaux ; enfin il ne faut pas oublier encore que tel industriel rompu à l'usage d'un procédé même défectueux, mais dont il connaît à fond l'emploi, souvent par une étude personnelle, en tire des résultats meilleurs qu'avec un procédé plus parfait mais qu'il ne connaît pas d'une façon aussi complète.

Cette observation est destinée à éclairer le lecteur sur des réputations accordées à certains modes opératoires et qui n'existent simplement que grâce à l'habileté des opérateurs, souvent même à leur savoir professionnel. Il peut donc arriver qu'un procédé condamné techniquement puisse avoir de la valeur en certaines mains particulières.

Enfin nous avons tenu à signaler les variantes ci-dessus pour faire mieux ressortir le point de vue théorique du tannage au chrome.

Quoi qu'il en soit, c'est encore le procédé Schultz tel que nous l'avons décrit qui est resté classique jusqu'à présent et par suite le plus employé. Il a pour lui d'abord sa grande économie, ensuite son extrême simplicité. Cependant, à ce dernier point de vue, on ne saurait trop prévenir le tanneur que ce procédé s'applique pour ainsi dire automatiquement et qu'il suffit de faire le premier bain et le second tel qu'il est indiqué de le faire dans les données fournies par l'inventeur. Nous répéterons ce que nous avons dit au début de ce chapitre, c'est que pour obtenir une constance parfaite dans les résultats, le tanneur doit tout observer dans ses opérations : concentration des bains, leur température, la quantité d'acide à employer et la façon de l'introduire, soit d'un coup, soit par petites portions, etc. ; enfin toutes ces observations doivent être enregistrées pour chaque nature de peaux traitées et la nature du cuir à obtenir. Enfin soigner d'une façon particulière la purge de chaux, le travail en rivière ; nous répétons à dessein cette recommandation essentielle.

Le tannage au chrome ayant l'avantage d'être à la fois rapide et économique, de pouvoir en outre se faire sur de très petites quantités de peaux, les essais sont faciles et le tanneur ignorant de cette méthode de tannage n'en fera jamais trop, car c'est grâce à eux qu'il arrivera à mettre bien au point, pour les besoins personnels de son industrie, le procédé Schultz que nous avons décrit.

En ce qui concerne le matériel mis en œuvre, nous n'avons pas cru devoir le donner, il n'a rien de particulier ; le mode opératoire, comme on l'a vu, n'exige que cuves ou tonneaux, et nous avons assez longuement parlé de ces appareils ainsi que de leur rôle pour ne pas y revenir.

V. PROCÉDÉS A UN SEUL BAIN

En tant que résultat du tannage, les procédés à un seul bain tendent à produire le même effet sur la peau qui s'y trouve soumise, c'est-à-dire à fixer l'oxyde de chrome à ses fibres, et dans ces procédés la combinaison se fait directement entre l'oxyde de chrome et la peau, ce qui explique qu'elle puisse être opérée en une seule fois, c'est-à-dire en un seul bain.

Dans la méthode à deux bains nous avons mis le mot *procédé* au singulier, car il est bien unique même dans toutes les modifications que nous en avons données : il sagit toujours en effet d'imbiber les peaux d'acide chromique et de le réduire ensuite en oxyde de chrome. Dans la méthode à un seul bain les procédés

sont assez différents entre eux pour constituer
des traitements eux-mêmes différents, d'où la
nécessité de faire remarquer qu'il n'y a plus un
seul procédé, mais qu'il y en a plusieurs. Cependant on peut les ramener tous à un principe général qui consiste à tremper la peau
dans une solution d'un sel chromique, celui-ci
étant *basique*, c'est-à-dire alcalin.

Sans remonter aux premiers débuts du tannage au chrome à un seul bain qui date de 1886,
mais dont les résultats pratiques ont été assez
précaires, nous passerons de suite au procédé
Martin Dennis, qui a été breveté en 1893 ; de
ce brevet nous extrayons la méthode opératoire indiquée comme suit :

On prépare d'abord une solution de chlorure
de chrome ordinaire que l'on peut obtenir en
dissolvant l'oxyde de chrome commercial dans
l'acide chlorhydrique du commerce étendu de
son volume d'eau, en ayant soin d'obtenir
une solution aussi neutre que possible, ce à
quoi l'on arrive facilement en ayant un léger
excès d'oxyde de chrome. Les proportions pratiques à employer sont les suivantes : 224 gr. 72
(8 onces) d'acide chlorhydrique du commerce
assurent la dissolution de 453 grammes
(1 livre) d'oxyde de chrome en fournissant le
chlorure normal. Pour rendre ce sel basique on
ajoute doucement une dissolution de base forte,
jusqu'à ce que l'oxyde de chrome commence à
précipiter. Les bases recommandées par l'auteur sont les alcalis ou les carbonates alcalins
et de préférence le carbonate de soude que l'on
ajoute jusqu'à ce que l'effervescence s'arrête.
Il faut, ajoute l'inventeur, environ 225 gram-

mes (1/2 livre) de cristaux de soude dans la préparation ci-dessus.

Comme le fait remarquer le brevet en question, la solution renferme, outre le sel de chrome basique, du chlorure de sodium qui protège le grain de la peau contre l'action astringente du sel de chrome et facilite le tannage. Pour renforcer l'effet de ce produit l'inventeur en ajoute directement à la solution, principalement quand il fait usage de la potasse ou du carbonate de potasse.

Le bain tannant est alors préparé et prêt à servir.

Le brevet de Martin Dennis, fut acheté par une compagnie américaine qui préparait la liqueur tannante et la vendait aux tanneurs sous le nom de *tannolin* ; en même temps qu'elle vendait ce tannolin, ladite compagnie donnait la manière de l'employer et voici ce qu'elle disait pour le tannage des peaux de chèvres et veaux :

« Ces peaux, ayant subi toutes les opérations préparatoires ordinaires, sont ouvertes et gonflées en les foulant dans un tonneau avec une solution faible d'alun et de sel. Elles passent ensuite dans un bain formé d'eau contenant 3 0/0 de tannolin et additionnée d'un peu de sel marin. La peau absorbe la liqueur tannante dont la coloration diminue graduellement, on renforce alors le bain par une addition de la même liqueur concentrée, de manière à maintenir la concentration à raison de 3 à 4 0/0 de tannolin et en même temps on ajoute du carbonate de soude à raison de 453 grammes (1 livre) pour 13 litres 500 d'eau (3 gallons).

On est guidé dans l'addition du carbonate de soude parce qu'il faut l'arrêter lorsque l'oxyde de chrome commence à précipiter. En opérant de la sorte les peaux absorbent toute la matière tannante contenue dans le bain. On est averti que le tannage est terminé quand les peaux ont pris une teinte bleu verdâtre uniforme.

Il ne reste plus qu'à enlever les peaux du bain et les bien rincer dans l'eau fraîche, puis elles sont terminées par les moyens ordinaires ».

Si le procédé Martin Dennis est évidemment efficace et présente des qualités sérieuses, il a pour le praticien l'inconvénient de rester un peu dans le vague et ceci en raison même de son mode d'exploitation. La liqueur tannante étant vendue toute préparée, sans être d'une composition absolument secrète, car la chimie la décèlerait facilement, elle est de composition variable suivant le cuir à obtenir ou la peau traitée, et à chaque cas particulier correspond presque une formule spéciale, dérivant du reste de celle donnée dans le brevet que nous avons signalé et s'écartant peu de cette formule générale. Le tanneur qui voudrait donc appliquer le procédé Martin Dennis, devra se livrer à des essais personnels et tâtonner, en quelque sorte, jusqu'à ce qu'il arrive au résultat qu'il désire.

Procédé Procter

M. Procter, l'éminent technicien en matière de tannerie, a fourni un procédé de tannage à un seul bain, qui est aujourd'hui très employé non seulement en raison de sa simplicité et de la facilité qu'il offre dans la préparation du bain, mais encore par son extrême précision au point de vue chimique.

Voici comment M. Procter expose le mode opératoire du tannage par son procédé : pour traiter 100 kilogr. de peaux, on prépare une première dissolution faite avec 9 kilogr. d'alun de chrome et 90 kilogr. d'eau ; cette dissolution se fait à l'eau froide, mais elle peut être également faite à l'eau chaude, mais non à l'ébullition ; on fait d'autre part une autre dissolution comprenant 2 kgr. 500 de carbonate de soude cristallisé (cristaux de soude) dans 10 kilogr. d'eau. Pour activer la dissolution de ces deux compositions et l'assurer complète et homogène, il faut les agiter avec soin, puis on mélange ces deux liquides en agitant encore pour dissoudre le précipité qui se forme. La liqueur tannante est prête.

Dans une cuve contenant environ 800 litres d'eau, on met 30 litres du mélange des deux solutions ci-dessus et on ajoute au bain une quantité de 7 kilogr. de sel ; enfin on plonge les peaux dans ce bain en les y agitant d'une façon continue. Celles-ci absorbent et fixent l'oxyde de chrome en appauvrissant le bain ; on l'enrichit, on le *remonte*, comme l'on dit en terme de métier, en ajoutant progressivement le restant de la solution d'alun de chrome mélangée de celle de carbonate de soude.

Le tannage dure de quelques heures à quelques jours suivant l'épaisseur des peaux ; on est averti qu'il est terminé lorsque le cuir a pris dans toute son épaisseur une couleur gris-verdâtre.

Après tannage les cuirs sont rincés à l'eau

pure pendant une demi-heure ; quelquefois
cette eau est additionnée d'un peu de borax ou
de blanc de Meudon, afin de neutraliser toute
trace d'acide qui pourrait être retenu par la
peau ; quelquefois encore, après le rinçage à
l'eau pure, on fait passer les cuirs dans une eau
contenant 1 0/0 de carbonate de soude, également en vue de neutraliser l'acide que pourrait
retenir le cuir.

A partir de ce moment les cuirs subissent
toutes les opérations de finissage telles que nous
les avons indiquées au sujet du tannage en fosses.

Quant au matériel mis en œuvre, c'est toujours le même et celui que nous connaissons : la
coudreuse, le tonneau, ou les cuves dans lesquelles les peaux se trouvent pendues verticalement et agitées par un mouvement régulier
vertical ; le pelain automatique système Tourin, dont nous avons parlé au sujet du pelanage,
est parfait dans cette opération.

Les proportions que nous avons données des
matières composant le bain de tannage ne sont
pas absolues et peuvent être modifiées par
l'opérateur suivant les peaux qu'il traite et les
cuirs qu'il veut obtenir. Mais deux règles sont
toujours à observer : 1° dans la préparation du
bain les proportions d'alun de chrome et de
carbonate de soude doivent être telles qu'il ne
se forme pas de précipité permanent d'oxyde
de chrome ; 2° le tannage doit se faire progressivement en remontant le bain au fur et à
mesure qu'il s'épuise. Nous retrouvons ici
encore ce principe, nous dirions volontiers ce
précepte, qu'en tannage il faut toujours opérer
d'une façon graduelle.

Les deux procédés, Martin Dennis et Procter, ne sont pas les seuls qui existent dans le tannage à un bain ; il existe encore ceux de Heinzerling, d'Adler, de Wagner et Maier, de Benda, etc. ; nous les signalons pour mémoire sans les décrire, car ils n'ont jamais fait l'objet d'une exploitation suivie, soit en raison des complications qu'ils fournissent dans le mode opératoire, soit en raison du prix élevé des matières mises en œuvre, qui sont toutes des sels de chrome.

Enfin nous signalerons, sinon à titre de procédés du moins à titre de matières tannantes, des bains tout préparés que l'on vend dans le commerce sous des noms divers comme *tannolin* qui est le bain Martin Dennis, *chromin, tan liquor, corin, extrait de chrome,* etc... Ces liquides sont, nous l'avons dit, tout prêts à servir, il suffit de les verser en proportions déterminées dans des volumes donnés d'eau pour former le bain dans lequel les peaux seront mises à tremper. Tous ces bains, comme d'ailleurs leurs noms l'indiquent, sont à base de chrome, les solutions en peuvent être plus ou moins concentrées, ils peuvent en outre être préparés spécialement en vue de tel ou tel tannage. Ceux qui en font le commerce tiennent évidemment la composition secrète, mais fournissent à leur clientèle les indications nécessaires pour les utiliser le plus judicieusement possible.

Ces différentes compositions, lorsqu'elles sont soigneusement et consciencieusement préparées, peuvent rendre de réels services à la tannerie, surtout à la petite tannerie, qui n'a plus ni à préparer ses ingrédients ni à se pourvoir du matériel nécessaire à cette préparation.

VI. OBSERVATIONS SUR LE TANNAGE AU CHROME

Le tannage au chrome peut s'opérer, comme nous venons de le voir, soit par le procédé à deux bains, soit par le procédé à un bain. Quel est le meilleur de ces deux procédés ? Il serait bien téméraire, croyons-nous, de se prononcer d'une façon catégorique, car il est certain que le tanneur, très versé dans l'un de ces procédés qu'il aura beaucoup étudié, toujours suivi et bien employé, le préférera à l'autre qu'il ignore, ou tout au moins auquel il est moins habitué. C'est encore le cas de dire ici ce que nous avons déjà avancé précédemment, que tel utilisera souvent bien mieux un procédé médiocre que tel autre un bon procédé.

En principe, et d'une façon purement technique, le procédé à un seul bain est supérieur à celui à deux bains, parce qu'il est plus simple dans sa préparation et dans son application, parce qu'il met en œuvre un matériel moins important, parce qu'il est plus économique sous le rapport des produits utilisés, et enfin parce qu'il semble convenir mieux à certaines peaux, telles que celles de veaux, de chèvres et de moutons. Nous pourrions encore ajouter que ce qui fait la supériorité du procédé à un seul bain, c'est qu'il est beaucoup plus facile à diriger, d'abord à cause de ce qu'il ne comporte qu'une seule opération, ensuite parce qu'il met en jeu des matières que nous pouvons traiter de moins dangereuses que l'acide chromique, acide très énergique, qui figure dans tous les premiers bains du procédé à deux bains.

Il semblerait donc, d'après ce que nous venons de dire, que le procédé à deux bains tendrait à disparaître pour faire place à l'autre procédé. Il n'en est rien cependant, et le premier jouit toujours d'une grande vogue et se trouve très largement employé. Il est vrai qu'il est le plus ancien, qu'un grand nombre de tanneries l'appliquent depuis son origine, qu'elles sont donc outillées en conséquence et qu'elles le connaissent maintenant à fond et n'ont que peu de raisons pour l'abandonner, faire une nouvelle école et perdre du temps. Aussi nous pensons que si dans l'ordre d'apparition des procédés de tannage au chrome, le procédé à un seul bain s'était présenté le premier, le procédé à deux bains n'aurait joui que d'un faible succès ; aussi au tanneur qui voudrait se mettre au tannage au chrome, nous conseillerions de préférence d'adopter le procédé à un seul bain, à cause des avantages qu'il présente et que nous avons indiqués plus haut.

Nous dirons cependant encore du procédé à un seul bain que malgré ses avantages, il demande à être étudié par celui qui veut l'appliquer, qui doit l'approprier à sa fabrication, tant au point de vue des peaux traitées qu'au point de vue des cuirs à obtenir. Car malgré les formules précises que nous avons données de la composition des bains, il reste au tanneur à leur faire subir les variations que seuls des essais suivis peuvent lui suggérer comme convenant mieux à son mode de travail.

Il ne faut jamais perdre de vue que le tannage au chrome est une véritable opération chimique, mais dans laquelle se présentent des facteurs variables : nature et qualité des peaux à travailler, nature et qualité des cuirs à obtenir. Or, nul n'est plus à même de reconnaître l'importance de ces facteurs variables que l'industriel, nous pourrions presque dire : que l'opérateur. D'ailleurs le tannage au chrome est un procédé relativement récent pour n'avoir pas encore décelé tous ses mystères, et comme il est encore soumis à bien des brevets et à bien des tours de mains, que l'on tient aussi secrets que possible, il comporte beaucoup de points que l'on ne saurait préciser en toute sûreté. Quoi qu'il en soit, ce procédé de tannage a été une véritable révolution dans l'industrie des cuirs, et s'il a eu, à ses débuts, de nombreux détracteurs, il est reconnu aujourd'hui comme parfaitement rationnel au point de vue technique et capable de fournir des cuirs d'excellente qualité.

VII. RÉCUPÉRATION DES VIEUX BAINS

Les bains qui ont servi dans le tannage au chrome contiennent, pour le premier procédé, une assez notable quantité de bichromate de potasse ou d'acide chromique, et pour le second de l'oxyde de chrome. Or ces résidus ne manquent pas de valeur, et les tanneries bien dirigées ont cherché à en tirer parti et y sont parvenues.

Il y a deux moyens de tirer parti des vieux bains, soit en en extrayant ce qu'ils contiennent d'acide ou de sel chromique, ou d'oxyde de chrome, soit en les utilisant à nouveau pour le tannage.

Occupons-nous du premier moyen. Dans le tannage à deux bains, le premier bain, qui contient encore du bichromate de potasse et de l'acide chromique, est traité par la chaux, qui transforme ces deux produits en chromate de chaux, sel soluble. On filtre alors cette liqueur pour la débarrasser de toutes ses impuretés, et l'on évapore pour avoir le chromate de chaux, qui peut alors être vendu en cet état. On peut même pousser les choses plus loin et transformer le chromate de chaux en bichromate par addition d'acide sulfurique en quantité voulue, et lorsqu'on a le bichromate de chaux, on le traite par le carbonate de potasse, qui forme avec lui du carbonate de chaux insoluble et du bichromate de potasse. Le tout étant en liqueur, il suffit de filtrer, ce qui sépare le carbonate de chaux qui s'est précipité, et laisse un liquide plus ou moins riche en bichromate de potasse, liquide qu'il suffit d'évaporer jusqu'au point où, par refroidissement, il laisse le bichromate de potasse cristalliser, lequel peut servir à la confection d'un nouveau bain.

Dans le procédé à un bain, c'est l'oxyde de chrome que l'on peut récupérer. Pour cela on fait bouillir le liquide, en ajoutant, s'il le faut, une certaine quantité de carbonate de soude sec, qu'on appelle souvent dans le commerce *soude carbonatée* ou *carbonate de soude Solvay*. Cette ébullition fait précipiter du carbonate de chrome, qui recueilli sur un filtre et séché, peut être vendu en cet état ou servir à faire de l'alun de chrome.

Le second moyen, qui consiste à utiliser les vieux bains, permet de les remonter. Par exemple, le bain de bichromate de potasse peut être remonté par une addition de bichromate de potasse et d'acide chlorhydrique ; cependant il y a là une certaine difficulté, ou plutôt une certaine précaution à prendre. En effet, il faut connaître exactement la quantité des deux produits à ajouter, de façon à reconstituer un bain convenable, et c'est seulement par le dosage par une analyse chimique de ce qui reste dans le bain qu'on peut être fixé. Toujours est-il que ce remontage du bain ne peut guère être appliqué qu'une seule fois ; après cela, en effet, le bain est trop riche en chlorure de potassium, qui gêne le tannage. On peut alors récupérer le bichromate et l'acide chromique restant, comme nous venons de l'indiquer.

Dans le procédé à un seul bain, on peut également remonter le bain par addition d'alun de chrome, mais ici encore, ne peut-on le faire qu'après avoir déterminé la teneur du bain résiduel.

Dans un tannage conduit d'une façon toujours identique, quelques tâtonnements peuvent permettre de remonter les bains sans recourir aux dosages dont nous avons parlé.

CHAPITRE IX
Tannage électrique

—

Par l'expression *tannage électrique* il ne faudrait pas comprendre que les peaux sont amenées à l'état de cuirs par la simple intervention de l'électricité. Si celle-ci intervient, ce n'est qu'en présence des matières tannantes que nous connaissons, aussi l'électricité s'applique-t-elle au tannage, soit que celui-ci ait lieu par le vieux procédé des fosses, soit par le procédé plus nouveau des extraits, soit encore par le tannage au chrome. En résumé, l'électricité n'est mise à contribution dans les différents modes de tannage qu'en vue d'en diminuer la durée, on a toujours cherché dans le concours de l'électricité un agent accélérateur du tannage.

Ce que nous disons est si vrai, que la première tentative de l'emploi de l'électricité dans le tannage remonte à l'année 1850 et s'appliquait simplement au tannage en fosses ; elle est due à Crosse qui ne cherchait dans cette nouvelle méthode qu'à abréger la durée très longue du tannage. Dix ans après, ce fut Ward qui poursuivit des recherches dans le même sens, mais toutes ces tentatives restèrent infructueuses. Cependant il est bon d'ajouter, pour excuser ces insuccès, que les inventeurs que nous venons de nommer ne disposaient pas du matériel électrique que nous possédons aujourd'hui et que leur échec provient peut-être de l'imperfection même des générateurs d'électricité qu'ils avaient entre les mains. Nous sommes d'autant plus porté à croire cette hypothèse exacte que depuis le développement pris par l'industrie électrique, l'idée des Crosse et des Ward a été reprise et mise en pratique non sans succès.

Bien que de nos jours l'intervention de l'électricité dans les divers modes de tannage ait montré sa réelle utilité, bien qu'elle ait reçu la consécration de la pratique, car il existe un peu partout, de par le monde, des tanneries qui se servent du courant électrique dans leurs opérations, ce moyen ne s'est pas généralisé d'une façon bien marquante et l'on ne peut pas le faire figurer comme une classe spéciale dans le tannage ainsi qu'on est en droit de le faire pour les différents procédés : en fosses, aux extraits et au chrome, lesquels forment bien des moyens tout à fait spéciaux et différents de transformer la peau en cuir. Aussi nous ne nous arrêterons pas longuement sur le tannage électrique et nous bornerons-nous à signaler quelques exemples choisis parmi ceux appliqués aux différents procédés que nous avons examinés en détail précédemment.

Ainsi que nous le verrons, dans toutes ces applications, l'emploi de l'électricité a eu pour but de faire l'électrolyse de la matière tannante. Sans entrer dans une étude approfondie de l'électrolyse, nous pouvons en dire quelques

mots qui suffiront à justifier qu'elle puisse être
utilement appliquée dans la tannerie comme
dans bien des industries basées sur l'emploi de
la réaction chimique. Une simple *comparaison*
fera comprendre le rôle de l'électricité dans
l'électrolyse : tout le monde sait que la chaleur
facilite en les hâtant bien des opérations ; ainsi
l'on peut faire fondre du sel, du sucre dans
l'eau froide, mais cette même dissolution
s'effectue plus facilement dans l'eau tiède ou
dans l'eau chaude. L'électrolyse agit en quelque
sorte d'une façon analogue : deux corps capables de se combiner et mis simplement en
présence ne peuvent pas toujours entrer en
combinaison sans le concours d'une énergie
spéciale ; l'électricité fournit cette énergie.
Quant à la façon dont se manifeste son action,
elle est essentiellement variable, elle peut avoir
lieu absolument comme dans le cas de la chaleur, c'est-à-dire opérer grâce à un état spécia
du milieu dans lequel se trouvent les corps en
présence ; elle peut encore avoir lieu parce que,
sous son action, un des corps ou les deux sont
dissociés en leurs éléments constitutifs et
chacun d'eux se portant sur celui de l'autre
pour lequel il manifeste le plus d'affinité, réalise
la combinaison, souvent les combinaisons
cherchées.

Dans le tannage, c'est plutôt la première
action qui semble se manifester, et tout donne
lieu de croire que l'électricité n'influe que sur la
matière tannante, laquelle par l'électrolyse se
trouve dans un milieu ou à un état plus favorable pour se combiner à la peau et à la transformer en cuir. Jusqu'à ce jour, on ne peut

guère faire que des hypothèses à ce sujet : plus
les essais seront nombreux, plus on aura
recueilli de résultats, et plus on aura de documents offrant une certaine certitude et alors
seulement pourra-t-on faire de l'électrolyse des
matières tannantes une théorie sûre et donner
les principes de son application. D'ailleurs si
l'électrolyse est un fait reconnu dès le début de
la science électrique, elle est restée longtemps
bornée à des expériences de laboratoire, et ce
n'est que depuis le développement de l'électricité pratique que se sont créés un grand nombre
de procédés électrolytiques, exploités industriellement, et qui fournissent les meilleurs
résultats. Il est donc permis de croire que plus
seront nombreuses ces applications, plus grand
sera le jour jeté sur les actions électrolytiques
et le tannage, entre autres industries, pourra
y trouver une source de très utiles indications.

Ce que nous venons de dire exprime que si le
tannage électrique reste encore un procédé à
peu près d'exception, il n'est pas permis d'affirmer qu'il ne se généralisera pas un jour.

I. TANNAGE ÉLECTRIQUE EN FOSSES

Le premier procédé pratique de tannage
électrique remonte à 1874 et il est dû à de
Meritens, électricien de grande valeur qui,
après avoir fait faire de grands progrès à
l'électricité pratique, mourut pauvre et malheureux. Ce procédé est encore appliqué ou du
moins l'était encore il y a peu d'années dans

une tannerie des environs de Saint-Péters-
bourg, où il fut exploité en premier lieu.

La manière d'opérer ne modifie en rien le
procédé habituel : avant de former la fosse ou
la cuve on place au fond une plaque de charbon graphitique que l'on réunit au pôle positif
d'une source d'électricité, comme une dynamo
par exemple ; puis on place les peaux à la
façon ordinaire avec interposition de tan, en
un mot on agit exactement comme s'il s'agissait du tannage ordinaire. A la partie supérieure
se dispose une plaque de zinc réunie au pôle
négatif de la même dynamo, puis on procède au tannage comme d'habitude en faisant
passer le courant. L'intensité du courant varie forcément avec la quantité de matière
tannante ; quant à sa tension, elle ne dépasse
pas 110 volts.

Le tannage, dans ces conditions, peut être
achevé en trente-cinq jours pour les grosses
peaux. On voit par ce chiffre la réduction
énorme apportée dans la durée de l'opération,
et par suite l'économie qui peut en résulter,
puisqu'il n'y a plus besoin d'immobiliser de
forts capitaux en matières. Cependant l'usage
du courant n'est pas sans causer une dépense et
l'on ne voit réellement l'avantage à retirer de
cette manière d'opérer que si la tannerie dispose d'une machine dynamo destinée à satis-
faire d'autres besoins, l'éclairage, par exemple,
ou la mise en mouvement de certains appareils,
et sur laquelle on peut prendre un peu du courant qu'elle fournit pour l'envoyer aux fosses.
Encore est-il que le fonctionnement de la
dynamo donne lieu à une consommation d'éner-

gie qui se traduit elle-même par une dépense de charbon, si la dynamo est actionnée par une machine à vapeur. Néanmoins, il peut se présenter des cas où cette dépense est négligeable, comme cela se produit souvent aujourd'hui lorsque la tannerie dispose d'une force gratuite, telle une chute d'eau.

A peu près à la même époque, sont apparus les procédés Gaulard et Kresser, assez analogues au précédent. Enfin, en 1887, des essais satisfaisants furent faits en Suède à l'aide de courants alternatifs appliqués dans les fosses par l'intermédiaire de grandes lames (électrodes) en cuivre. La durée du tannage, ainsi conduit, était réduite à quarante-cinq jours.

Ce dernier procédé, dont il ne nous a pas été donné de suivre l'application et de connaître les résultats pratiques, offre la particularité, au point de vue électrique, d'utiliser les courants alternatifs qui se prêtent mal à l'électrolyse. Cependant, il pourrait se faire que les résultats n'en fussent point plus mauvais, l'électrolyse se faisant plus lentement et les peaux se trouvant ainsi soumises à une action plus modérée des jus tannants. Cette observation confirmerait une fois de plus ce fait que nous avons déjà fait ressortir à plusieurs reprises, à savoir, que pour qu'un tannage soit bien fait, il est essentiel que les matières tannantes, quelles qu'elles soient, n'agissent pas d'une façon trop brusque sur les peaux.

Il est, croyons-nous, inutile de dire que dans ce tannage, comme dans les suivants, les peaux doivent subir au préalable toutes les opérations préparatoires que nous connaissons.

Tanneur.   10

II. TANNAGE ÉLECTRIQUE
AUX EXTRAITS

Le procédé de tannage le plus connu est dû à MM. Worms et Ballé : il est également assez appliqué pour être reconnu comme tout à fait pratique. Le tannage se fait au tonneau, celui-ci est le même que celui représenté figure 10 (page 151), avec les quelques modifications suivantes que montre la figure 35. Sur la paroi cylindrique et à l'intérieur du tonneau sont disposées des lames de cuivre A, lesquelles se coudent à angle droit en B pour venir prendre la direction des rayons de la face latérale du tonneau. Suivant un cercle concentrique au centre de cette face latérale, les extrémités de ces lames sortent de la paroi du tonneau et viennent se fixer à un cercle en cuivre C, qui lui-même est appliqué et assujetti sur cette paroi, mais à son extérieur. Cette disposition permet de faire passer le courant électrique dans le tonneau, à l'aide de frotteurs F, également en cuivre, appuyés sur le cercle en cuivre C au moyen de ressorts et communiquant, par des conducteurs, avec le pôle positif d'une dynamo. Afin de répartir le courant aussi uniformément que possible dans l'intérieur du tonneau, les lames C sont disposées de façon à sortir en nombre égal d'un côté et de l'autre de ses faces latérales. Enfin, l'intérieur du tonneau est muni de barres dentées en bois D comme tous les tonneaux-foulons.

Etant donné cet appareil, voici comment on opère : on met dans le tonneau que nous

venons de décrire de 500 à 700 kilogrammes de
peaux et 30 hectolitres d'une solution d'extrait
de chêne ou de châtaignier, marquant 18 degrés
au pèse-tanin, que l'on fait arriver par une des
extrémités de l'arbre creux R, formant l'axe de

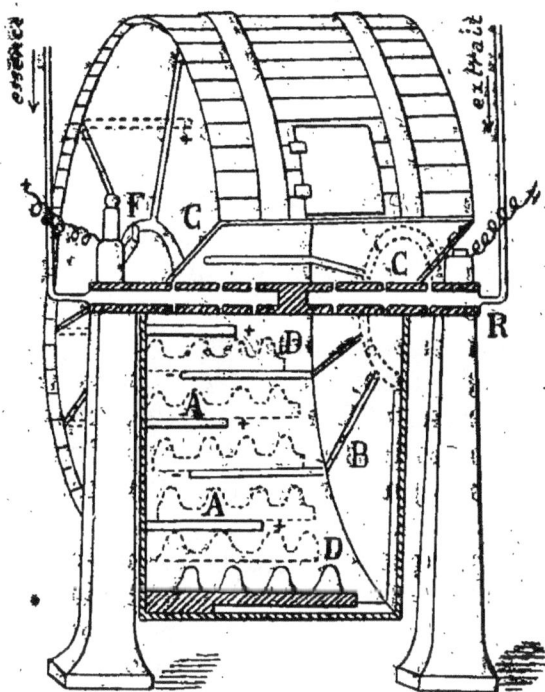

Fig. 35. — Tonneau à tannage électrique.

rotation de l'appareil ; on met alors le tonneau
en rotation, puis, par l'autre extrémité de
l'arbre, on envoie à l'intérieur 5 kilogrammes
d'essence de térébentine, puis on fait passer le
courant électrique d'une intensité de 10 ampères sous la tension de 70 volts et l'on maintient ainsi le tonneau en rotation et le passage

du courant pendant un temps égal à environ la moitié de celui nécessaire au tannage.

On renforce alors le liquide tannant en ajoutant la même quantité d'extrait tannant que dans la première solution, soit par exemple 500 grammes par kilogramme de peau, si telle a été la dose du début, puis on arrête le passage du courant et l'on continue à faire tourner l'appareil.

Il résulte d'un rapport de l'éminent chimiste, M. Muntz, que :

1º Dans les peaux tannées par ce procédé le tanin est bien combiné au cuir, de la même manière qu'il l'est avec le tannage ordinaire, et par suite on a bien affaire à un cuir réel, jouissant de toutes ses propriétés ;

2º Malgré la courte durée du contact de la peau avec la matière tannante, presque tous les cuirs examinés sont tannés à fond, autant qu'ils le sont par les procédés de tannage ordinaires ;

3º Si quelques-uns des échantillons ont un tannage insuffisant, cela n'est attribuable qu'à ce que le tannage a été par trop écourté ; quelques heures de séjour de plus dans les appareils eussent complété le tannage ;

4º Les peaux de diverses natures peuvent être tannées par ce procédé, avec la seule différence d'une durée plus ou moins longue ;

5º Le degré hygrométrique des cuirs tannés par ce nouveau procédé est sensiblement le même que dans les cuirs ordinaires.

Disons pour terminer qu'avec ce procédé on peut tanner les grosses peaux de bœufs en cinq ou six jours, les vaches refendues ou les chevaux en trois ou quatre jours, les veaux en deux jours.

Si l'on voulait expliquer les raisons qui déterminent la rapidité de ce mode de tannage il faudrait les examiner une à une. Il y a d'abord l'agitation des peaux dans le liquide, ce qui favorise la diffusion de ce dernier dans toute la masse des peaux ; puis la présence de l'essence de térébenthine dont l'action, déterminée par Schrœder, diminue dans une forte proportion l'oxydation du tanin au contact de l'air durant le travail ; l'essence de térébenthine peut encore agir par sa propriété de dissoudre les matières grasses contenues dans les peaux et rendre ainsi ces dernières plus aptes à se laisser pénétrer, dans toute leur épaisseur, par le liquide tannant. Enfin, l'électricité agit par l'électrolyse qu'elle produit. Dans cette opération les peaux jouent absolument le rôle d'électrodes poreuses, à leur surface et à leur intérieur se forment des bulles gazeuses provenant de l'électrolyse du liquide, bulles qui provoquent le gonflement des peaux, lequel favorise l'absorption du tanin.

Le capitaine de Place a imaginé un autre procédé électrique. Après les opérations préparatoires les peaux sont placées dans des cuves à agitateurs, dont le fond porte une série de conducteurs en forme de peignes. On y place vingt à vingt-cinq peaux de vaches, on emplit d'un jus à la température de 20° centigrades et à 0°6 Baumé, on ferme le couvercle de la cuve. On fait ensuite mouvoir les agitateurs et l'on fait passer le courant. Une intensité de 20 ampères suffit largement. Les peaux se colorent et se gonflent rapidement sous l'action de l'acide tannique mis en liberté par l'électrolyse. L'opération dure de deux à huit heures ; on achève ensuite le tannage dans des cuves analogues aux premières, mais sans faire passer le courant, et en remontant le bain avec de l'extrait tannant au fur et à mesure qu'il est décoloré.

L'opération totale dure quarante heures pour les peaux de veaux, soixante-cinq à soixante-dix heures pour les peaux de vaches et enfin, quatre-vingt-dix à cent heures pour les grosses peaux de bœufs.

III. TANNAGE ÉLECTRIQUE AU CHROME

Le seul procédé qui mérite, à notre avis, d'être signalé est celui de M. P. Sadtler, breveté en Amérique, en 1877. D'après l'auteur, les peaux toujours préparées comme d'habitude pour le tannage au chrome, subissent le premier bain au bichromate de potasse tel que nous l'avons signalé. C'est au second bain qu'intervient l'électricité ; à cet effet, dans une cuve on prépare ce second bain formé d'une solution à 5 de bichromate de potasse pour 100 d'eau, le tout additionné de 3 0/0 d'acide sulfurique. Dans cette cuve plongent de grandes lames de plomb placées verticalement et ne touchant pas le fond ; toutes ces lames sont réunies entre elles par une lame conductrice qui est reliée au pôle positif d'une dynamo. Le pôle négatif de celle-ci est relié à une lame de plomb ou de charbon placée au fond de la cuve.

Quant aux peaux à traiter, elles sont suspendues par des cordes isolantes, chacune
entre deux lames verticales de plomb, et l'on
fait passer le courant. Sous son influence, le
bain est électrolysé et l'acide chromique dont
les peaux sont imprégnées est ramené à l'état
d'oxyde de chrome, grâce à l'hydrogène nais-
sant, dégagé par l'action électrolytique.

Nous ne croyons pas que ce procédé jouisse
d'un bien grand succès ; il évite, il est vrai,
l'emploi des produits dont on se sert dans le
second bain, mais il exige tout de même du
bichromate de potasse supplémentaire, qui est
d'un prix plus élevé que les réducteurs généralement employés ; de plus, il comporte une
dépense de courant qui, suivant les circonstances, peut lui-même coûter assez cher. Il
paraît donc, à première vue, que le procédé
en question ne soit pas économique. Enfin, le
tannage au chrome proprement dit, est suffisamment rapide par lui-même pour ne pas
justifier absolument l'emploi de moyens destinés à le rendre plus expéditif. L'adjonction de
l'électricité dans ce procédé paraît, dès lors,
une superfétation en principe, et une source de
dépenses inutiles en pratique.

Nous avons résumé aussi brièvement que
possible les différents procédés électriques, en
signalant ceux qui étaient considérés comme
les meilleurs. Le champ d'exploitation, dans
cet ordre d'idées, reste encore très vaste, l'électricité se prêtant très bien à toutes sortes de
dispositifs, seuls points pouvant varier d'un
procédé à l'autre, et nous répéterons ce que
nous avons dit au début de ce chapitre, c'est

que le tannage dans lequel l'électricité *seule* transformerait les peaux en cuirs, est encore à trouver.

CHAPITRE X
Considérations générales sur le tannage

SOMMAIRE. — I. Théorie du tannage. — II. Des eaux propres à la tannerie. — III. Purification, correction, épuration des eaux. — IV. Utilisation des déchets de tannerie.

I. THÉORIE DU TANNAGE

La tannerie a été de tout temps une industrie importante, en ce sens qu'elle produisait une matière très utile et très recherchée ; comme toutes les fabrications anciennes, elle ne procédait que d'une façon empirique et s'est maintenue à cet état jusqu'à une époque *encore très voisine de la nôtre*. Cependant, dès que la chimie est passée à l'état de science et dès que de vrais chimistes se sont occupés de l'étude des différentes industries, la tannerie n'a pas échappé à leurs investigations et plusieurs d'entre eux ont cherché à analyser les opérations menées d'une façon empirique, à en fixer la méthode scientifique de manière à faire abandonner les mauvaises manœuvres, à encourager et rectifier les seules qui pourraient être reconnues bonnes, en un mot à créer la théorie de la tannerie pour en diriger la pratique dans une bonne voie. Malheureusement il nous faut avouer qu'ils y ont assez mal réussi et, *de nos jours* même, les savants les plus compétents en matière de tannage se risqueraient peu à en définir une théorie qu'ils penseraient être irréfutable. Ils n'émettent encore que des hypothèses dont quelques-unes sont reconnues parfaitement exactes, mais elles ne touchent que certains points particuliers. Nous pensons néanmoins que c'est déjà un progrès scientifique et lorsque beaucoup de ces points seront bien élucidés, la théorie du tannage s'établira presque toute seule.

Nous ne saurions donc, modeste technicien, nous permettre d'établir ici la théorie du tannage, et nous croyons mieux faire en signalant les diverses théories émises par des savants, tout en montrant les points faibles qu'elles peuvent déceler.

La plus ancienne théorie a été émise par le savant Séguin, qui fut l'inventeur d'un procédé expéditif de tannage, inventeur malheureux, car après avoir reçu le 21 nivôse an III de la première République, une récompense nationale pour son procédé de tannage rapide, il fut condamné à des amendes exorbitantes et jeté en prison, dont il ne fut tiré que par la Restauration.

Armand Séguin fut le premier qui eut une connaissance exacte sinon du tannage, du moins du tanin, et son procédé, en somme rationnel, de prendre un acide comme adjuvant et des jus riches en tanin comme agents, réduisait à quinze jours la durée du tannage. On put ainsi équiper promptement les armées, ce qui pour l'époque était certes le plus important, mais soit inexpérience, soit plutôt manque d'avoir pu faire des expériences assez nombreuses pour améliorer le produit au fur et à mesure des résultats obtenus, les cuirs fabriqués par Séguin furent rapidement mis hors d'usage et il en résulta pour le malheureux inventeur les rigueurs que nous avons signalées.

C'est donc Séguin qui, le premier, formula une théorie du tannage qui peut se résumer de la façon suivante :

1º La peau décharnée et débourrée est une substance qui peut être facilement, par un procédé convenable, entièrement convertie en une gelée animale qui, rapprochée et séchée à l'air, forme la colle forte.

2º Une dissolution de colle forte étant mêlée avec une infusion de tan, il se forme immédiatement un composé insoluble et n'étant plus susceptible de putréfaction.

3º La dissolution de tan est composée de deux substances bien distinctes, dont l'une précipite la colle forte, et qui est la véritable substance tannante, tandis que l'autre précipite le sulfate de fer, sans précipiter la dissolution de colle forte, et produit seulement la désoxygénation de la peau et de la substance qui unit le poil à la peau.

4º L'opération du tannage n'est pas une simple combinaison de la peau avec le principe qui précipite la colle forte, mais une combinaison avec la peau désoxygénée par la substance que, dans la dissolution du tan, on trouve avoir la propriété de précipiter le sulfate de fer ;

de sorte que toute substance d'un emploi convenable pour le tannage devrait réunir les propriétés de précipiter les dissolutions de colle forte et de sulfate de fer.

5° Enfin, l'opération du tannage consiste : 1° à gonfler les peaux au moyen d'un principe acidulé ; 2° à désoxygéner, à l'aide de l'acide gallique, la substance qui fait adhérer le poil à la peau, afin de produire ainsi un débourrement facile ; 3° à désoxygéner la peau au moyen du même principe, et la mettre, par cette désoxygénation, dans l'état tenant le milieu entre la colle forte et la peau ; 4° à l'y combiner alors par cette désoxygénation, tandis qu'elle est dans cet état moyen où l'on trouve que la substance particulière que contient l'écorce de chêne, ainsi que beaucoup d'autres végétaux, précipite la dissolution de colle forte, substance qui n'est pas, comme on se l'était jusqu'alors imaginé, une substance astringente.

« Quels que soient le mérite de Séguin et les services qu'il ait rendus à la science, nous ne pouvons, dit Julia de Fontenelle, nous dispenser de faire connaître ce qu'il y a d'erroné dans sa théorie.

« Nous persistons à regarder le gonflement des peaux comme un effet bien moins chimique que mécanique, lequel est principalement dû à la dilatation des fibres, soit par l'interposition de l'eau, soit à l'aide du calorique produit par la fermentation. Les acides et les alcalis n'agissent d'abord que comme moyen de préserver la peau de la putréfaction ; ils exercent ensuite, lors du tannage, une action chimique. Ainsi, la chaux, dont l'intérieur des peaux reste imbibé malgré tous les lavages, forme avec le tanin un tannate de chaux qui ôte de la souplesse aux cuirs. Il n'en est pas de même des acides. Outre que ceux-ci tendent également à préserver les peaux de la putréfaction, l'acide acétique produit des fermentations des farines de seigle, d'orge, de tan, etc., réagit sur la fibrine, la ramollit et la change en partie en une gelée transparente, soluble dans l'eau bouillante et se combinant avec le tanin. Outre cela, cet acide, dont la peau reste plus ou moins imbibée, précipite la solution de tanin et en fixe ainsi une plus grande quantité dans le cuir. Ce ramollissement dans la fibrine et sa conversion en gelée rend le débourrement très aisé. On peut cependant l'opérer sans ce moyen, et Séguin lui-même convient avoir tanné des peaux sans avoir opéré ce même débourrement, ce qui contredit beaucoup sa propre théorie.

⁌ Je ne partage pas non plus l'opinion de Séguin, lorsqu'il fait agir l'acide gallique comme agent principal et indispensable du tannage. C'est cet acide, dit-il, qui en désoxygénant la substance qui fait adhérer le poil à la peau, ainsi que la peau même, la met, par cette désoxygénation, dans l'état tenant le milieu entre la colle forte et la peau. Il paraît que par ce mot *peau*, Séguin a voulu indiquer non la gélatine, mais la fibrine qui en forme le squelette ou le réseau. Nous reconnaissons, avec Séguin, que même cette fibrine est ramollie et changée en gelée par les acides, et déjà l'acide acétique des passements a produit en grande partie cet effet ; l'acide gallique ne produit donc qu'un effet secondaire et peut-être même nul, comme je le démontrerai bientôt. Aucune expérience directe n'a démontré à Séguin cette double désoxygénation, qui d'ailleurs devient impossible, si nous comparons les constituants respectifs de la gélatine et de la fibrine. Ainsi :

La *fibrine* contient d'oxygène pour 100.   19.615
La *gélatine*. 72.207

« D'après cela, l'on voit qu'il est impossible que l'acide gallique désoxygène la fibrine pour la mettre dans un état voisin de la colle forte, puisque celle-ci, qui est de la gélatine pure, contient presque un tiers de plus d'oxygène ; il faudrait donc pour cela que l'acide gallique oxygénât la fibrine au lieu de la désoxygéner. Il est aisé de voir que cette théorie de la désoxygénation est inadmissible. A l'appui de ce raisonnement, invoquons l'expérience :

Le cachou contient . de 48 à 54 pour 100 de tanin.
Le thé . . . . de 34 à 40   —
La benoîte. . . : .   42   —
La scille   24   —

« Ces substances, si riches en tanin, ont été appliquées avec un grand succès au tannage, et cependant aucune d'elles ne contient un atome d'acide gallique. On ne dira donc point que celui-ci ait opéré la désoxygénation qui, d'après Séguin, favoriserait la combinaison du tanin avec la gélatine, puisque le tannage a eu lieu sans la présence de cet acide. Séguin ne fait nullement mention de l'extractif ; cependant cette substance influe également sur l'opération du tannage. Nous savons, d'après Davy, que ce que les chimistes nomment extractif

existe dans toutes les écorces qu'il a traitées, notamment dans celles de chêne, de saule
de Leicester, de saule commun, de châtaignier
d'Espagne, d'orme, de quinquina, etc. ; ainsi
que dans le cachou, le séné, etc. Thomson même
assure qu'on n'a jamais trouvé le tanin et
l'extractif séparés l'un de l'autre. Davy reconnaît une telle influence à l'extractif dans l'opération du tannage, qu'il ne craint pas d'affirmer
qu'il est nécessaire pour former un cuir flexible
et ferme. J'ajouterai à cela qu'il peut, en quelque façon, remplacer le tanin, puisque, en
Angleterre, où la matière tannante est fort
rare, on a appliqué au tannage la décoction ou
l'infusion de la ciguë broyée ; et cependant
Schweiger s'est convaincu, par l'analyse, que
100 parties de suc de feuilles fraîches de ciguë
contiennent 2,73 d'extractif, sans tanin ni
acide gallique.

« En résumé, nous regardons le tannage
comme une combinaison de cinq principes :

« 1° De la gélatine et de la fibrine ramenées à
l'état de gelée, par l'acide acétique, avec le
tanin, l'extractif et l'acide gallique.

« 2° Dans le tannage, l'épiderme a disparu, et
aucune partie de la peau n'a été désoxygénée.

« 3° L'action de l'acide gallique est analogue
à celle de l'acide acétique, et sa présence n'est
pas rigoureusement nécessaire pour cette opération.

« 4° L'extractif s'unit à la gélatine et à la
fibrine altérée, à l'instar du tanin, et rend les
cuirs flexibles et fermes. Il est aussi le principe
de leur coloration. Ainsi, le cuir tanné avec la
noix de galle est pâle et peu foncé ; celui avec

l'écorce de chêne est brunâtre ; celui avec l'écorce de garouille est beaucoup plus foncé et a une odeur forte et désagréable ; celui avec le cachou est rougeâtre. C'est enfin l'extractif qui donne au cuir une couleur brunâtre, sans le rendre insoluble dans l'eau bouillante.

« 5º La chaux forme avec le tanin un tannate calcaire qui enlève aux cuirs leur souplesse et les rend secs et cassants.

« 6º Les peaux sèches qui ont reçu une bonne tannaison augmentent en poids d'environ 33 0/0. Cette augmentation est due à la fixation du tanin, de l'extractif, de l'acide gallique et d'un peu d'eau.

« 7º Dans les infusions saturées, il existe beaucoup moins d'extractif que de tanin, tandis que, dans les infusions faibles, l'extractif est en quantité plus forte que le tanin. Voilà pourquoi il convient de ne présenter d'abord aux peaux que des infusions très faibles, afin de les saturer peu à peu de tanin et d'extractif, pour que la tannaison soit complète et que les cuirs soient plus souples.

« 8º En présentant aux peaux des infusions fortes ou des décoctions, le cuir ne contient presque point d'extractif, et il n'est tanné que sur les deux surfaces ; le centre n'a subi qu'un faible commencement de cette opération ; aussi les cuirs sont imparfaits, secs et cassants.

« 9º Enfin, l'acide gallique, nous le répétons, exerce une si faible influence sur le tannage, que Davy regarde comme une chose douteuse que l'infusion d'écorce de chêne en contienne.

« 10º La théorie du tannage est donc une simple combinaison des cinq principes suivants :

fibrine altérée, gélatine, tanin, extractif et acide ».

Nous avons donné la théorie de Séguin et sa réfutation par Julia de Fontenelle, simplement à titre documentaire. Dans la première comme dans la seconde, il y a certainement beaucoup et peut-être même tout à reprendre au point de vue purement scientifique. L'excuse de ces savants réside dans l'époque à laquelle ils émettaient leurs opinions et à laquelle la chimie était d'une part à peu près à ses débuts et à laquelle encore on ne connaissait pas d'autre procédé de tannage que celui à l'écorce de chêne et en fosses, et bien autre serait certainement leur opinion s'ils avaient connu les procédés nouveaux de tannage aux extraits et surtout au chrome.

Dans sa réfutation de la théorie de Séguin, Julia de Fontenelle fait appel à un élément : l'extractif, dont il ne donne ni la composition ni les caractères et s'en fait un auxiliaire un peu trop commode, à notre avis, pour justifier son dire.

De ces deux théories en quelque sorte antagonistes, nous devons retenir cependant quelques points que la pratique a toujours montrés comme favorables à un bon tannage et qui sont : la nécessité d'une très parfaite purge de chaux, et l'utilité de ne jamais soumettre les peaux à la matière tannante très riche ou très concentrée. Enfin la conclusion de Julia de Fontenelle mettant sur le compte du tannage la combinaison des cinq principes : fibrine, gélatine, tanin, extractif et acide, n'est en rien justifiée. D'abord, qu'est-ce que l'auteur entend par fibrine ? Quant à la gélatine, ce n'est pas une raison parce que de la peau peut être transformée partiellement en gélatine, pour qu'elle contienne cette matière à l'état naturel ; quant à l'extractif, nous avons dit ce qu'il y avait à en penser ; enfin la présence de l'acide combiné peut très bien ne pas exister dans le cuir, témoin le cuir tanné au chrome dans lequel tout l'acide, qui est intervenu dans les opérations, a disparu, non pas par combinaison, mais par séparation, parce qu'on l'a enlevé quand la peau a été transformée en cuir.

C'est encore à titre documentaire que nous donnerons la théorie exposée par Knapp, qui en a fait un long mémoire à la Société d'Encouragement pour l'industrie nationale, mémoire déjà ancien, mais qui n'a pas été sans faire quelque bruit dans le monde savant, non seulement en raison de la notoriété de son *auteur*, mais encore à cause des expériences que ce dernier a faites et relatées et qui, de prime abord, ont pu paraître tout à fait concluantes.

Ce que nous allons dire de ce mémoire est tiré d'un rapport qu'en a fait l'illustre chimiste Bareswill, dans le *Répertoire de chimie*, en 1858.

On s'accorde, dit Bareswill, à voir dans la peau un principe immédiat s'unissant au tanin ou aux matières tannantes, et alors on la compare à la gélatine ; on va même jusqu'à dire que le cuir ordinaire est du tannate de gélatine, etc.

Or, il suffit de la simple discussion des faits connus pour démontrer combien cette manière de voir est éloignée de la vérité.

D'abord, les os acidulés, qui donnent de la gélatine, aussi bien que la peau, ne sont pas susceptibles de donner un produit qui, de près ou de loin, ressemble à du cuir, *quelle que soit la quantité de tanin, quel que soit le temps du contact.* Puis, les sels de fer et d'alumine qui tannent le cuir ne précipitent pas la gélatine. Enfin, la graisse qui tanne parfaitement bien n'a aucun rapport avec le tanin.

On pourrait bien dire aussi que généralement, lorsqu'il y a combinaison chimique, la forme disparaît, et il est certain que dans le tannage, non seulement la texture de la peau ne disparaît pas, mais encore qu'elle est plutôt mise en relief. Toutefois, on a l'exemple du coton-poudre, et on concevrait que la matière de la peau pût admettre, sans se déformer, le tanin, comme le coton admet l'acide nitrique.

Une objection plus sérieuse est dans ce fait connu, que les substances tannantes, telles que l'alun, peuvent être *enlevées de la peau par un lavage* suffisamment prolongé, et qu'alors la peau reprend ses qualités primitives.

Le tanin lui-même peut être arraché à la peau. Étant donnée une peau qu'on a immergée dans le tanin *pur,* qui s'en est abreuvée et est *devenue du cuir,* on peut, par une faible solution alcaline, en séparer tout ce tanin, de manière que la peau redevienne apte à être tannée de nouveau. Disons de suite que la peau tannée avec le *tan* cède aussi au carbonate de soude la plus grande partie du tanin qu'elle contient, mais qu'*elle ne cesse pas d'être cuir,* comme il arrive avec la peau tannée au tanin pur. Elle conserve une substance tannante *spéciale au tan* et différente du tanin, que le carbonate de soude ne peut dissoudre.

Ces faits sont évidemment en désaccord avec la théorie qui voudrait voir une action chimique dans le tannage ; toutefois, ils laissent peut-être encore une certaine incertitude ; l'auteur a pensé que des expériences analytiques quantitatives pouvaient seules résoudre la question d'une manière irréfutable. Pour cela, il prend de la peau préparée et purifiée (dans son Mémoire il indique les moyens nécessaires pour parvenir à ce résultat) il la sèche dans le vide et opère sur un poids déterminé qu'il soumet à l'action des dissolutions tannantes, et pèse de nouveau, après les avoir rincées et séchées dans le vide. Ces expériences rappelées en un mot, mais dont l'exécution est très délicate, sont décrites *in extenso* dans la publication de M. Knapp ; elles ont donné les résultats suivants.

La peau immergée dans une dissolution d'alun contenait, après l'opération 8,5 0/0 de matières additionnelles. L'augmentation du poids était due uniquement à l'incorporation de *l'alun en nature* ; il n'y a pas de décomposition chimique dans cette opération, c'est ce dont l'auteur s'est assuré par l'analyse de la liqueur après l'immersion de la peau. Avec le sulfate d'alumine, le résultat a été identique. La peau a fixé 27,9 0/0 de sulfate d'alumine anhydre. Le chlorure d'aluminium s'est comporté de la même manière ; il s'est uni sans décomposition, et la peau en contenait 29,3 0/0. L'acétate d'alumine a opéré exactement de même ; il a été fixé en nature, et la peau soumise à l'expérience en retenait 23 0/0.

Il résulte de ces faits, non seulement qu'il n'y a pas de décomposition du sel tannant, comme le pensait *a priori* Berzélius, en sel acide et en sel basique, mais de plus, que les quantités absorbées pour les divers sels ne sont nullement en rapport avec leurs équivalents. L'auteur ajoute que les nombres obtenus dans ses expériences ne sont pas absolus, qu'ils varient avec les circonstances, notamment avec la concentration des liquides, etc., et que le sel peut être enlevé par un lavage prolongé à l'*eau pure*. C'est ainsi que la proportion de chlorure d'aluminium, après trois jours de lavage, a été réduite de 29, 3 à 3 0/0 ; un lavage plus prolongé aurait certainement enlevé tout le sel.

Les composés correspondants du chrome et du fer se comportent en tout comme les sels d'alumine, seulement ils sont absorbés en moindre quantité ; de plus, ils colorent la peau de la couleur qui leur est propre, tandis que les sels d'alumine ne la colorent pas.

Les corps gras sont aptes au tannage comme les sels à base de sesquioxyde. Ce fait seul est en opposition avec l'idée d'une composition chimique de la matière tannante avec la peau ; néanmoins, l'auteur a voulu voir expérimentalement s'il y avait, dans les quantités de ces corps absorbées pour convertir la peau en cuir, un certain rapport qui parlât en faveur de la théorie qu'il combattait. Il a plongé des peaux dans des dissolutions alcooliques d'acide stéarique et d'acide oléique, ou éthérées d'huile de poisson, et il a constaté que le *tannage* était parfait, mais que le corps gras n'était nullement modifié et que la quantité absorbée n'était guère que de 1 à 1 1/2 0/0. Les résines, dans des expériences comparatives, se sont comportées comme les graisses. Cette minime quantité de matière tannante ne représente guère que la proportion tenue en dissolution par le réactif qui imbibe la peau.

Tant d'expériences si variées démontrent suffisamment que le tannage n'est pas une action chimique ; il restait à l'auteur à remplacer par une théorie plus résistante la théorie qu'il renversait.

Pour M. Knapp, la matière tannante a seulement pour fonction d'envelopper les fibres de la peau, de telle manière que leur adhérence devienne impossible, et que la peau conserve sa qualité maniable après la dessiccation, ou tout au moins puisse la retrouver par une action mécanique. *Ce qui est pour lui le vrai caractère du tannage.* Pour démontrer sa proposition, il a institué une série d'expériences dans le but *de tanner la peau sans l'emploi des substances tannantes.*

En considérant que les filaments ne se collent que lorsqu'ils sont pénétrés par l'eau, il est arrivé à l'idée de mettre la peau, détrempée, en contact avec un liquide (l'alcool ou l'éther, par exemple) qui, chassant l'eau par endosmose, pût ôter par cela seul aux filaments cette propriété de se coller. Selon ses prévisions, il a obtenu *par la seule action de l'alcool* une peau mégissée bien blanche, d'une constitution telle, que *tout praticien est forcé de la reconnaître comme peau mégissée.* Or, c'est bien là le *vrai cuir sans matières tannantes,* qui dans l'eau redevient peau et, par la cuisson, se change en colle.

Cette dernière expérience prouve surabon-
damment que le tannage n'est pas une action
chimique. Quand l'auteur parle du tannage, il
entend seulement la *conversion de la peau, que
la dessiccation rendrait cornée, en une matière
qui reste flexible malgré la dessiccation.* Quant
aux autres qualités que le cuir peut prendre
dans l'opération du tannage, telles que l'imputrescibilité, etc., on peut dire qu'elles ne sont
pas absolument inhérentes à la nature du cuir ;
elles ne sont d'ailleurs que relatives, et on les
obtient à des degrés variables, selon les produits
employés et selon les épreuves que la peau doit
subir.

On comprend qu'en outre du *caractère de cuir*,
la peau reçoive de l'action des sels métalliques
d'autres propriétés, qu'elle devienne par
exemple relativement *imputrescible* : les sels
d'alumine et de chrome étant des antiseptiques
et formant d'ailleurs autour des filaments une
enveloppe qui les préserve du contact de l'air
et les rend moins hygrométriques. On comprend
aussi qu'une peau soit *plus ou moins tannée* :
ainsi, par exemple, il n'est pas plus difficile
d'admettre qu'un cuir tanné *au tan* résiste
mieux au carbonate de soude qu'un cuir préparé au tanin, que d'admettre qu'une matière
tinctoriale (bon teint) tienne mieux à la laine
qu'une autre (mauvais teint), sans que l'on
veuille pour cela admettre deux modes d'action
dans la teinture ou deux modes d'action des
substances tannantes.

Cette juste comparaison de la teinture et du
tannage a conduit M. Knapp à un nouveau
genre de preuve de son ingénieuse théorie. Il a

vu que certaines matières pouvaient être in-
corporées à la peau à la manière des composés
tannants, former avec elle une union aussi
ténace que celle du tan, sans que pour cela il
résulte du cuir. C'est ainsi que la peau, dans une
cuve d'indigo ou dans une infusion de brou de
noix, devient bleue ou brune, relativement
imputrescible et non susceptible de se convertir
en colle, *sans que pour cela elle soit devenue cuir*,
attendu que par la dessiccation, elle se présente
sous l'aspect d'une substance cornée non susceptible de redevenir maniable, comme si ces
matières colorantes possédaient plutôt la propriété de coller les fibres que de les empêcher
de se coller.

En dernière analyse, il résulte de cet important travail, comme conclusion principale, que
le tannage n'est pas une opération chimique,
par conséquent, que le cuir tanné n'est pas plus
du tannate de gélatine que le cuir mégissé n'est
une combinaison de gélatine avec le sous-sul-
fate d'alumine.

M. Knapp en trouve la preuve dans les faits
suivants :

1° Certaines matières qui peuvent, comme la
peau, se convertir en colle, ne donnent pas de
cuir.

2° Les matières tannantes ne sont pas absorbées par la peau en proportions définies.

3° Les divers sels tannants ne s'unissent pas
à la peau en raison de leur équivalence chimique.

4° Les sels tannants, le tanin lui-même,
peuvent par les lavages être séparés du cuir,
de manière que celui-ci redevienne peau.

5° Les corps gras qui n'ont aucun rapport avec les composés astringents tannent le cuir, et cela sous des poids minimes.

6° Les peaux peuvent acquérir les propriétés que donne le tannage sans l'emploi des composés tannants.

7° Enfin, des substances peuvent s'unir à la peau et la rendre imputrescible et non susceptible de former de la gélatine, *sans pour cela lui donner les qualités du cuir.*

Pour l'auteur, le cuir diffère de la peau sèche en ce que, dans celle-ci, les fibres sont *adhérentes les unes aux autres*, tandis que, dans celui-là, elles restent *isolées les unes des autres* ; le rôle de la matière tannante est de produire et de maintenir cet isolement.

Les matières tannantes enveloppent chaque filament comme une gaîne, au lieu de s'unir à lui comme une matière chimique.

Dans sa théorie, Knapp a eu le tort de généraliser certaines considérations, et c'est aller un peu loin de dire, en chimie surtout, que la réciproque est toujours vraie ; si la peau en effet peut se transformer en gélatine, ce peut être une de ses propriétés particulières, mais cela ne spécifie pas que tout ce qui est gélatine doive se transformer en cuir. Il y a donc là, de la part de Knapp, une assertion un peu, nous dirons même très avancée.

Quant à ses deuxième et troisième conclusions, elles ne pourraient être exactes que si l'on connaissait exactement l'équivalence chimique de la peau, or c'est là encore une inconnue pour la chimie moderne, et qui peut rester longtemps, sinon toujours à cet état, étant donnée l'immense variété que présentent les peaux, ainsi que nous avons eu souvent l'occasion de le dire.

Les autres conclusions sont aussi précaires comme solidité, car Knapp a généralisé sous le nom de tannage, différentes méthodes de traitement des peaux, et le tannage gras, comme le tannage à l'alun, n'a rien de commun avec le tannage tel que nous l'avons envisagé dans ce Manuel et qu'on pourrait appeler le véritable tannage, attendu que les autres manières de traiter la peau sont destinées à lui donner des qualités tout à fait particulières en vue d'applications spéciales. Les manières en question portent bien le nom de tannage, comme nous l'avons nous-même dit au début de ce Manuel, mais elles n'ont de commun avec le tannage que de rendre la peau imputrescible.

La théorie du tannage reste encore à fixer, et de nos jours même, les chimistes ou les techniciens les plus compétents ne s'aventurent pas à formuler des assertions sans réserves. Nous croyons donner la note juste de ce qu'ils pensent de la question en disant que dans le tannage au tanin la peau est évidemment soumise à une action chimique, laquelle donne lieu à la formation du cuir ; mais à cette action s'en joint également une autre d'ordre purement physique ou mécanique. L'étude microscopique du cuir, nous pourrions même dire l'analyse microscopique du cuir, montre qu'une partie du tanin est bien combinée à la fibre de la peau, tandis qu'une autre partie est simplement interposée entre ces fibres et qu'une troisième partie entoure, enrobe en quelque sorte cette même fibre.

Ces dernières portions du tanin, retenues en quelque sorte mécaniquement dans le cuir, peuvent en être enlevées très facilement, ce qui a permis à Knapp de dire que les sels tannants et le tanin lui-même peuvent être séparés du cuir par des lavages, et qu'alors le cuir redevient peau. Cependant nous croyons savoir que les expériences qu'il a faites à cet égard sont loin d'être aussi concluantes qu'il l'a proclamé, et que, pour les faciliter ou les rendre plus probantes, il a opéré par analogie avec d'autres matières tannantes, car il est reconnu qu'une partie du tanin absorbé par la peau, celui qui s'est combiné avec elle, ne s'en sépare plus.

Reste à savoir, et sur ce point l'on n'est pas encore fixé, si pour qu'une peau devienne cuir par le tanin, il est indispensable qu'elle retienne la matière tannante dans les trois formes énumérées plus haut, ou si elle serait bien cuir à la condition de ne retenir que le tanin combiné. Cette dernière hypothèse paraît la plus logique, et l'on pourrait s'en rendre compte en éliminant d'un cuir tout le tanin non combiné et retenu mécaniquement. Seulement ce procédé d'investigation présente encore une incertitude, car le procédé de séparation même purement physique, ne peut-il, sans toucher au tanin combiné, en modifier la nature, et par suite changer la qualité du cuir ?

Comme on le voit, la question est des plus complexes. Nous ne doutons pas qu'elle soit résolue un jour, surtout avec le concours de savants dans la matière, comme les Léo Vignon, les Procter, les Meunier, les Vaney, les Knecht, qui poursuivent leurs travaux scientifiques sur le tannage et nous apportent tous les jours la mise au point de faits qui sont autant de jalons pour guider le tracé de la théorie du tannage.

II. DES EAUX PROPRES A LA TANNERIE

Les diverses opérations de la tannerie exigent de grandes quantités d'eau, celle-ci devient en quelque sorte un produit important de cette industrie, et comme tel il doit être parfaitement connu du tanneur.

L'eau pure s'obtient facilement par distillation, d'où son nom d'eau distillée que l'on voit appliquée journellement dans les préparations pharmaceutiques. Mais bien que son prix puisse dans certains cas spéciaux, être réduit, il reste toujours trop élevé pour que le tanneur puisse en faire usage. Ce dernier ne peut avoir recours qu'aux eaux naturelles, et la plus pure est l'eau de pluie : les seules impuretés qu'elle puisse renfermer sont celles qu'elle a prises dans l'air et, outre qu'elles se réduisent à un très petit nombre, elles sont toujours, quant à la qualité et à la quantité, absolument négligeables. Nous entendons parler dans le cas présent de l'eau de pluie telle qu'elle tombe du ciel. Il n'en est plus tout à fait de même de celle que l'on peut recueillir des toits. Cette dernière est généralement encore pure, mais suivant les localités elle peut être souillée de produits solides : poussière, sable, charbon à l'état de suie, dont il est facile de la débarrasser par le repos ou la filtration. Elle peut aussi tenir des impuretés que nous appellerons graves si par exemple les toits sur lesquels elle est recueillie sont voisins d'une fabrique de produits chimiques laissant déposer sur les toits des produits acides, ou d'une fabrique de chaux, ou encore de ciment, qui envoient leurs poussières assez loin à la ronde.

Nous signalons ces faits un peu particuliers pour éviter toute confusion dans la qualité de l'eau de pluie et mettre en garde contre les accidents qu'elle peut occasionner. Car, à moins qu'une usine possède une surface considérable de toiture, il lui sera toujours assez difficile de trouver dans l'eau de pluie qui lui sera fournie de la sorte la quantité dont elle aura besoin pour toutes les opérations de tannage.

Après l'eau de pluie, l'ordre de pureté nous présente les eaux de source, mais encore n'est-ce là qu'une observation d'ordre général, car s'il y a des sources donnant une eau très pure, il en est d'autres qui peuvent en fournir de très impures, cela dépend des terrains dans lesquels elles prennent naissance comme de ceux qu'elles traversent avant d'arriver au jour.

Viennent ensuite les eaux de rivière ; mais ici encore la qualité est très variable et dépend non seulement de l'origine de la source de la rivière, mais encore de la nature du terrain qui forme son lit. Si celui-ci est calcaire, l'eau le sera forcément, si au contraire celui-ci est siliceux, c'est-à-dire sableux, l'eau peut être très pure. La pureté d'une eau de rivière peut être encore influencée par la vitesse de son courant, par sa profondeur, par sa largeur. Si une rivière est très large et très profonde, elle représente une masse considérable d'eau dont la majeure partie n'est plus en contact avec le terrain, par conséquent ne pouvant pas lui prendre les matières qu'elle serait capable de dissoudre. Si le courant est rapide, il passe dans un temps déterminé beaucoup d'eau et ce passage rapide l'empêche encore de prendre en dissolution tous les matériaux que le lit peut offrir. Mais ce ne sont là encore que des observations d'ordre tout à fait général et qui peuvent être facilement mises en défaut par la nature même du errain.

Enfin il est des rivières qui pourraient donner de l'eau assez pure si celle-ci n'était polluée par des déversements d'égouts ou de résidus industriels ; on connaît des rivières de ce genre dont l'eau est absolument empoisonnée.

Enfin dans l'ordre de pureté, il faut classer en dernier lieu l'eau des puits. Ceci est encore dit au point de vue tout à fait général, car il ne manque pas de puits donnant une eau très pure. L'eau que fournit un puits provient d'une nappe souterraine, sorte de cuvette plus ou moins grande dans laquelle s'accumulent les infiltrations. La qualité de l'eau de cette nappe dépend donc du terrain dans lequel elle se trouve et surtout du terrain que traversent les infiltrations qui viennent l'alimenter.

On voit d'après ce court exposé des différentes eaux qu'il est impossible de spécifier à l'avance que l'eau de telle ou telle origine est certainement plus pure ou moins pure que l'eau de telle autre origine. Et si la classification que nous venons de donner est celle qui est toujours fournie, elle n'est vraie que d'une façon générale. Aussi, tout industriel soucieux de ses intérêts et de connaître l'eau qu'il emploie doit-il avoir soin d'analyser ou de faire analyser celle dont il compte faire usage, qu'elle soit de source, de rivière ou de puits. Il en connaîtra ainsi tous les éléments, et s'il en existe capables de le gêner dans ses applications il pourra faire usage de certains correctifs appropriés.

C'est en raison de ces nombreuses variétés des eaux que l'industrie les a divisées en deux classes : les *eaux douces* et les *eaux dures*. Les premières renferment peu de principes minéraux dissous, les secondes, au contraire, en renferment des quantités notables. Les eaux dures se divisent elles-mêmes en deux classes. On les dit *calcaires* quand elles contiennent surtout du carbonate de chaux ; on les dit *séléniteuses* quand elles contiennent surtout du sulfate de chaux. Suivant les proportions dans lesquelles figurent ces matières dans l'eau, celle-ci est dite plus ou moins dure, aussi est-il important de pouvoir déterminer le degré de dureté d'une eau, ce qui s'obtient par l'hydrotimétrie.

Bien que l'hydrotimétrie ressorte de méthodes chimiques, elle ne constitue pas l'analyse de l'eau, qui, au sens propre, exige la détermination quantitative de toutes les matières que contient l'eau, aussi bien de l'oxygène et de l'hydrogène, éléments primordiaux, que des gaz, des sels, des acides, etc., qui s'y trouvent dissous. L'hydrotimétrie se borne à déterminer la dureté de l'eau en lui donnant un *degré* dit hydrotimétrique.

C'est au chimiste anglais Clarke que l'on doit
d'avoir posé les principes et créé une méthode
d'hydrotimétrie, perfectionnée plus tard par
les chimistes Boutron et Boudet ; c'est cette
méthode que nous allons décrire, car c'est celle
toujours utilisée en France.

Cette méthode est basée sur ce principe que
le savon dissous dans l'eau pure produit, par
agitation, une mousse abondante et persistante. Si l'eau de dissolution n'est pas pure et
contient les éléments qui la rendent dure,
c'est-à-dire des sels de chaux, de magnésie, ces
derniers se combinent aux acides gras contenus
dans le savon en formant des savons calcaires
insolubles empêchant par suite le savon de
mousser avec l'eau. Plus grande est la quantité
des sels en question dans l'eau, et plus grande
est la quantité de savon qui se trouve décomposé de la sorte.

Ceci nous indique de suite le principe de la
méthode d'essai ; étant donné à essayer une
eau contenant des sels calcaires, si l'on en prend
un volume déterminé et qu'on verse dedans
graduellement une dissolution contenant une
quantité fixe de savon, l'eau décomposera le
savon de cette dernière et, en agitant, il ne se
formera d'abord pas de mousse persistante,
jusqu'à ce que des additions successives de la
dissolution savonneuse aient absorbé toute la
quantité de sels calcaires. A ce moment l'agitation donnera lieu à une mousse abondante et
persistante.

Si l'on prend une autre eau et que l'on opère
de la même façon, on verra qu'il faut plus ou
moins de la dissolution de savon pour obtenir la

mousse persistante. On en conclura que la seconde eau est plus dure ou moins dure que la première. Mais pour rendre tous les essais de ce genre comparables entre eux, il faut les ramener à une sorte d'unité : c'est ce qui constitue l'hydrotimétrie proprement dite que l'on applique suivant les règles ci-dessous.

Il faut d'abord préparer une dissolution titrée de savon, laquelle est faite en dissolvant 50 grammes de savon blanc de Marseille bien sec dans 800 gr. d'alcool à 90°. Pour y arriver, on coupe le savon en petits morceaux que l'on fait dissoudre dans l'alcool légèrement chauffé au bain-marie. La dissolution complète étant effectuée, on la filtre et l'on ajoute à cette liqueur 500 grammes d'eau distillée, ce qui fournit une liqueur représentant un poids total de 1,350 grammes.

On prépare, d'autre part, une liqueur formée en dissolvant 25 centigrammes de chlorure de calcium pur dans un litre d'eau distillée. C'est cette liqueur qui va permettre de titrer la première. Quant au matériel nécessaire, il se compose : 1° d'un flacon (fig. 36) portant des traits gravés en faisant tout le tour et le graduant en 10, 20, 30 et 40 centimètres cubes ; 2° d'une burette dite hydrotimétrique (fig. 37), sur laquelle nous reviendrons un peu plus loin.

La solution du savon, ainsi que nous venons de la préparer, doit être telle que 40 centimètres cubes de chlorure de calcium nécessitent, pour la formation de la mousse, 23 divisions de la burette graduée, remplie de la solution de savon.

Si par exemple, les 40 centimètres cubes de

la solution de chlorure de calcium nécessitaient seulement 20 centimètres cubes de la solution savonneuse, il faudra étendre cette solution de $\dfrac{23 - 20}{20}$, soit de $\dfrac{3}{20}$ son volume d'eau ; c'est-à-dire que si V représente son volume, le nombre de centimètres cubes d'eau à ajouter sera de $\dfrac{3\,V.}{20}$ C'est d'ailleurs pour cette raison que l'on recommande souvent d'augmenter légèrement la dose de savon lorsqu'on fait la solution savonneuse, car il est toujours plus facile d'ajouter un peu d'eau pour diluer la solution que de lui ajouter une nouvelle quantité de savon.

Tout ceci étant préparé, on a bien une solution savonneuse dont il faut 23 divisions de la burette pour que 40 centimètres cubes de la solution de chlorure de calcium donne lieu à la formation de la mousse, et l'on peut alors trouver le degré hydrotimétrique d'une eau quelconque en opérant comme suit :

1° Dans le flacon (fig. 36), on verse 40 centimètres cubes de l'eau à essayer, c'est-à-dire jusqu'au trait supérieur de la graduation. Puis la burette hydrotimétrique (fig. 37) est remplie de la solution savonneuse jusqu'au dernier trait supérieur. Cette burette a une capacité d'environ 6 centimètres cubes, comme l'indiquent les divisions inscrites sur une des faces de la burette. Outre ces divisions, elle porte sur la partie postérieure une graduation allant de 0, en haut, jusqu'à 50 en bas. Les zéros des deux échelles dont nous venons de parler, et

Tanneur.   11

dont la dernière seule est visible sur notre dessin, ne coïncident pas; le zéro de cette dernière échelle se trouve à peu près en face du second trait de l'échelle invisible, et le volume compris entre les deux zéros est le volume de savon qu'il faudrait ajouter à une eau exempte

Fig. 36.
Flacon gradué pour
essais hydrotimétriques.

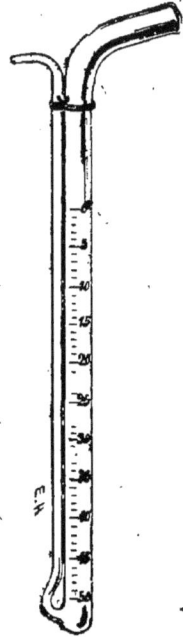

Fig. 37.
Burette graduée pour
essais hydrotimétriques.

de chaux et de magnésie pour produire la mousse persistante.

La burette pleine jusqu'au zéro, comme nous venons de le dire, on en verse le contenu, goutte à goutte, dans les 40 centimètres cubes de l'eau à essayer contenue dans le flacon. De temps en temps on bouche ce dernier et l'on agite vivement ; s'il ne se forme pas de mousse, on 'agite encore, et l'on opère toujours de la même façon jusqu'à formation de mousse persistante.

En général, lorsqu'on ne possède aucune indication sur la richesse en calcaire de l'eau à essayer, on a toutes les chances de dépasser plus ou moins fortement la quantité réelle de la burette nécessaire pour l'obtention de la mousse persistante ; aussi ne faut-il jamais se fier à un seul essai. On recommence donc l'opération dont on abrège la durée, en mettant de suite dans les 40 centimètres d'eau du flacon, le nombre des divisions de la burette qui, dans l'essai précédent, n'avait pas permis d'obtenir la mousse persistante. Le nombre de l'échelle graduée, vue sur la figure 37, où s'arrête le niveau de ce qui reste de solution savonneuse dans la burette, indique le degré hydrotimétrique à l'essai.

Si dans l'essai conduit comme il vient d'être dit, le degré hydrotimétrique est égal ou supérieur à 30, il est bon de recommencer en n'opérant que sur 30, 20 ou même 10 centimètres cubes de l'eau à essayer ; c'est pourquoi le flacon comporte ces graduations. Il est à remarquer en effet que, lorsque le degré hydrotimétrique s'élève, le dépôt qui se produit devient lui-même plus volumineux et ne permet pas de distinguer le point exact de la formation de la mousse persistante. Mais en prenant un volume moindre de l'eau à essayer, on le ramène à 40 centimètres cubes par une addition d'eau distillée. Ce qui fait que pour le

même volume d'eau, on peut diminuer notablement le volume du dépôt : mais alors il faut
tenir compte de la nouvelle eau sur laquelle on
opère. Un exemple nous fera mieux comprendre.

Mis en présence d'une eau très chargée en
calcaire, nous n'en mettons que 10 centimètres
cubes dans le flacon et complétons le volume de
40 centimètres cubes avec de l'eau distillée,
puis nous opérons comme il a été expliqué. Si
nous trouvons 9 comme degré hydrotimétrique
ce degré ne s'adressant qu'à l'eau formant le
quart du volume essayé, son degré hydrotimétrique réel est de 9 × 4 ou 36. De même, si
nous avions mis 20 centimètres cubes de l'eau à
essayer et complété le volume par de l'eau distillée, le degré hydrotimétrique réel eût été du
double de celui trouvé par les divisions de la
burette.

On voit que la détermination du degré hydrotimétrique d'une eau, et par suite la mesure de
sa dureté, est une opération très facile à faire, et
qu'il n'est point besoin d'être un consommé
manipulateur en chimie pour la mener à bien
avec un peu de pratique ; c'est pourquoi nous
avons tenu à l'indiquer ici pour permettre à
tout industriel de se rendre compte de la qualité de l'eau dont il fait usage.

Mais si l'hydrotimétrie nous permet de déterminer le degré de dureté d'une eau, encore
faut-il connaître à quel degré hydrotimétrique
appartient une eau douce ou dure. Ici, ce n'est
plus de la précision que nous pouvons apporter,
mais au moins un renseignement pouvant servir
de guide.

D'une façon générale, on compte comme eau

douce toute eau dont le degré hydrotimétrique ne dépasse pas 20 ; les eaux dures sont
celles qui présentent un degré supérieur à 20.
Cependant, cette délimitation entre ces deux
classes d'eau est insuffisante, et nous signalons
volontiers la classification proposée par Seelig-
mann, qui est un peu plus étendue et qui donne
en outre quelques propriétés d'ordre pratique
des eaux, suivant leur degré hydrotimétrique.
D'après ce savant, on peut établir trois classes,
à savoir :

1º Eaux dont le degré hydrotimétrique ne dépasse pas 30 ; eaux excellentes pour la boisson,
le blanchissage et cuisant bien les légumes ;

2º Eaux dont le degré hydrotimétrique est
compris entre 30 et 60 ; impropres au savon-
nage, cuisant mal les légumes, moins bonnes à
la santé et ne pouvant pas être appropriées à
beaucoup d'usages industriels ;

3º Eaux dont le degré hydrotimétrique dépasse 60 ; impropres aux usages domestiques et
industriels.

Connaissant les différentes natures de l'eau
que l'on trouve couramment dans l'industrie,
voyons comment elles se comportent dans les
différentes opérations de la tannerie.

Dans le *reverdissage* des peaux fraîches, on
peut employer indifféremment l'eau douce ou
dure, car nous savons que cette opération n'a
pour effet que de nettoyer superficiellement la
peau pour en enlever toutes les impuretés grossières ; de plus, comme le trempage des peaux,
dans ce cas, n'a qu'une faible durée, si même
l'eau, par sa nature, pouvait influencer la
peau, elle n'en aurait pas le temps.

Dans le reverdissage des peaux séchées, l'influence de l'eau est de beaucoup plus sérieuse ; ici, en effet, la nature de la peau est modifiée et son trempage, pour la gonfler, a pour effet de ramener à l'état primitif les parties fibreuses et même d'en dissoudre certaines portions ; or, la présence dans l'eau de sels alcalins, alcalino-terreux et des chlorures ne peut qu'être favorable et hâter l'opération ; aussi les eaux dures conviennent-elles mieux, précisément par la présence de ces produits auxiliaires.

Dans la *purge de chaux*, ce sont au contraire les eaux douces qui sont les meilleures, et cela se comprend ; en effet, l'eau dure contient différents sels, et la chaux qui se trouve dans la peau donne naissance à des produits insolubles qui se logent à demeure pour ainsi dire dans le tissu de la peau, et dont il devient très difficile, sinon impossible, de se débarrasser et le tannage en souffre, donnant de mauvais produits et une perte notable de la matière tannante.

Dans le *tannage aux extraits*, tout ce que nous venons de dire au sujet des opérations préparatoires reste vrai, mais la solution des extraits, qui exige beaucoup d'eau, doit être faite avec une eau aussi douce que possible, et nous dirons plus, avec une eau aussi pure que possible. Plus l'eau employée est dure, plus grande est la perte en matière tannante. Il sera *donc* très bon, dans le tannage aux extraits, soit de prendre de l'eau de condensation, qui est en somme de l'eau distillée, soit de l'eau de pluie pour faire les bains.

Dans le *tannage au chrome*, l'influence de la qualité de l'eau est à peu près sans importance, en ce qui concerne l'opération de tannage bien entendu, car pour toutes les opérations préparatoires des peaux, nous maintenons tout ce que nous avons dit plus haut. Il est bon d'ajouter cependant, que moins une eau sera dure, meilleure elle se présentera pour le tannage au chrome. Dans ce cas, c'est surtout la chaux qui est gênante, parce qu'elle peut réagir sur l'acide chromique et de ce fait en absorber une partie pour former du chromate de chaux ; cependant, comme le bain est toujours aiguisé par une certaine quantité d'acide chlorhydrique, la chaux de l'eau se transforme de préférence en chlorure de calcium, qui reste dissous dans le bain, mélangé au chlorure de potassium. Il faudrait la présence d'une quantité relativement forte de chaux pour qu'elle devienne une gêne sérieuse, et on se trouverait alors en présence d'une eau particulièrement dure.

III. PURIFICATION, CORRECTION, ÉPURATION DES EAUX

Ce que nous venons de dire des eaux et de leur emploi en tannerie, montre que si les eaux douces comme les eaux dures peuvent être utilisées, il n'en est pas moins vrai que les eaux douces sont, sans conteste, les meilleures. C'est d'ailleurs à cette question de qualité de l'eau que, il n'y a pas encore très longtemps, on attribuait les qualités des cuirs de telles ou telles régions, et nous pouvons ajouter qu'à l'époque dont nous parlons, et qui ne remonte qu'à une quarantaine d'années, une tannerie ne se serait pas installée n'importe où, et recherchait avant tout de pouvoir disposer d'une bonne eau. Nous aurions tort de blâmer cette conduite qui, en résumé, se basait sur l'expérience et qui était parfaitement rationnelle, attendu qu'avec une bonne eau douce, toutes les opérations de tannerie s'effectuent dans de bonnes conditions.

Mais de nos jours, toute industrie qui se fonde, ne peut pas s'implanter dans une contrée uniquement parce qu'elle y trouve une seule des ressources dont elle a besoin, fût-elle la principale, il faut encore qu'elle choisisse l'endroit qui la tienne proche des marchés sur lesquels elle dirigera ses produits finis, qui lui offre la meilleure main-d'œuvre au prix le moins élevé, qui lui assure des moyens de transports rapides et économiques, etc., et la tannerie n'échappant pas à cette règle, ne peut plus se fixer uniquement là où elle trouve la meilleure eau lui convenant. Aussi, lorsque celle-ci n'est pas précisément bonne, peut-elle y remédier ? La question, heureusement, se résout par l'affirmative et toute eau, même dure, peut s'approprier à la tannerie par l'emploi de moyens spéciaux.

Les eaux destinées à l'industrie peuvent être purifiées, corrigées ou épurées.

Sous le nom de purification, nous voulons désigner la mise à l'état propre d'une eau qui, pour être douce de sa nature, n'est que souillée d'impuretés insolubles ; ainsi, une eau douce et bonne pour la tannerie par conséquent, peut être bourbeuse. On la purifiera alors par un dépôt plus ou moins long dans des réservoirs appropriés, on pourra même la filtrer, car il existe bon nombre de filtres destinés à cet effet et dont on voit figurer les modèles les plus variés dans les établissements industriels de la plus grande importance.

On peut encore corriger l'eau, en tannerie surtout. Ainsi une eau d'un degré hydrotimétrique trop élevé, peut être ramenée à un degré qui la range dans la classe des eaux douces par un mélange, dans des proportions déterminées, soit avec une eau de source particulièrement douce, soit avec de l'eau de pluie recueillie et débarrassée de ses impuretés solides par le repos et la filtration.

Enfin, il y a l'épuration, épuration industrielle opérant sur de grands volumes, qui peut s'appliquer à n'importe quelle eau et la rendre propre aux services spéciaux qu'on en réclame. Nous nous arrêterons un peu plus longtemps sur cette question en raison de son importance toute particulière pour l'industrie en général et pour la tannerie en particulier.

Pour faire l'épuration rationnelle de l'eau, il faut avant tout en connaître la composition exacte, ce qui nécessite d'en faire l'analyse. Cette dernière décèle les produits étrangers qu'elle renferme, produits dont les uns peuvent être nuisibles pour l'emploi auquel on destine l'eau, et les autres au contraire inoffensifs ; il n'y a donc qu'à se préoccuper d'éliminer les premiers, et par conséquent de soumettre l'eau à l'action de réactifs chimiques appropriés.

Dans ce qui va suivre nous ne nous occuperons que de l'épuration en vue de la tannerie. Un tanneur ayant à sa disposition une eau naturelle quelconque en prendra facilement le degré hydrotimétrique par la méthode que nous avons donné ; si ce degré lui montre que l'eau à laquelle il a affaire est dure, il devra en faire l'analyse et saura ainsi que, comme dans la plupart des cas, elle contient de l'acide carbonique libre ou à demi combiné, des sels de chaux (carbonate et sulfate) des sels de magnésie. Ce sont là ses seuls ennemis, c'est donc de ces produits contenus dans son eau qu'il doit se débarrasser.

Le moyen d'y parvenir, chimiquement parlant, n'est pas très compliqué : en effet, en traitant cette eau par du lait de chaux il fixera l'acide carbonique libre et à demi combiné, à l'état de carbonate de chaux insoluble qui se précipitera ; quant aux sels de chaux et de magnésie, en traitant la même eau par du carbonate de soude, il les transformera en carbonates, eux aussi insolubles et qui précipiteront. Il suffira, ces précipitations étant obtenues, de laisser l'eau déposer et de n'employer que la partie claire au-dessus du dépôt. Tel est le principe de l'épuration.

Cependant, dans la pratique, les choses ne vont pas aussi facilement, car on ne saurait mettre le lait de chaux en quantité quelconque sans risquer de rendre l'eau encore plus dure, de même on ne pourrait mettre impunément trop de carbonate de soude qui rendrait l'eau alcaline. Voici donc comment on procède au point de vue chimique : l'analyse ayant fourni la teneur de l'eau en acide carbonique libre ou à demi combiné, elle permet de fixer la quantité de lait de chaux juste nécessaire à l'éliminer ; de même l'analyse ayant déterminé les quantités de sels de chaux et de magnésie, elle fournit la quantité de carbonate de soude exacte qu'il faut employer. Ceci est de la chimie pure, mais puisque nous avons supposé que l'industriel avait fait faire l'analyse de son eau, l'analyse lui fournira par la même occasion les quantités de lait de chaux et de carbonate de soude à employer pour épurer cette eau.

Quant au mode opératoire il est on ne peut plus simple comme matériel et comme manipulation. Comme matériel il suffit d'avoir une cuve, en bois ou en fer, ou une citerne en ciment de la contenance du volume d'eau à épurer et au-dessus un récipient suffisamment grand pour contenir la dose de lait de chaux et de carbonate de soude nécessaire à épurer ledit volume d'eau. Le réservoir étant plein d'eau à épurer et le récipient contenant la dose des réactifs, on verse le contenu de ce dernier dans le premier, on agite et on laisse déposer. Quand le dépôt est bien massé dans le fond, et l'eau très claire au-dessus, il suffit de prendre cette dernière pour les besoins du travail, en ayant soin de ne pas troubler le dépôt. Quand le réservoir a fourni toute l'eau qu'on en a pu tirer, on jette le dépôt et l'on recommence.

C'est là le dispositif le plus rudimentaire et que tout le monde peut installer sans grands frais. Il est bon d'ajouter pourtant que le dépôt est assez long à se produire avant de laisser l'eau bien claire dessus. Aussi quand on a besoin de beaucoup d'eau est-il bon d'avoir ce même dispositif en double ou en triple ; pendant qu'on utilise l'eau claire fournie par le premier les deux autres déposent, puis le premier épuisé, on refait de suite une épuration et pendant que l'on utilise l'eau du second, le troisième et le premier ont le temps de déposer et ainsi de suite.

Enfin ce dispositif a été très perfectionné par les épurateurs automatiques, très répandus de nos jours dans toutes les industries. Le cadre trop restreint de cet ouvrage nous empêche de les passer en revue, mais voici les appareils les plus avantageusement connus : épurateurs Gallet et Huet, Maignen, Desrumeaux, Dervaux, Marie Davy. Tous ces appareils font l'épuration par la méthode donnée ci-dessus, mais sont conçus de telle sorte que l'eau dure arrivant à une extrémité de l'appareil s'y trouve mise en contact avec les réactifs en dose voulue ; ainsi traitée elle suit un parcours plus ou moins long, plus ou moins contrarié qui facilite le dépôt des matières et sort enfin claire et prête à servir à l'extrémité opposée de l'appareil.

Les épurateurs automatiques d'eau sont devenus des auxiliaires très utiles dans presque toutes les industries ; quand on a fait choix d'un de ces appareils il suffit de fournir au constructeur un échantillon de l'eau à épurer et celui-ci, après analyse et en fournissant l'appareil, indique les doses exactes de réactifs à employer pour une production déterminée d'eau épurée par jour ou par heure, et l'appareil une fois monté fonctionne seul et sans surveillance.

On peut donc dire que même en possession d'une eau impropre aux diverses opérations de la tannerie, cette industrie possède, de nos jours, des moyens faciles et économiques de purifier cette eau et de la rendre absolument bonne à tous les usages qu'on en veut faire. Nous disons moyens faciles, puisque les appareils qui servent à leur application fonctionnent très bien et automatiquement ; moyens économiques, car les épurations les plus coûteuses ne grèvent le prix de l'eau que de quelques centimes le mètre cube.

Bien que nous n'ayons parlé de l'épuration de l'eau qu'au point de vue de la tannerie seule, nous ne pouvons point passer sous silence que les mêmes épurateurs, dont nous avons signalé les noms, servent également pour épurer l'eau destinée à l'alimentation des chaudières à vapeur. Grâce à l'introduction de ces appareils dans l'industrie, celle-ci réalise de fortes économies de combustible en diminuant les causes d'inscrutations dans les chaudières, causes uniquement dues à la nature de l'eau et qui, si elles n'ont pas pu être complètement supprimées, se trouvent, grâce à l'épuration préalable de l'eau d'alimentation, considérablement atténuées.

IV. UTILISATION DES DÉCHETS DE TANNERIE

Comme toutes les industries, la tannerie, dans le traitement de ses produits, se trouve en présence de déchets, dont il est bon de connaître la valeur et surtout l'application possible afin de ne pas les jeter purement et simplement, mais d'en tirer le meilleur parti possible. Il est reconnu en effet que l'industrie la plus florissante est celle dans laquelle tout ce qu'elle fabrique : produits, sous-produits et déchets, est utilisé.

Les principaux déchets de la tannerie sont : la *carnasse*, la *bourre* ou *poil*, le *crin*, les *cornes*, la *tannée*, les *rognures* de cuir tanné, et enfin la *chaux*. Nous ne dirons de ces divers produits que les usages auxquels ils peuvent servir, en indiquant jusqu'à quel point le tanneur, sans sortir du cadre de son industrie, peut préparer ces déchets de façon à en accroître la valeur, mais nous laisserons sous silence le mode de traitement de ces matières pour en tirer des produits marchands. C'est d'ailleurs la spécialité de certaines industries souvent très différentes les unes des autres et ce serait complètement sortir de notre cadre que de vouloir même en effleurer le sujet.

Carnasse

On désigne sous le nom de *carnasse* les débris d'écharnage des différentes sortes de peaux. On range encore sous cette dénomination les rognures des pattes, les queues, les parties de têtes, en un mot tout ce que l'on *supprime* d'une peau fraîche ou en tripe avant de la préparer en vue du tannage. La carnasse trouve son écoulement dans les fabriques de gélatine ou mieux de colles de peaux. Mais comme ces dernières matières possèdent des

qualités différentes suivant les produits qui
ont servi à les fabriquer, il faut que le tanneur
sache aussi que la carnasse dont il est produc-
teur possède plusieurs qualités, et par conséquent puisse la classifier pour lui affecter le
prix de vente qu'elle mérite.

La carnasse la plus appréciée est celle provenant de la peau de veau, et particulièrement la
tête ; vient ensuite la carnasse de mouton, de
bœuf, vache, taureau, et enfin celle de cheval.
Tel est l'ordre dans lequel le tanneur devra
classer cette sorte de déchet, et par suite
l'ordre du prix qu'il devra le vendre. Il est
bien entendu que dans ce classement, tout à
fait général, l'industriel peut encore faire des
sous-classements si l'importance des lots le
lui permet. C'est ainsi qu'en ce qui concerne le
veau, il peut faire une première classe de la
tête seule des peaux, et une seconde classe
à l'aide des différentes coupures. Dans les
autres peaux, il peut aussi catégoriser la carnasse : les peaux de vaches jeunes tiennent,
quant à la carnasse, un rang à peu près intermédiaire entre celle de veaux et de bœufs ;
enfin, il peut être appelé à faire d'autres classe-
ments encore, suivant le genre de sa clientèle.

Ainsi que nous l'avons dit, la carnasse constitue la matière première pour la fabrication
de la colle, dite colle de peau ; la meilleure
qualité de cette dernière se fait exclusivement
avec la carnasse de veau ; celle du bœuf, du
mouton et autres, sert à faire la colle plus ordinaire, et enfin la carnasse de cheval n'est
bonne qu'à la fabrication des colles de qualités
inférieures.

Suivant la sorte de carnasse que produit le tanneur, il sait, par ce que nous venons de dire, à quelle clientèle il doit s'adresser pour la vendre.

Lorsque la tannerie est voisine de fabriques de colle, elle peut leur livrer la carnasse à l'état frais au fur et à mesure qu'elle la produit; mais, et c'est le cas le plus général, lorsque la tannerie doit expédier ce genre de déchet un peu loin, elle est obligée de l'emmagasiner et de ne l'expédier que quand elle en a un chargement d'une certaine importance. Or, comme cette matière est très prompte à se putréfier, il faut la mettre à l'abri de cet accident. Pour y arriver, la carnasse est conservée dans de vieux pelains, puis séchée et expédiée en ce dernier état. Souvent même, on peut se contenter de faire sécher de suite la carnasse par des moyens appropriés, de manière à éviter sa putréfaction et à la conserver pour en former des lots d'une certaine importance.

Bourre ou poil

On désigne sous le nom général de bourre, les poils provenant de l'épilage des *peaux de* bœufs, de veaux, de vaches, de taureaux, etc.; ce déchet de tannerie trouve son utilisation dans plusieurs industries différentes, telles que fabriques de tapis, fabriques de feutres; il peut encore servir en filasse de laine ou de crin dans la fabrication des meubles et de literie à bon marché. Ce sont là les débouchés que peuvent trouver les tanneurs, mais encore faut-il que ces produits soient à l'état voulu, c'est-à-dire débarrassés de la chaux qu'ils peuvent contenir, ainsi que de toutes les impuretés. Pour cela, il faut que la bourre soit bien lavée, ce qui se fait dans des cuves spéciales munies de palettes qui brassent bien la matière dans l'eau. Plus simplement encore, on peut faire ce lavage dans des paniers, l'eau salie s'écoulant au dehors tandis que la bourre reste à l'intérieur. Celle-ci, convenablement nettoyée par le lavage, est séchée, d'abord par un essorage puis par la chaleur ; il existe même, pour cette opération, des essoreuses spéciales qui font l'essorage à chaud.

Ici encore, le tanneur peut catégoriser les bourres. Les plus fines, les plus soyeuses, telles que celles qui proviennent des peaux de veaux, sont plus recherchées par les fabricants de feutres ; les plus rudes, les plus longues, conviendront mieux aux fabriques de tapis.

Le crin

Le crin, qui provient exclusivement de la peau de cheval, est une matière d'une certaine valeur, et le plus long, celui qui forme la queue et la crinière de l'animal, est très apprécié ; Mais c'est là une partie de la peau qui n'arrive jamais chez le tanneur, car elle est enlevée à l'abatage même de l'animal. Il ne reste donc que le poil qui, pour être loin d'avoir la valeur du crin dont nous venons de parler, est assez recherché pour faire précisément, sinon l'imitation du crin long, du moins un succédané à bon compte. Il importe donc au tanneur de le traiter aussi bien que possible, ce qui consiste à le nettoyer comme nous l'avons dit pour la bourre ordinaire et à en rechercher les débouchés auprès des spécialistes.

Cornes

Nous pouvons dire des cornes ce que nous avons dit du crin, à savoir que les cornes entières des gros animaux n'arrivent pas chez le tanneur avec les peaux. Elles en sont enlevées après l'abatage et mises de côté pour être vendues principalement à la tabletterie qui en confectionne les objets les plus divers. Les cornes, traitées d'une façon spéciale, servent aussi à confectionner l'imitation de baleine, qui trouve sa place dans les corsets et corsages des dames.

Comme cornes, le tanneur ne trouve guère dans les peaux qui lui sont remises, que les quantités relativement faibles produites par les onglons et les extrémités des pattes. Ce genre de déchet de la tannerie n'est utilisé qu'à la fabrication des engrais : toutes ces parties cornées sont d'abord torréfiées puis, par la mouture, réduites en poudre fine, ce qui les rend plus assimilables par le sol. L'engrais produit par la corne est très riche en azote et par cela même très apprécié, mais sa valeur est déterminée précisément par sa teneur en azote. Il importe donc au tanneur soucieux de faire apprécier ce déchet de le tenir aussi débarrassé que possible de toutes les matières inertes : terre, sable, chaux, etc., de manière que sous le poids le plus réduit cette matière présente la teneur en azote la plus élevée.

La tannée

La tannée forme assurément le déchet le plus encombrant des tanneries travaillant à l'écorce de chêne. Dans les temps déjà anciens de cette industrie, le seul usage qu'on pouvait faire de la tannée consistait à la transformer en une sorte d'aggloméré appelé *motte*. A cet état la tannée servait au chauffage et, comme ce chauffage était assez précaire, on l'appela longtemps le chauffage du pauvre.

Pour faire les mottes, la tannée ayant servi était mise en tas et une grande partie de l'eau qu'elle contenait s'écoulait ainsi naturellement, puis, quand elle était très humide encore, on en faisait des mottes. Le moyen le plus rudimentaire consistait à avoir un moule en fer composé généralement d'un cercle dans lequel on foulait la tannée à l'aide des pieds, puis on démoulait et on portait ce petit aggloméré encore très humide au séchoir, lequel se composait simplement d'un hangar ouvert à tous vents, comportant des rayons sur lesquels étaient posées, de champ, les mottes, légèrement inclinées les unes sur les autres, pour laisser un libre passage à l'air. Au bout de quelques mois, la dessication était assez grande pour que lesdites mottes puissent brûler.

Si nous avons employé l'imparfait dans tout ce qui précède, c'est que nous voulons parler d'une époque assez lointaine à laquelle on ne connaissait pour la tannée que l'utilisation dont nous venons de parler. Si de nos jours cette utilisation n'a pas totalement disparu, du moins s'est-elle énormément diminuée. Néanmoins nous avons pu voir, il y a peu d'années encore, des villages de Normandie, entre autres, où la présence de quelques petites' tanneries donnait lieu à une assez grande quantité de tannée pour que tous les habitants ne se servissent que de mottes pour leur chauffage, voire même pour la préparation des aliments.

Avec le développement des tanneries les quantités de tannée produite se sont souvent fortement accrues et la fabrication, comme l'usage' des mottes, n'aurait certainement pas trouvé une consommation suffisante pour faire disparaître tout cet énorme déchet. C'est alors que ces établissements possédant, grâce à leur importance, une chaudière à vapeur, ont cherché et sont arrivés à utiliser la tannée dans ces foyers.

La tannée, comme nous l'avons dit, contient énormément d'eau et pour servir de combustible, doit être séchée. Pour y arriver rapidement, la tannée ayant subi un égouttage en tas ainsi que nous l'avons indiqué plus haut, est soumise à l'action d'une machine spéciale dont nous donnons une vue d'ensemble figure 38 ; elle comporte comme parties essentielles trois cylindres entre lesquels passe la tannée mouillée que l'on a versée dans la trémie a ; l'eau est évacuée par une sortie en c tandis que la tannée pressée entre les cylindres et débarrassée d'une grande partie de son eau, tombe suivant le plan incliné b. La tannée sortant de cet appareil contient encore 40 0/0 d'eau, mais déjà à cet état elle peut brûler dans les foyers de chaudières à vapeur. Si la machine débite assez et que l'on dispose d'assez de place, on peut prendre la tannée ainsi essorée et l'étaler sous une petite épaisseur dans des endroits couverts tels que hangars ou ateliers dans

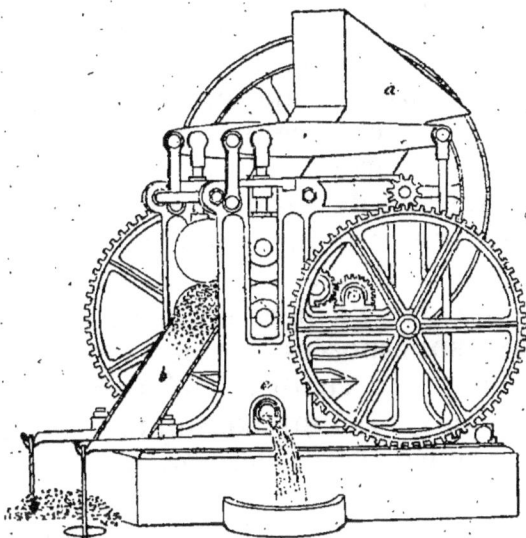

FIG. 38. — Presse à tannée.

lesquels elle perd encore une partie de l'eau qu'elle renferme et se trouve dans de meilleures conditions pour la combustion.

On se sert aussi de pressés très fortes pour extraire l'eau de la tannée, mais nous ne pensons pas que celles-ci soient plus efficaces que la machine dont nous venons de parler. Du reste, quel que soit le procédé employé pour enlever l'eau de la tannée, il est toujours bon de faire suivre son application par une exposition à l'air ; si cette dernière est faite dans de bonnes conditions, on peut facilement réduire à 20 0/0 du poids total, celui de l'eau contenue. A cet état, la tannée devient un combustible industriel parfaitement utilisable, car elle peut fournir par kilogramme brûlé une puissance d'environ un dixième de cheval-heure, ce qui revient à dire en chiffres ronds que pour une machine de petite force, 12 à 15 chevaux, la tannée vaut environ le cinquième de la houille.

La tannée soit séchée comme nous venons de le dire, soit transformée en mottes, sert également au chauffage des ateliers de la tannerie, dans lesquels on emploie alors des poêles en fonte, du genre dit poêle de corps de garde et qui offrent un peu l'aspect de deux marmites tronconiques superposées par leur ouverture. Dans ces poêles, le cendrier est très volumineux car outre qu'il faut consommer un gros volume de tannée, cette dernière contient au moins 10 0/0 de cendres.

Si la tannée peut être utilisée dans le chauffage des chaudières à vapeur ordinaires, c'est à la condition d'alimenter souvent le foyer ; aussi, lorsque l'on établit un de ces appareils avec la prévision d'en faire le chauffage par la tannée, est-il bon de le munir d'un foyer beaucoup plus grand que s'il s'agissait de l'alimenter à la houille.

Rognures de cuir tanné

Lorsque la peau a été tannée, il faut encore la parer, c'est-à-dire lui enlever toutes les petites parties déchiquetées qui se présentent toujours, même dans un travail bien conduit. Toutes

ces rognures peuvent encore recevoir une utilisation ; les plus grandes peuvent être vendues
dans certaines industries obligées d'utiliser le
cuir sous des volumes très réduits ; mais
généralement, toutes ces rognures s'en vont aux
fabriques d'engrais. Elles sont torréfiées par
des procédés analogues à ceux mis en œuvre
pour traiter la corne, puis elles sont moulues.
Il est rare aujourd'hui que l'on utilise le cuir à
cet état comme engrais, car on lui reproche
d'être difficilement assimilable en raison du
tanin qu'il renferme ; par contre, il sert beaucoup comme mélange au superphosphate.

Jadis ces rognures étaient très recherchées
par les usines métallurgiques qui faisaient
l'*acier cémenté* ; mais de nos jours les progrès
accomplis par la métallurgie lui ont fait
abandonner tous les vieux procédés empiriques,
et les déchets de cuir ne pénètrent plus dans les
aciéries.

TROISIÈME PARTIE

CHAPITRE XI
Corroyage

I. OBJET DE LA CORROIERIE

Si l'on prend le verbe français *corroyer* dans
son acception tout à fait générale, il exprime
l'idée d'un travail auquel est soumise une
matière après qu'elle a été produite à l'état de
matière première. Ainsi l'on dit corroyer du
bois, de l'opération qui consiste à dégrossir
extérieurement un tronc abattu ; corroyer du
fer c'est le battre à chaud pour lui donner une
forme définie, ou le souder à lui-même ; on
emploie encore le mot de corroyer dans la
préparation de certains mortiers, etc. ; en un
mot corroyer signifie retravailler une matière.
C'est le même sens qu'il faut lui attribuer
quand il s'agit du cuir et son corroyage *consiste*,
partant du cuir tanné par l'un des procédés
indiqués au tannage, à lui faire subir un nouveau travail destiné à l'approprier à certains
usages déterminés tels que ceux qu'en réclament la cordonnerie, la sellerie, la bourrellerie,
etc. Il est cependant utile d'ajouter que le mot

corroyage s'applique surtout à l'industrie du cuir et que si on le prononce seul c'est de cet objet qu'on entend parler, tandis que pour tous les autres corroyages il faut, pour les distinguer, ajouter le nom de la matière. Ainsi on dira *corroyage du bois, corroyage du fer*, etc., pour bien distinguer du corroyage seul qui ne s'applique qu'au cuir.

Le corroyeur s'occupe presque exclusivement des *cuirs à œuvre*. Anciennement, il ne travaillait que les peaux de vache, de petit bœuf, de veau, de chèvre et de mouton, et abandonnait celles de cheval et de mulet aux hongroyeurs. Aujourd'hui, il travaille également ces dernières, et, quand elles sortent de ses mains, elles reçoivent diverses applications, telles que la confection des empeignes, des tiges de bottes, etc., qui appartenaient autrefois aux peaux de chèvre et de mouton. Nous devons encore faire observer que les anciens corroyeurs appelaient *vaches*, non seulement les peaux de vaches proprement dites, mais encore celles de petits bœufs qui ne pouvaient être employées pour faire du cuir fort, tandis que ceux d'aujourd'hui donnent le nom de *bœuf à œuvre* ou *bœuf étiré* au baudrier de bœuf et réservent celui de *vache* au baudrier provenant réellement de peaux de vaches, et qui est aussi du baudrier.

Les produits de l'art du corroyeur reçoivent un grand nombre de dénominations particulières, suivant la manière dont ils ont été travaillés, laquelle est toujours en rapport avec l'emploi auquel ils sont destinés. Ainsi, on distingue les *cuirs étirés*, les *cuirs lissés*, les *vaches en suif et à grain*, les *vaches à l'eau*, les *vaches en huile*, les *vaches en cire*, les *vaches d'Angleterre*, les *vaches grasses*, les *vaches rouges*, les *veaux en huile*, les *veaux en suif*, les *veaux cirés*, les *veaux grenés*, etc.

Avant d'aller plus loin, nous ferons observer qu'il existe différentes méthodes de travailler les vaches. Dans certaines fabriques, on les laisse entières. Dans d'autres, on les coupe en deux bandes. Dans d'autres encore, on en retranche la *pointe* ou tête et les *ventres*. Par ce dernier moyen, la peau est plus carrée, et forme ce qu'on appelle des *croupons*.

Ces croupons sont naturellement la partie la plus forte du cuir, tandis que les autres parties, telles que la *dépouille*, c'est-à-dire la pointe et les ventres, en sont la plus faible. La *culée*, qui est ce qu'il y a de plus solide, reste dans le croupon.

II. OPÉRATIONS DE LA CORROIERIE

Les principales opérations du corroyeur sont au nombre de six, savoir :

1º Le *défonçage* ou *foulage*, précédé du *trempage* ;
2º Le *butage* ;
3º Le *drayage* ou *dolage* ;
4º Le *paumelage* ou *margueritage*, comprenant le *rebroussage* et le *crépinage* ;
5º L'*étirage* ou *mise au vent* ;
6º Le *parage*.

Toutes ces opérations n'ont pas lieu, pour

toutes les sortes de cuirs, dans l'ordre où nous venons de les énumérer ; elles peuvent s'effectuer toutes par un travail manuel, ce qui est d'ailleurs la méthode la plus ancienne, mais encore en usage, surtout dans les établissements de peu d'importance ; elles peuvent également s'effectuer à l'aide de machines diverses qui rendent le travail à la main moins pénible, moins long et moins coûteux. Dans ce qui va suivre, nous décrirons le premier moyen et le ferons immédiatement suivre du second.

Défonçage ou foulage

Défoncer ou *fouler* un cuir, c'est le ramollir. A cet effet, après avoir retranché les *onglets*, ou parties voisines des pattes de derrière, la queue, les brognes ou mamelles, et les *châtaignes* ou front, ce qu'on appelle *échantillonner*, on le *met en trempe*, c'est-à-dire qu'on le fait tremper dans un baquet plein d'eau.

Au lieu de cette immersion, on se contentait autrefois d'arroser le cuir avec un balai trempé dans le liquide, ce qu'on nommait *mettre en humeur* ; mais cette manière de procéder est abandonnée depuis longtemps, parce qu'on a reconnu qu'elle ne vaut pas celle qu'on emploie aujourd'hui.

Quand la peau est bien humectée, l'ouvrier la place par terre, dans un endroit propre, ou mieux sur une *claie*, et il la foule aux pieds jusqu'à ce que l'eau, ayant pénétré exactement dans toutes ses parties, elle soit devenue maniable. Notre dessin (fig. 39) représente un ouvrier accomplissant ce travail.

Les claies, dont nous donnons la forme fig. 40, peuvent être faites de deux manières différentes :

Les premières se composent de deux forts liteaux de 54 millimètres en carré, et de 1 mètre

FIG. 39. — Défonçage ou foulage au pied.

de longueur. On pratique sept à huit trous, également espacés, dans chacun de ces liteaux, dans lesquels on introduit sept à huit forts

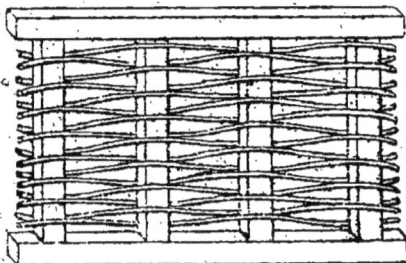

FIG. 40. — Claie à fouler au pied.

bâtons qui les tiennent écartés à la distance de 1 mètre. Entre ces bâtons, on entrelace de fortes baguettes de bois, à l'instar des corbeilles.

Les claies de la seconde espèce sont formées
par seize forts liteaux, dont huit sont placés
dessous à égales distances, et huit autres
dessus, tous entaillés à mi-bois et chevillés
entre eux. Ces liteaux présentent huit rangées
de lignes parallèles, croisées à angles droits par
huit autres rangées de lignes également parallèles, laissant entre elles des
vides d'environ 8 centimètres en carré.

Pour *défoncer* ou fouler
les cuirs, on se sert de gros
souliers, nommés *escarpins
de boutique*, qui sont représentés figure 41, ou encore
de sabots en bois sans talons. Les escarpins de bou-

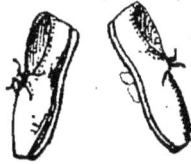

FIG. 41. — Escarpins
de boutique.

tique sont faits avec trois semelles du meilleur
cuir et dès renforts autour de l'empeigne. Pendant un quart d'heure, et quelquefois plus longtemps, l'ouvrier fait plier et replier les peaux
à coups de talon et en tous sens. Le pied gauche
tient la peau assujettie, pendant que le talon
droit la chasse en arrière avec force.

On se sert aussi pour cette opération, d'un
instrument appelé *bigorne* (fig. 42) : c'est une
masse de bois de 14 centimètres environ
d'équarrissage, sur 12 centimètres de hauteur
ayant un manche de 1^m 50 et quatre espèces de
dents ou petits pieds de 4 centimètres de longueur.

C'est avec les dents de cet outil qu'on frappe
le cuir pour le ramollir, ainsi que le montre la
figure 43.

Jadis, on ne bigornait que les vaches qui

devaient être mises en noir. L'expérience a
démontré que toutes les peaux destinées à être
mises en suif doivent être non seulement foulées aux pieds, mais encore bigornées, et ces

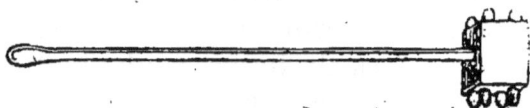

FIG. 42. — Bigorne.

deux opérations demandent encore plus de soin
quand les peaux sont dures, et par conséquent
plus difficiles à travailler. Pour tourner le cuir
l'ouvrier le tient assujetti sous le pied gauche
comme il vient d'être dit, tandis qu'il le chasse

FIG. 43. — Foulage à la bigorne.

fortement en arrière avec son talon droit. Ce
travail du défonçage est ordinairement confié
aux apprentis.

On peut, par défaut d'attention, abuser de la
bigorne, en s'en servant pour soulager ses
pieds ; dans ce cas, la peau peut être mal dé-

foncée : c'est ce qui a fait proscrire la bigorne par plusieurs corroyeurs.

Les peaux fermes demandent à être plus humectées que les autres ; il en est de même pour toutes les parties sèches de ces mêmes peaux.

C'était une mauvaise méthode d'arroser les cuirs avec un balai, comme on le faisait anciennement ; ils s'humectent infiniment mieux, et plus également, quand ils ont été trempés dans un baquet.

Dans le travail mécanique, le défonçage ou foulage est très simplifié en employant le tonneau dont nous avons donné la vue (fig. 10, p. 151), et la description. Mais on peut également faire usage du *foulon*, dont le travail est tout à fait comparable à celui de la bigorne, mais plus régulier et plus expéditif.

Le foulon, représenté figure 44, est formé d'une auge oblique creusée dans une pièce de bois, dans laquelle viennent frapper des pilons. Ceux-ci ne se meuvent pas perpendiculairement, mais décrivent un arc de cercle en venant ainsi frapper l'auge sous un angle de 45 degrés. La tête du pilon est taillée en redans, de façon à avoir plus de prise avec les peaux. Le manche des pilons est articulé à la partie supérieure, autour d'un arbre horizontal, fixé sur le bâti. Ce manche a 2ᵐ 50 de longueur et est actionné par un arbre à deux vilebrequins opposés, muni de bielles correspondantes. Il y a des foulons qui possèdent 4, 6 et 8 pilons.

Que l'on se serve de l'un ou de l'autre de ces appareils, on procède de la façon suivante : les cuirs sont battus avec de l'eau qui est intro-

duite dans le tonneau par un conduit spécial,
et dans le foulon par un mode d'arrosage spécial. Le temps du foulage varie naturellement
suivant la nature du cuir, et seule une expérience du métier peut en définir la durée ;

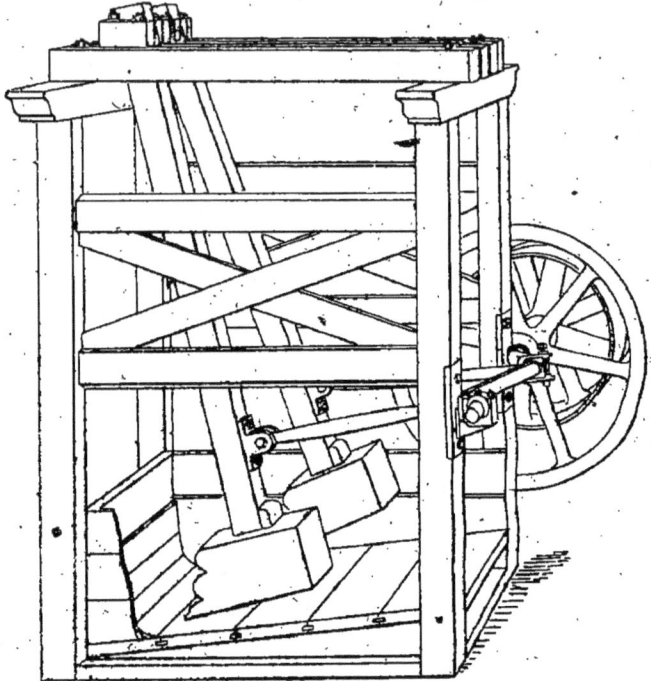

FIG. 44. — Foulon.

cependant, on peut dire, d'une façon tout à fait
générale, que le foulage est terminé entre dix et
vingt minutes.

Il arrive souvent que l'on foule le cuir, au
début du moins, à sec ; cette manœuvre est
justifiée quand le cuir comporte des impuretés
solides telles que de la boue séchée, de la terre

et du sable. Ce premier battage a pour effet
d'évacuer ces impuretés ; on continue ensuite le
foulage à l'eau pour ramollir le cuir.

On se sert encore pour cette opération
d'une autre machine qui, à son apparition, était
appelée *foulon horizontal*, mais que l'on dénomme aujourd'hui *foulon hérisson*. En quelques mots, voici en quoi consiste cet appareil :
un cylindre horizontal en bois est muni de
dents assez espacées qui sont soit en bois, soit
en métal, souvent même en fer galvanisé. Au-
dessous de ce cylindre en est placé un autre
qui présente des alvéoles, dans lesquelles peuvent pénétrer librement et largement les dents
du premier. Ces deux cylindres sont mis en
rotation par un système d'engrenages, et
tournent en sens contraire l'un par rapport à
l'autre.

Quant à l'utilisation de cet appareil, on la
comprend facilement : les deux cylindres
tournant en sens contraire, en faisant passer un
cuir entre eux, celui-ci est attiré, entraîné
dans leur mouvement et les dents ou chevilles
en pénétrant dans les alvéoles, bouchées par le
cuir, frappent celui-ci, le refoulent dans le
creux, en un mot, opèrent absolument comme
la bigorne, mais suivant un mouvement régulier et continu, au lieu d'être alternatif comme
celui de la bigorne maniée à la main. Le foulon
hérisson se complète d'un dispositif de ressorts
permettant de serrer plus ou moins le cylindre à
dents contre le cylindre inférieur, par conséquent de régler la pression suivant laquelle les
dents agiront sur le cuir. Enfin, un tuyau percé
de trous distribue l'eau au-dessus du cuir qui

Tanneur.   12

passe sous les cylindres et en assure ainsi le ramollissement.

Le foulon hérisson monté comme nous venons de le dire, on attache les cuirs deux à deux par une extrémité, on les passe entre les cylindres, puis on les réunit par l'extrémité libre, de manière à former une chaîne sans fin et l'on met le foulon en marche en l'arrêtant quand le foulage est terminé. Souvent, au-dessous du foulon est disposée une bâche conte-nant de l'eau et où le cuir vient se tremper avant de passer entre les cylindres, ce qui évite le tuyau d'arrosage dont nous avons parlé plus haut.

Pour plus de simplicité dans nos explications nous avons supposé que l'on n'attachait en-semble que deux cuirs ; mais si ceux-ci sont de faibles dimensions on peut en réunir, de la même façon, un plus grand nombre. L'opéra-teur est, dans ce cas, seul juge de ce qu'il y a de mieux à faire pour que le travail s'effectue dans le moins de temps. Les foulons hérissons se font de grandeurs différentes ; dans les petits appareils, on ne peut passer que de petites peaux ou de grandes, mais alors coupées par moitiés ; dans les grands modèles, on peut passer en largeur les peaux les plus grandes.

Ajoutons, pour terminer, que le foulon-hérisson sert aussi à traiter les peaux pour en effectuer la purge de chaux.

Butage

Après avoir été bien assouplis, les cuirs sont butés sur un chevalet ou sur une table.

Les corroyeurs ont deux *chevalets*, formés, l'un et l'autre, d'une planche de bois très dur, solidement fixée sur un pied. Cette planche a généralement 1^m 30 de longueur et une largeur d'environ 18 centimètres, mais elle est très inclinée dans le chevalet dit *français*, tandis qu'elle est presque verticale dans le chevalet dit *anglais*. C'est sur celui-ci que l'on fait le butage, et sur celui-là que l'on opère le blanchissage. Dans beaucoup d'ateliers importants, on les remplace l'un et l'autre par une table très solide, parfaitement plane et bien unie.

Buter une peau, c'est en nettoyer les endroits faibles, en enlever les *boutures*, en faire disparaître les parties filamenteuses qui ne tiennent que légèrement et sont couvertes de tannée. Cette opération se fait avec trois outils : le *couteau à revers* ou *drayoire*, le *butoir sourd*, le *butoir tranchant*.

A Paris, on ne se sert que du *couteau à revers*. C'est un instrument d'origine anglaise, qui paraît avoir été introduit en France vers le milieu du XVIIIe siècle. Le dessin figure 45, donne une idée très exacte de sa forme. Cet outil consiste en une lame plate et droite, à deux tranchants, et ayant généralement 27 à 30 centimètres de longueur, sur 14 à 16 centimètres de largeur. Il est muni de deux manches, dont l'un est dans le sens de la lame, tandis que l'autre lui est perpendiculaire, ce qui permet de le conduire plus facilement droit sur la peau. Pour se servir des deux tranchants, on en rabat un en dessus au moyen d'un fusil en acier. Les couteaux de cette espèce coûtent

fort cher, parce qu'ils demandent beaucoup
de soin de la part du coutelier, qui ne saurait
jamais les faire d'assez bonne qualité.

Indépendamment de la drayoire, les corroyeurs parisiens se servent aussi de l'*étire*,
instrument dont il sera bientôt question.

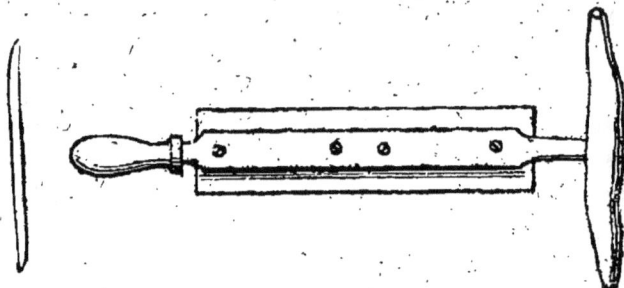

FIG. 45. — Couteau à revers ou drayoire.

Le *butoir sourd* et le *butoir tranchant* (fig. 46),
ne sont employés que dans quelques localités.
Le premier est fait d'ordinaire avec un vieux
couteau, et sa lame, qui ne coupe pas, est munie
de deux manches en ligne directe ; on s'en sert

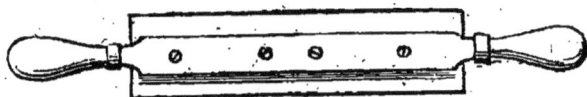

FIG. 46. — Butoir sourd et butoir tranchant.

surtout pour travailler les parties faibles que
les autres outils pourraient trop affaiblir. Le
butoir tranchant n'en diffère qu'en ce que sa
lame est coupante.

On ne saurait trop conseiller aux corroyeurs
qui conservent encore leurs anciennes habi-

tudes, de se conformer aux usages adoptés par ceux de Paris ; de n'employer, pour buter les peaux, que l'étire ; de faire cette opération sur la table plutôt que sur le chevalet ; de renoncer entièrement aux butoirs sourd et tranchant, et de ne se servir que du couteau à revers pour écharner, drayer, déborder, dégorger, etc.

Les veaux, les moutons, les chèvres, les croupons destinés à être mis en huile, et les extrémités des baudriers qu'on veut laisser dans toute leur épaisseur, doivent être butés.

Le butage peut également s'effectuer mécaniquement. En résumé, le travail de ce butage consiste en une espèce de frottage de la peau, et c'est ce fonctionnement qu'assure la machine à buter dont nous donnons une vue d'ensemble figure 47. La machine proprement dite se compose d'un bâti en fonte affectant la forme d'une potence à l'arrière de laquelle est supporté un arbre à vilebrequin mis en mouvement par une poulie F qu'actionne une courroie prise sur un arbre de transmission de l'atelier. Dans le vilebrequin peut tourner l'extrémité d'une tige D que nous appellerons *porte-couteau*, lequel se trouve ainsi doué d'un mouvement de va-et-vient horizontal. A l'autre extrémité la tige D s'ouvre en fourche et supporte le couteau C. Mais la tige D est guidée dans son mouvement rectiligne par une suspension spéciale capable de se mouvoir autour d'un axe E. On présente alors sous le couteau le cuir B étendu sur la table A et fixé à l'une de ses extrémités à un rouleau en bois sur lequel la peau peut venir s'enrouler.

Pour ses ervir de cette machine, voici com-

ment on opère : le cuir est étendu sur la table
et fixé au rouleau à l'aide d'une ou plusieurs
lanières, suivant la largeur du cuir, puis on
applique le couteau C sur le cuir en manœuvrant le petit volant I qui permet de régler très

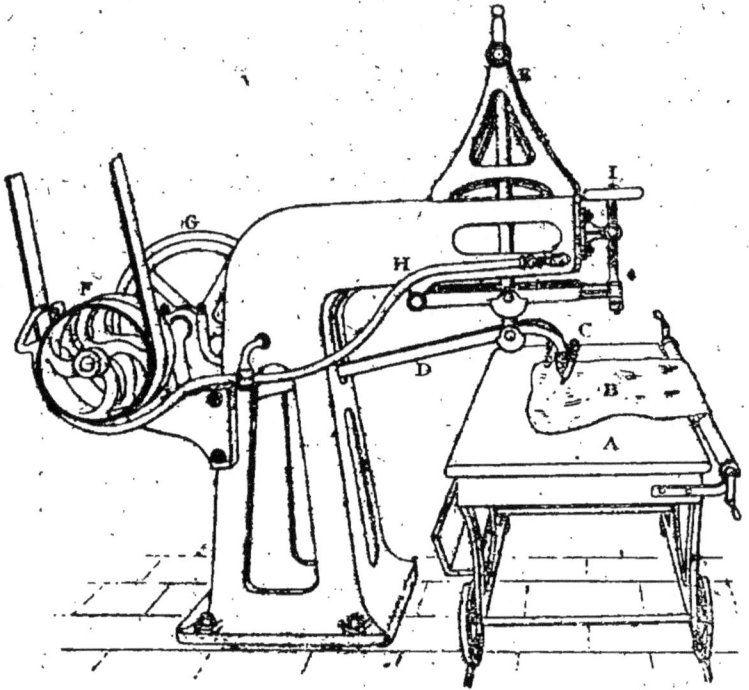

FIG. 47. — Machine à buter.

exactement la pression avec laquelle le couteau doit appuyer sur le cuir, et enfin à l'aide
de la barre d'embrayage H on fait passer la
courroie de la poulie folle sur la poulie fixe et
l'appareil se met en marche, c'est-à-dire que
la tige D prend son mouvement de va-et-vient
et le couteau C frotte sur la peau. Cependant,

comme l'amplitude de ce mouvement n'est pas très grande, le couteau ne frotte qu'une petite longueur du cuir ; quand cette partie est achevée on déplace la table A, qui est mobile sur des roulettes, de façon à soumettre le cuir à l'action du couteau sur toute la largeur.

Quand on a ainsi buté toute une largeur du cuir, on enroule la peau sur le rouleau de bois, de façon à ce que le couteau travaille sur une seconde zone du cuir, puis on enroule de nouveau ce dernier, et ainsi de suite jusqu'à ce que la peau tout entière ait été butée, c'est-à-dire ait passé sous le couteau. L'ouvrier qui conduit la machine a constamment la main sur le volant I, ce qui lui permet de régler à tout instant l'action du couteau C. Celle-ci est-elle trop énergique, un coup au volant relève le couteau C et diminue ou annule son action, et réciproquement.

Cette machine, très employée au butage, présente quelques variantes au dispositif que nous venons de décrire ; c'est ainsi que le rouleau autour duquel s'enroule la peau est souvent remplacé par un *valet*, pièce fixée à la tête de la potence et qui, par un jeu de levier, vient faire appuyer le valet sur le cuir, serrant ainsi ce dernier sur la table A où il se trouve immobilisé dans la position voulue pour être buté.

Drayage

Quand les cuirs ont été butés on les *draye*, c'est-à-dire qu'on enlève avec le couteau à revers toute la superficie du côté de la chair : c'est le seul moyen d'établir l'égalité dans l'épaisseur, et c'est aussi la raison pour laquelle on doit drayer toutes les vaches qu'on destine à être mises en huile ou en. suif. La figure 48 représente un ouvrier exécutant le drayage.

Quand il se trouve des parties faibles dans les peaux, au lieu de les drayer, on se borne à les buter, comme nous venons de le dire, c'est-à-dire à les bien nettoyer, car, pour peu qu'on diminue ces parties, on les rendrait beaucoup trop minces.

Les corroyeurs de Paris ont reconnu que toutes les peaux en général doivent être drayées, en ayant égard toutefois à l'usage qu'on veut en faire.

Fig. 48. — Drayage.

Le couteau à revers est le seul dont on doive se servir pour *dégorger* les veaux et les moutons, c'est-à-dire pour *baisser* les têtes de ces peaux, et il est absolument inutile de les soumettre au *ponçage*, c'est-à-dire de les frotter avec une pierre ponce, comme on le faisait autrefois : c'est ainsi qu'en simplifiant les opérations, on les a rendues plus faciles.

Il y a des fabriques dans lesquelles on ne draye que les *vaches noires*, les *vaches rouges* et les *vaches d'Angleterre*, tandis que, dans d'autres, on draye indistinctement tous les cuirs. C'est également le dernier moyen qu'on suit à Paris, avec cette seule différence que, pour déborder, on se sert du *chevalet français*, et pour les autres opérations, du *chevalet anglais*.

Nous ne dirons pas que le drayage ne puisse pas se faire mécaniquement, mais nous dirons qu'il n'a pas été créé de machine spéciale pour ce genre de travail, et que, pour l'exécution, on se sert simplement de la machine à *fendre les cuirs tannés*, opération qui consiste à couper les cuirs sur leur épaisseur de façon à ramener celle-ci à une dimension déterminée par les usages qu'est appelé à remplir le cuir en question.

Nous décrirons donc la machine à refendre les cuirs tannés et montrerons ensuite comment elle peut être appliquée au drayage.

Les parties essentielles de cette machine sont les suivantes :

1º Le rouleau entraîneur, placé en avant du porte-couteau et présentant des rainures longitudinales dans lesquelles on serre une extrémité de la peau au moyen de règles plates en bois dur ;

2º Un couteau d'acier à biseau aigu bien affûté, boulonné horizontalement sur son support qu'il peut dépasser de quelques millimètres ;

3º Une table flexible garnie de cuivre dans la partie voisine de la coupe où elle se termine par une arête arrondie qui se trouve dans le plan vertical du biseau du couteau :

4º Un cylindre tournant librement à écartement variable, disposé au-dessus de l'arête arrondie de la table.

La peau étant placée sur la table, la fleur en dessus, on passe l'une de ses extrémités sous le cylindre libre, on attache cette même extrémité sous le rouleau entraîneur, et l'on met la

machine en marche. On conçoit qu'étant forcée
de passer entre la table et le couteau dans un
intervalle moindre que son épaisseur, elle se
trouve nécessairement divisée en deux par le
couteau.

Notre dessin (fig. 49) donne une représentation de cette machine dans laquelle *a* est la
table de coupe, *cc* le couteau, *b* le rouleau en-

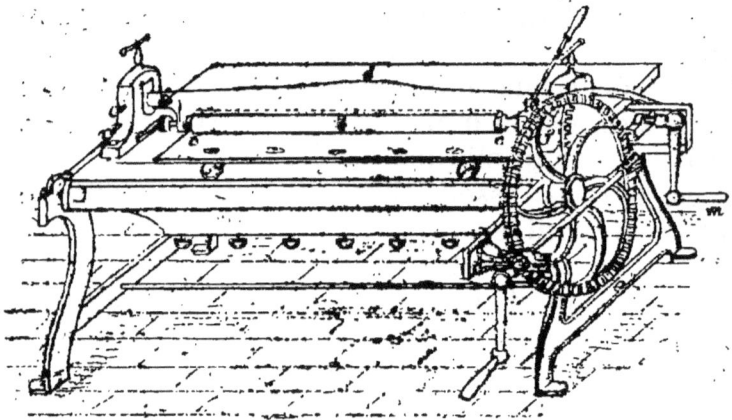

FIG. 49. — Machine à refendre le cuir et à drayer.

traîneur, *m* la manivelle destinée à mettre la
machine en mouvement, quand on l'actionne à
la main, mais qui peut être remplacée par une
poulie lorsqu'on veut lui communiquer le
mouvement fourni par un moteur.

Comme en somme le drayage consiste à
amincir les parties trop épaisses de la peau, on
voit que la machine à refendre peut parfaitement remplir cet office à la condition de régler
le couteau de façon à ce qu'il n'enlève du cuir
que la surépaisseur inutile et ne touche pas aux

autres parties. A cet effet, les constructeurs munissent la machine à refendre de dispositifs permettant à la contre-lame du couteau de se déplacer à volonté d'avant en arrière et en hauteur, de façon à donner plus ou moins de coupe suivant que les épaisseurs à trancher sont plus ou moins fortes. Les établissements G. Lutz et G. Krempp, de Paris, ont même perfectionné ce dispositif à l'aide d'un régulateur spécial qui permet précisément, pendant le travail même de la machine, de régler l'épaisseur de coupe.

Paumelage ou margueritage

Toutes les peaux tannées soumises au corroyage doivent être travaillées à la *paumelle* ou mieux à la *marguerite.*

En effet, par suite de la dessiccation, les fibres du cuir se sont agglutinées, ce qui a fait disparaître le grain de la fleur et a rendu celle-ci plate et inégale. Or, le paumelage et le margueritage ont précisément pour but de relever la fleur du cuir, en rétablissant son grain, et de donner à toutes les parties du cuir un aspect uniforme et agréable.

La *paumelle*, qu'on écrit aussi *pomelle*, mais à tort, est ainsi nommée parce qu'elle garnit la paume de la main et en fait les fonctions. Cet outil est carré, d'un bois dur tel que le cormier, le cornouiller, le poirier ; il se fait aussi en métal : fonte ou cuivre ; sa longueur est de 33 centimètres environ sur 14 de largeur. Il y en a de plusieurs dimensions comme le montre la figure 50. Les grosses ont au milieu 6 centi-

mètres d'épaisseur et 3 seulement aux extrémités. Le dessus de l'outil est plat et uni, mais
le dessous est arqué et bombé, et, en même
temps, sillonné sur la largeur, c'est-à-dire

FIG. 50. — Paumelles.

couvert de cannelures droites et parallèles, ou
de sillons creux dont les entre-deux sont aigus
comme des triangles isocèles. Les sillons des
grosses paumelles ont de 2 à 5 millimètres de
profondeur sur 7 de largeur. Ceux des autres
diminuent en propor-
tion de l'outil. La partie
supérieure est garnie
d'une petite bande de
cuir nommée *manicle*,
qui traverse la largeur
de la paumelle, et sous
laquelle l'ouvrier passe
sa main pour le travail
(fig. 51).

FIG. 51. — Paumelage.

Il y a aussi des pau-
melles qui sont simple-
ment formées d'une plaque de liège. Ce sont les
outils qu'on appelle *paumelles douces* ou, plus
généralement, *lièges* ; enfin il en existe qui sont
recouvertes de peau de chien de mer et dont
l'effet sur le cuir est intermédiaire entre celui de
la paumelle ordinaire et de la paumelle douce.

La *marguerite* est faite absolument comme une paumelle, dont elle ne diffère que par la grandeur. Au lieu de 33 centimètres de longueur, elle a de 40 à 48 centimètres ; sa largeur est de 12 centimètres, son épaisseur de 5 à 7 vers les bouts, et de 9 à 11 au milieu. Comme elle est beaucoup plus lourde que la paumelle, et par conséquent plus difficile à manier, on met sur un bout, par-dessus, une manicle sous laquelle l'ouvrier passe le bras. De plus, sur le bois est placé un coussinet qui, en soutenant le coude de cet ouvrier, l'empêche de se meurtrir. Enfin, à l'autre bout de la marguerite est placée une grosse cheville ou un manche de bois de 8 à 11 centimètres de hauteur, au moyen duquel l'ouvrier retient et dirige l'outil.

Fig. 52.
Marguerite.

La marguerite, représentée figure 52, est le seul instrument dont on se serve pour *rebrousser, corrompre, crépir* et *redresser* les cuirs, les *adoucir, relever le grain* et *coucher la chair*. On conçoit que ses dents sont proportionnées à sa grosseur, et que, par conséquent, ses sillons ont plus de profondeur que ceux de la paumelle ; il y a d'ailleurs des marguerites de différentes dimensions.

On se sert aussi parfois de marguerites de liège pour certains cuirs particuliers. Elles servent à adoucir la peau, relever le grain et coucher la chair.

Pour *corrompre* une peau, on la double fleur contre fleur, et on l'étend sur la table ; alors l'ouvrier avance la marguerite sur la chair, et il la retire fortement en ramenant le quartier du cuir, qui frotte inégalement sur le milieu ; il réitère cette opération sur les trois autres coins, et c'est ainsi qu'on donne au cuir de la souplesse : on appelle ce travail *corrompre de quatre quartiers*.

Crépir, c'est imprimer des raies sur la peau, chair contre chair, en y frottant fortement la paumelle ou la marguerite, dans le sens des rainures dont ces outils sont garnis.

Pour rendre la peau plus douce et *abattre le grain*, on la *rebrousse*, c'est-à-dire qu'on passe la marguerite sur la peau, fleur contre fleur, de la même manière qu'on l'a fait sur la chair dans le crépinage.

On crépit de cul en tête et de travers les peaux qui doivent être mises en noir. Quant aux veaux, on se contente de les rebrousser de cul en tête, et de les crépir de travers. En outre, les cuirs, qui, à cause de leur destination, ont besoin de recevoir encore plus de brillant, sont travaillés, après le crépinage et le rebroussage, avec le liège, ce qu'on appelle *tirer au liège*. Non seulement, cet outil augmente le brillant de la fleur, il communique aussi un aspect velouté au côté de la chair.

Quelques corroyeurs ont adopté une méthode qui abrège beaucoup le travail, c'est de mouiller les peaux de vaches et celles de chèvres, avant de les mettre en noir, et de ne les corrompre des quatre quartiers qu'après ce mouillage.

Dans les établissements importants, le paumelage ou margueritage s'effectue à la machine ; nous donnons, figure 53, la vue en bout de ce genre de machine, et, figure 54, une vue en coupe transversale.

A A, bâti en fonte : à la moitié de sa hauteur se trouve une table mobile B B, sur laquelle on étend le cuir.

La transmission de la force motrice a lieu, soit au moyen d'une manivelle c à main, soit à

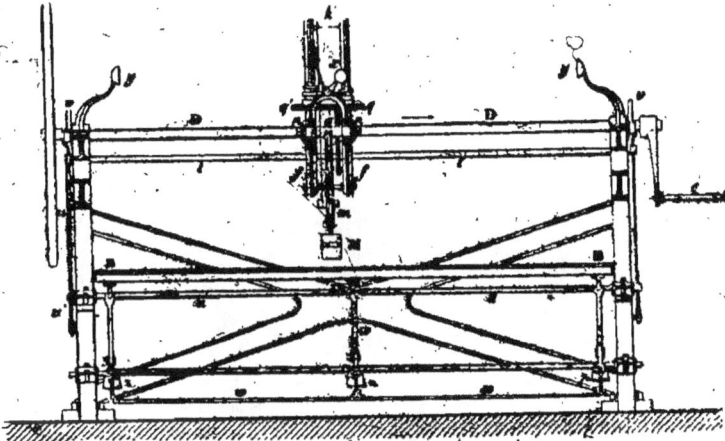

FIG. 53. — Machine à margueriter (vue en bout).

l'aide d'une courroie et de poulies en communication avec un moteur quelconque.

Dans tous les cas, c'est l'arbre de couche D D sur lequel sont montées les poulies et la manivelle c, qui donne tous les mouvements à la marguerite M. Ces mouvements sont au nombre de trois : l'un est circulaire alternatif autour d'un centre a ; le second est un mouvement de va-et-vient horizontal, en avant et en arrière de ce centre ; enfin, le dernier est un mouvement intermittent de progression latérale dans toute la longueur de la machine.

La partie antérieure du bâti se prolonge de manière à former à chaque extrémité de la machine une sorte de console A' portant une traverse e. Cette traverse en porte une autre, en forme de queue d'hironde e', qui sert de guide à deux traverses ou supports mobiles en fonte f, dont l'autre extrémité est traversée et guidée par l'arbre de couche D D.

La marguerite M est en bois et fixée à un support m, dont l'extrémité supérieure s'atta-

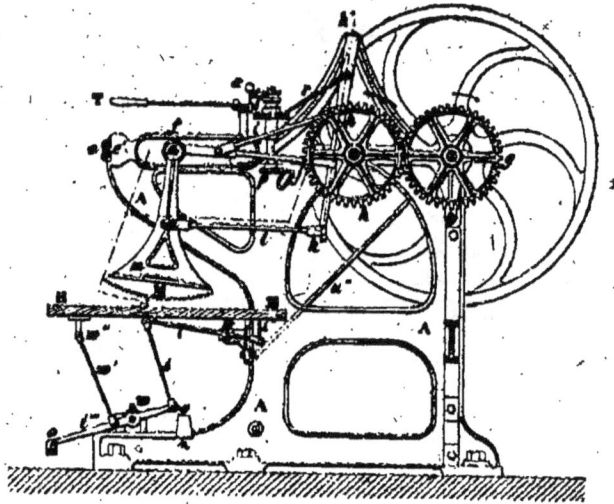

Fig. 54.
Machine à margueriter (vue en coupe transversale).

che à un axe a portant un galet à chacune de ses extrémités. Les deux galets marchent dans l'œil allongé que forment les pièces f à leur extrémité antérieure.

Va-et-vient de la marguerite. — Sur l'arbre de couche D D est montée une roue droite g pouvant glisser avec tout le train $t\ t$ dans le sens de la longueur de cet arbre. Mais comme l'arbre D est creusé longitudinalement d'une rainure dans laquelle pénètre une clavette fixée à la roue g, celle-ci participe au mouvement de rotation de l'arbre.

La roue g engrène avec une autre roue h, montée sur un centre fixe, et portant un bouton de manivelle auquel s'attache une bielle i ; l'autre extrémité de la bielle i se relie à un bouton qui est fixé au côté d'une autre bielle j.

Cette dernière bielle j se relie, d'un bout à l'axe a de la marguerite, de l'autre à un bouton fixé à un levier k, lequel oscille sur un centre fixe k'. Le mouvement de rotation de la roue h communiquera donc un va-et-vient à la bielle j, et par suite à l'axe a, auquel est suspendue la marguerite.

Mouvement circulaire alternatif de la marguerite. — A l'extrémité inférieure k'' du levier k se relie une bielle l dont l'autre extrémité s'attache à un axe a' de la marguerite. La bielle j fait osciller le levier k, et comme le mouvement du point k'' est plus ample que celui du point k, le mouvement de la bielle l sera aussi plus ample que celui de la bielle j, et celui de l'axe a' plus ample que celui de l'axe a.

Il y a donc un mouvement circulaire alternatif du point a' autour du point a, c'est-à-dire de la marguerite autour de son axe.

Le parallélogramme formé par les pièces j, l, k, m produira donc simultanément un mouvement alternatif de va-et-vient horizontal et un mouvement circulaire alternatif de la marguerite imitant le travail du margueritage à la main.

Déplacement latéral de la marguerite. — Il est nécessaire qu'une fois que la marguerite a agi sur une partie du cuir, elle se déplace latéralement pour attaquer la partie voisine et ainsi de suite, le cuir étant fixé à demeure sur la table B B. A cet effet, l'auteur a rendu mobile tout le train t t portant la marguerite et sa commande immédiate.

Une extrémité des supports f f est librement traversée par l'arbre de couche D D. L'autre embrasse le guide en queue d'hironde e'. Ces deux supports sont accouplés par des entretoises et par les axes a et k'.

Chacune des pièces f forme une douille n traversée par un axe, à la partie inférieure duquel est calé un pignon p ; les deux pignons engrènent avec une crémaillère fixe qui s'étend dans toute la longueur de la machine.

Les axes des deux douilles portent chacun une roue q q' à leur partie supérieure. Ces roues sont folles, et ne peuvent communiquer leur mouvement à leurs arbres que par le moyen de manchons d'embrayage. Elles engrènent ensemble. L'une d'elles reçoit un mouvement intermittent d'un système de rochet que commande une tringle r s'attachant à un centre fixe sur le levier k.

A chaque oscillation du levier k, la tringle r fait tourner d'une certaine quantité la roue à rochet, et par conséquent la roue q. Comme le manchon q est embrayé, le pignon p recevra ce mouvement, et, par son action sur la crémaillère, fera avancer le train dans le sens indiqué par une flèche.

La roue q' est en ce moment folle. Si l'on

débraie le manchon de l'autre roue q, et qu'on embraie le sien propre, cette roue q deviendra folle sur son arbre, et la roue q' deviendra fixe. Le mouvement communiqué par la première à celle-ci fera tourner le pignon p' en sens opposé à celui dans lequel tournait le pignon p, et le système marchera dans la direction inverse.

Les deux manchons d'embrayage sont commandés simultanément par une fourchette s tournant sur un centre fixe. Un levier à contrepoids x oscillant librement sur ce même centre, la fait basculer dans un sens ou dans l'autre.

On peut commander ce contrepoids, à la main, par un levier à fourche T. Du reste, la machine est disposée de telle sorte, que lorsque le train est arrivé à l'une des extrémités de sa course, le renversement de marche se produise automatiquement. A cet effet, le poids x vient buter contre des cuvettes y y fixées au montant du bâti, et lorsque le chariot f f a suffisamment avancé, le levier à contrepoids, repoussé au delà de la verticale, tombe dans le sens opposé en entraînant avec lui la fourche de débrayage s, de telle sorte que le manchon q' est embrayé, et l'autre dégagé, ou *vice versa*. Le chariot se met aussitôt à marcher en sens inverse.

Mouvement de la table. — La table doit se soulever pour porter le cuir au contact de la marguerite, chaque fois que cette dernière marche d'avant en arrière. Lorsque, au contraire, la marguerite, après avoir agi, est ramenée en avant, il est nécessaire que la table s'éloigne en s'abaissant pour permettre à l'ouvrier de replier le cuir en l'attirant en avant. Pour remplir cette condition, cette

table est montée sur deux ou trois systèmes de
leviers, de la disposition suivante : un arbre
s'étend dans toute la longueur de la machine,
portant à chaque extrémité un levier u' que
commande une tringle u''. L'extrémité supérieure de cette tringle porte un galet sur lequel
agit une came v.

L'arbre u porte à chacune de ses extrémités
et à son milieu un double levier i, dont un bout
s'articule à une oreille i' de la table B, l'autre à
une bielle ou tringle i'' qui commande un
levier i''' sur un arbre w : à l'autre bras du
levier s'attache une tringle w', dont l'extrémité
supérieure s'articule à une autre oreille $'w'$ de
la table B. De la sorte, tous les mouvements
imprimés par les cames v v aux leviers u' et à
l'arbre u produiront sur la table B un effet
d'ascension ou de descente ayant lieu bien
parallèlement à elle-même. Des contrepoids z z
tendent à rappeler la table de bas en haut. En
outre, les leviers w'' se prolongent pour porter
une pédale o, permettant à l'ouvrier d'abaisser
sa table en cas d'accident.

Manière de fixer le cuir. — Le cuir est étendu
sur la table B, puis on place dessus une bande
de métal que l'on fixe à chaque extrémité.
On replie alors le cuir par-dessus cette bande en
le rabattant d'arrière en avant. Chaque coup de
la marguerite ramène en arrière la partie repliée
du cuir, et l'ouvrier n'a autre chose à faire qu'à
la ramener en avant après chaque coup.

Nous avons donné cette machine avec tous
ses détails parce qu'elle comporte différents
mouvements de la marguerite qui méritaient
d'attirer l'attention du lecteur. Quant à sa

puissance productive, on la comprendra aisément quand nous aurons dit que dans ce genre de machine les marguerites atteignent 43, 58 et 72 centimètres, c'est-à-dire qu'elles sont de beaucoup plus grandes que les marguerites destinées à être manœuvrées à la main.

Étirage ou mise au vent

Le travail de l'*étire* a pour but d'abattre le grain, d'étendre la peau et de la rendre plus uniforme. Cette opération est désignée aussi quelquefois par les mots *abattre*, *étendre* et *retenir* : elle prend son nom d'*étirage*, de celui de l'instrument avec lequel on l'exécute.

L'*étire* se compose d'une plaque de fer ou de cuivre, épaisse de 2 millimètres, longue de 14 à 16 centimètres, et dont la hauteur ne doit

FIG. 55. — Étire.

pas excéder 10 centimètres. Cette plaque se termine inférieurement par une espèce de tranchant mousse, et l'on garnit sa partie supérieure avec du cuir pour qu'elle ne blesse pas la main de l'ouvrier, ou mieux on y fixe un manche de bois ainsi que le montre la figure 55.

Quelques corroyeurs préfèrent l'étire en cuivre, parce qu'elle n'est pas sujette à noircir les peaux comme celle en fer. Cependant, comme l'étire en cuivre présente un inconvénient d'une autre espèce, qui est de s'user facilement et de ne pas résister au travail, ce qui fait perdre beaucoup de temps pour la repasser, on se sert presque généralement d'étires de fer ou d'acier. C'est avec une étire de cette dernière espèce qu'on bute partout la vache étirée.

Pour étirer un cuir (fig. 56), le corroyeur le couche, soit sur la table qui sert au rebroussage

FIG. 56.
Etirage du cuir.

et au crépinage, soit sur un marbre, puis tenant son instrument des deux mains perpendiculairement et à plomb, il râcle fortement les parties qui sont trop épaisses, et fait disparaître la tannée ou les chairs qui pourraient être restées sur le cuir. S'il y rencontre quelques endroits faibles, il rapproche les parties sur elles-mêmes, afin de masquer autant que possible les défectuosités, ce qui s'appelle *rentrer*.

Le travail de l'étire rend la peau plus *douce*, plus *compacte*, et en même temps *glus égale* partout ; de là viennent les noms *étendre*, *retenir*, *abattre* et *étirer*, qu'on emploie indistinctement pour désigner l'opération.

Comme le montre la figure, on étire les peaux sur une table, et non sur le chevalet.

Jadis on ne soumettait au travail de l'étirage que les vaches et les veaux en suif, les vaches noires et rouges, les vaches étirées et les moutons ; on butait toutes les autres peaux. Maintenant, comme nous l'avons dit au commencement de cet article, cette opération s'applique à toutes les peaux.

Les principales qualités du cuir étiré sont d'être ferme et lisse, de sorte qu'il n'a besoin ni d'huile ni de suif.

L'étirage des cuirs peut s'effectuer mécaniquement ; cependant c'est bien là une des opérations où la main-d'œuvre humaine se trouve le plus difficilement remplaçable par les engins mécaniques. Nous avons vu, en effet, que dans le travail à la main, l'ouvrier est obligé d'opérer suivant les circonstances dans lesquelles se présente le cuir et doit savoir approprier son travail selon l'aspect et la conformation du cuir, non seulement dans son ensemble, mais encore dans certaines de ses parties souvent limitées à des portions restreintes de toute la peau. En un mot, si l'outil que manœuvre la main opère bien un travail, ce dernier est surtout guidé par l'intelligence de l'opérateur qui fonctionne d'une certaine façon à un endroit déterminé, et d'une façon assez différente dans un autre endroit, souvent très voisin du premier. Néanmoins, comme il y a là un travail souvent pénible, on a tenté de le faire exécuter par la machine, dont nous signalons ci-dessous un type, déjà ancien, mais plutôt pour en donner le principe fondamental que pour l'indiquer comme modèle du genre.

La machine à étirer est représentée figure 57, vue de côté ; elle comporte un bâti en fonte a a, supportant un arbre mis en mouvement par une poulie b fixe et voisine d'une poulie folle, sur laquelle passe la courroie motrice quand on veut arrêter le mouvement. Sur le même arbre est calé un pignon c qui engrène avec une roue dentée d, montée sur l'arbre du cylindre

extérieur dont nous verrons le rôle dans un
instant.

Si nous considérons la même machine sui-

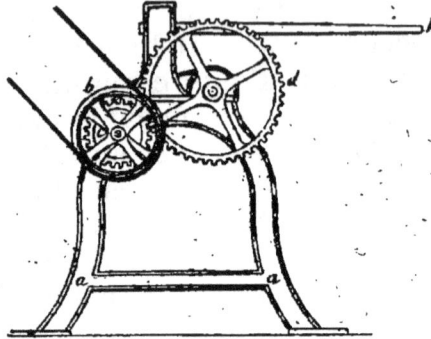

Fig. 57. — Machine à étirer (vue de côté).

vant une coupe transversale indiquée figure 58,
nous voyons en *e e* la section de traverses qui

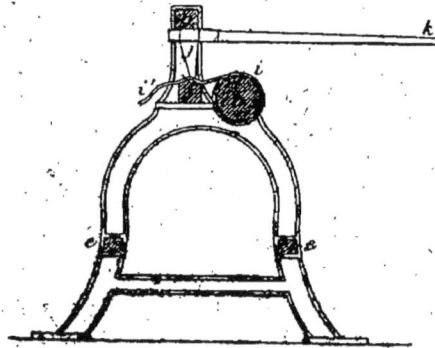

Fig. 58. — Machine à étirer (coupe transversale).

relient les deux bâtis *a a* à leur partie inférieure,
tandis que la traverse *f* relie ces mêmes bâtis à
la partie supérieure, assurant ainsi une stabi-

lité complète. Cette dernière traverse, a son dessus en forme de dos d'âne, elle est garnie d'une plaque en métal et sert de chevalet pour supporter le cuir pendant le travail. En *g* on voit la coupe d'un sommier, vu en longueur (fig. 59), contre lequel s'appuie le talon du levier *k*. En *h* est représenté un cylindre autour duquel s'enroule le cuir, et dont les extrémités

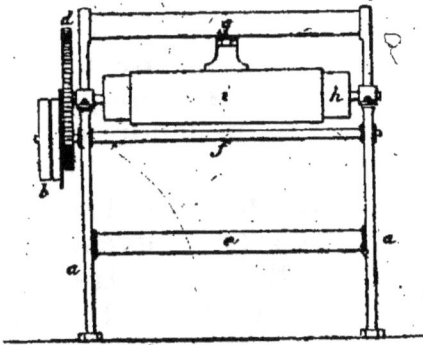

Fig. 59. — Machine à étirer (vue de face).

portent sur le bâti. Le cuir travaillé se trouve en *i*, tandis que en *i'* est encore le cuir non travaillé. Celui-ci passe sous l'étire *j* fixée au levier *k* et posée sur le cuir soumis au travail ; l'étire a sa partie angulaire munie d'une plaque de métal.

Pour travailler un cuir, on l'étend sur la table inférieure et sur une table en bois qui lui fait suite, puis on fixe la tête *i* sur le cylindre *h* à l'aide de griffes et de coins, et l'on met ce dernier en marche. L'ouvrier prenant aussitôt l'étire, l'engage entre la contre-table et le cuir et appuie fortement sur le levier *k*, de façon à serrer et à retenir le cuir entre l'étire même et la table inférieure, et à lui faire éprouver, de la part du rouleau, une traction plus ou moins forte. L'eau qui s'écoule, par suite de l'humidité de la peau, tombe dans un récipient placé au-dessous.

Le travail se fait par partie de largeur, en commençant toujours par le milieu de la longueur. Après cela, le cuir est changé de bout, et la partie travaillée est enroulée sur le cylindre, tandis que celle à travailler vient occuper sa place pour être, à son tour, soumise à l'action de l'étire.

Pour travailler les cuirs dont la fleur est délicate, tels que les cuirs trop pelanés, les cuirs échauffés, les cuirs malandreux, on remplace l'étire ordinaire par une étire-rouleau qui, tournant à l'extrémité du levier *k*, ne peut effleurer à cause de son mouvement de rotation.

Cette étire rotative peut être en bois dur ou en métal, mais le cuivre est la matière la plus convenable. Son diamètre et sa longueur varient suivant que cela est nécessaire ; enfin sa forme peut être cylindrique ou conique.

Parage

Beaucoup de corroyeurs, et à Paris notamment, ont abandonné la *lunette*, et ne se servent plus, pour parer les cuirs, que du couteau à revers, la peau à travailler étant préalablement étendue sur une table ou un marbre comme pour l'étirage. Ils assurent même que ce dernier instrument est bien préférable au premier. Toutefois, comme on pare encore à la lunette dans un grand nombre de localités, nous allons faire connaître cette opération.

On appelle *lunette* l'appareil représenté figure 60 et qui consiste en un disque de fer aciéré, tranchant tout autour, ayant 30 à 32 centimètres de diamètre, et percé au centre d'un trou rond, garni de drap ou de cuir, de 10 à 12 centimètres de diamètre, pour passer les mains et le faire mouvoir. Ce disque est concave et présente la forme d'une calotte : c'est le dos ou la partie convexe qu'on appuie

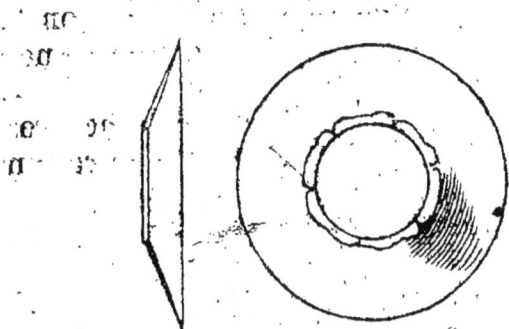

FIG. 60. — Lunette (vue de face et de côté).

sur la peau. Son tranchant n'est pas parfaitement affilé, et le fil est un peu rabattu du côté de l'ouvrier, qui est le côté opposé à la peau, pour que le tranchant n'entre pas trop dans le cuir.

La lunette que nous venons d'indiquer n'est pas la seule qu'emploie le corroyeur, car elle représente le modèle le plus grand. Les autres modèles se font sur 27 centimètres et 25 centimètres de diamètre ; quant au trou il varie suivant les fabricants de 11 à 13 centimètres.

Avant de parer une peau, on doit la *déborder*, c'est-à-dire enlever avec le couteau à revers, sur les bords, ce que la lunette doit enlever ensuite sur le milieu.

Pour déborder, on étend la peau sur le chevalet, et l'on enlève une couche de 5 centimètres de large, sur l'épaisseur de ses bords.

Toutes les peaux en huile qui se parent à la lunette doivent être débordées auparavant, et il y a lieu de faire remarquer que cette opération se fait beaucoup mieux avec le couteau à revers qu'avec la lunette.

Pour *parer* une peau, on l'étend sur un bâton nommé *paroir*, lequel est soutenu horizontalement à 1ᵐ 60 de terre, comme le montre notre dessin figure 61.

Le long de ce paroir est tendue une grosse corde en dessus ; on commence par la ramener

FIG. 61. — Paroir.

en avant du paroir, on plie le bord de la peau dans toute sa largeur, sur cette corde, la fleur en dedans, et faisant passer la peau sur le paroir, on la ramène par-dessus la corde et par-dessus la traverse, en lui faisant faire le tour du paroir. La peau serre ainsi la corde contre la traverse du paroir, et sa partie supérieure est prise entre l'une et l'autre, ce qui la tient avec plus de force à mesure qu'on la tire davantage en appuyant la lunette.

La peau étant ainsi tendue sur le paroir,

l'ouvrier saisit la partie inférieure avec une pince, que nous représentons figure 62, qui est attachée à sa ceinture, puis, prenant sa lunette des deux mains, il appuie sur la peau la partie convexe, et la ramenant de haut en bas, il

FIG. 62. — Pince à parer.

enlève la partie charnue et grossière de la peau. On pare ordinairement de cul en tête, quelquefois cependant de travers. Cette opération, dont nous montrons l'exécution fig. 63, est très délicate.

On est obligé de repasser de temps en temps la lunette sur une pierre à l'huile, et d'en rabattre le fil avec une lame de couteau, pour qu'elle n'entre pas trop brusquement et trop vivement dans la peau.

La peau de chèvre est à peu près la seule que l'on pare maintenant à la lunette.

Nous venons de dire que le parage est une opération très délicate, nous pourrions ajouter qu'elle demande, pour être bien conduite, des

FIG. 63.
Parage à la lunette.

ouvriers très habiles. En somme, ce travail exige surtout une certaine adresse en ce sens que l'ouvrier pareur ne doit enlever que le

strict nécessaire et ne pas creuser dans la peau,
autrement dit la manœuvre de la lunette doit
être conduite de telle sorte que son action sur la
peau soit douée d'une grande précision. Or
qui dit adresse et précision dans une manœuvre
ne veut pas dire intelligence, c'est pourquoi le
parage peut s'effectuer très bien à la machine,
cette dernière, si elle est dénuée d'intelligence,
pouvant être dotée d'une précision parfaite.

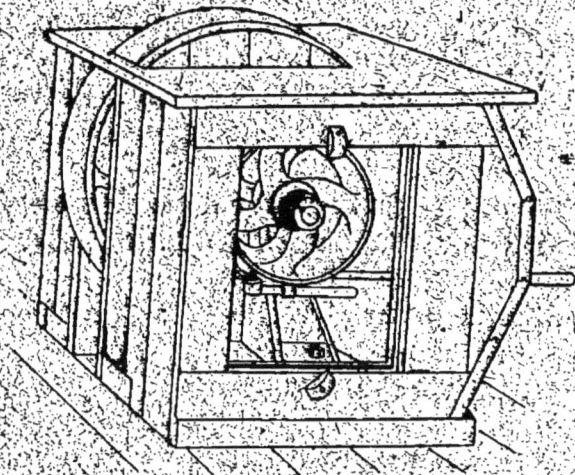

Fig. 64. — Machine à parer.

Aussi se sert-on volontiers de la machine à
parer ou à *doler* dont nous donnons une vue
d'ensemble figure 64.

La machine à parer est très simple, elle comporte une meule en bois recouverte d'émeri
d'un diamètre d'environ 80 centimètres et
d'une largeur de 20 centimètres. Elle est enfer-
mée dans une caisse qui ne laisse qu'une partie

de la meule à nu. L'ouvrier saisit la peau des deux mains en lui faisant subir une certaine tension, et il la présente du côté de la chair à l'action de la meule qui tourne à une grande vitesse. Il ne doit appuyer la peau que légèrement afin de ne pas l'échauffer. On conçoit que le frottement produit par la meule use et égalise la peau ; du reste, on peut accroître ou diminuer ce frottement suivant qu'on le juge nécessaire. Les parties fortes sont maintenues en contact avec la meule plus longtemps que les parties faibles.

Ce genre de machine s'exécute en plusieurs dimensions permettant soit de traiter des cuirs plus ou moins larges, soit d'en traiter plusieurs à la fois grâce à un nombre plus grand de meules placées sur la même caisse.

Le frottement et par suite l'usure que fournit l'émeri est absolument limitée et ne peut pas entamer la peau sur une épaisseur dépassant une limite déterminée, or il n'en est plus de même avec la lunette qui, bien que nous l'ayons fait remarquer, ne présente qu'une lame peu coupante, n'en est pas moins une lame qu'un mouvement un peu vif de la main ou par suite d'inattention de l'ouvrier, peut entamer le cuir sous une épaisseur supérieure à celle qu'on voulait atteindre.

CHAPITRE XII
Cuirs corroyés

—

I. PRINCIPALES SORTES DE CUIRS CORROYÉS

Les sortes de cuirs corroyés sont aujourd'hui très nombreuses, les applications de cette matière se présentant en nombre aussi considérable qu'elles sont variées ; s'il nous les fallait citer toutes, la nomenclature seule en serait longue et la description des procédés de préparation nous obligerait certainement à de nombreuses redites. Aussi, croyons-nous plus simple et à la fois plus logique, sous le titre de ce chapitre, d'examiner les cuirs corroyés les plus répandus, avec leur mode de fabrication ; ceux que nous ne signalons pas en particulier et que l'on rencontre dans le commerce souvent sous des noms fantaisistes rentrant dans un des types décrits plus bas ou faisant l'objet d'une préparation dans laquelle sont combinés les divers procédés ci-dessous :

Cuirs étirés

Les *cuirs étirés* sont des cuirs de bœuf ou de vache qu'on travaille simplement à l'eau, c'est-à-dire sans les imprégner d'huile ou de suif, comme cela se pratique pour certaines sortes, ainsi que nous le verrons plus loin. On ne les teint pas en noir, en sorte qu'ils conservent la couleur fauve du cuir simplement tanné.

Les qualités principales des cuirs étirés sont d'être fermes et lisses. On les emploie pour faire les semelles de chaussures légères, et les semelles intérieures des gros souliers. Les bourreliers et les selliers en font un grand usage.

La fabrication des cuirs étirés est la plus simple de l'art du corroyeur.

On commence par couper les peaux en deux parties égales, parce qu'il est bien plus facile de travailler la moitié d'une peau que la peau entière ; c'est toujours en long qu'on coupe les peaux, c'est-à-dire de la tête à la queue. On met ces peaux en trempe dans d s baquets remplis d'eau, et quand elles sont suffisammen mouillées, on les laisse boire leur eau du soir au matin.

Le lendemain, ou au moins après quelques heures, les peaux étant bien humectées, on les met sur la table et on les bute avec l'étire, de queue en tête, c'est-à-dire qu'on enlève les portions de chair qui y sont encore adhérentes. On pourrait, si l'on voulait, se contenter de les écharner légèrement sur le chevalet, mais le premier système est de beaucoup préférable. Dans tous les cas, l'une ou l'autre de ces opérations étant terminée, on corrompt les cuirs à la marguerite, la fleur en l'air, on les rebrousse avec le même instrument, de queue en tête et en travers. Enfin, on les *met au vent*, c'est-à-dire qu'après les avoir couchés sur une table,

Tanneur. 13

pendant qu'ils sont humides, on les travaille de nouveau avec l'étire.

Il est démontré que tous les cuirs doivent être *corrompus*, et que cette opération, loin de leur nuire, est très avantageuse.

Quand les peaux ont été mises au vent, on les étend, et, quand elles sont dégagées de leur plus grande humidité, on les *relient*, c'est-à-dire qu'on les mouille un peu sur la fleur avec une espèce de gros pinceau appelé *gipon*, représenté figure 65, qui est fait avec des rognures de grosse étoffe de laine, et on leur donne un second coup d'étire sur la fleur. C'est en cela que consiste le *retenage*.

Fig. 65.
Gipon.

Les bordages et les parties sèches doivent être mouillés avec soin.

Après que les peaux ont été retenues, on passe dessus le gipon, qu'on a auparavant humecté, et on essuie bien le cuir du côté de la fleur. Cette précaution est indispensable si l'on veut avoir du cuir propre. Il ne reste plus alors qu'à faire sécher les peaux et à les mettre en presse. Trois à quatre heures après, on les expose de nouveau à l'air, puis, quand elles sont à peu près sèches, on les porte dans un lieu sain, où on les empile et les laisse jusqu'au moment de la vente.

Cuirs lissés

Les *cuirs lissés*, appelés aussi *vaches lissées*, sont des cuirs très forts dont le grain a été

abattu, et qui ont été passés au suif, mis en noir
et lustrés avec de la bière aigrie. Les bourreliers
s'en servent pour confectionner les harnais.

C'est avec les vaches fortes et les bœufs que
l'on prépare les cuirs lissés. A cet effet, on prend
les peaux au sortir de la fosse et on les divise
longitudinalement en deux parties ou *bandes*
égales, que l'on marque d'un même chiffre,
près de la queue, pour faciliter plus tard l'appa-
reillage. Dans beaucoup d'ateliers, on effectue
cette opération ainsi qu'il suit :

Après avoir étendu le cuir, la fleur en l'air,
soit sur une table, soit tout simplement sur la
tannée de la cour de l'usine, deux ouvriers appliquent dessus une longue règle, dont ils
maintiennent les deux bouts suivant les points
extrêmes où la ligne droite doit passer, puis
un troisième ouvrier, armé d'une serpette, fait
la section en s'efforçant de tenir son outil en
contact avec la règle.

Ce mode de procéder donnant lieu à une perte
de temps assez sensible et la régularité de la
fente dépendant de l'attention de l'ouvrier,
laquelle est trop souvent en défaut, on opère,
dans plusieurs usines, au moyen d'un chevalet
spécial, qui donne le moyen d'éviter ces inconvénients. Ce chevalet se compose essentiellement de deux pièces de bois laissant entre elles
un espace assez grand pour le passage de la
serpette, et supporté par des tréteaux. Pour
fendre un cuir, il suffit de le placer sur ce chevalet dans une position convenable, ce qui ne
présente aucune difficulté, après quoi le fen-
deur n'a qu'à promener son instrument de tête
en queue, sans s'occuper de lui faire suivre une

ligne droite, puisque cette ligne est forcément indiquée par la rainure que forment les deux pièces
de bois, et dont la serpette ne peut s'écarter.

Quand les peaux ont été coupées, on ne les
travaille pas immédiatement, mais on les fait
essorer, c'est-à-dire sécher à demi. Lorsqu'on
les prend à l'état complètement sec, il faut
nécessairement les défoncer comme il a été dit
plus haut.

Le butage et le rebroussage sont les premières
opérations de la fabrication proprement dite
des vaches lissées. Une fois faites, on écharne
légèrement les cuirs avec le couteau à revers,
au lieu du couteau tranchant dont on se servait
autrefois, et ensuite on les met à l'air. Il faut,
autant qu'il est possible, n'y laisser aucune
fosse. Quand ils sont à demi secs, on les refoule
avec les pieds et on les remet à l'air ; on les
foule encore avec les pieds et les escarpins, on
les corrompt et on les rebrousse. Enfin, on les
met une troisième fois à l'air, puis on les laisse
sécher entièrement, ce qu'on appelle *sécher à
cœur*.

Afin de connaître le poids de chaque cuir,
on les marque avec des chiffres romains, avant
de commencer à les travailler.

Avant de mettre les peaux en suif, on les
passe légèrement au-dessus d'un feu de paille,
afin qu'étant échauffées, le suif les pénètre
plus facilement. On ne doit les flamber que
du côté de la chair, parce qu'il serait à craindre
que la chaleur ne gâtât la fleur et que le grain
ne s'abattît pas bien. Dans beaucoup d'ateliers,
on évite ces inconvénients en remplaçant le
flambage par une mise à l'étuve.

On peut indistinctement se servir de tous les suifs ; celui de mouton est sans doute le meilleur, parce qu'il donne à la peau un plus beau lustre ; mais il est plus cher que l'autre. Les corroyeurs de Paris se servent ordinairement de suif brun mis sur creton. On appelle *suif brun* ou *creton* celui qui reste encore quand on a extrait des graisses en panne ou en peilles, tout ce qui est bon à faire de la chandelle. Le suif fondu aux acides ne doit jamais être employé, parce qu'il nuit à la qualité et au bon aspect du cuir. En effet, il s'unit mal aux fibres de ce dernier et, remontant à la surface, produit souvent des taches qui ne disparaissent plus.

On calcule ordinairement sur 3 kilogrammes de suif pour chaque peau d'une grandeur commune.

Quand tout est disposé, que le suif est chaud à point, ce que l'ouvrier peut seul décider, on étend les peaux sur la table, et on commence l'opération. A cet effet, on trempe dans la chaudière un gros pinceau ou gipon, qui est fait avec des bandes d'étoffe de laine disposées comme nous l'avons vu (fig. 65, p. 386), puis on donne le suif, d'abord sur la chair, parce que c'est le côté où la peau est plus ouverte, ensuite sur la fleur. Les bordages et les aines, étant des parties creuses et peu épaisses, demandent aussi plus de suif que les autres afin d'acquérir par là du corps et de la force. Il faut cinq minutes à un bon ouvrier pour mettre une bande de cuir en suif.

On peut aussi mettre en suif à l'aide du tonneau représenté figure 10, p. 151, qui est alors complété par un calorifère à vapeur. Celui ci envoie dans le tonneau, par un tuyau disposé spécialement, de l'air chaud qui maintient le suif à l'état fondu. Cet appareil établi par les établissements Lutz et Krempp est très utilisé dans les corroieries importantes disposant de vapeur.

Quand les cuirs ont été mis en suif, on les plie en carré, la fleur en dedans, puis on les fait tremper dans un tonneau pendant huit à dix heures. Après ce temps, on les foule à l'eau, à la bigorne et au pied, et l'on continue ce travail jusqu'à ce qu'ils rendent l'eau : alors on les ramollit et on leur donne un *vent d'eau* avec le balai, c'est-à-dire qu'on les arrose légèrement avec un balai trempé dans de l'eau propre ou bien on les trempe dans le baquet, et on les foule encore une fois en tous sens et dans toutes leurs parties. On ne doit fouler qu'une bande à la fois, parce que si l'on en foulait deux, l'une aurait le temps de se raffermir et de se sécher pendant qu'on travaillerait l'autre ; en n'en foulant qu'une, au contraire, celle qui est travaillée se ressuie et se raffermit pendant qu'on en foule une autre.

Cette opération terminée, on crépit le cuir sur chair avec la marguerite, afin de nettoyer et de bien décrasser la fleur ; on le rebrousse ensuite sur fleur de cul en tête et de travers, jusqu'à ce que le grain se trouve presque abattu.

Le cuir étant rebroussé sur les bordages, on le place sur la table, la fleur en dessus et la chair en dessous, et on l'étire à force de bras. Ensuite, on l'abat, on l'unit avec l'étire, et on le dégage des parties grasses qui peuvent être

restées à son extérieur, en essuyant vivement
la fleur avec des drayures.

Sans lever la peau de dessus la table, on la
met sur-le-champ en noir ; si elle se trouvait
trop sèche, il serait à propos de l'humecter,
parce que, pour bien prendre le noir, il faut
qu'elle ait un peu d'humidité partout.

Pour *donner le noir*, on trempe, dans la composition préparée à cet effet, ou *lustre*, un
bouchon de laine ou une brosse de crin de
cheval, et l'on en frotte la peau du côté de la
fleur et bien également partout.

Quelques corroyeurs donnent le premier noir
sur table après que les cuirs sont étirés, et
exposent les vaches à l'air pour se ressuyer
avant de les mettre en noir. Mais d'excellents
corroyeurs que nous avons consultés à ce sujet,
nous ont répondu qu'ils ne voyaient pas la raison de cette différence ; car, ont-ils dit, pour
qu'une peau prenne bien le noir, il faut qu'elle
soit également humide partout, et toute peau
quelconque ne peut être mise en noir sans avoir
été humectée auparavant.

Après le premier noir, on met le cuir à l'air, et
on le laisse sécher aux trois quarts, on le retient
ensuite, en passant l'étire sur la fleur, ce qui sert
encore à abattre le grain. Ce travail doit être
fait avec soin pour ne pas érailler la fleur. Afin
de donner à la peau un œil régulier et uniforme,
et de ne pas y former de nuances, l'ouvrier
doit toujours pousser l'étire devant lui, et ne
pas l'appuyer plus d'un côté que d'un autre.

On fait le bord en coupant le dos de la bande
avec une serpette : par ce moyen, le cuir paraît
plus épais.

Un seul noir ne suffit pas pour le cuir lissé ; on lui en donne ordinairement deux, et le second s'applique absolument de la même manière que le premier. Quand la peau a été noircie pour la seconde fois, on la remet à l'air, et quand elle est à peu près sèche, sans l'être cependant à cœur, on la retient de nouveau, et on l'unit de manière à ce qu'on n'y aperçoive ni marque ni coup d'étire.

Parfois, le cuir a besoin d'un troisième noir, parce qu'il conserve encore des parties rouges ; ce dernier noir se donne comme les autres.

Quand le cuir est sec et d'un beau noir, on le *dresse*, c'est-à-dire on le rend plat, en le mettant en presse à différentes fois, et on le laisse en cet état, pendant huit à quinze jours. Pendant ce temps, il repousse son suif et se raffermit. S'il est bien, il reste tel qu'on l'a placé ; mais s'il contient encore de l'humidité, on aperçoit au-dessus une espèce de moisi qu'on nomme *chanci*.

Pour donner la dernière façon aux cuirs lissés, on les essuie bien du côté de la fleur, afin de les dégager totalement du suif et de la chancissure qui auraient pu s'amasser dessus ; on les lustre avec de la bière aigrie, ou bien avec du jus d'épine-vinette ; et on les *abat au lustre*, c'est-à-dire

Fig. 66. Lisse.

on les travaille, soit avec l'étire, soit avec un outil de bois dur ou de verre, qui se nomme *lisse*. Autrefois cet outil avait à peu près la forme d'une molette à broyer les couleurs, comme le montre la figure 66, mais aujourd'hui, on le fait généralement avec une plaque rectangulaire d'un verre épais, que l'on emmanche de la même manière que la queurse et l'étire représentées figure 55, p. 373. On fait disparaître, autant qu'il est possible, les restes du grain ; et, s'il se trouve quelque bas de fleur, quelque endroit où la fleur soit usée, ou bien s'il existe sur la peau quelques taches de graisse, on mouille les endroits défectueux, et on les frotte légèrement avec un morceau d'étoffe trempé dans le lustre, jusqu'à ce qu'ils soient parfaitement éclaircis ; c'est là ce qu'on appelle *prendre la pièce au lustre*. Pour faire sécher les peaux quand elles ont été lustrées, on les met à l'air dans un lieu qui n'est pas exposé au soleil.

Pour passer les cuirs au noir, pour les noircir en un mot, on se sert de bien des compositions différentes. La plus simple consiste à faire dissoudre du sulfate de fer dans l'eau, et de passer cette dissolution sur le cuir tanné au *tanin*. La présence du tanin réagit sur le sel de fer pour former du tannate de fer qui est noir. Ce procédé présente cependant un inconvénient, c'est que le sulfate de fer étant toujours acide, le passage au noir tel que nous venons de l'indiquer donne lieu souvent à des taches et peut même brûler le cuir.

Le meilleur noir de ce genre se fait de la manière suivante : on met dans un tonneau défoncé de la vieille ferraille rouillée, on verse dessus de la bière aigrie, en quantité suffisante pour que la ferraille soit submergée, et on laisse le tonneau en cet état pendant trois mois sans y toucher. De ce mélange, il résulte une liqueur rousse qui est un véritable acétate de fer liquide, lequel est préférable pour teindre les peaux en noir au sulfate de fer ; aussi les noircit-il aussi promptement, et mieux que les autres noirs.

On peut faire un autre noir qui a le double avantage de ne demander que peu de temps et peu de dépense. On met de la lèvure de pâte d'orge dans la bière, puis, au bout de vingt-quatre heures, on fait bouillir de la couperose dans du vinaigre, et l'on mêle le tout ensemble : on pourrait même à la rigueur supprimer le levain. Ce noir est un mélange de sulfate et d'acétate de fer.

Ces différentes manières d'obtenir le noir peuvent s'appeler méthodes naturelles en ce sens que c'est la nature même du cuir (tanné au tanin) qui permet d'obtenir la coloration voulue. Mais il faut pour cela que le cuir contienne du tanin. Lorsque le tannage a été fait par d'autres procédés, il faut recourir à de véritables teintures à base de bois spéciaux : campêche, bois de Pernambouc, etc., mais alors ce sont de véritables extraits que le tanneur ne peut pas préparer lui-même et qu'il trouve dans le commerce avec les instructions pour les utiliser. Quelques-unes de ces compositions ne s'appliquent pas seules ; une première couche donne une coloration rouge ou brune qui tourne au noir sous l'application d'une couche d'une autre composition. Enfin certaines de ces teintures donnent au noir obtenu un reflet bleuté que l'on doit corriger par une application de noir d'aniline.

Il en est de ces espèces de teintures comme des nouveaux produits : il y en a de bonnes de mauvaises, il y en a de bonnes pour et certains cuirs et qui sont mauvaises pour d'autres, mais comme elles font l'objet de marques aussi nombreuses que variées, il nous est absolument impossible de les examiner toutes.

Vaches en suif et à grain

Nous venons de voir que l'on donne le nom de *vaches lissées* ou de *cuir lissé* aux vaches fortes et même aux cuirs de bœuf passés en suif, dont on a abattu le grain. On appelle *vaches noires* ou *vaches en suif et à grain*, celles dont on a formé le grain, au lieu de l'abattre comme pour les *cuirs lissés*.

Les *vaches à grain* ont plus de souplesse et de douceur que les cuirs lissés, elles ont aussi plus de corps que les *vaches à l'huile*, et sont moins sujettes à se laisser pénétrer par l'humidité.

Les coffretiers, les bourreliers et les selliers font plus particulièrement usage des vaches en suif et à grain pour les ouvrages les plus propres et les plus apparents, les plus grandes sont spécialement destinées à couvrir les impériales de voitures.

Pour la fabrication des vaches en suif et à grain, on choisit de belles vaches en croûte. Au lieu de les couper en deux comme cela a lieu pour les cuirs étirés, on les travaille entières.

Pour faire une vache en suif et à grain, on défonce la peau afin de l'ouvrir et de l'adoucir, et l'on ne cesse cette opération que lorsqu'on a fait disparaître toutes les fosses. Ensuite, pour rendre ce cuir égal et uniforme, on le draye avec le couteau à revers. Il faut que le fil de ce couteau soit doux et uni, parce qu'autrement il pourrait rayer la peau. Quand, par ce moyen, on a rendu la peau unie et bien égale dans toutes ses parties, on la met à l'air, et on la laisse sécher à moitié. On la *retient* ensuite, c'est-à-dire qu'on la foule une seconde fois, mais à demi-humeur seulement. Quand, par cette opération, on a ouvert la peau, on la foule de nouveau, jusqu'à ce qu'on ait fait entièrement disparaître les fosses et les impressions de la tannée.

La peau, en cet état, n'est pas encore disposée à être mise en suif. On continue à la travailler de la manière suivante : on la met de nouveau à l'air, et on la laisse sécher, mais cependant pas entièrement, puis on la foule une troisième fois. Après l'avoir foulée, on la roule sur chair, de chair et de fleur, et par ce moyen les derniers plis disparaissent ; cette opération se nomme *apointer*. Si la peau est trop dure, et si elle ne se foule pas bien, on l'arrose avec un balai. Enfin, pour rendre la peau plus unie, on la rebrousse avec le liège de cul en tête.

Ce travail terminé, on expose la peau à l'air, et on la laisse sécher. On croyait jadis que l'humidité rendait le cuir plus mou ; il est même des corroyeurs qui pensent qu'avant de mettre les peaux en suif, on doit les asperger sur fleur et sur chair, au moyen d'un balai, ce qu'ils appellent *donner un vent d'eau*. Nous croyons ce procédé vicieux, parce que l'humidité doit s'opposer à ce que le suif puisse pénétrer dans la peau, surtout dans les parties où l'eau se trouve en plus grande quantité. On peut tout au plus suivre cette méthode pour les vaches *sèches à cœur*.

Avant de mettre les cuirs en suif, on les

flambe de fleur et de chair. Le suif se donne
aux vaches à grain de la même manière
qu'aux vaches noires. On ne doit pas oublier
que la peau ne doit pas être sèche à cœur, mais
que cependant il ne faut lui laisser qu'une humidité presque insensible, puisque autrement le
suif chaud la brûlerait. Quoique, les peaux
prennent du suif en proportion de leur force
et de leur grandeur, on calcule ordinairement
sur 1 kilogramme et demi à 2 kilogrammes
pour une vache de dimensions ordinaires, et
sur 500 grammes pour un veau un peu fort.

Quand la peau a reçu le suif, on la roule, on
la plie la fleur en dedans, et on la laisse quelques
heures en cet état ; on pourrait, si on voulait,
la laisser quelques jours, et elle n'en serait que
mieux pénétrée par le suif. On la déroule ensuite, on la plie en carré, on la met tremper
huit à dix heures dans un tonneau plein d'eau ;
on la foule à l'eau, c'est-à-dire qu'on la trempe
dans le tonneau, jusqu'à ce qu'elle soit entièrement dégagée du suif qui, n'ayant pas pénétré dans l'intérieur, serait resté sur la fleur ;
il faut cependant garder un certain milieu.
Au reste, on peut juger que la peau est assez
trempée, quand la fleur est propre ou bien
blanche.

Pour ouvrir le grain et couper les veines de la
peau, on la crépit avec la marguerite, la fleur
devant soi ; ensuite, on la rebrousse fleur sur
table. Comme ces différentes opérations ont
sali la peau, on l'essuie bien sur la fleur et sur
la chair avec un balai de crin, puis on l'étend
de fleur sur la table, qu'on a aussi dû bien
nettoyer auparavant. Enfin, on l'étend avec

une étire, et on fait disparaître les fraises et les plis qui pourraient se trouver dans le tournant des aines. Pour ne pas gâter la fleur, on se sert d'une étire peu tranchante.

Cette opération terminée, on donne au cuir un vent d'eau, on le décrasse bien en l'essuyant avec des drayures, puis on le double et on le met à l'air pour le faire essorer. Si les bordages étaient trop secs, ils ne prendraient pas le noir ; il faut donc avoir soin de les examiner et de les mouiller, s'il est nécessaire.

Avant de donner le noir à la peau, on l'étend une seconde fois, c'est-à-dire qu'on lui donne un coup d'étire pour la redresser.

Le noir est le même que celui dont on se sert pour le cuir lissé, et on le donne de la même manière. Il ne faut pas perdre de vue que la peau doit être mouillée quand on la met en noir, parce que autrement le noir prendrait mal, et il pourrait même se faire qu'il ne fût pas égal partout.

Après avoir appliqué le noir, on met la peau à l'air, on la laisse sécher un peu plus de moitié, et on la noircit une seconde fois ; on la laisse boire son noir, et on la remet ensuite à l'étire sur la fleur.

On ne doit pas oublier d'essuyer les peaux à chaque façon et à chaque noir qu'on leur donne. Pour faire boire les premiers noirs, à mesure qu'on noircit les peaux, on les plie la fleur en dedans, et on les met en pile les unes sur les autres ; on les retire ensuite, on les noircit une troisième fois, on les remet à l'air et on les laisse sécher entièrement.

Quand la vache est sèche, on lui donne une

couche de bière aigrie, on la corrompt des quatre quartiers avec la marguerite, on la rebrousse de travers, on l'essuie sur la fleur avec un morceau de vieille couverture, qu'on appelle *bluteau*, et on lui donne sur fleur une seconde couche de bière pour la dégraisser.

Quand la peau est dégraissée, on l'*abat au lustre*, c'est-à-dire qu'on lui donne une façon avec l'étire, on l'essuie avec le bluteau, ensuite on trempe un morceau d'étoffe de laine dans du jus d'épine-vinette, et on en frotte la fleur, ce qui s'appelle *éclaircir sur l'abatage*. Le morceau d'étoffe dont on se sert pour cette opération doit être bien uni, parce qu'autrement il pourrait rayer la peau qui est encore molle ; il faut avoir soin d'éclaircir légèrement.

Après avoir éclairci sur l'abatage, on redresse, avec la marguerite, la peau des *quatre faux quartiers*, c'est-à-dire obliquement, d'une patte à la gorge, en tirant toujours beaucoup sur le travers ; puis on la reprend de *travers droit*, c'est-à-dire directement sur sa largeur. Enfin, on la prend de queue en tête, en arrondissant le grain le plus qu'il est possible. Les aines, étant les parties les plus faibles de la peau, doivent être ménagées dans toutes ces opérations.

Enfin, pour donner la dernière façon au cuir, on applique dessus une nouvelle couche de bière aigrie, on remet à l'air jusqu'à ce qu'elle soit sèche, et l'on frotte encore une fois avec une étoffe trempée dans du jus d'épine-vinette.

Pour confectionner de tout point une douzaine de vaches noires, un ouvrier emploie ordinairement onze à douze jours.

On peut éclaircir les vaches en suif et à grain avec plusieurs autres substances, telles que le sumac, l'eau de coudrement, le vin gâté, l'eau-de-vie faible. En faisant dissoudre de la gomme arabique et du sucre dans de la bière aigrie, on obtient aussi une matière très propre à lustrer les peaux. On fait encore du lustre de plusieurs autres manières. Les uns le composent avec du sucre ou de la mélasse délayée dans de la bière ; d'autres font infuser du cassis dans du vinaigre et dans la bière séparément, et ensuite ils mêlent le tout ensemble. Les merises, les groseilles et la gomme commune peuvent également servir à lustrer. Tous ces moyens sont moins dispendieux et font un aussi beau lustre que l'épine-vinette qui est fort chère.

Nous avons vu que les vaches en suif et à grain sont employées par la sellerie. Comme les peaux destinées à cette industrie doivent avoir une épaisseur assez faible, on a imaginé d'enlever en une seule fois, avec des machines appropriées, dites *machines à refendre*, dont nous avons déjà parlé (fig. 49, p. 362), toute la partie en excès. On obtient ainsi une feuille de cuir assez mince, qu'on appelle *croûte*, et qu'on travaille ensuite, soit en cuir gras, soit en cuir verni, pour la cordonnerie, la fabrication des galoches et la sellerie elle-même.

Vaches à l'eau

On nomme ainsi des vaches belles et grandes, passées, comme les autres, en croûte, de la tannerie chez le corroyeur, qui se contente de les drayer et de les mettre au vent, après quoi il les remet au carrossier encore toutes mouillées et conservant leur couleur fauve naturelle.

Le carrossier ne prend les vaches à l'eau qu'au moment où il veut les employer. Il les place sur les voitures, les étend bien en tous sens, les fixe, et ensuite, sans les changer de place, il leur donne le noir et les vernit. Les impériales couvertes de cette manière se nomment *impériales* ou *capotes vernies*.

Vaches à l'huile

On fait des *vaches à l'huile* de deux espèces : les unes, destinées aux bourreliers, se mettent *en noir*, et les autres, qui sont employées par les cordonniers, se passent *en blanc*. Un des caractères distinctifs de cette espèce de cuir est d'être très moelleux, et c'est la raison pour laquelle les corroyeurs cherchent toujours, pour le confectionner, les peaux les plus franches et celles qui sont très bien tannées.

Que les peaux soient destinées à être mises en noir ou en blanc, elles doivent indistinctement être défoncées. Quand cette opération est terminée, on sépare les cuirs que l'on veut mettre en noir d'avec ceux qui doivent être mis en blanc du côté de la fleur, leur mode de préparation étant différent.

Les vaches qu'on se propose de mettre en noir du côté de la fleur doivent seulement être butées. On finit ensuite l'opération avec la lunette ou mieux avec le couteau à revers. On les commence comme les vaches en suif. On les défonce, puis on les bute si on veut les parer, ou bien on les draye si l'on n'a pas l'intention de les parer.

On foule ensuite les peaux à l'eau dans une cuve avec un *pilon* (fig. 67), ou mieux dans le tonneau de foulage. On peut en travailler plusieurs à la fois, et comme cette opération a pour but de les vider et de les bien adoucir, on la recommence souvent, jusqu'à sept ou huit fois, et, à chaque fois qu'on trempe les peaux dans le tonneau, on les foule de la même manière.

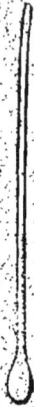

Quand les peaux ont été bien foulées, on les étend de chair sur un marbre, on les *pierre* ensuite de fleur, c'est-à-dire qu'on les travaille à la queurse, et pour bien les étendre, on leur donne ce qu'on appelle un coup d'*étire* bien serré. Enfin, on en fait sortir en même temps toute l'eau. La pierre dont on fait usage pour donner cette façon est un morceau de queurse emmanché à l'instar des étires. Les peaux ayant, de cette manière, été dégagées de la plus grande partie de leur eau, on les met essorer soit à l'air, soit dans l'intérieur de la fabrique. Une heure suffit en été ; en hiver, il en faut plusieurs. Il est des corroyeurs qui n'exposent point les peaux à l'air, parce qu'ils croient qu'il peut trop les surprendre. Quand on juge qu'elles sont suffisamment ressuyées, on peut les *mettre en huile*.

Autrefois, on n'employait que de l'huile de poisson ; parfois encore, on est obligé de s'en servir ; mais une expérience d'environ un siècle a prouvé que le *dégras* était, de tous les

Fig. 67.
Pilon.

corps gras, le meilleur pour mettre les peaux en huile.

On sait qu'on appelle *dégras* un mélange d'huile de poisson et de potasse, qui a servi à dégraisser les peaux qui se passent en chamois. On trouve plusieurs avantages à se servir de cette substance. En premier lieu, elle a plus d'épaisseur que l'huile pure. En second lieu, elle tient mieux sur le cuir et le nourrit davantage. Enfin, comme elle est savonneuse, elle contribue à rendre la peau douce et moelleuse. On peut encore ajouter qu'il faut moins de dégras que d'huile.

Avant de se servir du dégras, on doit examiner sa qualité ; car s'il n'était pas bien cuit, et s'il contenait de l'eau, il ne pénétrerait pas si bien, et la peau ne pourrait être bien fabriquée. Dans tous les cas, de quelque qualité que soit le dégras, il est impossible de l'employer seul ; on le mélange toujours avec de l'huile de poisson. Toutefois, on ne peut guère déterminer les proportions de ce mélange, parce qu'elles dépendent de différentes circonstances qui tiennent, les unes à la température de l'air, les autres à la nature de la peau et à la façon qu'on veut lui donner, d'autres enfin à l'épaisseur du dégras lui-même, et à la manière de voir du corroyeur, car tous les fabricants ne sont pas d'accord à ce sujet. Ainsi, en été, on met peu d'huile, tandis qu'en hiver, on en met beaucoup. Les peaux ingrates, maigres, celles qu'on a laissées trop longtemps dans les pelains, exigent peu d'huile et beaucoup de dégras, parce que, ne pouvant supporter beaucoup de nourriture, elles seraient trop pénétrées par l'huile, qui perce beaucoup. Quand on met les peaux en huile, elles imbibent la première fois plus de corps gras que la seconde : plus le dégras est épais, plus il demande d'huile. Quoi qu'il en soit, la quantité de l'huile, qui est souvent d'un quart, n'outrepasse jamais la moitié, ou au moins très rarement.

On sait que, pour une vache de 7 kilogr. 1/2 à 8 kilogrammes, il faut ordinairement 2 kilogrammes de corps gras, et qu'on en dépense 5 kilogrammes pour une douzaine de veaux pesant en totalité 14 kilogrammes, ce qui établit la proportion à un quart environ pour les vaches, et à un tiers, et même plus, pour les veaux.

Les peaux qu'on veut mettre en huile doivent contenir assez d'eau pour qu'on puisse leur en faire rendre en les tordant. Si elles étaient sèches, ou seulement très peu humides, elles pomperaient le corps gras en peu de temps. Or, pour qu'elles soient bien préparées, ce corps ne doit les pénétrer qu'insensiblement, ce qui arrive quand elles sont mouillées ; alors, en effet, elles ne prennent l'huile ou le dégras qu'à mesure qu'elles sèchent.

Avant donc de mettre les peaux en huile, il faut s'assurer si toutes les parties sont suffisamment humectées ; dans le cas contraire, on mouillerait les endroits trop secs. On doit avoir pour principe, qu'une peau sèche étant mise en huile, n'aura jamais la nourriture et le corps qui lui sont nécessaires. En conséquence, on doit éviter les deux extrêmes ; car si la peau sèche ne peut se bien nourrir, quand elle est trop mouillée, le dégras, en s'unissant à l'eau par sa nature savonneuse perd beaucoup de son activité.

Le dégras se donne sur la fleur et sur la chair (fig. 68). Quand l'ouvrier l'a étendu bien égale, ment, soit avec le gipon, soit avec la main, il suspend les peaux par les pattes de derrière et les met à l'air assez de temps pour qu'elles puissent boire leur huile.

Il faut bien se garder de les exposer au grand vent ou à l'ardeur du soleil, parce qu'elles sé- cheraient trop vite, et que l'huile n'aurait pas le temps de les bien pénétrer.

Dix ou douze heures suffisent en été pour faire sécher les peaux mises en huile, mais en

Fig. 68. — Ouvrier donnant le dégras.

hiver, il faut souvent deux et même trois jours.

Les ventres des vaches demandent moins d'huile que les autres parties. Au contraire, les ventres des peaux de veaux en réclament da- vantage.

En hiver, quelques corroyeurs font chauffer le dégras avant de l'employer. Ce n'est pas une pratique à recommander.

On ne suit point une méthode uniforme pour mettre les cuirs en huile. Dans certaines fabri- ques, on ne met sur la fleur que de l'huile, tandis qu'on met sur la chair un mélange d'huile et de dégras : dans d'autres, on se sert de ce mélange pour les deux côtés de la peau. Quelques corroyeurs suppriment l'huile, et ne

mettent sur la fleur et sur la chair que du dégras, en ayant soin d'en mettre un peu moins sur la fleur. Tous ces procédés réussissent également, on ne peut en condamner aucun ; il est bon seulement d'observer que si l'on mettait trop de dégras sur la fleur, il serait difficile de l'éclaircir. Nous ajouterons qu'on donne aux peaux destinées aux selliers un tiers de nourriture de moins qu'à celles qu'on travaille pour les cordonniers.

Quand les peaux sont suffisamment sèches, on les décrasse en les foulant, et puis on les recharge avec plus d'huile que de dégras. On les refoule une seconde fois, et on les décrasse entièrement sur fleur, en y passant une brosse trempée dans une eau légère de potasse. Enfin, on les met en noir. On exécute cette opération de la même manière que pour les cuirs lissés, et en ayant soin de tenir les bordages bien propres.

Après le premier noir, on crépit les peaux de travers, on leur donne un second noir, puis on les met à l'air pour les faire entièrement sécher. Quand elles sont sèches, on les foule, on les corrompt, on les déborde, on les pare à la lunette ou avec le couteau à revers ; enfin, on les tire au liège et l'on achève de les confectionner en passant légèrement de l'huile sur la fleur.

Les corroyeurs ne sont pas tous d'accord sur ces dernières opérations. Quelques-uns, après avoir donné le premier noir, ne foulent pas les cuirs ; mais ils les dégraissent sur la table avec une étire ; ils les mouillent ensuite sur la fleur, y passent de l'eau de potasse et donnent le second noir. Ensuite, pour les adoucir et leur donner du grain, ils les corrompent de queue en tête et des quatre quartiers.

On peut sans inconvénients suivre l'une ou l'autre de ces méthodes ; cependant la dernière est préférable.

Comme les bourreliers ont besoin de cuirs très forts pour les harnais, on leur fait des croupons en huile, c'est-à-dire qu'on leur vend des peaux dont on a ôté les têtes et les ventres, ce qui réduit chaque moitié de vache à un morceau de cuir long de 1^m 46 et large de 1 mètre et quelques centimètres (fig. 69).

Un bon ouvrier peut, en douze jours, confectionner de tout point douze à quinze vaches en huile.

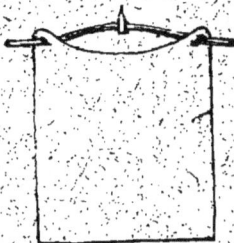

Fig. 69. — Croupon.

Nous avons dit, en commençant cet article, que les vaches en huile se préparent en noir et en blanc. Il nous reste donc à parler des *vaches blanches*.

Les cuirs de cette espèce sont plus particulièrement destinés aux cordonniers, qui en font des empeignes de gros souliers, la fleur en dedans. Ils ne se travaillent pas en entier : on les coupe d'abord en deux, puis on en fait des croupons, et l'on réserve les parties inférieures, c'est-à-dire les têtes et les ventres, pour faire les premières semelles ou semelles intérieures.

Pour fabriquer les vaches blanches, on défonce bien le cuir, puis, sans le drayer, on le bute soigneusement avec le couteau à revers.

On le met ensuite en huile et en dégras de chair
et de fleur. Après cela, on le fait sécher, on le
foule aux pieds ou au tonneau, on le déborde,
on le presse et on le rebrousse pour en effacer
les plis. On finit par le tirer au liège, afin d'en
coucher la chair et d'en relever le grain.

Il est des corroyeurs qui ne foulent point les
vaches blanches ; ils se bornent à les corrompre, les rebrousser et les mettre au vent. Ils
assurent que préparées ainsi, elles sont plus
belles.

Vaches en cire

Les *vaches en cire* proprement dites sont
celles qui ont été frottées avec de la cire fondue
et entretenue à un degré de température suffisant afin de pouvoir bien pénétrer les cuirs.
Comme ce mode de fabrication est très coûteux, on n'y a presque plus recours aujour-
d'hui. Le nom de *vaches en cire* a cependant été
conservé ; mais il ne désigne plus que les
vaches en suif qui, par leur nature ou l'effet
du travail, ont de la fermeté et sont fabriquées
soigneusement. Ces cuirs sont exclusivement
employés par les selliers et les carrossiers.

Pour donner plus de fermeté à certains cuirs
en suif, quelques fabricants ajoutent de un
huitième à un quart de cire au suif. En général,
les cuirs lissés doués de cette même fermeté
sont vendus aux carrossiers comme *vaches en
cire*. Ils sont fort estimés pour leur beauté et
leur durée.

Vaches d'Angleterre

On donne le nom de *vaches d'Angleterre* ou *façon d'Angleterre*, à des cuirs lissés ou à grains, auxquels on procure de la souplesse, au moyen du suif, en leur conservant leur couleur naturelle, fauve ou jaunâtre. Les bourreliers s'en servent pour faire des harnais.

Pour cette fabrication, on choisit des peaux de bonne qualité, blanches de fleur, nettes, franches, sans verdure et bien tannées.

On les défonce à la bigorne ou avec les talons, comme s'il s'agissait de faire des cuirs lissés, mais, dans cette opération, ainsi, d'ailleurs, que dans toutes les autres, il est indispensable de les travailler avec une extrême propreté, car la moindre tache les ferait rejeter de l'emploi auquel elles sont destinées.

Dès que les peaux ont été défoncées, on les met à l'air, on les foule et on les draye. On les corrompt et on les rebrousse au talon et à la paumelle, de chair et de fleur, pour en effacer les plis. Enfin, on les fait sécher et on les met en suif.

Quand on veut mettre en suif, on mouille les peaux sur fleur avec un gipon bien propre et de l'eau très claire, afin que le corps gras ne perce point les coutelures ou les endroits faibles. Il est bon de faire observer que le suif, qui se donne sur chair, doit être moins chaud pour les vaches d'Angleterre que pour les vaches en suif et les cuirs lissés. Comme un des principaux résultats est de leur conserver leur couleur naturelle, on doit faire attention à ne donner du suif qu'une petite quantité, afin qu'il ne pénètre point jusqu'à la fleur.

La mise en suif terminée, on met les peaux en trempe dans de l'eau claire, pendant une demi-heure, puis on les étend et on leur donne sur fleur, mais légèrement et également, une couche d'huile de poisson ou d'huile de lin; on préfère ordinairement cette dernière. Après que l'huile a été étendue, ce qui se fait avec une pièce de laine ou un petit gipon, on laisse sécher les peaux et on les finit comme les cuirs lissés, mais en se servant d'une étire de cuivre, parce que celle de fer pourrait parfois tacher ou noircir la peau.

Quand la peau est sèche à cœur, on y applique sur fleur une couleur faite avec de la graine d'Avignon ou du safran. Avec 2 grammes de safran, on peut mettre en couleur six cuirs. On fait infuser le safran dans un litre de bière. On a besoin de beaucoup de précaution pour cette couleur. Non seulement il faut qu'elle soit mise d'une manière égale, mais encore avec beaucoup de vivacité, car autrement la peau serait tachée ou colorée par places, ce qui produirait un très mauvais effet.

Lorsque la peau est en couleur, on la remet à l'air, mais en se gardant bien de l'exposer au soleil, parce que la chaleur faisant pénétrer jusqu'à la fleur la nourriture qui a été mise sur la chair, tacherait infailliblement la peau. On ne se sert point d'épine-vinette, qui pourrait aussi faire des taches, on se contente d'essuyer la peau, jusqu'à ce qu'elle soit sèche, avec un morceau de panne ou un linge blanc : cela suffit pour l'éclaircir et la lustrer.

Certains corroyeurs lissent seulement les peaux de cette espèce et n'y mettent pas de couleur, mais cet usage n'existe que dans quelques localités arriérées.

On fait aussi les vaches d'Angleterre d'après un autre procédé.

Quand les cuirs destinés à cette fabrication sont drayés proprement, on les corrompt pour en faire disparaître les fosses, s'il y en a ; on les foule avec un pilon dans un tonneau rempli d'eau claire ; on les met de chair, au vent, sur un marbre, ensuite on les reprend de fleur pour les pierrer et les étendre avec l'étire de cuivre. On a soin de les serrer très ferme, afin de bien tendre le cuir et de le rendre très uni. Cette opération terminée, on les fait essorer un peu, et on les retient, toujours avec l'étire de cuivre. On a soin de bien les essuyer avec un gipon de laine très propre, à chaque façon qu'on leur donne. Ensuite on les met en huile, de fleur, avec de l'huile de lin, et de chair, avec une composition d'huile de poisson, de dégras, et de beau suif blanc. On met un tiers de chaque corps gras, le tout fondu et mêlé ensemble, puis passé au tamis de crin ; ce mélange doit être fait d'après la température de l'air et la saison dans laquelle le travail a lieu. Pour que les épaules et les extrémités aient une couleur bien égale et bien jaune, on a soin de ne pas trop les nourrir.

Quand les peaux ont reçu leur nourriture, on les fait sécher en les suspendant au moyen d'une baguette passée par un bout dans la queue, et par l'autre dans une patte. Quand elles sont sèches, on les met de nouveau sur une table de marbre, on les retient très fermes de chair avec une étire un peu ardente, afin de les dégraisser et de les rendre bien unies ; ensuite, on les reprend de fleur, on les mouille avec un peu d'eau propre, on les retient avec l'étire de cuivre, on les essuie soigneusement avec un chiffon, et on les étend encore une fois pour qu'elles achèvent de sécher.

Quelquefois, on leur donne une couleur faite avec un peu de bois de Brésil, un peu de graine d'Avignon et de la colle de Flandre, le tout cuit ensemble. On passe cette teinture sur la fleur, vivement et légèrement, puis on étend la peau et on la laisse à l'air jusqu'à ce qu'elle soit entièrement sèche. On lisse ensuite avec une lisse de verre.

Afin de rendre nos explications plus simples nous n'avons, jusqu'à présent, parlé de la lisse que dans son aspect le plus simple ; il est bon, croyons-nous, de dire que ce n'est pas la lisse telle qu'elle est représentée figure 66 (page 392) qui sert exclusivement au lissage. On fait usage également d'appareils mécaniques qu'on appelle souvent machines à polir et dont le modèle le plus élémentaire est représenté par notre dessin figure 70 et qu'on désigne sous le nom de machine à polir à *battant oscillant.*

Une machine de ce genre, se compose essentiellement d'un étroit chevalet en bois, sur lequel on place le cuir et d'une sorte de long levier également en bois, qui est suspendu directement au-dessus, au plafond de l'atelier. Ce levier est la pièce qu'on appelle battant. Le polisseur, composé d'un cylindre en verre, est monté à son extrémité inférieure, où il tourne librement sur un axe qui le traverse de part en part. Quant à son extrémité supérieure, elle est articulée à son point de suspension de manière à pouvoir osciller, soit sous l'action de la main, soit sous celle d'une bielle commandée par un moteur quelconque. Enfin la partie supérieure du chevalet présente une courbure dis-

Fig. 70. — Machine à polir à battant oscillant.

posée de façon qu'elle suive, pendant quelque temps, l'arc décrit par le cylindre en verre quand le battant est mis en mouvement. Le cuir une fois posé sur le chevalet, est retenu et dirigé avec la main, de sorte que tous les points de sa surface se trouvent successivement soumis à l'action du cylindre en verre polisseur.

Cet appareil se fait également à *table marchante*. Le cuir est étendu sur une table ou plaque horizontale, que des crémaillères commandées par des pignons et une manivelle, font aller de côté et d'autre, et qui, dans ses divers mouvements, passe et repasse sous le cylindre polisseur. Celui-ci tourne lui-même sur son axe, et des leviers à contrepoids ou des ressorts le font appuyer plus ou moins sur le cuir.

Enfin l'appareil s'est perfectionné aujourd'hui pour devenir un engin simplement mécanique dont nous donnons une vue d'ensemble figure 71.

Ainsi qu'on le voit par le dessin ci-contre, cette machine se compose d'un bâti en fonte fait de deux flasques parallèles entre lesquelles passe une bielle prenant un mouvement de va-et-vient sous l'action d'une manivelle mise en rotation par une poulie.

La bielle attaque directement le porte-outil, c'est-à-dire la pièce qui supporte le cylindre polisseur alors que ce porte-outil est placé au bout d'un véritable battant pouvant osciller sur la partie supérieure du bâti de la machine. C'est en somme le principe de la machine à polir à battant.

Sous le cylindre polisseur, se présente le cuir placé sur une table qui tient lieu de chevalet ; cette dernière peut se lever ou s'abaisser à l'aide de vis que l'on aperçoit sous la table. Ces vis permettent de régler l'écartement entre le cuir et le cylindre polisseur. Une pédale placée en bas de la table permet de soulever celle-ci, avec le cuir qui la recouvre, et de l'appuyer plus ou moins fort contre le cylindre polisseur, par conséquent, de régler l'action de ce dernier.

La pédale est munie d'un contrepoids qui laisse retomber la table dès que la pression cesse sur la pédale.

La manœuvre de cette machine se comprend facilement : l'ouvrier, après avoir placé le cuir

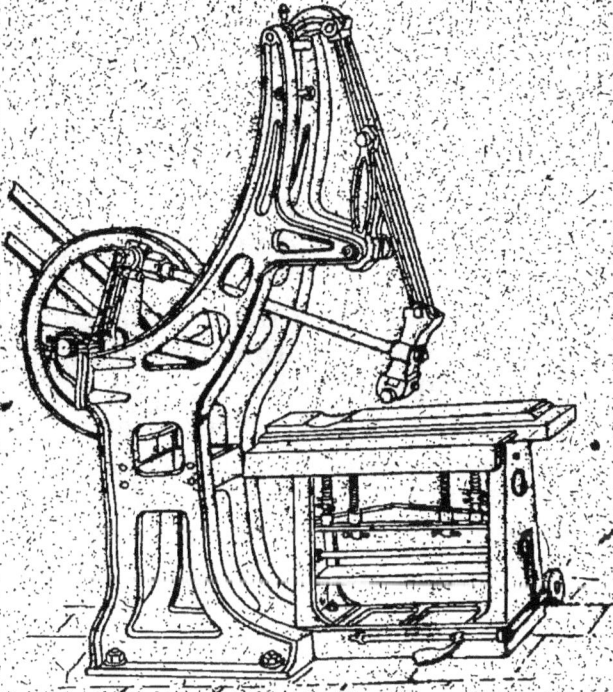

Fig. 71. — Machine à lisser.

sur la table, actionne les vis pour rapprocher le cuir presque contre le cylindre polisseur, puis posant le pied sur la pédale et appuyant plus ou moins fort, il applique le cuir contre le polisseur qui, dans son mouvement opère le lissage. En lâchant la pédale, l'ouvrier dégage le cuir, ce qui lui permet de le faire varier dans sa position sur la table et d'exposer ainsi toute sa surface à l'action du polisseur.

Vaches grises ou vaches grasses

Ce sont des vaches en suif préparées avec plus de soin que les vaches ordinaires. On leur donne beaucoup plus de suif, ou, pour mieux dire, comme elles doivent avoir de la force et de la souplesse, on leur en laisse prendre tant qu'elles peuvent.

Quand elles ont été mises en suif, on les expose au vent, et, dès qu'elles sont en demi-humeur, on leur donne une couche d'huile et de dégras, de chair et de fleur. Pour cette dernière façon, il faut environ 750 grammes de dégras pour chaque peau.

Ces peaux conservent presque leur couleur naturelle ; elles n'exigent pas autant de propreté que les vaches d'Angleterre. Elles servent à faire des cuirs de pompe, des malles, des soufflets, etc.

Peaux de veaux

Les peaux de veaux qui, pour certains usages, sont employées à la place des vaches, se travaillent à peu près comme ces dernières. On peut donc leur appliquer tout ce qui a été dit dans les paragraphes précédents. Quant aux veaux destinés à faire des empeignes, leur fabrication est soumise à des règles assez nombreuses, et que nous allons exposer.

Veaux en huile

Quand le corroyeur veut faire des *veaux en huile*, il prend les peaux au moment où on les tire de la fosse ; il les met à l'air, les laisse essorer, les bute et les foule pendant quelques instants, ensuite il les met en huile à froid, de fleur et de chair. Il est des fabricants qui, pendant l'hiver, font tiédir l'huile. Mais nous avons dit plus haut que cette pratique n'est pas à imiter.

Pour les veaux, comme pour les vaches, on emploie un mélange, en parties égales, d'huile et de dégras. Toutefois, quand le dégras est trop clair, on l'emploie seul et sans huile. L'huile la meilleure est celle de baleine, blonde. En hiver, on peut la remplacer par celle de foie de morue bien pure.

On compte ordinairement sur 5 à 6 kilogrammes d'huile pour douze veaux, pesant de 15 à 18 kilogrammes. Les veaux surpelanés, c'est-à-dire qui sont trop restés dans les pelains, ne sont pas susceptibles de prendre autant de nourriture que ceux qui ont été pelanés convenablement, parce que, devenus secs par l'effet de la chaux, ils ne pourraient pas supporter le corps gras qui pénétrerait à travers. On doit, en général, éviter un excès d'huile ou de dégras, car les peaux deviendraient trop souples et même mollasses. On ne peut donner aucune règle positive à ce sujet. Le corroyeur seul peut juger de la quantité de nourriture qui est nécessaire pour chaque espèce de cuirs, et c'est ici le cas de dire que la *pratique rend maître*.

Quand les veaux ont été mis en huile, on les

Tanneur. 14

fait sécher, puis on les décrasse. Cette dernière
opération ne se fait pas de la même manière
pour tous les veaux : elle est subordonnée à la
disposition des peaux et à l'usage auquel on
les destine. En général, pour décrasser les
peaux, on les amollit, on enlève les parties
étrangères qui pourraient s'y être attachées,
on les adoucit et l'on en relève le grain.

Au décrassage, succède le dégraissage, qui a
pour objet d'achever le nettoyage des peaux
et de les disposer à prendre le noir. A cet effet,
on les potasse sur la fleur, c'est-à-dire qu'après
avoir trempé une brosse dans une solution de
potasse, on la passe sur la fleur. Comme la
potasse gâterait le cuir si on en mettait en trop
grande quantité, le corroyeur doit bien connaître la dose nécessaire. Jadis on faisait
dissoudre 500 grammes de potasse dans un
seau d'eau. L'expérience a démontré que cette
dose était trop forte ; il ne faut mettre que la
quantité d'alcali strictement nécessaire pour
débarrasser le veau de la graisse surabondante.
Un excès de potasse, loin de favoriser cette opération, lui serait, au contraire, préjudiciable.

Le dégraissage terminé, on met sur-le-champ
les veaux en noir. Ce noir est le même que celui
dont il a été question en parlant des vaches. Il
faut bien prendre garde d'en mettre trop, parce
qu'il pourrait percer les peaux. Ensuite, on
crépit, de quatre parties d'huile et d'une de
dégras, les cuirs avec une petite marguerite ou
avec une paumelle de moyen pas, de travers
et de queue en tête, pour couper les veines ou
ces longs sillons qui traversent les peaux en
différents sens.

On donne ensuite un second noir, et, s'il est nécessaire, on recharge la peau avec un mélange de quatre parties d'huile, et d'une de dégras ; après quoi, on la met à l'air, et on la fait sécher à cœur. On la foule alors, on la corrompt sur chair, on la rebrousse sur fleur, on la déborde avec le couteau à revers, et on la pare avec ce dernier ou à la lunette.

Quand les veaux ont été parés, on les tire au liège, chair sur table, et pour achever de les confectionner, on leur donne une petite couche d'huile de poisson, sur fleur : par ce moyen, on fonce le noir dont la teinte peut avoir été affaiblie par le travail.

Les corroyeurs emploient une autre méthode qui est assez généralement suivie. Quand les veaux sont secs d'huile, on les trempe dans une cuve ou dans un baquet. Aussitôt qu'ils sont bien humectés sans être entièrement pénétrés, on les crépit de queue en tête, et on leur donne le premier noir ; ensuite on les crépit de travers, on leur donne un second noir et on les charge avec de l'huile de poisson et du dégras ; on les fait sécher à cœur, on les rebrousse des deux quartiers, puis on les charge encore une fois avec de l'huile claire.

Veaux en suif

En général, on prépare peu de *veaux en suif*, la plus grande partie des cuirs de cette espèce se faisant à l'huile. Cependant l'expérience a démontré que les premiers sont beaucoup plus imperméables à l'humidité que les derniers. Dans tous les cas, on ne doit employer que d'excellent suif fondu aux cretons.

Pour faire des veaux en suif, on prend des peaux sèches en croûte ; on leur donne un vent d'eau avec le balai, et on les bute avec le butoir sourd, ou bien on les travaille sur la table avec une étire. Enfin, on abaisse les têtes jusqu'à la gorge avec un couteau à revers, puis on les écharne légèrement sur la chair avec le même couteau.

Pour bien écharner les peaux, on les mouille afin que le couteau morde moins. Le mouillage est d'autant plus nécessaire qu'on ne saurait ni écharner, ni baisser une peau sans qu'elle ait été préalablement humectée. Après l'écharnage, on fait sécher.

Jadis, il était d'usage de poncer les peaux dès qu'elles étaient sèches afin de faire disparaître les inégalités de chair. Cette pratique est maintenant abandonnée. Au lieu de ce travail, on les corrompt sur chair avec une marguerite ou avec une paumelle fine ; on les rebrousse avec le liège et on les met en suif de la même manière que les vaches. On les fait sécher, on les met au vent, on les foule à l'eau comme les vaches noires ; on les crépit, on les dégraisse, on les met en noir deux fois ; on les corrompt, on les rebrousse, on les redresse, on les éclaircit, et quelquefois, au lieu de les éclaircir, on les charge sur la fleur avec de l'huile claire.

Pour une douzaine de veaux pesant 19 à 20 kilogrammes, il faut 6 à 7,50 kilogrammes de suif.

Les veaux en suif sont plus difficilement pénétrés par l'eau que les veaux en huile : les bourreliers s'en servent pour la bordure et pour des housses qu'on met sur les colliers des chevaux ; les selliers les emploient aussi dans quelques ouvrages, et dans la campagne, les cordonniers en font de gros souliers. Ces cuirs servent aussi pour couvrir des coffres, des chaises et des tables.

Veaux d'Angleterre

Les *veaux d'Angleterre* se font avec des peaux de bonne qualité et de la même manière que les vaches. Les opérations préliminaires sont celles du veau en suif ; mais le suif se donne sur chair et en petite quantité, afin de ne pas pénétrer le cuir. L'ouvrier doit faire attention de travailler proprement ces peaux afin de ne pas les tacher.

Les veaux forts se corroient en blanc, et servent pour les empeignes de gros souliers, tandis que les petits veaux sont destinés aux souliers plu minces. Ce travail est le même que celui du veau noir. Toutefois, en s'écartant de la méthode ordinaire, il serait peut-être avantageux de mouiller le cuir à moitié, de le corrompre de queue en tête, de travers et en différents sens ; par ce moyen, on développerait beaucoup mieux la peau. Quand les veaux blancs ont été mis en huile, et qu'ils sont décrassés à fond, on les déborde, on les pare de cul en tête, et on les foule jusqu'à ce qu'ils soient bien doux. On en foule deux à la fois, chair contre chair, ensuite on les rebrousse, on les travaille à la lunette et on les tire au liège.

Il est bon de faire observer ici que l'ouvrier doit apporter le plus grand soin dans la préparation de ces peaux, qui, par leur nature,

sont d'une texture moins forte que celle des
vaches. Il faut donc prendre bien garde, dans
les diverses opérations qu'on leur fait subir, de
les peler, d'en gâter la fleur ou de les déchirer. Si,
parmi ces peaux, il s'en trouve provenant de
veaux mort-nés, on évite la *pelade*, c'est-à-dire
de les peler, en les passant dans le coudrement
et les mettant ensuite en fosse pendant quelque
temps. Après ces divers travaux, on les pare de
la même manière que les autres peaux.

On distingue deux sortes de veaux d'Angleterre, le *veau tourné* et le *veau à cirer*.

Le veau tourné n'est autre chose que le veau
en huile. Les cordonniers en font des empeignes
de souliers en mettant la fleur en dehors.

Le veau à cirer est le veau blanc en huile ;
on en fait aussi des empeignes de souliers, mais
en mettant la fleur en dedans et la chair en
dehors ; on teint ces souliers en noir.

Veau ciré

La fabrication du *veau ciré* est de date
relativement récente, car elle a fait son apparition dans la corroierie depuis soixante-dix à
quatre-vingts ans. C'est le produit de l'art du
corroyeur qui présente le plus de souplesse et
de moelleux, et l'un des plus importants de
l'industrie actuelle des cuirs. Aussi l'emploie-t-
on aujourd'hui presque exclusivement à la
place du cheval, de la chèvre et de ce qu'on
appelait anciennement *veau retourné*, pour
la confection des tiges de bottes et des souliers
pour hommes et pour femmes.

Comme tous les autres cuirs destinés à être

corroyés, les veaux qu'on veut cirer se prennent en croûte ou frais de fosse, mais ils exigent d'être tannés avec le plus grand soin et dans une juste mesure, car, s'ils n'ont pas absorbé assez de tanin, ils repoussent les corps gras qu'on y applique, et, s'ils n'en ont pris une quantité convenable, ils sont durs et ne présentent point les qualités que recherchent les consommateurs. Aussi, les corroyeurs qui s'occupent spécialement de cette fabrication ont-ils généralement l'habitude de tanner eux-mêmes les peaux dont ils ont besoin, et par le procédé de la jusée.

Après avoir retranché la tête et les bouts de toutes les extrémités, on mouille les peaux, on les écharne et on les travaille de manière à établir une égalité parfaite dans toutes leurs parties ; pour y parvenir, on baisse les endroits les plus épais, surtout la gorge, qui a toujours plus de force que les autres.

Dans cette première opération, qui est le drayage, et qui doit être faite avec des précautions infinies, on réduit le cuir à l'épaisseur convenable au genre de chaussure pour lequel il est destiné. On le met ensuite, pendant au moins vingt-quatre heures, dans une cuve contenant de l'eau bien claire ou, ce qui est préférable, du jus de tannée faible, après quoi, le ployant en soufflet ou manchon, on l'introduit dans une seconde cuve à moitié pleine d'eau pure. Des ouvriers, armés chacun d'un pilon, le foulent alors en cadence, de manière que les coups ne frappent jamais à la même place. Au bout de sept à huit minutes de ce travail, le cuir est retourné et traité de la même façon pendant le même temps. Comme cette opération est très fatigante pour ceux qui l'exécutent, il est préférable, quand la chose est possible, de l'effectuer à l'aide du tonneau à fouler.

Au foulage succède la *mise au vent*. Elle consiste, le cuir étant étendu sur une table ou sur un marbre, à le travailler successivement sur la chair et la fleur, avec la queurse ou l'étire. Ces outils doivent être repassés avec soin. La queurse doit être employée de préférence pour les veaux faibles et l'étire pour les veaux forts. Voici comment un praticien habile décrit l'opération :

« Mes outils étant bien disposés, je prends un veau et je le place sur le marbre, la chair en dessus, la culée à droite, la queue tout entière sur le marbre, et la raie du côté du collet à 10 centimètres du bord du marbre. Je prends mon étire, je colle la raie du dos, mon premier coup dans la direction de la queue, à partir de la hauteur des épaules, et mon second coup partant du même centre et se dirigeant droit sur la nuque, c'est-à-dire entre les deux oreilles. Si mon veau n'est pas bien collé sur la raie du dos par ces deux coups, je les double, et ensuite je commence à étirer la gorge presque en travers et en appuyant fortement.

« J'arrive ainsi à la patte de devant, que je n'étire pas ; ensuite, je me tourne vers la culée, et, mes coups partant de la hauteur des épaules et commençant le long de la raie du dos, je remonte successivement, en en prenant 3 à 4 centimètres en largeur à chaque coup et environ 50 à 60 centimètres en longueur ; me voici au nombril. Cette manœuvre a pour but de déplacer le trop de cuir que j'ai renversé sur la patte de devant et le brochet, en prenant ma gorge et mon collet en travers, car il y a toujours trop de cuir dans le collet d'un veau, et tous mes efforts tendent à le dégager. Je veux, avant tout, que mon veau soit bien plat, et, pour obtenir ce résultat, que je poursuivrai jusqu'à la mise en huile, je commence le déplacement de mon cuir dès la première façon, qui est l'étirage de chair.

« Mon collet bien aplati, mon cuir renversé du côté de la culée, je pousse mon brochet avec force droit devant moi, je tends mon veau le plus que je peux dans cette direction ; car plus je l'allonge, plus mon cuir se dégage de chaque côté, et j'arrive alors à la patte de devant, qui se colle toute seule sans manchette. Je reprends alors mes coups sur la culée de la peau en serrant fortement sur le nœud de la queue, sur le rond de la fesse, et, arrivé à la patte de derrière, je l'écarte par des coups obliques de droite et de gauche. Je rassemble alors tous mes coups, je prends ma brosse de chiendent, je la trempe dans l'eau et je lave toute la chair de la peau ; je la retourne pour étirer l'autre côté en agissant de même. Enfin, je ploie ma peau en quatre et je la mets se dégager dans l'eau claire.

« Cette façon a pour but d'atteindre et de briser le nerf de la peau et de la préparer, par le déplacement de ses fibres, à la façon de fleur. Pour effectuer cette dernière, je reprends mon veau et l'étends sur le marbre de la même manière que pour l'étirage de chair. Je prends la queurse, je la colle, à partir de la hauteur des épaules, le long de la raie du dos, dans la direction de la queue, puis je me retourne et je la colle dans la direction de la nuque ; toujours le long de la raie du dos, je la colle, je l'appuie solidement ; car la raie du dos, pour qu'un veau soit collé droit, ne doit pas se déplacer, et quand des veaux ont trop de nerf et qu'ils collent difficilement, je n'hésite pas à étendre le long de mon marbre une légère couche de suif, et cela pour que, de ce point, il ne s'opère aucun déplacement de cuir.

« Cela fait, je commence à queurser le collet en appuyant fortement sur mon outil, sans trop le serrer dans mes mains ; le poids de l'avant-corps doit suffire, car, si l'on serrait trop fortement la queurse, les mains se fatigueraient trop vite, et en retirant mon coup, je laisse traîner l'outil sur la peau pour décrasser la fleur et, en le retirant, je le soutiens, mais ne le serre pas, ce serait de la force employée inutilement.

« Le collet étant bien queursé, je me retourne dans la direction de la culée et, partant de la hauteur des épaules, je commence mes coups contre la raie du dos en remontant à chaque coup de 3 centimètres dans la direction du nombril. J'arrive ainsi au brochet, que je queurse droit devant moi en opérant le dégage-ment du trop de cuir qui existe toujours dans cette partie, et je colle la patte de devant en l'écartant de droite et de gauche. Je reprends ensuite la culée, que je serre tant que je peux, car cette partie, toujours nerveuse, doit être aplatie quand même ; je colle le flanc de der-rière et j'écarte la patte avec soin.

« Cela fait, je prends la brosse de chiendent et je lave ma fleur avec soin. Reprenant ensuite la queurse, je recommence mon travail d'après les mêmes principes. Comme la fleur est plus serrée, en laissant traîner mon outil en revenant, la queurse ressaute et ronfle sur la fleur; plus le ronflement est sec, plus la peau est serrée. Par cette façon, toutes veines doivent disparaître, la veine de sang doit monter et se faire voir sur l'épiderme de la fleur. Ce n'est que quand je l'aperçois que je juge ma peau suffisamment queursée. A ce moment, je reprends la brosse, je lave la fleur à nouveau et je reprends mon étire, dont la lame doit être bien adoucie pour éviter d'altérer la fleur. Mes coups d'étire commencent de même que ceux de la queurse et dans les mêmes directions; seulement je serre davantage l'étire dans les mains pour qu'elle ne saute pas, et j'évite, en retirant mon coup, de la laisser traîner sur la fleur, car on ne doit jamais, à cette façon, renverser la fleur, parce qu'on l'altérerait inutilement.

« J'ai vu souvent des ouvriers, qui négligeaient de serrer leur peau à la queurse, étirer inutilement un veau à force de bras pour en faire disparaître la veine, ils y parvenaient; mais une fois leur veau enlevé de dessus le marbre, la veine remontait et leur travail était imparfait. C'est la queurse seule qui enlève la veine, l'étirage vient après, mais ne saurait la remplacer.

« Mon veau étant bien queursé, bien étiré, je le retourne et recommence mon travail de l'autre côté et de la même manière, toujours en ayant soin que la raie du dos reste bien collée au marbre, car le moindre déplacement ferait que la peau serait collée de travers, et l'on se préparerait, au retenage, des difficultés de redressage qu'il faut éviter ».

Après la mise au vent, on retient le cuir sur le marbre, avec la queurse et l'étire, mais seulement sur la fleur. On peut le soumettre à ce travail sans le faire essorer ; mais, si l'on opère en hiver, ce demi-séchage ne peut qu'être utile. Il facilite beaucoup le travail de l'ouvrier, parce que, lorsque la peau a bien absorbé son eau, elle se redresse mieux, l'étire a plus de force, la veine ne remonte pas, les pores se serrent plus complètement.

Le retenage terminé, on procède à la *mise en huile*. On emploie pour cela un mélange d'huile de baleine blonde et de suif fondu aux cretons, et, pour lui donner une consistance assez grande afin qu'il ne puisse pas couler après son application, on y ajoute une petite quantité de dégras de première qualité.

On commence par le côté de la fleur. Après y avoir appliqué une couche du mélange ci-dessus, on ploie le cuir en deux et on le laisse deux ou trois jours dans cette position. Il a ainsi le temps d'absorber toute l'huile, et il reste à la surface la majeure partie du suif, qui disparaîtra plus tard, lors du séchage.

Le côté de la chair se met en huile de la même manière que celui de la fleur, sauf qu'au mélange précédent on en substitue quelquefois un autre qui se compose uniquement de suif et d'excellent dégras.

Après la mise en huile, les cuirs sont étendus à l'air, dans un séchoir. Si l'on est au printemps il suffit de les changer de place de temps en temps. Si c'est en été, on est obligé de les garantir des courants d'air très secs. Enfin, pendant l'hiver, surtout quand l'atmosphère est humide, comme la fleur serait exposée à se couvrir de moisissures, qui altéreraient profondément sa couleur, il est indispensable de se servir d'une étuve modérément chauffée, c'est-à-dire dont la température soit maintenue à 18 ou 20e. Une ou plusieurs ouvertures convenablement placées doivent être pratiquées dans les murs de cette étuve pour livrer passage à l'humidité qui s'échappe des peaux.

A mesure qu'ils sont secs, ce qui a lieu au bout de huit jours environ avec l'étuve, les cuirs sont successivement étendus et empilés pendant vingt-quatre heures, exposés à l'air pendant trois, quatre ou cinq jours et, enfin ployés en deux, remis en pile et chargés aussi lourdement que possible ou mieux placés sur le plateau d'une presse hydraulique puissante.

Si ces diverses opérations sont faites avec le plus grand soin, si, en outre, la sèche a eu lieu lentement et graduellement, le cuir conserve toute sa souplesse et sa qualité est parfaite.

Après la sèche, les cuirs subissent le *dégraissage* ou *décrassage* et le *blanchissage*. Ces deux façons s'effectuent, la peau étant placée sur le marbre ou sur un chevalet, la première avec une étire très douce et non flexible, la seconde avec le couteau à revers ou avec une étire coupante.

Le dégraissage a pour but de débarrasser le cuir de l'excès de matière grasse dont il est imprégné. Il se fait sur chair et sur fleur. Voici comment opère le praticien ci-dessus : « Je prends mon veau de long, la culée tout entière

sur le marbre jusqu'à la naissance de l'épaule,
j'appuie fortement sur l'étire inclinée à demi,
mes coups suivent la même direction que lorsque j'ai collé la peau pour la mettre en huile;
j'abats avec soin les plis qui remontent quelquefois le long des bordages, à la sèche, je
ménage les flancs et les parties dont le cuir
est rentré et me garde bien de les ouvrir pour
ne pas déformer la peau, ce qui serait un mal
irréparable et deviendrait une difficulté au
blanchissage. »

Le blanchissage se fait comme il a été dit,
soit avec le couteau à revers, soit avec l'étire.
Si l'on emploie le couteau, on dégraisse avant
de blanchir, si l'on se sert de l'étire, on ne dégraisse qu'après avoir blanchi. Cette opération
consiste à enlever, sur le côté chair, le corps
gras resté à la surface du cuir et même une
très petite pellicule de celui-ci, de manière à le
rendre d'une épaisseur aussi égale que possible.
Le travail au couteau, seul connu autrefois,
est bien supérieur au travail à l'étire sous le
rapport de la beauté des produits; mais il est
très difficile à bien faire et exige des années
d'apprentissage, tandis que ce dernier peut
s'apprendre en quelques mois. Telles sont les
raisons qui en ont amené l'abandon. Aujour-
d'hui donc, on ne blanchit plus qu'à l'étire.
Pour obtenir de bons résultats avec cet outil, il
faut d'abord prendre le cuir en long, puis le
traverser avec soin, en suivant bien ses coups,
en enlevant les veines et les bouquets de chair,
ainsi que, et surtout, les coutelures, celles du
moins qui peuvent disparaître.

Quand on se sert du chevalet pour blanchir,

les carrures de cet appareil laissent souvent sur
le cuir des marques plus ou moins profondes
qu'il est indispensable d'effacer, sans quoi le
grainage ne pourrait se faire qu'imparfaitement. On obtient le résultat voulu en passant
sur la fleur d'abord une queurse à coins arrondis
et bien unie, puis une étire dont le fil est suffisamment adouci pour qu'elle ne puisse rayer.

Le *grainage*, qui vient immédiatement après
le blanchissage, a pour objet, comme son nom
l'indique, de donner le *grain* à la peau.

Il se fait en travaillant celle-ci avec une paumelle en liège, mais tous les corroyeurs ne pro-
cèdent pas de la même manière. Ainsi, les uns
forment un grain carré en prenant leur veau des
quatre faux quartiers : c'est ce qu'on appelle la
méthode anglaise. Les autres préfèrent un grain
d'orge : c'est le plus beau et celui qui ménage
mieux la peau. D'autres encore prennent le
cuir, d'abord des quatre faux quartiers, puis
droit de queue en tête, ce qui produit un grain
d'une grande finesse, mais qui ne peut être obtenu que sur les veaux femelles bien serrés de
tannage.

« Pour bien grainer une peau, continue notre
praticien, il faut, au premier coup, juger de la
qualité du cuir sur lequel on veut opérer. Si ce
cuir est ferme et serré, on peut le travailler au
liège, sans crainte de faire monter, à la surface
de la fleur, un grain trop gros. Si, au contraire,
il est un peu creux et s'il a la fleur tendre, il doit
être ménagé ; sans cela, la fleur se soufflerait
au point qu'on la croirait détachée de la fibre,
et le mal serait irrémédiable.

« Voici comment je procède à cette façon. Je

prends une paumelle recouverte d'un liège bien égal, et qui n'ait pas plus de 16 à 17 centimètres de largeur. Il ne faut pas qu'elle soit trop bombée ; il suffit qu'elle forme un cintre surbaissé. Quant à sa longueur, elle peut varier de 26 à 28 centimètres. Au milieu, je mets une bride en cuir, assez large et assez douce pour ne pas me blesser ni me fatiguer la main. Enfin, elle doit être d'une grande légèreté et bien maniable, car, presque toujours, une seule main la fait fonctionner, et cette main se fatiguerait vite si l'outil ne réunissait pas ces conditions de légèreté et s'il n'était pas bien en main.

« Je prends mon veau par la patte de derrière de gauche, je roule cette patte bien serrée jusqu'à la hauteur du nombril, de manière à me fixer sur la direction du grain que je veux produire, à partir du brochet de gauche, à la patte de derrière de droite : c'est ce qu'on appelle *le prendre d'un faux quartier*.

« Si la peau est ferme, je passe mon liège, le tenant de la main droite, sous la main gauche, et je n'hésite pas à appuyer fortement des deux mains, en ayant soin de bien suivre la courbe de mon liège, ce qui est essentiel pour bomber le grain ; car si je le tirais droit, le grain resterait plat. Je suis bien mes coups, en ayant soin de n'avancer de gauche à droite que du quart de la largeur de mon liège, et cela pour produire un grain égal. Quand j'arrive au flanc droit, je ne l'écrase pas, je passe légèrement par-dessus en soutenant le liège, et mon action continue fortement quand j'arrive à la patte de derrière.

« Le grain étant bien ressorti dans toute la longueur, je déroule la peau et je continue, en respectant et ménageant le flanc gauche et en serrant fortement la culée, car le grain de cette partie ne se développe pas aussi facilement, et il faut même souvent y doubler les coups.

« J'arrive ainsi, en développant toujours mon veau, à l'extrémité de la patte, puis je le retourne pour en faire la partie du collet. Je roule également cette partie, je reprends mon grain au milieu, à la naissance de l'autre, et je procède de la même manière, en ménageant les parties faibles, en appuyant fortement sur la gorge, pour la rompre.

« Arrivé à l'extrémité, je prends mon veau droit devant moi, je roule de la main gauche toute la gorge et le collet, et j'arrive jusqu'au milieu du veau. Là, je le soutiens roulé de la main gauche et, de la main droite, je bombe mon grain en long d'une manière égale. J'évite de détendre la partie rentrée du collet entre le brochet et la patte de devant pour ne pas le déformer ; je passe à la légère sur ces parties, et mon action devient plus vive lorsque j'arrive à la gorge et à son extrémité.

« Je retourne ensuite le veau et je procède de même pour la partie de la culée, en appuyant, autant que possible, et suivant sa force, sur cette partie, qui est la plus nerveuse : j'épargne les flancs, qui se détendraient et se creuseraient si je ne les ménageais pas.

« C'est de cette manière que se produit ce petit grain d'orge, qui est bien le plus beau à mon avis. Si quelque veine rebelle semble persister à se maintenir à la surface, je l'écrase et la coupe, et elle disparaît en se perdant dans l'ensemble du grain.

« Pour former un grain presque carré, en un mot le faire des quatre faux quartiers, lorsqu'il a été fait de la manière qui vient d'être décrite, on le reprend de même par la patte de derrière de droite, et le grain se coupe à angle droit. Quand ce grain est fait par une main habile, il est fort joli, mais il a l'inconvénient de trop briser le veau, et souvent de le faire paraître plus ouvert qu'il n'est réellement.

« Si à cette deuxième façon on ajoute celle de faire le veau de la queue à la nuque, on produit un grain multiple, mais qui a pour défaut de trop rompre le veau et souvent de le déformer.

« Quand les veaux sont ouverts et ont la fleur tendre, il faut se garder d'appuyer fortement sur le liège au premier coup : on doit se borner à y passer à la légère et chercher à faire monter le grain le plus fin possible. Au second coup, on serre un peu plus, et l'on est sûr que le grain ne devient pas trop gros. C'est surtout dans les veaux mâles qu'il est nécessaire d'observer cette règle, et bien ménager les flancs, que l'on creuserait inutilement ».

Après le grainage, les veaux ont reçu toutes leurs préparations préliminaires, et il ne reste plus qu'à les cirer. Cette opération, qu'on nomme *cirage*, demande beaucoup de soin ; car, pour que le cuir soit bien travaillé, il faut que le cirage soit étendu avec la plus grande uniformité sur toutes ses parties, et qu'il ne s'y rencontre aucun endroit où l'on aperçoive des nuances blanchâtres où un noir moins foncé que sur les autres. Il est encore un double inconvénient qu'on doit éviter soigneusement, c'est de ne mettre sur le cuir ni trop, ni trop peu de cirage ; si l'on n'en mettait pas assez, le cuir ne serait pas parfaitement noir, et si l'on en mettait trop, le corps gras pourrait pénétrer le cuir jusqu'à la fleur, par conséquent, lui donner une malpropreté qui lui serait très nuisible, au moins aux yeux des cordonniers.

Le cirage s'emploie froid. Le cuir étant étendu sur la table, la chair en dessus, on prend avec une brosse ronde et dure une petite quantité de la composition, et l'on frotte fortement en arrondissant les coups. Quand le cuir est bien noir, on le frotte avec une brosse à sec pour enlever la crasse, puis avec la paume de la main pour faire rouler les boulettes qui se forment. Enfin, aussitôt que le cirage est sec, on fait tomber ces boulettes avec une brosse ou un balai. Si l'opération a été faite avec soin, le doigt passé sur la peau se noircit à peine : c'est à ce signe qu'on reconnaît qu'un veau est bien ciré.

Le cirage est fait avec de l'huile de poisson, du suif et du noir de fumée. L'huile de morue est la meilleure. Le suif doit être fondu aux cretons. Quant au noir de fumée, il faut le choisir léger, et, avant de l'employer, il est bon de le faire détremper, pendant quelques heures, dans de l'huile de lin. On commence par faire fondre le suif ; on y joint ensuite l'huile et le noir de fumée, puis on remue bien le tout ensemble, et on laisse prendre au mélange une consistance moyenne, c'est-à-dire qu'on fait en sorte qu'il ne soit ni trop épais ni trop clair.

Ce cirage se compose ordinairement d'une partie de suif sur deux d'huile ; le noir y entre en moindre quantité, 500 grammes de ce dernier suffisent pour donner une couleur convenable à 6 kilogr. d'huile et 3 kilogr. de suif. Plusieurs corroyeurs ajoutent à ces matièresun peu de fiel de bœuf ou de noir de bière ou de rouille.

Le cuir étant ciré, on le laisse en repos pendant quelques jours, huit en été, dix à douze en hiver, après quoi on lui donne la dernière façon, autrement dit le *finissage*. Cette façon comprend plusieurs manipulations qui se font dans l'ordre ci-après :

1º On applique sur le côté ciré, avec une brosse assez douce pour ne pas rayer, une première colle formée d'un mélange modérément consistant de colle de peau et de suif aux cretons ; cela fait, on suspend le cuir au moyen d'un crochet et d'un petit trou pratiqué au milieu de la gorge, et on l'abandonne à lui-même pendant le temps nécessaire pour que la colle éprouve un commencement de dessiccation ; cet effet obtenu, on étend le cuir sur une table bien propre ou sur un marbre bien poli, et on le *glace*, c'est-à-dire qu'on le polit en passant dessus une lisse en verre ;

2º On applique sur le même côté que ci-dessus, mais avec une éponge très fine, une deuxième colle, formée aussi d'un mélange de colle de peau et de suif aux cretons, mais additionnée d'un quart de colle de pâte et d'un peu de savon noir ; on suspend au crochet, on passe de nouveau la lisse, et l'on fait sécher à l'air, à l'abri du soleil ou dans une étuve chauffée à 15 ou 20 degrés, et ventilée avec soin pour qu'aucune vapeur ne puisse se condenser sur le cuir, ce qui altérerait notablement son coup d'œil.

Veau noir grené

Pour ce genre de fabrication, qui n'existe presque plus aujourd'hui, on choisit les peaux en croûte, on les mouille, on les égalise en baissant les têtes, et on les crépit de queue en tête ; on les place sur la table, on les bute avec l'étire, puis on les met dans un tonneau où on les foule avec le pilon. Pour abattre ensuite le grain qui se trouve naturellement sur les peaux, on les étend de chair et de fleur.

Veaux blancs

C'est encore une fabrication abandonnée ; comme la précédente, celle du veau ciré l'a fait disparaître.

Au lever de la fosse, on faisait légèrement essorer les cuirs, puis on les butait, soit avec le couteau à tranchant mousse, sur le chevalet de rivière, soit avec l'étire, sur une table. Cela fait, on les mettait en huile de fleur avec un dégras un peu clair, mélangé d'huile de baleine ou d'huile de morue, puis on les portait à la sèche. Les cuirs étant secs, on les ployait en manchons, on les foulait à la bigorne, on les corrompait à la paumelle ou à la marguerite fine, après quoi on les rebroussait au liège, on les parait légèrement à la lunette, et enfin on les grainait avec un liège, en les prenant des quatre faux quartiers.

Peaux de chèvres

Quand les peaux de chèvres entrent chez le corroyeur, elles sont sèches. La première opération à leur faire subir a donc pour objet de les ramollir. Pour cela, on les met dans l'eau pendant vingt-quatre heures, puis on les foule aux pieds trois à trois. Enfin, on les place sur le chevalet et on les recoule sur chair avec un butoir sourd. Une fois amenées à un état de dessiccation convenable, on les passe en huile et en dégras. Il faut de 3 à 4 kilogr. d'huile pour une douzaine de peaux pesant 9 à 10 kilogr.

La mise en huile terminée, on foule les peaux une seconde fois, on les décrasse et on les travaille avec des paumelles moins fortes que celles qu'on emploie pour les veaux. Vient ensuite le dégraissage : il consiste à passer légèrement sur la fleur une brosse trempée dans une dissolution de potasse ; 125 grammes de cet alcali dans deux seaux d'eau suffisent pour six douzaines de peaux. Cette opération débarrasse les peaux de l'excès d'huile qu'elles peuvent contenir. On les crépit alors de cul en tête et de travers, la fleur en dessus, la paumelle sur chair, ce qui donne le grain, après quoi on les esparre.

Esparrer les peaux, c'est les étendre sur le marbre ou sur une table, et les frotter avec une poignée tressée et roulée d'un jonc que l'on nomme *sparte*. Cela adoucit la fleur. On les essuie bien ensuite avec un chiffon de laine, et on leur donne une couche de noir. Ce noir se prépare avec la noix de galle, le sulfate de fer (couperose verte) et le bois d'Inde, dans les proportions de 31 grammes de noix de galle, 500 grammes de couperose et une pincée de bois de Brésil, dans une quantité d'eau suffisante ; on fait bouillir, et, au bout de quelque temps, on verse cette décoction dans un seau d'eau que l'on remue bien.

On noircit six peaux seulement, et, à mesure qu'on leur donne le noir, on les met les unes sur les autres à terre ou sur la table. Quand les six peaux sont noircies, on tourne la pile de manière que la peau qui a été noircie la dernière se trouve en dessous, et celle qui a été noircie la première se trouve en dessus. L'ouvrier prend cette première peau, l'essuie avec un chiffon de laine, qu'il appuie fortement dessus ; puis, quand elle est ainsi essuyée, il l'étend pour la faire sécher : il travaille successivement les autres de la même manière, et les étend à mesure qu'il les a essuyées.

Quand les peaux sont sèches aux trois quarts, on les noircit une seconde fois en se servant d'une brosse dure. On les essuie ensuite avec un *chiffon* de laine, qui est une bande de couverture roulée ordinairement autour d'une roulette, d'où le nom de *roulette* qu'on lui donne aussi quelquefois. Enfin, lorsque la dessiccation des peaux est complète, on les corrompt des quatre quartiers, puis on les essuie et on passe sur la fleur une bonne couche de bière. On étend cette bière sur toute la peau avec une lisière, et, quand elle a été bien étendue, on donne un coup de sparte de queue en tête. L'ouvrier doit avoir soin de bien suivre ses coups. On appelle cette opération *abattre*. Quand elle est terminée, on déborde les peaux sur le chevalet, on les pare à la lunette et on leur donne un coup de paumelle des deux quartiers. Enfin, on les éclaircit avec du jus d'épine-vinette.

*Cette dernière manipulation demande beau-

coup de soin. Pour l'exécuter, on trempe un
morceau de lisière, qu'on nomme *pièce*, dans le
jus ou lustre, jusqu'à ce qu'il en soit imbibé,
puis on passe vivement et également sur toutes
les parties de la peau, qu'on retourne de queue
en tête et de travers. On frotte tant qu'il reste
de l'humidité dans la lisière, et jusqu'à ce que
le brillant commence à monter.

Quand les peaux sont éclaircies, on leur donne
un coup de roulette de queue en tête. L'ouvrier
doit tenir sa roulette d'aplomb et suivre ses coups
bien également. On redresse les cuirs avec la paumelle, de queue en tête ou de travers, et on étend
sur la fleur une couche d'huile de lin bien claire.

On formait autrefois sur les chèvres, un *grain
d'orge* qui plaisait beaucoup, mais aujourd'hui
on préfère des raies droites ou horizontales. Ces
raies se font en redressant les peaux seulement
de queue en tête.

Tous les corroyeurs ne travaillent pas les
peaux de chèvres ainsi que nous venons de le
dire. Dans plusieurs ateliers on procède de la
manière suivante.

Les chèvres, en sortant de la tannerie, doivent d'abord être mises au vent. Cette opération se fait de deux manières :

1º La première se nomme *mettre en tonneau*,
et la seconde *mettre sur table*.

Quand, pour préparer des chèvres, on veut
les mettre au tonneau, on commence par étendre de l'eau avec une brosse, sur la fleur de
deux peaux, on les met ensuite l'une sur l'autre,
fleur contre fleur, on les plie en forme de bonnet,
puis on les foule avec les talons, ou bien on se
contente de les frapper avec le *valet*.

On les crépit ensuite de queue en tête et de travers. On a soin de mouiller avec la brosse, par petites parties, et légèrement, afin que l'eau ne pénètre pas trop. Après avoir ainsi préparé une douzaine de peaux tout au plus, on les met dans un tonneau, on verse dessus de l'eau en quantité suffisante, mais cependant pas assez pour qu'elle couvre entièrement les peaux, et on foule les peaux dans cet état avec un pilon. En les tirant du tonneau, on les étend sur un marbre avec l'étire, et on les fait sécher.

Avant qu'elles soient entièrement sèches, on les reprend, on humecte la fleur avec une dissolution de potasse qui ne doit pas être trop forte ; ensuite, on étire les peaux sur chair pour les bien développer. Cette opération terminée, on les *jonce*, c'est-à-dire, qu'avec une tresse de jonc ou sparte, roulée et de grosseur suffisante pour remplir la main, on les frotte avec force pour les étendre et les bien nettoyer. On les étend ensuite de nouveau avec l'étire, puis on les essuie avec un morceau de couverture, ou de toute autre étoffe de laine, et on les met en noir, c'est-à-dire qu'on passe sur la fleur, absolument comme ci-dessus, une brosse trempée dans une décoction de noix de galle et de sulfate de fer. Quand les peaux ont reçu le premier noir, on les fait sécher.

2° La manière de mettre au vent *sur table* ne diffère de celle-ci, que parce qu'au lieu d'eau, on se sert d'une dissolution de potasse pour humecter les peaux en les crépissant. Dès qu'elles sont crépies, on les étire de chair et on les jonce ; on les étire ensuite sur fleur, on les essuie, on les met en noir, comme il vient d'être dit, et on les fait sécher.

Quand les peaux sont sèches, on leur donne un second noir, qu'on étend avec une brosse bien dure faite de poil de sanglier ; cette opération doit être faite le plus promptement possible. L'ouvrier qui donne le second noir doit frotter avec force jusqu'à ce que ce noir soit bien entré dans les peaux : on doit éviter avec soin de laisser séjourner le noir sur une partie quelconque.

Lorsque les peaux ont été mises en noir, on les essuie avec un chiffon de laine, puis on les corrompt de queue en tête. Il est des corroyeurs qui, au lieu de les corrompre, les rebroussent ; cette méthode est préférable, parce que les dents de la paumelle, se marquant sur la fleur, donnent à la peau un grain plus régulier. Cette opération faite, on déborde les peaux sur le chevalet français, avec le couteau à revers ; on les pare et on les essuie de nouveau. Ensuite on les redresse de queue en tête, ou de deux quartiers, ce qui forme ce qu'on appelle le *grain d'orge* ; mais, comme nous l'avons dit, aujourd'hui on ne redresse, en général, les chèvres, que de queue en tête, et, au lieu de grains d'orge, on ne forme sur les peaux que des raies horizontales ou des barres droites.

Quand les peaux sont redressées, on les éclaircit avec du jus d'épine-vinette.

Le grainage tel que nous l'avons indiqué donne lieu naturellement à une formation plus ou moins régulière du grain dans le cuir, irrégularité qui ne manque pas d'un certain cachet et qui peut flatter l'œil, sans le fatiguer.

Néanmoins, depuis longtemps déjà et pour des cuirs destinés à des ouvrages spéciaux, on a cherché à donner un grain régulier et la main de l'homme n'y parvenant qu'au prix d'un travail très long et par conséquent onéreux, on a eu recours à la *machine à grainer*.

Le premier appareil de ce genre était très élémentaire : au-dessus d'une table sur laquelle on étendait le cuir pouvait tourner un cylindre en bois muni de cannelures plus ou moins rapprochées, le cylindre pouvant s'appuyer avec une pression variable. Il suffisait donc de passer le cuir sous ce cylindre, donner à ce dernier la pression voulue pour que ses cannelures s'imprimassent dans le cuir, et l'on avait ainsi une série de lignes droites, en retournant la peau à angle droit et la soumettant au même travail, les cannelures se coupaient à angle droit, formant ainsi une série de petits carrés. Si au lieu de carrés on voulait des losanges, le cuir était passé de biais la seconde fois.

Ce genre de machine a été très perfectionné de nos jours. Dans celle qu'il nous a été donné de voir aux Établissements G. Lutz et G. Krempp, de Paris, le cuir n'est plus placé à plat sur une table, mais sur un cylindre. En quelques mots voici en quoi consiste cet outil très précieux pour certains corroyages. Un cylindre gravé en acier peut tourner au-dessus d'un autre qui est en fonte lisse. C'est entre ces deux cylindres que passe le cuir à grainer. Le cylindre supérieur tourne, comme il a été dit plus haut, et celui en fonte peut être soulevé, plus ou moins, à l'aide d'une manette, de manière à appuyer le cuir avec plus ou moins de

pression. De chaque côté des cylindres s'étend
une tablette légèrement inclinée sur laquelle on
place le cuir pour le faire passer entre les deux
cylindres ; celui-ci enfin passe sur un tablier en
feutre sans fin grâce auquel on obtient une très
belle impression.

Ces machines se font avec le cylindre gravé
pouvant être chauffé intérieurement par une
circulation de vapeur ou à l'aide d'une rampe à
gaz ; elles s'établissent suivant différentes dimensions selon celles des cuirs que l'on veut
grainer.

II. CUIRS SPÉCIAUX

Ainsi que nous l'avons dit au début de ce
chapitre, nous ne pouvons signaler dans ce
Manuel tous les cuirs spéciaux préparés par les
corroyeurs, d'autant plus qu'un grand nombre
d'entre eux ne font que paraître et disparaître
dans le commerce, étant souvent simplement
l'objet d'une mode passagère. Cependant, nous
ne pouvons passer sous silence quelques cuirs
spéciaux qui restent toujours en usage et qui
sont pour ainsi dire classiques en matière de
corroierie ; ce sont ces derniers seulement auxquels nous nous arrêterons.

Cuir de Russie

Le cuir de Russie que tout le monde connaît
jouit depuis longtemps d'une faveur, très méritée d'ailleurs, et qui ne menace guère de disparaître. Sa préparation est restée longtemps
inconnue, car sa préparation tout à fait empi-

rique, si elle n'était pas tenue absolument
secrète, se pratiquait dans des localités du
grand État, suffisamment éloignées de nous
pour que nous fussions, en Europe occidentale
surtout, assez ignorants de l'industrie de ces
contrées très éloignées. Cependant avec les
progrès des moyens de communication et principalement avec ceux des relations commerciales, les industries de tous les pays nous sont
plus connues, d'autant plus que toutes, ou à
peu près, se sont conformées aux règles de la
science, et que la façon de travailler est devenue
à peu près la même dans toutes les régions du
globe.

Ce que nous désignons et connaissons sous la
dénomination de cuir de Russie n'est qu'une
variété de cuir préparé dans ce pays et qui jouit
de plusieurs propriétés remarquables, notamment d'avoir une odeur agréable, de ne pas se
moisir dans les lieux humides et d'être inatta-
quable par les insectes, qu'il éloigne même tant
que son odeur persiste. C'est à ces circonstances
qu'il doit la vogue méritée dont il jouit, et qui
le fait surtout employer pour la reliure des
livres et la confection d'une multitude d'objets
d'utilité ou de fantaisie, tels que portefeuilles,
carnets, agendas, porte-monnaie, bourses, cof-
frets, nécessaires, ceintures, sacs à ouvrage,
étuis, etc. Le nom de *juften* qu'on lui donne en
Allemagne, tiré du mot russe *jufti*, qui signifie
paire, vient probablement de ce que, lors du
tannage, les peaux sont cousues ensemble par
paires.

Le *cuir de Russie*, appelé aussi *cuir roussi*,
parce qu'il est généralement teint en rouge

roussâtre, se fait le plus souvent avec du cuir
de bœuf de deux ou trois ans, quelquefois
cependant avec du cuir de veau, de cheval et
de chèvre. Dans tous les cas, on lui donne
l'odeur qui le caractérise en l'imprégnant du
côté de la chair avec une huile empyreumatique
provenant de la distillation de l'écorce de
bouleau.

Cette huile est désignée vulgairement sous le
nom d'*huile de Russie* ; elle doit sa propriété
aromatique à un principe particulier que l'on
appelle *bétuline.* Nous allons faire connaître
comment on l'obtient. Nous décrirons ensuite la
préparation du cuir lui-même.

Extraction de l'huile de bouleau

1º *Procédés russes.* — C'est dans la partie cor-
ticale blanche extérieure, ou épiderme, que se
trouve l'huile aromatique. On récolte donc cette
écorce, on la débarrasse avec soin de tous les
fragments ligneux qui y sont attachés, puis,
quand on en a recueilli une quantité suffisante,
on en remplit une chaudière, après quoi on
couvre celle-ci de son couvercle. Ce couvercle
est bombé. De plus, il est percé au centre d'une
ouverture à laquelle on adapte un tuyau en
fer. Enfin, il est surmonté d'une chaudière de
mêmes dimensions que la sienne propre, et
dans laquelle le tuyau pénètre. Les deux chaudières étant mises en place, on les lute bord à
bord avec soin, puis on les renverse de manière
que l'écorce se trouve occuper la portion supérieure. On enterre à moitié cet appareil, et on
recouvre ce qui est en dehors avec un mélange

d'argile et de sable. On l'entoure alors d'un feu de bois, que l'on entretient jusqu'à ce que la distillation soit terminée. Quand l'appareil est refroidi, on le délute et l'on trouve dans la chaudière supérieure un charbon très léger, informe, et dans la chaudière inférieure, servant de récipient, une liqueur huileuse, brune, d'une odeur forte et empyreumatique, mêlée à du goudron et à un peu d'acide acétique. On conserve cette huile dans un local frais et des vases bien bouchés.

Autre procédé. — On prend de grands pots de terre dont le fond est percé d'un trou, on les remplit d'écorce de bouleau, qu'on tasse afin d'en faire entrer le plus possible, et on les place sur des seaux qui servent de récipients. Après avoir allumé l'écorce, on les recouvre avec d'autres vases semblables, aussi percés d'un trou par lequel s'échappe la fumée ; l'huile s'écoule peu à peu par l'ouverture du vase inférieur, et tombe dans le seau qui le supporte. Dans les grands établissements, on préfère les chaudières de fonte.

Comme c'est principalement au printemps qu'on se livre à ce travail, quelques distillateurs mêlent à l'écorce une certaine quantité de branches menues de bouleau, couvertes de bourgeons. Au moyen de cette précaution, ils facilitent l'écoulement de l'huile qui, en se chargeant d'une moindre quantité de suie, est moins colorée que l'autre. On préfère aussi l'écorce fraîchement recueillie.

En distillant les bourgeons de bouleau avec de l'épiderme fraîchement recueilli et un peu d'eau, dans un alambic ordinaire, on obtient

une huile très fluide et d'un parfum très suave,
qui a quelque analogie avec la rose.

2º *Procédés occidentaux.* — Nous n'en décrirons que deux, parce que les autres n'en sont que des modifications peu importantes.

A. *Procédé Grouvelle et Duval-Duval.* — On prend l'épiderme blanchâtre et feuilleté de l'écorce de bouleau, bien séparée de toute substance ligneuse ; on l'introduit dans un alambic en cuivre, semblable à celui dans lequel on distille le bois, pour en obtenir l'acide acétique brut (acide pyroligneux). On y adapte un récipient qui plonge dans l'eau, et dans lequel se condensent les vapeurs ; le gaz hydrogène, l'acide carbonique, etc., se répandent dans l'air au moyen d'un tuyau, ou bien sont portés dans le foyer pour y être brûlés et servir d'aliment au chauffage pour cette distillation. Comme pour la fabrication de l'acide acétique, les produits sont de l'acide pyroligneux et du goudron en quantités plus fortes, et de l'huile odorante plus colorée et moins abondante.

En rectifiant cette huile, on peut l'obtenir presque incolore ; mais cette rectification ne peut être utile que pour la fabrication des peaux très peu colorées, que l'on veut travailler de fleur et de chair sans foncer leur nuance. Pour les autres, elle est préjudiciable au fabricant, attendu qu'il reste dans la cornue beaucoup de goudron et une quantité notable de cette huile altérée, ce qui est en pure perte.

On évalue les quantités d'huile odorante impure obtenue ainsi de première distillation, aux 60 centièmes de l'épiderme employé.

MM. Grouvelle et Duval-Duval se sont

attachés à rechercher s'ils ne pourraient point extraire une huile analogue, soit de la rue, de la sabine ou des bourgeons de peuplier, soit des écorces d'aulne, de chêne, de peuplier ou de saule ; mais ils n'ont obtenu qu'un produit huileux d'une fétidité très pénétrante. Le bois de bouleau lui-même n'a donné que des produit analogues à ceux des autres bois.

B. *Procédé Payen.* — Au fond d'un fourneau de terre A figure 72, on pratique un trou assez grand pour y faire passer le col d'un matras M ; un trou correspondant percé dans une planche, laisse également passer le col du matras. Le fourneau est soutenu par deux briques *b b*, posées sur la planche, qui est portée par deux tréteaux *c c*. Après avoir introduit dans le matras la plus grande quantité d'épiderme possible, on le renverse et on le fait passer au travers du fourneau et de la planche ; on lute le col avec un peu de terre, dans la position que fait voir la figure ; l'on met ensuite du sable au fond du fourneau, jusqu'à la moitié du globe en *f f*, afin de mieux garantir le col. Pour que la chaleur se répande plus également autour du ballon, on l'enveloppe d'une couche terreuse en renversant dessus un *têt à rôtir* hémisphérique. Enfin l'on place des charbons ardents autour de ce têt renversé, et deux petites ouvertures latérales *d d* alimentent la combustion. On pose le dôme *i k l* sur le fourneau. Bientôt on voit arriver quelques gouttes d'eau dans le col du ballon renversé, qui sont reçues dans un autre matras posé dessous. A celles-ci en succèdent d'autres chargées de gouttelettes huileuses qui, au bout de quelques minutes, for-

Tanneur. 15

ment un courant continu. Cette huile, d'abord
de couleur fauve ambrée et assez fluide pendant quelque temps, devient de plus en plus
épaisse et colorée. Au bout de quarante minutes,
la distillation est terminée.

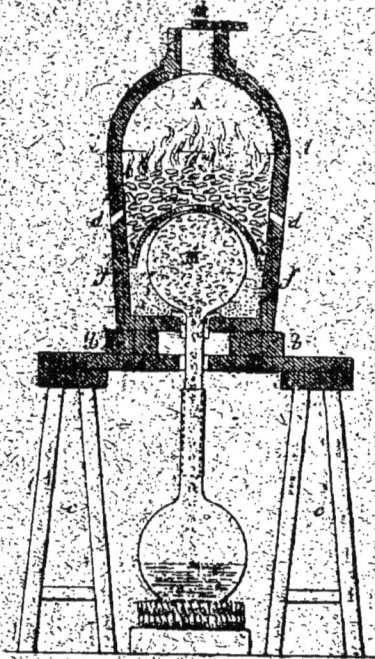

FIG. 72. — Appareil Payen pour l'extraction
de l'huile de bouleau.

Avec ce procédé, on obtient une huile moins
colorée et plus abondante, et il faut une température moins élevée et moins longtemps soutenue.

Ces procédés de préparation de l'huile de
bouleau sont les premiers qui aient été appliqués et, si nous les avons signalés c'est plutôt

pour donner une méthode simple et facile de l'obtention de ce produit, mais nous ne saurions les préconiser pour une production industrielle devant fournir de grandes quantités de ce produit. Pour répondre à ce dernier cas, il faudrait utiliser des appareils autrement perfectionnés et des méthodes plus économiques, mais nous rentrons alors dans la spécialité de la fabrication des extraits dont nous avons dit quelques mots dans ce Manuel et à laquelle le corroyeur devra s'adresser pour sa consommation.

Fabrication du cuir

On traite d'abord les peaux comme dans le tannage ordinaire, puis, après les avoir débourrées à la chaux, écharnées et travaillées sur le chevalet, on les gonfle en les faisant séjourner, pendant quarante-huit heures, plus ou moins, dans un bain acide que l'on prépare généralement en prenant 1 kilogramme de farine de seigle pour dix peaux, ou 450 grammes de farine d'avoine, la faisant fermenter avec du levain, ajoutant un peu de sel, et délayant dans une quantité d'eau suffisante.

Le tannage ne se fait pas avec de l'écorce de chêne, mais avec celle de plusieurs espèces de saules, avec de l'écorce de bouleau ou de pin, ou avec un mélange de ces trois dernières écorces.

Les peaux étant convenablement gonflées, on les plonge pendant quelques jours dans de la jusée épuisée, après quoi on les met dans des fosses avec de l'eau et la matière tannante, où bien encore dans un extrait chaud de cette matière. Le tannage dure cinq ou six semaines.

Les peaux tannées sont successivement battues, raclées sur le chevalet, modérément séchées, puis imbibées d'huile de bouleau, ce qu'on appelle *graisser*. A cet effet, on les étend sur une grande table puis on passe dessus, du côté de la chair, et le plus également possible, soit une brosse, soit simplement la main, préalablement trempée dans un mélange d'huile de veau marin et d'huile de bouleau. La proportion de chacune de ces huiles varie suivant la nature et la qualité du cuir. Ordinairement, on prend deux tiers de la première et un tiers de la seconde. D'autres fois, on emploie deux tiers de celle-ci et un tiers de celle-là. Dans ce dernier cas, on donne également une couche sur la fleur. Dans tous les cas, on graisse les cuirs jusqu'à ce qu'ils soient bien pénétrés de corps gras.

Le graissage achevé, on foule les cuirs, on les détire pour les rendre bien souples, puis on les teint et on les graine.

Le rouge est la couleur que l'on donne le plus souvent. Après avoir mordancé les cuirs en enduisant le côté de la fleur avec une solution d'alun, on passe dessus, à plusieurs reprises, trois au moins, une brosse trempée dans une décoction, dans l'eau de chaux, de bois de Brésil, ou additionnée d'un peu de carbonate de potassium ou de sodium. D'autres fois, on coud deux peaux, la fleur en dedans, et l'on verse le liquide colorant dans cet espèce de sac. Pour appliquer une nouvelle couche, on attend que la précédente soit bien sèche. La coloration ainsi produite résiste parfaitement à l'action de l'air et de l'eau ; mais elle cède facilement au débouilli et à la potasse. On en obtient de beaucoup plus belles et plus solides en se servant de cochenille ou de santal rouge, ce qui rend nécessairement le cuir plus cher.

Après la teinture, les peaux sont empilées, pendant quelque temps, pour qu'elles perdent leurs plis, puis drayées, étirées, imbibées de nouveau, du côté de la chair, d'huile de bouleau et d'huile de poisson, et enfin grainées, s'il y a lieu.

Pour *grainer* le cuir, on l'étend sur une table, pendant qu'il est encore humide, et l'on passe dessus, sur la fleur, en appuyant fortement, une plaque ou paumelle de cuivre dont la surface supérieure est couverte de cannelures plus ou moins fines. Toutefois, dans les fabriques d'une certaine importance, on fait usage, de préférence, d'une machine à grainer dont nous avons donné le principe plus haut. Il est même à remarquer que pour le cuir de Russie, le grainage régulier obtenu à l'aide de ces appareils est tout particulièrement apprécié, ce cuir étant particulièrement destiné à la confection d'objets de luxe.

Le cuir de Russie renferme plusieurs qualités. Celles qu'on emploie pour les articles de luxe sont appelées *cuir malia*, *cuir werhock*, *cuir drayé* et *cuir uni*. Le cuir malia est quadrillé en parallélogrammes, le cuir drayé en carrés. Le cuir werhock est ordinairement employé à l'état naturel ; il a un grain à losanges. Quant au cuir uni, il présente une surface lisse que l'on rend encore plus unie en le passant dans un

laminoir après l'avoir mouillé, ou en le soumettant à l'action de la machine à lisser
(fig. 71, page 415).

Ce qui précède se rapporte aux opérations
usitées dans les ateliers russes. Dans le reste de
l'Europe, on agit quelquefois de la même manière, mais, en général, on emploie des peaux en
croûte, c'est-à-dire déjà tannées, et l'on choisit
les plus blanches, les plus nettes et les moins
défectueuses. Anciennement, on se servait de
jaune d'œuf pour étendre plus facilement
l'huile de bouleau et l'empêcher de faire des
taches en se répandant inégalement. MM. Duval
et Grouvelle ont reconnu que cette substance
était inutile, comme aussi tout autre corps
gras, et qu'il suffisait d'amener les peaux, au
moyen d'un commencement de dessiccation, à
un degré d'humidité convenable, car si elles
étaient trop sèches ou trop humectées, la liqueur huileuse ne les pénétrerait pas uniformément. Avec cette précaution, l'huile s'infiltre
facilement et d'une manière égale dans tout le
tissu du cuir, et, plus abondante elle est, plus
l'odeur de celui-ci augmente. Toutefois, il est
un terme qu'il ne faut pas dépasser, surtout
pour les peaux qui doivent être teintes, car si
l'huile était en excès, elle filtrerait à travers le
cuir, arriverait jusqu'à la surface opposée, et la
couleur se trouverait parsemée de taches.
L'expérience a démontré qu'en général une
grande vache ne doit pas absorber plus de
350 à 500 grammes d'huile de bouleau.

Dans ces derniers temps, un habile industriel
autrichien, M. F. Wagmeister, de Poggstall, a
publié, sur l'imitation des cuirs rouges de

Russie, un procédé très remarquable, que nous croyons devoir faire connaître.

« Je n'hésite pas, dit M. Wagmeister, à communiquer la méthode de fabrication que je considère comme la meilleure, en faisant remarquer, toutefois, qu'il n'y a que les peaux bien tannées et parfaitement épurées par des lavages qui prennent une belle couleur rouge tout à fait analogue à celle du vrai cuir de Russie et même qui la surpasse quand on veut y apporter des soins particuliers parce qu'en général en Autriche la fleur de nos peaux est plus belle, plus fine et mieux apprêtée.

« Comme mordant, on se sert du chlorure d'étain qu'on prépare ainsi qu'il suit. On fait chauffer doucement 160 grammes d'acide azotique sous une cheminée qui tire bien, jusqu'à ce qu'il commence à se dégager des vapeurs rutilantes d'acide azoteux, et l'on verse cet acide chaud, en agitant constamment avec une baguette en verre ou en bois, sur 500 grammes de sel d'étain contenu dans un pot vernissé.

« On doit opérer en plein air ou sous l'influence d'un fort courant d'air, pour ne pas respirer les vapeurs dangereuses de l'acide azoteux. On continue à agiter avec précaution tant qu'il se dégage des vapeurs rutilantes mais dès qu'il s'élève des vapeurs blanchâtres, on ajoute au mélange 125 grammes d'acide chlorhydrique fumant et l'on agite encore avec soin.

« Ce travail ne dure que quelques minutes. Quand il est terminé, on verse la liqueur dans des flacons pour s'en servir au besoin ; mais il faut faire attention qu'elle ne soit pas trop chau le, parce qu'autrement elle casserait les flacons et pourrait blesser grièvement l'opérateur. Pour s'en servir, on l'étend avec environ douze à quinze fois son volume d'eau pure.

« Les peaux étant bien purifiées et tannées sont mordancées avec cette liqueur, c'est-à-dire qu'on les en frotte très uniformément et soigneusement avec une brosse.

« Comme matière colorante, on prend 500 grammes de bois de Pernambouc qu'on fait bouillir pendant une heure dans six litres d'eau de rivière bien pure. On tire au clair la liqueur, on la passe au tamis et on y dissout 25 grammes de tartrate de potasse. On fait encore bouillir pendant une heure et l'on abandonne pendant plusieurs jours ce bain de teinture avant de s'en servir, parce qu'il agit alors avec plus d'énergie.

« Comme pour la teinture en noir, les peaux ne sont huilées que du côté de la chair, puis foulées et bien essuyées avec des chiffons de laine. La fleur, encore à l'état demi-humide, est ensuite battue avec soin.

« Les peaux étant parfaitement sèches, on les travaille à la paumelle ; on les frotte deux ou trois fois avec le mordant, puis on les teint aussi deux ou trois fois avec le bain de teinture encore chaud ou dont on a élevé la température. L'application du mordant et la dernière mise en couleur se donnent à la brosse, mais on ne trempe pas celle-ci dans le bain de teinture, on verse un peu de la décoction sur la peau, et on commence à travailler vivement avec la brosse, afin d'obtenir la distribution la plus égale possible de la couleur et que la peau teinte présente partout le même ton.

« Il faut répandre la couleur immédiatement après avoir brossé avec le mordant, parce que celui-ci est encore humide, que la couleur prend mieux, et qu'il n'en résulte pas de taches. A cet effet, il est bon que deux ouvriers entreprennent ce travail, chacun colore une demi-face au même moment ; on empêche ainsi que la couleur sèche sur une moitié pendant qu'on procède à la coloration sur l'autre. Si la couleur n'est pas uniforme, on y remédie dans les points où il y a des taches claires, avec de la couleur.

« Cette couleur rouge est très solide et dure autant que la peau elle-même et on peut dans cet état conserver les peaux en magasin jusqu'à leur apprêt. A l'état mordancé, les peaux conservées longtemps ne se teignent qu'imparfaitement et il faut les ramollir dans l'eau tiède, puis procéder comme pour les peaux fraîches.

« Comme dernier apprêt, le cuir teint du côté de la chair est humecté avec un jus de tan, puis étendu, battu, séché et enfin crépi et passé à la paumelle. Le cuir de Russie rouge acquiert un aspect tout particulièrement agréable, quand, au moyen d'une éponge, on l'enduit du côté coloré avec une eau contenant de la gélatine en dissolution. La couleur acquiert un éclat flatteur et un feu particulier, seulement cette eau gélatineuse ne doit pas être trop forte et il ne faut pas en appliquer une trop forte proportion ».

Des vaches rouges

Ce sont des cuirs de vache ou de veau teints en rouge. L'invention du mouton maroquiné en a beaucoup diminué l'usage. Cependant, les bourreliers, les carrossiers et les coffretiers, parfois même les cordonniers, s'en servent encore assez fréquemment.

Pour faire des *vaches rouges*, on prend des peaux en croûtes, exemptes de coutelures, d'égratignures et de tout autre défaut. La fleur doit en être vive, c'est-à-dire belle, ferme et dans un très bon état de conservation. On doit faire attention à ce qu'elles n'aient point de suif et qu'elles soient seulement adoucies par un peu d'huile claire, qu'on y passe très légèrement sans nulle addition de dégras.

On défonce alors ces peaux, on les draye, on les foule à l'eau, et on les met au vent comme les cuirs façons d'Angleterre. On leur donne ensuite une couche d'huile et de dégras sur chair : 250 grammes d'huile et de dégras suffisent ordinairement.

Après la mise en huile, on fait sécher les peaux, puis on passe sur la fleur, de cul en tête et de travers une brosse trempée dans une dissolution d'alun. Cette opération a pour but d'en faire disparaître la verdeur et, en même temps, de les mordancer. Aussitôt qu'elles sont alunées, on les foule à petits plis pour les adoucir, on les corrompt des quatre quartiers, on les expose à l'air, et quand elles sont sèches on les rebrousse au liège. Les peaux arrivées à ce point sont mises en teinture, c'est-à-dire au rouge.

Pour préparer le bain colorant, on met dans un tonneau propre 4 à 5 kilogrammes de chaux vive, avec autant de seaux d'eau, et le tonneau reste en cet état pendant deux jours. Le troisième jour, on décante l'eau sans troubler la chaux qui s'est précipitée dans le fond et on la met dans une chaudière de cuivre.

La préparation de deux seaux de rouge demande 4 kilogrammes de bois de Brésil. On fait bouillir ce bois à grand feu dans l'eau de chaux. Comme l'eau s'évapore, on doit en mettre une quantité suffisante pour qu'il reste deux seaux de liquide après l'ébullition. On remet ce liquide sur le feu, on le fait bouillir jusqu'à ce qu'il soit réduit à moitié, et l'on met cette moitié restante dans un vase séparé. On remplit la chaudière avec de l'eau de chaux, on fait encore réduire cette eau à moitié, et ensuite on mêle le tout ensemble dans la chaudière ; on ajoute à cette composition 16 grammes de cochenille bien pilée, on lui donne un bouillon seulement, et l'on retire la chaudière de dessus le feu. Pendant que le liquide est encore bouillant, on ajoute un morceau de chaux de la grosseur d'un œuf et on laisse refroidir. Cette teinture suffit pour dix-huit à vingt vaches.

Quand la teinture est prête, on étend les peaux sur une table, on leur donne, avec une brosse, une première couche de ce rouge, de cul en tête et de travers, puis on les met à l'air. On donne ensuite un second rouge de la même manière, et on les laisse sécher complètement. Après cela on les corrompt à la paumelle de cul en tête et de travers. Enfin, on leur donne un troisième rouge, puis, on les laisse essorer à l'air et on les lisse, de cul en tête et de travers, du côté de la fleur, avec une lisse de verre. Afin que cet instrument glisse plus facilement, on passe légèrement sur la peau un morceau de laine huilée. Après cette opération, il n'y a plus qu'à frotter les peaux avec du suc d'épine-vinette, à les faire sécher et à les soumettre à un second lissage.

Souvent on teint les vaches rouges d'une autre manière. D'une part, on fait fondre à un feu modéré 500 grammes d'alun dans 75 centilitres d'eau, et, quand la dissolution est complète, on y ajoute 5 litres d'eau commune, ce qui suffit pour trois douzaines de peaux de veaux. D'autre part, on met, dans 15 litres d'eau, 500 grammes de bois de Brésil et un morceau de chaux vive de la grosseur d'un œuf, et on fait bouillir le tout pendant cinq à six heures. C'est cette décoction que l'on appelle vulgairement *brésil*. Les peaux étant amenées au même état que pour le passage en noir, on les frotte avec un morceau de laine trempé dans l'eau d'alun, on les laisse bien sécher, puis on les frotte avec le brésil, on les laisse encore sécher, puis on les frotte de nouveau avec l'eau alunée, et ainsi de suite jusqu'à ce qu'elles aient passé trois fois à l'alun et trois fois au brésil.

Cuir anglais pour la sellerie

Tout le monde connaît la réputation dont jouissent les peaux préparées en Angleterre pour la sellerie. Ce n'est pas qu'en France et en Allemagne la fabrication de ces produits ne soit excellente, mais ils n'ont pas toujours l'éclat que nos voisins savent leur donner.

Quelques indications sommaires sur la préparation de ces cuirs ont donc ici leur place naturelle, ne serait-ce que pour montrer qu'un grand nombre de produits anglais doivent moins leur supériorité à l'emploi de procédés nouveaux ou de machines ingénieuses qu'au choix scrupuleux des matières premières et à des modifications intelligentes introduites dans les opérations suivant la nature et les qualités de ces matières.

Nous empruntons les renseignements qui suivent à un travail publié, il y a quelques années par M. S. Jahkel.

Les matières les plus recherchées par les Anglais pour fabriquer le cuir de sellerie sont en général les peaux de bêtes à cornes élevées dans les comtés de Wilts et de Somerset. Les pâturages et le climat de ces contrées et la vie en liberté, qui n'est suspendue que pendant quelques mois de l'année, favorisent un développement normal et contribuent efficacement à la formation de ce tissu dermatique uniformément serré, élastique et résistant, sans lequel on ne parvient pas à produire de bon cuir grenu.

On préfère les peaux de vaches et celles de jeunes taureaux, et on les travaille vertes, c'est-à-dire fraîches.

Tannées dans certains districts, principalement à Bristol, ces peaux sont envoyées aux corroyeurs de Londres, qui ont l'habitude de faire parmi elles un choix des plus sévères.

Les procédés de tannage et les opérations qui les précèdent sont en général semblables à ceux qu'on suit sur le continent, et comprennent, indépendamment de l'ébourrage à la chaux, du travail de rivière et du traitement dans deux et jusqu'à trois jus différents, le tannage dans les fosses avec deux poudres, pour lesquelles on emploie toujours les jeunes écorces miroitantes de la première qualité, et qui terminent l'opération.

Ce cuir tanné acquiert les propriétés particulières qu'il doit avoir, suivant sa destination comme cuir de sellerie, au moyen de l'apprêt. C'est cet apprêt qui lui enlève sa dureté, sa raideur et sa sécheresse, ainsi que sa couleur ou teinte rembrunie, et qui le transforme en un produit souple, élastique, imperméable à l'eau, et d'une nuance plus claire, sans toutefois compromettre la solidité et la densité que lui a fait acquérir un bon tannage préalable.

Pour procéder à cet apprêt, on commence par chercher à éliminer toutes les substances qui ne sont pas combinées chimiquement avec le cuir. Les peaux tannées étant coupées par la moitié, suivant leur longueur, sont en conséquence humectées et frottées à plusieurs reprises avec de l'eau pure, tant pour dissoudre et enlever la matière extractive, que la matière colorante produite par l'acide gallique, que l'acide tannique qui n'est pas combiné, parce que ces substances, par l'oxydation ultérieure qu'elles éprouvent, feraient prendre par la suite une nuance plus foncée au cuir; elles s'opposeraient d'ailleurs à l'absorption qui doit avoir lieu des autres matières propres à compléter le tannage.

Mieux on a réussi à opérer cette élimination, mieux le cuir est préparé à subir les opérations subséquentes. Pour le moment, il montre peu d'affinité pour le tanin de l'écorce de chêne dont il a été presque complètement saturé dans le traitement antérieur, mais il en possède une plus énergique pour le sumac, avec lequel maintenant on poursuit et l'on complète le tannage.

A cet effet, on prépare un bain fort de sumac avec une quantité de poudre de ce sumac égale au quart du poids de la peau sèche, et on le renforce encore à la fin du second jour avec la même quantité de cette substance. Le cuir qu'on y plonge est relevé deux ou trois fois par jour et changé de position, tandis que la poudre de sumac qui s'est précipitée au fond est reprise et répartie également dans la liqueur.

Au bout de peu de temps, rarement plus de trois jours d'immersion ou de travail du cuir dans le bain de sumac, arrive le point de saturation ; et à cette époque le cuir paraît être non seulement d'une nuance plus claire, mais encore, et c'est là le but principal qu'on se propose, beaucoup plus souple et plus moelleux.

Toutefois, pour produire plus complètement encore ce ton jaune bistré qu'on recherche, on passe le produit tanné dans un bain d'acide sulfurique très étendu. Aussitôt donc que le cuir a été débarrassé, par des immersions et des lavages à l'eau pure, de l'excès de sumac qu'il a pu prendre, on le plonge dans ce bain acide à plusieurs reprises et par immersions qui se suivent rapidement les unes les autres. Immédiatement après, on le lave à l'eau pure, pour que l'acide sulfurique ne pénètre pas avant et n'agisse pas désavantageusement sur la durée du cuir.

L'opération suivante a uniquement pour but
de donner au cuir la façon extérieure et l'apprê',
ainsi que la graisse nécessaire pour qu'il puisse
résister à la pénétration de l'eau.

Pour graisser les cuirs, on se sert, dans les
établissements de Londres, d'huile purifiée de
foie de morue ; puis, après que celle-ci a pénétré,
d'huile de baleine de première qualité mélangée
à moitié de son poids de suif, qui, de même que
la première substance grasse, est appliquée du
côté de la chair, mais qu'on travaille du côté
opposé ou de la fleur, pendant que le cuir est
étiré dans l'intervalle.

Pour terminer, le cuir est drayé, lissé, battu à
plat, travaux qui, dans les ateliers de Londres,
sont tous, comme sur le continent, presque
toujours exécutés à la main et non pas par
machine, ainsi qu'on est généralement disposé
à le croire.

L'apprêt des pièces dépend principalement,
comme partout, de l'habileté et de l'attention
de l'ouvrier, et beaucoup moins qu'on ne le
pense, des indications ou des précisions du
contre-maître ou du chef d'atelier.

III. CUIRS FAÇONNÉS

En dehors de la préparation des différents
cuirs que nous venons d'examiner, c'est également le corroyeur qui prépare certains objets
en cuir d'un usage courant et de formes déterminées. Ainsi le cordonnier découpe rarement
les semelles des chaussures qu'il confectionne ;
il les trouve prêtes et aux différentes mesures

qu'il réclame, chez le corroyeur. Il en est de même des tiges de bottes, des empeignes de bottines, etc. ; le cambrage de ces tiges se fait aussi chez le corroyeur. Chez celui-ci également se fait l'estampage d'autres pièces telles que les talons de chaussures, ce que l'on appelle souvent les *contreforts* ; chez lui encore se fait l'estampage des dessus des galoches, lesquels, tout le monde le sait, présentent en relief certains dessins plus ou moins fantaisistes. En résumé, le corroyeur doit pouvoir faire, outre les cuirs spéciaux, du découpage, de l'estampage et du cambrage, opérations que nous allons successivement passer en revue avec les moyens d'action mis en œuvre.

Découpage

Réduit à sa plus simple expression, le découpage des différents articles s'opère à l'aide d'un emporte-pièce en acier à biseau bien trempé et bien coupant. Cet emporte-pièce a la forme de la pièce à découper, celle d'une semelle de chaussure par exemple ; le cuir est placé sur un bon billot de bois debout et sur le cuir on place l'emporte-pièce. Il n'y a plus, avec un maillet, qu'à frapper sur l'emporte-pièce pour que celui-ci découpe la semelle qu'on s'est proposé de préparer.

Cette manière de procéder, très élémentaire d'ailleurs, offre plusieurs inconvénients : elle est pénible pour l'ouvrier qui est chargé de l'exécuter, elle ne donne que des résultats assez médiocres, car, surtout si la pièce est grande, l'emporte-pièce l'est également et c'est à plusieurs reprises qu'il faut frapper dessus au risque de lui donner un certain déplacement et de faire un travail irrégulier ; enfin, la production est limitée et par conséquent onéreuse. Aussi, dans tout atelier un peu important, procède-t-on à l'aide de la machine à découper.

Cette machine, que nous représentons figure 73, prend souvent le nom de *balancier*, bien que son nom exact soit celui de *presse*. Elle se compose d'un bâti en fonte ayant la forme d'un col de cygne terminé à sa partie inférieure par une plaque ou plateau de même métal, bien dressé et fixé sur une table en bois très robuste. La partie supérieure du col de cygne comporte un renflement portant à l'intérieur en creux le filet de la vis qui le traverse et qui est l'organe donnant la pression ou la percussion destinée à opérer le coupage. Sur le haut la vis porte fixée sur elle deux bras horizontaux qui forment précisément le balancier. Ces bras qui se recourbent légèrement en haut portent chacun une masse en fonte de forme lenticulaire et l'un des bras est muni d'une tige verticale qui est la poignée de manœuvre de l'appareil.

On comprend déjà comment fonctionne l'appareil : en tirant d'un coup sec sur la poignée en un mouvement circulaire on fait tourner la vis et, comme celle-ci est munie d'un pas très allongé, sa descente est rapide de ce fait, mais elle est encore activée par les deux masses en fonte qui, mises en mouvement, forment un véritable volant. Leur forme est lenticulaire afin de leur donner, pour la moindre surface, le plus grand poids, en même temps que la moin-

dre résistance à l'air. La vis descend donc
en entraînant dans son mouvement le plateau

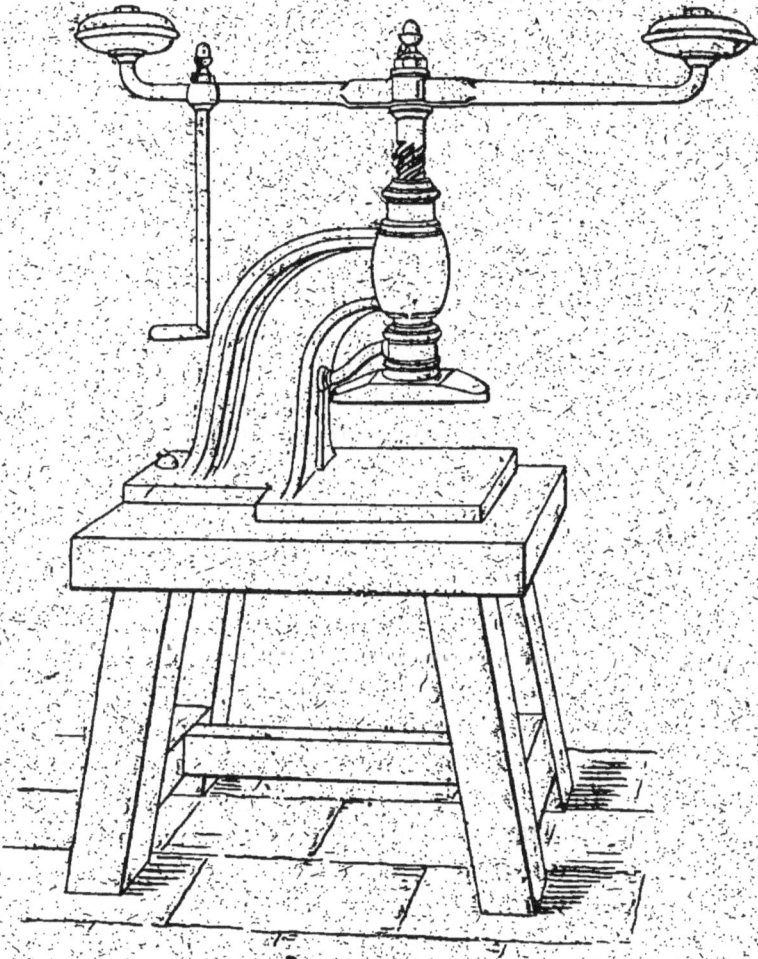

Fig. 73. — Machine à découper, à guide unique.

que l'on voit à son extrémité inférieure et qui
est destiné à frapper sur l'emporte-pièce.

jouant, en quelque sorte, le rôle de marteau.

Cependant il importe que ce genre de marteau, tout en participant au mouvement de descente de la vis, ne partage pas son mouvement de rotation. Ce résultat est obtenu en fixant ce que nous avons appelé le marteau à l'extrémité inférieure d'une pièce que l'on appelle souvent boîte coulante, assujettie à se mouvoir entre deux guides verticaux qui l'empêchent de tourner et reliée à la vis par une rondelle qui s'engage dans une rainure pratiquée dans le prolongement de la vis. Tout ce mécanisme est placé à l'intérieur de la pièce cylindrique que l'on voit au-dessus du plateau mobile et qui descend avec ce dernier. Pour assurer une descente régulière, on voit sur le côté du dessin, contre l'intérieur du col de cygne, un guide.

Tout ceci expliqué, voici comment s'opère le découpage à l'aide de cette machine. Sur le plateau inférieur et fixe de la presse on place le cuir à découper et dessus l'emporte-pièce de la forme de l'objet à découper, ce dernier étant bien placé sous le plateau mobile terminant la vis. On donne à celle-ci son mouvement de descente, comme nous l'avons expliqué ; il en résulte un coup sur l'emporte-pièce, qui découpe le cuir à sa forme. On remonte la vis par le mouvement inverse, on dégage l'emporte-pièce de la pièce qu'il a découpée et l'on recommence l'opération.

Le cuir à découper ne se place pas à même sur le plateau en fonte, car, sous le choc, l'emporte-pièce serait brisé ou tout au moins ébréché ; on interpose soit une plaque de bois dur, soit une plaque épaisse de plomb.

Ce genre de machine, que nous avons empruntée au catalogue de la maison F. Grimar,

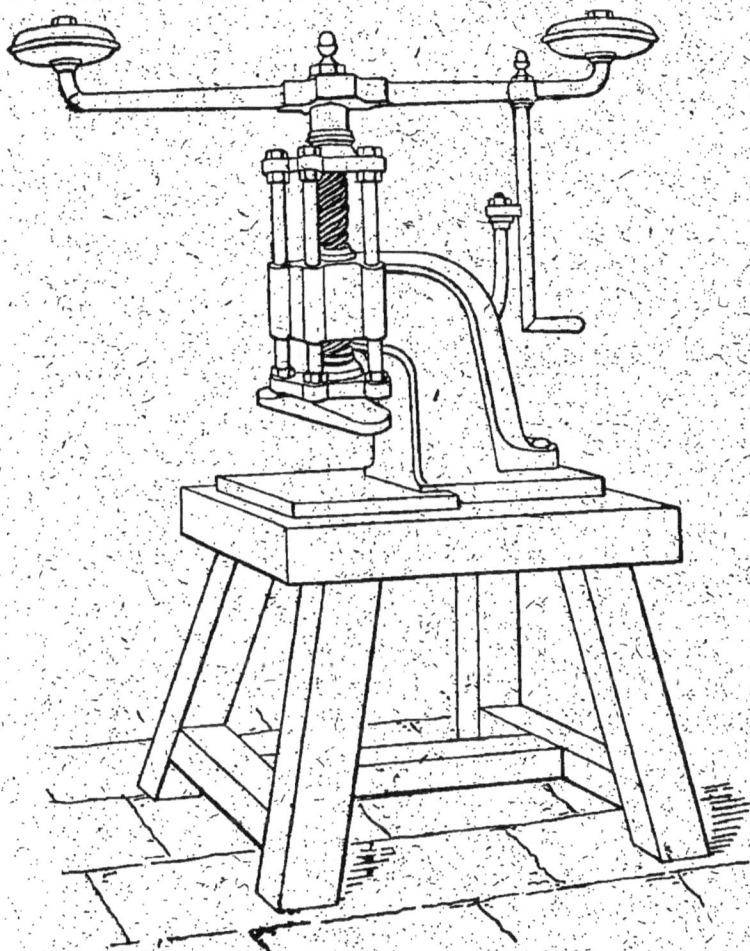

FIG. 74. — Machine à découper, à quatre guides.

29, 31 et 33, rue Breguet, à Paris, est très employée chez les corroyeurs, ainsi que dans les fabriques de chaussures pour le découpage des semelles et des talons ; son prix est très modique, sa construction est aussi simple que robuste, et il n'y a pas d'apprentissage à faire pour s'en servir ; avec un peu de soin et d'attention, un ouvrier arrive rapidement à l'utiliser dans les meilleures conditions de travail et de rendement.

La même maison fait le même appareil avec une légère variante ; nous le représentons figure 74, dans laquelle nous retrouvons toute les parties déjà décrites au sujet de l'appareil précédent. La seule différence que l'on puisse remarquer consiste dans le dispositif du guidage du plateau mobile. Ainsi qu'on le voit, au lieu d'être muni d'un guide unique, il y a ici quatre guides constitués par des colonnettes en fer qui traversent sur une grande longueur la tête de col de cygne parallèlement à la vis. Ce genre de machine s'applique de préférence au découpage de pièces un peu grandes, nécessitant par conséquent un plateau mobile qui lui-même est un peu grand et qu'un guide unique ne suffirait pas à conduire bien verticalement sans déviation. Cette presse convient également, mieux que la précédente, au découpage de produits durs, qui, opposant plus de résistance à l'emporte-pièce, tendent à le faire dévier de sa position normale. Enfin, avec cette machine, bien guidée, on peut découper plusieurs épaisseurs de cuir ce qui donne plusieurs pièces finies pour un seul coup de presse.

Estampage

Estamper du cuir, comme estamper du carton ou une feuille de métal mince, consiste à faire ressortir en relief sur une face de la feuille, quelle qu'elle soit, des dessins qui, sur la face interne de la feuille, se présentent en creux. Pour exécuter ce travail, il faut généralement deux pièces, véritables moules, dont l'une porte, en relief, le dessin à produire, et l'autre ce même dessin en creux. Si donc, entre ces deux pièces, on intercale du cuir et que l'on fasse une pression suffisante sur le moule, les reliefs refouleront le cuir, qui ira se loger dans les creux correspondants de l'autre partie du moule, et le cuir sera estampé.

La pression peut se remplacer par une série de percussions ; c'est ainsi que le cuir, étant disposé entre les deux moules, en frappant sur ce dernier des coups de maillet, de façon à ce qu'ils se répartissent sur tout le moule, le cuir se trouvera estampé. C'est là un moyen d'estampage assez élémentaire, mais praticable. Cependant, il est préférable, quand il s'agit de la fabrication d'un grand nombre de pièces identiques, de procéder à l'aide d'une machine.

Les machines à estamper le cuir ne présentent rien que nous ne connaissions déjà, car on se sert principalement pour ce travail des presses du genre de celles que nous venons de décrire pour le découpage. Les seules différences que nous aurions à constater résident en ce que l'emporte-pièce est remplacé par le moule en creux de l'estampage à faire et que le plateau fixe reçoit le moule en relief ; entre ces deux parties se place le cuir et le coup de balancier suffit à y graver, pour ainsi dire, les dessins dont on veut ornementer le cuir.

Ajoutons, pour terminer cet article, que l'estampage ne consiste jamais qu'à donner des reliefs très légers et qu'il s'opère sur des cuirs souples ou peu épais. Cependant, on peut donner au cuir des formes fournissant des creux ou des reliefs importants, tel est le cas pour les cuirs qui entrent dans les pompes et qui prennent alors le nom de *cuirs emboutis* ; ces derniers sont obtenus à l'aide de presses hydrauliques et le concours de fortes pressions ; ils constituent une spécialité de corroyage et exigent un matériel puissant et des traitements spéciaux préalables du cuir.

Cambrage

Le cambrage du cuir s'exécute pour la confection d'objets très divers ; c'est ainsi que les tiges de bottes doivent être cambrées, de façon à tirer d'une pièce plane les formes du pied, du cou-de-pied et de la jambe ; c'est encore par le cambrage que l'on donne au cuir la forme plissée des gros soufflets de forges ou même des soufflets encore plus grands qui réunissent les extrémités des grands wagons à couloirs de nos trains rapides modernes. En résumé, le cambrage consiste à tirer d'un morceau de cuir plat une pièce d'une forme plus ou moins complexe et, si nous prenons pour exemple l'objet le plus connu, la tige de botte, on y voit une forme toute différente de la feuille de cuir dont elle a été tirée, et cela sans couture, sans coupe ni pièce.

Les tiges ou empeignes de bottes sont d'abord découpées d'après des patrons ou gabarits, puis égalisées, refaçonnées et pliées, après quoi on leur donne la cambrure du pied, en allongeant certaines parties, surtout à l'endroit du cou de-pied. Cette opération peut se faire à la main, au moyen de trois outils fort simples : une pince, une étire et une pièce de bois ayant la forme de la tige et appelée *cambre*. Ce travail est long et pénible ; il est, en outre, assez délicat et demande une certaine adresse de la part des opérateurs, et parmi ceux-ci, s'il y en a d'habiles, il y en a aussi d'inhabiles, c'est pourquoi l'on a cherché à l'exécuter mécaniquement et, disons-le, on y est arrivé même par des moyens et des machines très simples.

La première machine à cambrer les tiges de bottes date de 1856 et ne manquait pas d'ingéniosité, mais elle avait le grand défaut d'être d'une construction assez compliquée et de former un ensemble très volumineux et très développé, ce qui, forcément, la rendait d'un prix élevé peu accessible aux petits industriels. Tout en conservant certains principes essentiels de cet outil, les constructeurs de nos jours l'ont énormément simplifié et l'ont ainsi rendu parfaitement pratique et applicable, même dans les établissements de faible importance. Nous donnons une vue d'ensemble d'une machine de ce genre (fig. 75), empruntée au catalogue de la maison Bossan-Nardi, rue Lebel, à Vincennes.

Cette machine, que nous représentons figure 75, se compose dans ses parties essentielles d'un bâti en forme de chevalet A A, entre les montants duquel passe une crémaillère C C, et d'une partie fixe B composée de deux pièces

identiques, séparées entre elles par un certain
intervalle, et enfin d'une partie mobile B', dont
l'extrémité inférieure offre en creux la forme du

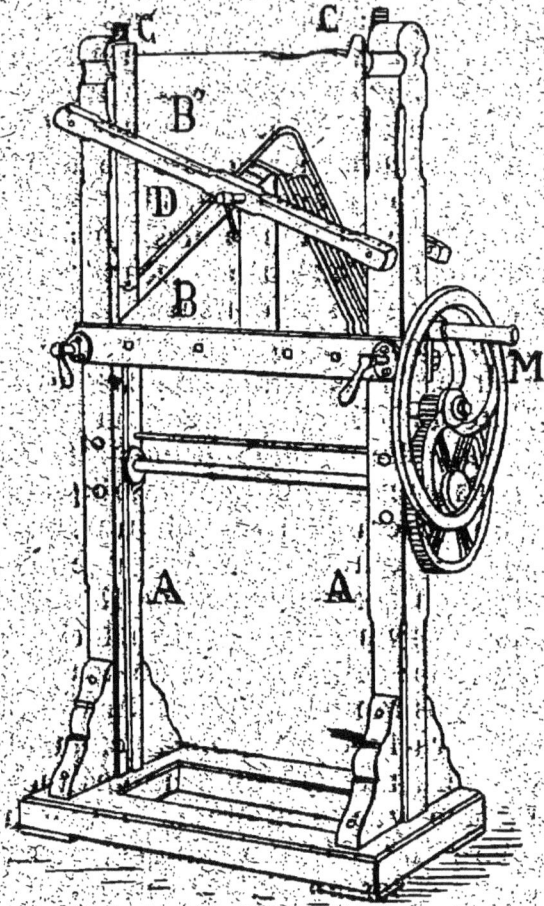

FIG. 75. — Machine à cambrer les tiges de bottes.

relief que doit prendre la cambrure. Cette partie
mobile B' peut descendre dans l'intervalle
ménagé entre les pièces B, cette descente

s'effectuant à l'aide de la manivelle M, commandant un petit train d'engrenages dont un pignon P, d'un côté, et un autre pareil, de l'autre côté, engrènent avec la crémaillère.

Si l'on place la feuille plate de cuir sur les pièces jumelles B et que l'on fasse descendre B', cette dernière forcera le cuir à pénétrer dans l'intervalle avec une certaine pression qui l'obligera de prendre la forme de B', c'est-à-dire le cambrage voulu. Une barre D permet de régler l'écartement des deux pièces B suivant l'épaisseur du cuir à cambrer. Ce dernier se trouve donc, dans le même mouvement de la machine, pressé, ce qui donne la cambrure ou le pli que l'on voit sur les pièces cambrées ; il est en même temps étiré ou laminé par le serrage qu'il éprouve entre les deux pièces B, ce qui lui permet de prendre un certain allongement dans les parties qui le demandent.

La maison Bossan-Nardi s'est créé une très juste réputation dans la construction de ces machines, dont elle fait plusieurs modèles, suivant le genre de pièces à cambrer, et qui, à force de simplifier sa mécanique, est arrivée à en faire un outil des plus précieux pour le petit industriel, puisqu'elle lui permet, s'il est loin de toute ressource, de cambrer lui-même et par grandes quantités toutes les pièces de la chaussure.

Nous arrêterons à ces trois façonnages l'énumération des cuirs façonnés qu'est appelé à préparer le corroyeur, car tous les autres objets qu'il peut encore produire s'exécutent par l'un des trois moyens ci-dessus ou encore par leur application combinée.

Ceci ne veut pas dire que le cuir ne puisse pas subir d'autres façonnages, mais si nous ne les signalons pas ici, c'est qu'ils font l'objet d'industries spéciales et qui ne sont plus comprises dans le corroyage proprement dit.

QUATRIÈME PARTIE

CHAPITRE XIII
Hongroyage

I. OBJET DE LA HONGROIERIE

La hongroierie consiste en un travail spécial des peaux qui, comme le tannage, a pour effet de les rendre solides et imputrescibles, mais en leur gardant toute la souplesse d'une peau en tripe.

Les noms donnés à ces cuirs de *cuirs hongroyés* ou *cuirs façon de Hongrie* permettent d'affirmer que l'origine de cette matière est précisément la Hongrie ; du reste un document ancien nous apprend que ce cuir est dit de Hongrie, parce que c'est de ce pays que nous vient la façon de le préparer. Sa fabrication, en France, remonte à Henri IV. C'est lui qui fit établir la première manufacture de cuirs hongroyés. Il y installa un habile tanneur, nommé Rose, qu'il avait envoyé en Hongrie étudier les procédés de fabrication. Son emploi est considérable en France, dans la bourrellerie, pour les harnais communs. Sa solidité est très grande, elle est indiquée pour divers emplois.

Les cuirs hongroyés sont des cuirs forts qui, au lieu d'être tannés par l'un des procédés indiqués dans ce Manuel, ont été obtenus par un traitement à l'alun et au sel marin, puis imprégnés de suif. Le hongroyage est-il un tannage ? La question reste encore posée de nos jours. Lorsque pour tanner le cuir on n'employait que le tanin, le hongroyage n'était pas considéré comme un tannage ; mais depuis que ce dernier s'exécute avec des matières toutes différentes des produits tannants, on est plus enclin à considérer le hongroyage comme un tannage, si l'on veut entendre par ce mot la transformation de la peau en un véritable cuir, c'est-à-dire la rendant imputrescible et résistante.

Dans ses grandes lignes le hongroyage consiste à traiter la peau par l'alun de potasse ou l'alun d'ammoniaque en présence du sel marin, et ensuite de l'imbiber en quelque sorte de suif.

Quant à l'action réelle de ce traitement, nous dirons encore que les avis sont assez partagés. Suivant les uns, l'alun agit comme antiseptique d'abord, empêchant la corruption de la peau, puis aussi d'une façon un peu mécanique en enrobant les fibres d'une couche d'alun que le suif appliqué par la suite retient dans le tissu dermique.

Suivant les autres, l'alun, qui est un sulfate double de potasse et d'alumine, ou d'ammoniaque et d'alumine, se trouve décomposé dans la peau et seul le sulfate d'alumine se combinerait aux fibres dermiques, la potasse ou l'ammoniaque restant dans le bain de hongroyage. Il y aurait donc de ce fait une action en tous points analogue à celle de l'oxyde de chrome dans le tannage au chrome, d'où il résulterait que le hongroyage serait à véritablement parler un tannage minéral.

Cependant les recherches chimiques prouvent qu'en traitant le cuir hongroyé par l'eau, si celle-ci commence par se charger d'acide sulfurique, ce qui indiquerait une décomposition du sulfate d'alumine retenu par la peau, cette eau renouvelée finit également par se charger d'alumine et la peau par redevenir en tripe, ce qui indiquerait que l'alumage ne constitue pas une combinaison de l'alun avec la peau, ou du moins ne constitue pas une combinaison très stable, d'où le hongroyage ne serait pas un tannage proprement dit.

Comme on le voit, la question n'est pas encore définitivement résolue ; elle le sera à coup sûr car de savants spécialistes s'en occupent et l'étudient, mais jusqu'à présent on ne saurait se prononcer en toute sécurité.

Etant donné que tout praticien aime assez à savoir le comment et le pourquoi des choses de son métier, nous devions donner les quelques indications ci-dessus, en regrettant toutefois de ne pas être à même de les fixer plus nettement, mais de plus savants que nous n'ont pas encore pu le faire, c'est là notre meilleure excuse.

Le hongroyeur ne travaille que les fortes peaux de bœufs ou de vaches, cependant cette dernière sorte n'est traitée que pour faire ce qu'on appelle des ouvrages légers, alors que la première sert à faire des produits solides utilisés en bourrellerie, en carrosserie et surtout à la confection des gros traits de campagne.

La préparation des peaux à l'alun et au suif n'est cependant pas bornée aux deux sortes de peaux que nous venons de désigner ; on traite d'une façon analogue les petites peaux de moutons, de chèvres, de veaux, etc., mais alors cela devient la chamoiserie et la mégisserie, branches très importantes de l'industrie du cuir en France et que traite tout spécialement le *Manuel du Chamoiseur*, de l'ENCYCLOPÉDIE-RORET. Toutefois, le hongroyeur peut être appelé à traiter d'autres peaux que celles du bœuf et de la vache, tel est le cas pour les peaux de chevaux, d'ânes et même de veaux ; celles-ci, à la vérité, ne constituent pas les produits courants du hongroyage mais peuvent lui être soumis pour des applications spéciales, c'est pourquoi nous en dirons quelques mots par la suite.

La fabrication des cuirs hongroyés est très rapide. Cependant, en général pour obtenir des produits de bonne qualité, il faut une quinzaine de jours en été, et trois semaines à un mois en hiver et dans les temps pluvieux. Quelquefois, on abrège beaucoup la durée des opérations au point de tout terminer en huit ou dix jours ; mais alors, sauf ces exceptions, on ne réussit qu'à faire de mauvais cuir.

II. OPÉRATIONS DE LA HONGROIERIE

Ce que nous venons de dire de la rapidité de la fabrication des cuirs hongroyés indique suffi-

samment que le travail s'effectue sans interruption, malgré qu'il comprenne une série
d'opérations différentes que l'on peut classer,
dans leur ordre, de la façon suivante :

1° le *travail de rivière*,
2° l'*alunage*,
3° le *repassage*,
4° le *séchage*,
5° le *redressage*,
6° le *travail de grenier*,
7° la *mise en suif*,
8° le *flambage*,
9° la *mise au refroid*,
10° la *marque*,
11° la *mise en pile*.

Travail de rivière

Cette opération est ainsi appelée, parce qu'on
la fait ordinairement sur le bord d'un cours
d'eau ; mais rien n'empêche qu'on ne l'exécute
dans un atelier, si l'on a de l'eau en abondance.
Le hongroyeur ne travaille que les peaux
vertes. Dès leur arrivée à la fabrique, elles sont
écornées et fendues en deux, puis on les dé-
crotte sur un chevalet avec un couteau rond,
ou mieux avec une faux. Cette opération achevée, on les écharne légèrement, en se conten-
tant d'en enlever la graisse et les chairs inutiles,
et on les rince pour en séparer le sang. Vient
alors le *rasage*. Cette opération correspond au
débourrage des tanneurs, mais elle se fait
différemment : elle exclut absolument l'usage
de la chaux.

Tanneur.   16

Quand on veut raser une peau, on fait une couche, c'est-à-dire que l'on met sur le chevalet plusieurs autres peaux qu'on plie communément en double, et c'est sur cette couche que l'on place la peau à travailler, ainsi que le montre la fig. 76. Il faut avoir soin de ne

Fig. 76. — Rasage des peaux.

laisser ni dessous, ni entre ces peaux, aucun corps étranger, parce que ce corps, formant des inégalités ou des bosses, exposerait l'ouvrier à couper le cuir.

A mesure qu'on rase le poil, on le ramasse sur la peau avec le dos de la faux, puis, avec ce même outil, on le fait tomber à terre.

Un ouvrier ne rase guère que huit peaux dans sa journée; les pattes qu'on laisse aux peaux prennent beaucoup de temps.

Quand les peaux ont été rasées, on les dessaigne dans une rivière ou dans des cuves.

Si on les met dans une rivière, on les attache à un piquet avec une corde qu'on passe ou dans les trous des yeux, ou dans ceux qu'on a faits en coupant les cornes. Vingt-quatre heures peuvent suffire pour les amener au point convenable.

Quand on se sert de cuves, il faut y laisser les peaux pendant trois jours, en changeant l'eau deux fois par jour en été, et une fois seulement en hiver.

Les hongroyeurs de Paris, dont les fabriques se trouvent placées sur la rivière des Gobelins, n'emploient point l'eau de cette rivière, parce que, comme elle est très sale, elle pourrait tacher la fleur, etc. Ils mettent des peaux dans des baquets avec l'eau de Seine ou de puits, que l'on change comme nous l'avons dit. Il vaut mieux cependant opérer le dessaignage dans une eau courante, parce qu'il est alors plus prompt et plus complet.

Après cette opération, on met les peaux à égoutter sur une perche ou sur un chevalet pendant deux ou trois heures, et l'on procède à l'alunage.

Alunage des peaux

L'*alunage* est une des principales opérations de l'art du hongroyeur. Il tire son nom de l'emploi de l'alun. Non seulement ce sel tend à préserver les peaux de la putréfaction, mais il exerce encore sur elles une action telle, qu'elles sont plus fortes, et, si l'on peut s'exprimer ainsi, plus substantielles. Cette action de l'alun n'a pas encore été bien définie, ainsi que nous l'avons dit plus haut.

Autrefois, les hongroyeurs préféraient l'alun de Rome à tous les autres. Maintenant, on y a substitué, ainsi qu'à ceux d'Angleterre, de Liége, d'Italie, etc., celui de nos fabriques, parce qu'il est démontré qu'il coûte moins cher, et qu'il ne leur cède ni en beauté, ni en qualité.

Pour les premiers passages, on ne se sert pas d'alun seul, mais d'un mélange d'alun et de sel marin. Au moyen de ce mélange, il s'opère, par double décomposition, un chlorure d'aluminium qui est beaucoup plus favorable à la conservation du cuir que l'alun seul, et lui maintient une grande souplesse favorable aux divers emplois.

Les hongroyeurs nomment *fonte* la totalité des cuirs qu'on peut aluner et conduire ensemble dans le même travail. Les fontes sont ordinairement de six, neuf, douze et même quinze peaux ; on peut en faire de beaucoup plus considérables : il n'y a en cela d'autre règle que la volonté du fabricant. Cependant, les fontes les plus ordinaires sont de neuf peaux.

Quand les cuirs sont disposés à être alunés, on fait dissoudre de l'alun et du sel dans une chaudière placée dans un fourneau, où elle est maçonnée. Cette chaudière, qui est arrondie par dessous, doit être d'une grandeur proportionnée à la quantité des cuirs qu'on veut aluner ensemble : 40 centimètres de profondeur dans le milieu, et 60 centimètres de diamètre sont suffisants pour une chaudière ordinaire, c'est-à-dire celle qui doit servir à aluner neuf peaux à la fois. On peut se baser sur celle-ci pour la grandeur des autres, en gardant une juste proportion.

Les proportions d'alun et de sel employées sont pour chaque cuir, de :

Alun.	3 kilog.
Sel marin	1.75
Eau pure.	30 litres.

On peut encore conseiller les proportions suivantes par 100 kilog. de peaux à traiter

Alun.	9 kilog.
Sel marin	5 —
Eau.	100 litres.

On fait chauffer l'eau à environ 50° centig., on y jette l'alun et le sel concassés, et l'on remue jusqu'à ce que la solution soit complète. Nous devons faire observer que ces proportions sont celles qu'on suit pour les *eaux faites*, c'est-à-dire pour ajouter à celles qui ont déjà servi à aluner des peaux ; car les eaux d'alunage servent constamment : on ne fait que réparer la perte saline qu'elles éprouvent, au moyen de l'addition précitée. Quant à la première liqueur, il faut nécessairement des doses de ces sels presque doubles.

Quand la dissolution est faite, on met les peaux dans deux cuves ovales ; ces cuves, qui ont la forme d'une baignoire, sont ordinairement longues de 1m 65, larges de 1 mètre, et profondes de 80 centimètres : elles sont placées l'une à côté de l'autre.

Lorsque la *fonte* est de neuf peaux, on fait ce qu'on appelle trois *encuvages*, et chacun de ces encuvages est composé de six bandes, c'est-à-dire de trois peaux entières.

On met dans chaque baignoire trois bandes, et on les arrange de manière qu'elles soient pliées la fleur en dessus, l'une sur l'autre, et que la tête de la seconde soit sur la culée de la première, et ainsi de suite.

Il peut arriver que les cuirs qui composent la fonte soient très forts et très grands, et qu'ils demandent beaucoup de soin. Alors, au lieu de trois encuvages, on en fait quatre. Les trois premiers ne sont formés que de deux cuirs ou quatre bandes, et le quatrième, de trois cuirs ou six bandes. On travaille les cuirs les plus faibles les derniers.

Quand les cuirs sont ainsi disposés dans les baignoires, on les alune. A cet effet, on prend dans la chaudière deux ou trois seaux de l'eau contenant en dissolution l'alun et le sel. Cette liqueur ne doit être que tiède, car si elle était trop chaude, elle gripperait les cuirs, et pourrait même les brûler. On la chauffe donc graduellement, de manière à ce que la dernière soit plus chaude que celle qu'on vient d'employer. On verse cette eau sur les peaux de l'une des baignoires, puis un ouvrier nu-pieds, n'ayant souvent sur le corps qu'une chemise, et même qu'un morceau de toile attaché à la ceinture, entre dans la cuve, et foule les cuirs, à grands coups de talon. Il les fait aller trois fois d'un bout de la baignoire à l'autre, ce qui se nomme *donner trois tours*. Il commence par pousser les peaux vers le bout de la baignoire placé du côté de la chaudière. Arrivées à ce bout, les peaux se trouvent plissées ; alors, l'ouvrier les fait descendre vers l'autre bout, en foulant plis par plis toutes les parties de chaque bande.

Comme nous venons de le dire, ce foulage se renouvelle trois fois, et se fait sans discontinuer. Après chaque tour, l'ouvrier frappe à grands coups de talon, deux fois les dos et une fois les ventres : les dos sont placés ensemble, et les ventres de même. Chaque trois tours forment ce qu'on appelle une *eau*, et *quatre eaux* constituent un *encuvage*.

Pendant ce travail, un autre ouvrier, qu'on nomme *serreur*, met dans la seconde baignoire de l'eau tiède, et dispose les bandes à la tête de cette même baignoire du côté de la chaudière, de manière à ce que le fouleur, en passant dans cette seconde baignoire, puisse également donner ses trois tours en commençant par la tête.

La première eau étant terminée, l'ouvrier passe à la seconde. Il commence par prendre de l'eau de la baignoire, et il la met dans la chaudière qu'on a continué de faire chauffer. Ensuite, il verse de celle de la chaudière dans la baignoire, et recommence dans chaque baignoire l'opération qu'il a déjà faite une fois. L'eau qui est toujours restée sur le feu, est plus chaude cette fois que la première. On peut évaluer à deux ou trois seaux l'eau qu'on met de la baignoire dans la chaudière, et de celle-ci dans la baignoire. Pour chaque encuvage de trois peaux, il faut quatre eaux qui se donnent de la même manière ; mais, à chaque opération, la chaleur du liquide qu'on prend dans la chaudière doit être plus forte, de manière qu'à la troisième eau et à la quatrième, ce liquide ne se verse plus sur les peaux, mais à côté, c'est-à-dire le long des parois de la cuve.

Le travail qui vient d'être décrit est très fatigant et exige de grands efforts de la part de l'ouvrier ; mais ces efforts sont nécessaires, puisqu'on n'obtiendrait jamais de bons cuirs si les peaux étaient mal foulées, et par conséquent si elles n'étaient pas bien pénétrées par le sel et l'alun. Les ouvriers ne font pas dans un jour plus de douze encuvages, chacun de trois peaux.

Après la quatrième eau, on plie les peaux en quatre dans la baignoire, en plaçant la tête sur la culée. Quand les bandes sont ainsi pliées, on les met dans des baquets qui ont 80 centimètres de diamètre et autant de profondeur, puis on remplit ces baquets avec l'eau qui a servi à aluner, et on laisse tremper les peaux. Il doit y avoir dans chaque baquet assez d'eau pour que les cuirs soient totalement submergés.

En général, on laisse les peaux dans les baquets pendant huit jours. Les hongroyeurs ont expérimenté que ce temps était suffisant pour leur confection. Il est cependant des fabricants qui pensent que, par un plus long séjour, elles acquièrent de la nourriture, mais d'autre soutiennent qu'elles n'y prennent plus rien. Nous partageons ce dernier avis, et nous sommes même disposé à croire qu'elles peuvent en perdre. Ne voyons-nous pas, en effet, les solutions salines abandonner, sous forme de cristaux, les sels dont elles sont saturées, et en redissoudre ensuite plus ou moins ? Il ne serait donc pas impossible que l'eau saline, en abandonnant aux peaux une partie des sels dont elle est surchargée, ne devînt apte à leur en enlever à son tour. Cependant, l'on assure que les peaux peuvent rester dans les baquets jusqu'à quatre mois en hiver, et que si elles n'acquiè-rent point de qualité, elles n'en perdent point. S'il en est ainsi, ce temps inutile n'en est pas moins une perte pour le fabricant, qui tient inutilement, pendant le tiers de l'année, *ses capitaux en baquets*. Nous ajouterons qu'en été, il y aurait peut-être du danger à les laisser aussi longtemps sans les travailler.

Quoi qu'il en soit, dans quelque saison que ce soit, on doit *culbuter* les cuirs le lendemain de l'alunage, c'est-à-dire les mettre, sans les dé-plier, dans un autre baquet, en plaçant au-dessus celui qui était en dessous, et *vice versa*. Il n'est pas nécessaire de changer les eaux, il suffit de les verser dans le nouveau baquet où les peaux ont été mises.

Repassage

Repasser les cuirs de Hongrie, c'est les fouler une seconde fois quand ils ont été alunés. Ce second foulage se fait comme le premier, à cette différence près, que, pour déplisser les cuirs, on a soin de les secouer un peu vivement. Pour repasser les cuirs on leur donne encore quatre eaux, en se servant toujours du liquide avec lequel on a aluné, et parfois d'alun seulement. On fait chauffer ce liquide progressivement, et de manière que sa chaleur soit plus vive à chaque fois qu'on s'en sert. Après qu'on a donné les quatre eaux, suivant la même mé-

thode que pour aluner, on remet les cuirs dans
les baquets. En été, on peut repasser les cuirs
huit jours après qu'ils ont été mis dans les
baquets; en hiver, deux ou trois mois après.
Des hongroyeurs expérimentés assurent que
les peaux n'ont pas besoin de tremper plus dans
une saison que dans une autre, et qu'on peut
confectionner un cuir de Hongrie aussi vite en
hiver qu'en été.

Quand les cuirs ont été alunés et repassés,
on peut, si l'on veut, les laisser quelques jours
dans les baquets. En général, cependant, on
peut les en retirer au bout de vingt-quatre
heures, et les mettre égoutter environ une heure
sur des planches placées sur les baignoires ; ces
planches sont disposées de manière que l'eau qui
découle des peaux pendant qu'elles s'égouttent,
retombe dans la baignoire. Ces eaux sont plus
chargées de substances salines et plus actives
que les *eaux nouvelles*, qui seraient même plus
chargées d'alun et de sel. On laisse les peaux sur
les planches environ une heure.

Séchage et redressage

Ces deux opérations se font en même temps,
ou plutôt la seconde n'est qu'une interruption
momentanée de la première.

Dès qu'on reconnaît que les peaux sont suffisamment égouttées, on pratique trois trous à
la culée de chaque bande (fig. 77), savoir :
deux à la patte, et un autre à la queue de la
bande. On passe un bâton solide dans ces trous,
et, par ce moyen, on suspend plus facilement les
peaux, pour les faire sécher, soit dans un gre-

nier, soit dans un séchoir, en faisant porter les
deux bouts du bâton sur des perches ou des
chevrons disposés à cet effet (1). On les laisse
en cet état jusqu'à ce qu'elles soient à peu près

FIG. 77. — Séchage des peaux.

aux trois quarts sèches. On les étend alors par
terre, on retire les bâtons, et on les redresse.

Pour *redresser* les cuirs, c'est-à-dire les apla-
nir, un ouvrier se met à genoux sur la bande,
qu'il a pliée en deux, la fleur en dedans, et
ayant en face la tête et la culée ; il met dans
cette bande une baguette ronde, longue de
66 centimètres, et dont le diamètre est d'environ 20 millimètres, puis il pousse cette baguette devant lui, en appuyant sur la chair

---

(1) L'ouvrier examine alors attentivement les cuirs
pour voir s'ils sont bien foulés, s'ils n'ont point de sang
extravasé, s'ils sont doux, maniables et exempts de
défauts.

avec les deux mains ; de cette manière, *il* redresse la bande et détruit les plis des pattes et de la partie qui se trouve entre la patte de devant et le ventre, qu'on nomme le *bréchet*. Cette opération se commence par le milieu du dos, en allant vers la culée, et ensuite on passe le ventre et les plis qui se trouvent entre la patte et la nache. Après cela, on reprend la bande du milieu du dos, en allant le long de la gorge jusqu'à la tête, et ce travail se termine par les plis de la patte de devant et par le bréchet.

Les bandes se redressent les unes sur les autres, et se trouvent naturellement empilées à la fin de l'opération. On peut, sans rien craindre, laisser les cuirs en cet état, depuis deux jusqu'à dix heures.

On peut encore faire le redressage en passant les peaux entre les rouleaux d'un laminoir. C'est un procédé fréquemment employé dans les hongroieries modernes.

Quand les cuirs sont restés en pile assez longtemps, on les étend comme la première fois en repassant le bâton dans les trous, et on les laisse sécher à cœur.

S'il y avait de la gelée, ou si seulement l'air était un peu vif, il faudrait bien se garder de mettre les peaux au séchoir ou au grenier, car le froid pourrait les endommager. Pour éviter cet inconvénient, on étend les peaux dans l'étuve quand elles ne sont encore qu'à demi sèches, et on allume du feu sur la grille : une corbeille de charbon suffit. On laisse les peaux renfermées pendant environ une demi-heure, puis on les retire de dessus les perches ; on les empile l'une sur l'autre, et on les couvre bien exactement, afin qu'elles ne se refroidissent pas. Pendant qu'elles sont encore chaudes et qu'elles conservent un peu d'humidité, on les redresse avec la baguette l'une après l'autre ; on ne doit donc les sortir de l'étuve qu'à mesure qu'on les travaille, car si l'on en sortait plusieurs à la fois, il serait à craindre que le froid ne surprît et ne durcît celles qu'on ne dresserait pas sur-le-champ.

Les cuirs de Hongrie, quand ils sont alunés et bien secs, peuvent se conserver en cet état aussi bien que les peaux tannées en croûte. Il suffit, pour les empêcher de se détériorer, de ne pas les laisser exposés au grand hâle. On doit surtout les préserver des vents secs, et surtout secs et chauds, parce qu'ils dessèchent les extrémités au point qu'elles deviennent très difficiles à travailler. Lorsque le hongroyeur ne peut pas finir immédiatement les cuirs, ou bien les *travailler de grenier*, et les mettre en suif, il faut, pour les conserver, les empiler et les envelopper avec des toiles.

Travail de grenier

Le *travail de grenier* se divise en *travail de première* et *travail de dernière*. En général, les cuirs de Hongrie doivent être secs quand on les travaille de première ; mais si quelques-uns ne l'étaient pas, on pourrait sans crainte les exposer au soleil, puisque la chaleur les dispose à recevoir le suif et les blanchit même.

Le travail de grenier contribue beaucoup à faire prendre le suif aux cuirs. Cette opération

se fait sur un faux plancher, incliné en talus,
dont les planches sont posées sur des lambour-
des éloignées les unes des autres de 33 centimètres au plus, afin que le coup de pied de
l'ouvrier ait plus de force. Ce faux plancher,
qu'on nomme aussi *travail de grenier*, a communément 4 mètres en carré (fig. 78).

FIG. 78. — Travail de grenier.

Pour *travailler* un cuir *de première*, on le plie
en deux, la fleur en dedans, la culée en dessus,
la tête en dessous et le dos tourné vers le bas du
faux plancher. L'ouvrier passe dans le cuir une
baguette de 66 centimètres de longueur sur
20 millimètres de diamètre, ronde par le bout
et bien unie, puis il pose le cuir sur le travail et
monte dessus, ayant à ses pieds des *escarpins de
boutique* (fig. 79), qui sont de gros souliers à
plusieurs semelles épaisses et sans talons.

S'étant placé au milieu de la bande, il la
pousse en arrière avec les deux pieds et la fait
rouler jusqu'à ce que le bout de la nache ait
atteint la baguette.

Pendant tout ce travail, l'ouvrier a ses deux
mains appuyées sur une planche placée devant
lui, ce qui lui donne la facilité de forcer sur la
bande en la chassant en arrière.

Quand la baguette est parvenue, en roulant, sur le bord de
la peau, l'ouvrier double de
nouveau celle-ci, mais en faisant porter la tête sur la culée,
et, après avoir placé la baguette
du côté du dos, il recommence
à rouler et ne s'arrête que

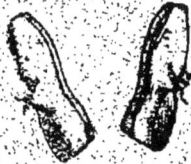

Fig. 79. Escarpins
de boutique.

quand la baguette est au bout de la culée.
Alors il fait sur la culée un pli de 54 à 66 centimètres de long, il la rejette sur le bréchet, et
roule jusqu'à ce que la baguette, remise dans
la peau, ait atteint le bout de la queue.

Quand cette opération est terminée, le même
ouvrier plie la peau de manière que la patte de
derrière revienne sur le dos ; il place la baguette
de ce côté-là et roule jusqu'à l'extrémité de la
nache. Il rejette la culée sur la tête et la fait
rouler le long du dos jusqu'à 33 centimètres de
la culée ; il rejette la culée sur la tête et la roule
jusqu'à ce que la baguette soit arrivée au bout
de la patte ; l'ouvrier, en contenant, renverse la
patte sur le dos, au moyen d'un pli qui va de la
hanche au nombril, et il roule jusqu'au bout
de la patte. Enfin, il jette la culée sur la tête du
cuir, met la baguette le long du ventre et roule
jusqu'à la distance de 33 centimètres de la

patte. La figure 78 représente un ouvrier qui travaille de première.

Ce n'est encore là que la moitié du travail, car, pendant cette opération, le côté de la tête a toujours été placé sur le faux plancher, et la partie de la culée a seule été roulée. Il faut rouler à son tour la partie de la tête, et pour cela mettre le côté de la culée sur le travail.

Après avoir passé la baguette dans le milieu de la bande, on la roule jusqu'au bout de la tête. On renverse celle-ci vers la culée, on place la baguette du côté du dos, seulement depuis la gorge, et l'on roule jusqu'au bout de la tête. Par ce moyen, le dos, la gorge et les deux bords de la bande sont également roulés ; on ramène la tête sur la culée, on passe la baguette du côté du bréchet, et on roule jusqu'à la saignée.

Jusqu'alors, la fleur a été en dedans et la chair en dehors. On plie la peau dans le sens contraire, c'est-à-dire qu'on met la fleur en dehors et la chair en dedans, et on recommence le travail en totalité, de ce côté comme de l'autre, mettant sur le plancher d'abord le côté de la tête, ensuite celui de la culée.

Le travail que nous venons de décrire est très pénible : un ouvrier, quelque fort et quelque adroit qu'il soit, ne peut pas travailler de première plus de quarante bandes par jour. Certains cuirs demandent moins de travail que d'autres : la température de l'air influe aussi quelquefois sur l'opération ; mais, en général, la règle la plus sûre qu'on puisse suivre, c'est de ne cesser les coups de baguette que quand le cuir est bien ramolli et qu'il a acquis toute la souplesse nécessaire.

Après le travail de *première*, on met les cuirs en pile, et on les y laisse jusqu'à ce qu'on veuille les travailler de seconde. Ce travail peut se reculer autant qu'on le désire, car les peaux, dans cet état, acquièrent de la qualité et ne se détériorent jamais.

Le travail de *dernière* ou de *seconde* a pour but, comme celui de première, d'ouvrir le cuir, de l'adoucir et de le disposer à prendre le suif ; il se donne de la même manière que celui de première, sur fleur et sur chair, du côté de la tête et du côté de la culée.

Avant de travailler les peaux de dernière, on les met au soleil si elles ne sont pas assez sèches ; quand le temps est sombre ou froid, on les étend dans l'étuve, et on leur donne une petite pointe de feu au moyen du charbon qu'on allume sur la grille. Cette chaleur contribue encore à les ouvrir et à les adoucir.

Autrefois, on donnait la préférence aux cuirs hongroyés de l'étranger, et comme ils avaient une espèce de couleur grisâtre, due à la malpropreté et qu'on nommait *couleur de Hongrie*, les corroyeurs ne manquaient pas de l'imiter. Pour cela, ils passaient sur les cuirs travaillés de seconde, du côté de la fleur, au moyen d'une brosse, une légère couche d'encre. La perfection à laquelle aujourd'hui nous avons porté cet art, nous dispense de recourir au moyen honteux de ne pas oser avouer les produits de notre industrie.

Mise en suif

Quand les cuirs de Hongrie ont été travaillés de grenier, de première et de dernière, on les *met* ou *passe* en suif. Cette opération, que nous allons décrire dans toutes ses phases telles qu'elles se présentaient dans l'industrie ancienne et telles que les poursuivent les petits établissements de hongroyage, cette opération, disons-nous, se fait dans un lieu qu'on nomme *étuve*, et dont la grandeur ne peut pas être déterminée au juste. Cependant, on donne ordinairement à ces locaux 2 mètres à 2^m 30 de hauteur, sur une largeur carrée de 4 à 5 mètres. On a soin que les ouvertures qui s'y trouvent soient bien closes, afin que la chaleur ne se dissipe pas. On fait fondre le suif dans une chaudière de cuivre assez grande pour en contenir de 80 à 85 kilogrammes et qui est placée sur un fourneau qui s'allume en dehors de l'étuve. Cette chaudière, qui est arrondie par le fond, a ordinairement 50 à 55 centimètres de profondeur sur 65 à 70 centimètres de diamètre.

Au milieu de l'étuve doit être élevé un massif en pierre, de forme carrée, et assez grand pour qu'on puisse placer dessus une grille de fer de un mètre en tous sens. Cette grille est destinée à supporter le charbon enflammé qui doit échauffer l'étuve.

Dans l'étuve sont suspendues des perches sur lesquelles on met les cuirs pour les échauffer, et sur les côtés sont placées deux grandes tables qui servent à étendre les peaux quand on veut les mettre en suif.

Quand les cuirs sont prêts à être mis en suif, on met dans la chaudière autant de corps gras qu'il est nécessaire pour la remplir aux trois quarts. Il faut, autant que possible, ne faire fondre que la quantité de suif qu'exige l'opé-

ration, parce que celui qui reste noircit quand
on veut s'en servir une seconde fois, et que
même, en restant dans la chaudière, il éprouve
une diminution assez considérable.

Pendant que le suif chauffe, on met du charbon sur la grille et on l'allume. On en met ordinairement une corbeille qui a partout les mêmes
dimensions, 55 centimètres de profondeur et
autant de diamètre. Il faut avoir soin de chauffer le suif au point convenable. Jadis on y
crachait dedans, et quand il commençait à
pétiller, on en concluait qu'il était arrivé au
degré de chaleur convenable. Ce degré de chaleur n'est, du reste, pas difficile à saisir ; c'est
celui qui a lieu quelques instants après la
fonte totale ; une plus forte chaleur pourrait
faire monter le suif et même le brûler. On remédie au premier accident en jetant dans la
chaudière du suif en pain.

Quand le charbon est bien allumé, on étend
sur les perches de vingt-quatre à trente-huit
bandes, suivant la force du cuir : c'est ce qu'on
appelle *une venue* ; on dispose ces bandes de
manière que les plus fortes soient placées aux
points où la chaleur est la plus grande, et les
faibles à ceux où elle est la moins considérable,
afin de pouvoir enlever ces dernières les premières. Par ce moyen, quand on met ces mêmes
bandes sur la table pour leur donner le suif, les
faibles, qui sont placées les premières, se trouvent en dessous, et les fortes, qu'on n'ôte de
dessus les perches que les dernières, se trouvent
naturellement par-dessus. On ne met en suif
que quand les peaux ont été placées les unes
sur les autres, c'est-à-dire quand elles sont en

pile, et d'après la disposition de la pile, on
commence par les plus fortes et l'on finit par
les plus faibles, qui se trouvent naturellement
au-dessous.

Les ouvriers intelligents reconnaissent qu'une
bande est assez chauffée quand ils y distinguent une petite pointe de blanc qui s'étend sur
le cuir en commençant par les pattes. Dès que
ces pattes blanchissent, on enlève les bandes de
dessus les perches, en commençant, comme nous
l'avons déjà dit, par les plus faibles, qu'on a
placées de manière à les enlever sans déranger
les plus fortes.

Pour étendre les peaux, on plie la tête sur la
culée ; en jetant ces peaux sur les perches, elles
se trouvent encore naturellement doublées, et
ainsi elles sont pliées en quatre. On met toujours les pattes et la tête du côté du feu ; par
ce moyen, on garantit de l'excès de la chaleur
le dos, qui se trouve caché par la tête. Quand
tous les cuirs sont placés sur les perches, les
ouvriers sortent de l'étuve et ferment la porte,
qui, comme nous l'avons dit, doit être ajustée
de manière à ne pas laisser échapper la chaleur.
S'il y a des jours, on les bouche avec des lisières
ou des peaux de mouton.

Pendant que les cuirs, ainsi renfermés,
s'échauffent, il en sort une humidité qui se
change en une vapeur épaisse qui incommoderait beaucoup les ouvriers, si on n'avait soin
de la faire dissiper en ouvrant la porte, un
quart d'heure après, pour la faire sortir. Quelquefois on est même obligé de l'ouvrir une
deuxième et même, une troisième fois, au
bout d'un autre quart d'heure. Quand il entre

trop de sel dans l'alunage, surtout si ce sel contient du chlorure de calcium, ou du nitrate de
chaux, les peaux conservent beaucoup d'humidité, et cette humidité se jetant à la surface,
ce qu'on appelle *pleurer*, doit nécessairement
produire beaucoup de vapeur.

Après un espace de temps sur lequel les
hongroyeurs se trompent rarement, on juge
que les cuirs sont suffisamment échauffés. Alors
les ouvriers, ayant seulement sur le corps une
espèce de tablier court, semblable à ceux dont
se servent les garçons boulangers, entrent dans
l'étuve et tâtent les bandes les unes après les
autres. Ils tirent de dessus les perches, et étendent sur la table placée près de la chaudière,
d'abord les cuirs faibles, ensuite ils prennent
ceux qui sont les plus secs, et ils terminent
toujours par les plus forts. Ils ont soin de mettre
la chair en l'air, et de placer, vers le bord de la
chaudière, la culée qui, étant la partie la plus
forte et la plus large du cuir, demande par là
même beaucoup de suif.

Quand toutes les bandes sont ainsi étendues
en pile sur la table, un ouvrier placé près de la
chaudière prend une bande par le milieu, et la
plie en ramenant la tête vers la culée, il la
redouble encore en arrière, et il s'assure si le
suif est au degré de chaleur suffisant pour
l'opération. En cela il ne peut être dirigé que
par l'habitude et par son intelligence, parce
qu'il n'existe aucune règle, d'après laquelle il
puisse connaître ce degré de chaleur. Alors 1
prend le gipon que nous connaissons (figure 65),
c'est-à-dire un paquet de père, ou extrémités de couvertures de grosse laine, qu'on

a coupées à la longueur de 30 à 35 centimètres et qu'on a liées fortement autour d'un morceau de bois long de 15 centimètres, qui sert de manche ; il trempe ce gipon dans la chaudière, et, quand il est bien imbibé de suif, il le porte sur la tête du cuir du côté de la chair ; il recommence jusqu'à ce qu'il ait mis sur cette partie de la peau une quantité de suif suffisante pour la nourrir. Alors, les deux ouvriers, armés chacun d'un gipon, étendent vivement et promptement le corps gras, en ayant soin de relever les parties antérieures de la peau pour empêcher que le suif ne se perde. C'est le travail que montre notre dessin, figure 80.

Quand on a donné assez de suif à la partie de la tête, l'ouvrier placé au bas de la table met la bande dans toute sa longueur ; celui qui est près de la chaudière met, avec son gipon, du suif sur la culée et le corps de cuir ; et tous deux étendent, comme la première fois, le suif avec leur gipon. Quand on a donné assez de suif du côté de la chair, les deux ouvriers prennent la bande, l'un par la tête et l'autre par la culée, et ils la retournent de manière que la fleur se trouve en dessus, et la chair en dessous. Ils ne prennent point de nouveau suif ; mais ils se contentent de bien frotter la fleur avec leurs gipons, qui sont encore gras. On s'exposerait à brûler la fleur si l'on mettait dessus du suif sortant de la chaudière.

Quand la bande a reçu le suif des deux côtés, on la porte sur une autre table, on l'étend la chair en l'air, et l'on continue à graisser de la même manière toutes les peaux qui composent la *venue*. Comme on l'a vu plus haut, on donne ce nom de *venue* à la totalité des bandes qu'on travaille en même temps.

On place les bandes de manière que la première ait le dos du côté du feu, la seconde le dos sur le ventre de la première, la troisième le ventre sur le dos de la seconde, et ainsi de suite jusqu'à ce que l'opération soit terminée.

On met communément une heure pour une venue de trente bandes. Il est de fortes fabri-

Fig. 80. — Mise en suif à la main.

ques dans lesquelles ont fait quelquefois jusqu'à quatre venues dans un jour.

On ne saurait trop bien faire sécher les cuirs avant de les mettre en suif, car il est constant que ceux qui sont travaillés en humeur, perdent de leur poids, s'étendent, et deviennent mous quand on les garde quelque temps.

Toutes les graisses quelconques sont bonnes pour mettre en suif. La graisse de cheval seule serait trop molle ; celle de bœuf, quoique un deu moins fluide, ne serait pas encore assez

ferme ; mais, en les mélangeant avec du suif
de mouton ou de bouc, on leur donne toute la
consistance nécessaire. Au reste, on ne se sert
guère, à Paris surtout, du suif blanc, qui serait
un peu trop cher. Les hongroyeurs emploient
ordinairement du creton, c'est-à-dire du suif
fait avec les résidus de la graisse de bœuf, dont
on a retiré tout ce qui est propre à faire de la
chandelle, avec la graisse de tripe et autres,
que les cretonniers font cuire ensemble ; ce
suif est aussi bon que le blanc pour graisser les
cuirs de Hongrie.

Chaque bande de cuir prend environ 1 kilogramme 1/2 de suif. Les hongroyeurs de campagne consomment quelquefois jusqu'à 5 kilogrammes de suif pour un cuir, c'est-à-dire
2 kilogrammes 1/2 pour chaque bande ; mais
c'est en pure perte, parce que la peau ne pouvant l'absorber en totalité, il reste dessus et ne
fait que la salir.

De toutes les opérations nécessaires pour la
confection du cuir de Hongrie, il n'en est pas de
plus pénible et de plus fatigante que celle
de la mise des peaux en suif. Les ouvriers renfermés dans l'étuve, respirant continuellement
une fumée de suif et de charbon qui pénètre
jusque dans les poumons et les irrite fortement, seraient exposés à périr par la suffoca-
tion, s'ils ne prenaient pas des précautions
capables d'éloigner le danger ou de le prévenir.
Ainsi, ils sortent de l'étuve au moment où le
charbon s'allume : sans cette précaution, ils
seraient infailliblement asphyxiés par les gaz
de la combustion. Quand ils y entrent au moment de la chaleur, ils ont soin de ne pas avoir

l'estomac chargé de nourriture, autrement ils seraient exposés à des vomissements qui les mettraient hors d'état de supporter le travail ; aussi n'est-ce que trois ou quatre heures après avoir mangé, qu'ils pénètrent dans l'étuve. A peine y sont-ils, qu'une sueur épaisse découle de toutes les parties de leur corps. La sensibilité de l'ouïe est portée chez eux à un tel point, qu'ils ne peuvent entendre le plus léger bruit, sans en être étourdis et incommodés. Quand ils éprouvent des tintements d'oreilles, ils se hâtent de quitter l'étuve : s'ils y restaient, ils seraient ce qu'on appelle *pris d'étuve* et pourraient périr. Ce tintement d'oreilles est avant-coureur de ce mal. C'est pour ainsi dire, en style romantique, une sentinelle salutaire que la nature a placée aux portes de la vie pour veiller à leur sûreté.

Jadis, les ouvriers mettaient sur la figure un morceau de cuir percé de deux ou trois trous, qu'ils nommaient un *bouche-nez*, et qui était couvert d'un morceau de filasse. Mais il a été reconnu que ce moyen ne les garantissait nullement de l'action de la vapeur épaisse qui se trouve répandue dans l'étuve. On donne ordinairement du vin aux ouvriers après qu'ils ont mis les cuirs en suif.

Flambage

Pendant que les cuirs graissés et empilés *boivent*, comme on dit, leur suif, on met sur la grille une corbeille de charbon qu'on laisse bien allumer. On doit avoir soin de couvrir avec des toiles les peaux qui ont été mises en suif, parce qu'autrement la partie placée du côté de la grille pourrait brûler. Les ouvriers sortis pendant que le charbon s'allume, ouvrent la porte de l'étuve après une demi-heure environ, et en laissent sortir la vapeur. Quand elle s'est exhalée, ils rentrent dans l'étuve, prennent, l'un par la tête et l'autre par la culée, la bande qui se trouve au-dessus de la pile, et qui est toujours la plus faible ; ils la passent d'un bout à l'autre au-dessus du charbon, la fleur en l'air, pendant une minute, et ils la portent sur la table qui est vide, où ils l'étendent la fleur en dessous et la chair en dessus. Ils font la même opération pour toutes les bandes.

Quand le flambage est terminé, on couvre de nouveau les cuirs avec des toiles, et on les laisse en cet état pendant une demi-heure en été, et trois quarts d'heure en hiver.

Le flambage ne se fait guère aujourd'hui que dans les pays arriérés. Partout ailleurs, on l'a supprimé, parce que l'expérience en a démontré l'inutilité. Les hongroyeurs intelligents se contentent de faire du feu dans l'étuve, après la mise en suif, et l'élévation de température suffit, moyennant une exposition d'une demi-heure environ, pour dilater les pores des peaux et y faire pénétrer le corps gras.

Mise au refroid

Quand les cuirs sont restés une demi-heure ou trois quarts d'heure empilés, on les essuie de fleur et de chair avec un gipon sec; on les sort de l'étuve et on les met à l'air sur des perches, la fleur en dessous et la chair en dessus ; on les étend en large, c'est-à-dire que le ventre et le dos portent sur la perche et que la tête et la culée pendent à droite et à gauche : on appelle cette opération *mettre au refroid* (fig. 81).

FIG. 81. — Mise au refroid.

Ces cuirs, placés mous sur les perches, reprennent à l'air de la consistance et de la fermeté ; mais, pour cela, il faut se garder de les exposer au soleil.

En été, on a soin de donner le suif vers le soir, afin que l'opération étant terminée au moment où commence la fraîcheur, on puisse faire refroidir les cuirs pendant la nuit : ce temps-là suffit ordinairement pour mettre les peaux en état de recevoir la dernière opération. En hiver cette précaution est inutile.

Marque et mise en pile

Le dernier travail des cuirs de Hongrie consiste à les peser, les marquer et les mettre en pile. Quand les cuirs sont secs, ce qui arrive en été après qu'ils ont passé la nuit à l'air libre, et en hiver au bout d'environ vingt-quatre à trente heures, on les met en pile, et on les y laisse pendant quelques jours ; ensuite on les pèse. Une peau fabriquée en cuir de Hongrie a perdu à peu près la moitié du poids qu'elle avait après avoir été déshabillée. S'il en est quelques-unes qui perdent moins, on en trouve aussi, et cela arrive très souvent, qui perdent trois cinquièmes, de manière qu'une peau qui, sortant de la boucherie, pesait 25 kilogrammes, est réduite à 10, après avoir été passée façon de Hongrie.

Quand on a pesé les cuirs, on marque leurs poids en chiffres romains sur la culée ; on les met en pile, et au bout de quelques jours ils sont propres à être employés et par conséquent à être livrés aux bourreliers.

L'endroit dans lequel on met en pile les cuirs de Hongrie ne doit être ni humide ni trop sec. Ce cuir, ainsi placé, peut se garder huit et même dix mois sans que sa qualité en soit altérée. Cependant, il finirait par perdre de son poids et de sa souplesse et par devenir sec et dur s'il était gardé trop longtemps.

Les peaux qu'on a fait sécher après les avoir alunées se gardent indéfiniment sans se détériorer, et c'est dans cet état qu'on *doit les* conserver quand on présume devoir les garder trop longtemps en magasin après leur entière confection.

III. PERFECTIONNEMENTS AUX OPÉRATIONS DE LA HONGROIERIE

Nous avons tenu à donner dans tous leurs détails les opérations, certainement *d'un carac-*

tère très primitif, du hongroyage, telles qu'elles
se sont longtemps exécutées et, disons-le sans
parti pris, telles qu'elles étaient pratiquées par
certains fabricants des cuirs façon de Hongrie
de qualités exceptionnelles. Si nous les avons
relatées ici, c'est pour deux raisons : d'abord
parce que c'est l'histoire vraie de la hongroierie,
ensuite parce que c'est par l'étude des procédés
primitifs ou empiriques que l'on arrive à
perfectionner l'industrie qui les mettait en
œuvre. Et, en effet, si nous reprenons les différentes opérations décrites, nous pouvons les
ranger en deux classes, celles qui paraissent
rester rationnelles, soit parce que leur application est simple, sans danger ni sans peine
excessive pour l'ouvrier, et celles qui, au contraire, se trouvent pour ainsi dire compliquées à
plaisir ou qui entraînent un danger et causent
un travail pénible à l'ouvrier.

Dans la première classe, on peut comprendre : le travail de rivière, l'alunage, le repassage, le séchage et le redressage. Il est évident
que le travail de rivière peut paraître pénible,
et il l'est certainement à certaines époques de
l'année, où sévit le mauvais temps. A ce dernier
point de vue, il y a une question d'endurance
et d'habitude auxquelles les tempéraments
sains se prêtent facilement. Quant au travail
lui-même, il peut être dur pour un novice, mais
il exige plus d'adresse que d'effort musculaire ;
or, si l'adresse n'est pas donnée à tout le monde,
elle s'acquiert par l'exercice et l'attention. On
comprend donc que cette opération ne se soit
point perfectionnée et que son exécution se
fasse toujours de même.

Quant aux autres opérations de cette classe, elles constituent en somme toutes celles que peut exécuter un manœuvre un peu au courant ; les seuls perfectionnements à y apporter consistent principalement dans l'économie de temps à réaliser dans les manœuvres diverses, économies assez difficiles à fixer, car elles peuvent varier d'importance et de forme d'un atelier à un autre.

En ce qui concerne le redressage, nous l'avons décrit opéré par les ouvriers, et certes ce travail fait à genoux et en poussant un bâton devant soi est bien rudimentaire. Mais, nous l'avons dit, on le remplace avantageusement aujourd'hui en passant les peaux au laminoir. C'est plus vite fait, mieux fait et n'astreint pas l'ouvrier à un travail qui, pour ne pas être très pénible, exige qu'il tienne le corps dans une position anormale, ce qui est une cause de fatigue. De ce fait, l'emploi du laminoir est plus rapide, plus économique et, disons le mot, plus humain.

De toutes les opérations pénibles de la hongroierie, il y a d'abord celle du *travail de grenier*, nous l'avons fait remarquer quand nous l'avons décrite, en disant combien était faible la production d'un ouvrier même robuste. Aujourd'hui, on remplace le travail humain par celui de la machine, en se servant à cet effet du foulon dont nous avons montré la construction (figure 44). — Cet appareil rend de très grands services pour cette opération et sa principale qualité est de dispenser l'ouvrier d'un travail particulièrement pénible. Nous n'oserons pas dire cependant

que la machine en question donne lieu à un
travail aussi parfait que celui de l'homme, de
l'homme l'exécutant consciencieusement bien
entendu. Il est évident que l'ouvrier, désireux
de bien faire, tout en fournissant l'effort voulu,
saura le mesurer suivant les circonstances et
passera plus de temps, développera plus de
force sur les parties de la peau qui exigeront
l'application de ces conditions. La machine,
au contraire, traitera d'une façon identique
toutes les parties de la peau, sans se préoccuper si elle agit avec trop d'énergie d'un côté,
et avec une énergie insuffisante d'un autre
côté. C'est ici un cas très remarquable de la
différence qui existe entre le travail intelligent
fait par l'homme, et le travail toujours uniforme accompli par la machine.

Cependant, il est un facteur dont il faut tenir
compte, c'est celui de la fatigue du travail chez
l'homme ; il est évident que l'ouvrier, si cons-
ciencieux, si intelligent qu'il soit, appliqué au
travail de grenier, éprouve au bout d'un certain temps de ce travail une fatigue qui a
raison de sa conscience et de son intelligence,
et que sa production, à la fin d'une journée de
ce dur labeur, se trouve fatalement inférieure
en qualité et en quantité, à celui qu'il a pu faire
au début de la même journée. Il en résulte que
la moyenne, et avec la moyenne des ouvriers,
n'est plus bien supérieure à celle de la machine.

En outre, il faut bien se le persuader, une
machine, si bien qu'elle soit conçue dans son
fonctionnement, a besoin d'être surveillée dans
le travail qu'elle exécute, et c'est là encore où
l'homme peut utilement faire intervenir son

intelligence. Si nous prenons le foulon comme
exemple, il est à peu près certain qu'il donnera
des résultats médiocres ou même mauvais si,
lui donnant une peau à fouler, on se contente
de la lui fournir, puis de la retirer après l'effet
de ses fouloirs. Le résultat sera tout autre si
l'ouvrier, chargé de conduire le foulon, après
en avoir retiré la peau traitée, examine celle-ci
et, reconnaissant certaines parties mal foulées
remet la peau en ayant soin d'exposer aux
fouloirs les portions qui exigent encore leur
action, et en évitant au contraire de leur soumettre les parties qui n'en n'ont plus besoin.

Il y a là évidemment une série d'observations
qui s'imposent, et c'est en les recueillant à tous
moments que le conducteur d'une machine
conçoit très exactement sa façon de travailler
et parvient à appliquer judicieusement ce
travail. Il ne donne ainsi à la machine que
l'exécution matérielle, celle qui n'exige que de
la force, se réservant pour lui la partie intelligente du travail.

A ce point de vue, le foulon bien mené, bien
dirigé, peut très bien remplacer la main-
d'œuvre humaine dans le travail de grenier.

La mise en suif est également un travail très
pénible qui s'effectue aujourd'hui par le tonneau recevant de l'air chaud et dont nous avons
donné la description dans le chapitre précédent,
mais l'honneur de cette substitution de la
machine à la main-d'œuvre humaine revient à
Lepellay qui, dès 1849, a imaginé ce tonneau,
moins parfait assurément que ceux employés
de nos jours mais qui, en raison de l'idée conçue par lui le premier, mérite d'être signalé.

Pour la mise en suif, Lepellay a construit sa machine à laquelle il a donné le nom de *metteur en suif*, représenté figures 82 et 83, et qui se compose des parties suivantes :

A, tambour ou tonneau tournant, en fer ou en cuivre, destiné à recevoir les cuirs : ces derniers y sont introduits par la porte *i*, qui se ferme au moyen des charnières *k, k*, et il est

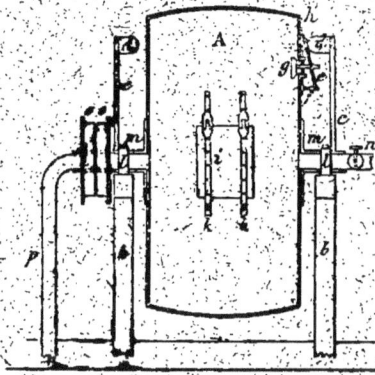

Fig. 82. — Metteur en suif Lepellay (vue de face).

muni intérieurement de plusieurs chevilles de fer servant à faire retourner les peaux quant l'appareil fonctionne.

b, b, b, b, bâti qui supporte le tambour par l'intermédiaire des paliers *l, l*, et des tourillons *m, m* ; ces derniers sont creux et renferment les extrémités de deux tuyaux.

g, soupape ; une pièce cintrée *c* reçoit la courbe *d*, qui sert à ouvrir cette soupape, dont on verra bientôt l'usage, au moyen du levier *c*, et le ressort *h* la fait fermer quand elle quitte la courbe *d* ; *f*, support du levier *e*. Il y a trois

soupapes semblables de chaque côté du tambour, comme le montre la figure 83.

o, o, poulies servant à donner le mouvement
au tambour.

p, tuyau ayant pour objet d'introduire de
l'air chaud dans le tambour. Cet air est envoyé
par un ventilateur ou par une machine souf-
flante, et il peut être chauffé, soit par un calori-

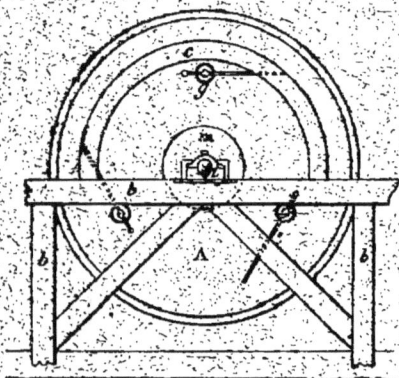

Fig. 83. — Metteur en suif Lepellay (vue de côté)

fère, soit par une cornue placée derrière l'autel
du fourneau de la chaudière à vapeur.

n, robinet mettant en communication, à l'aide
d'un tube, l'intérieur du tambour avec la
chaudière au suif.

Voici maintenant quel est le jeu de l'appareil :

1° Quand les cuirs sortent des cuves d'alunage, on les introduit dans le tambour pour les
sécher au moyen de l'air chaud ; ils atteignent
le degré de dessiccation convenable en quelques
heures, tandis que, par l'ancien système, il
faut huit jours au moins en été, et quinze
jours ou trois semaines en hiver. L'emploi

de l'air chaud a un autre avantage : c'est que les cuirs gardent parfaitement la nourriture qu'ils ont reçue, sel et alun, et que, de plus, ils conservent leurs surfaces entièrement lisses. Or, on sait que pendant les gelées et le mauvais temps, dans les séchoirs ordinaires, les matières d'alunage ressortent en partie et rendent les surfaces du cuir piquées et boutonnées.

2° Par suite du mouvement de rotation du tambour, les cuirs sont jetés les uns contre les autres, en tous sens, d'où résulte la réouverture de leurs pores, et cet effet est d'autant plus complet que les chevilles sont en plus grand nombre et le mouvement plus lent.

3° Lorsque les cuirs sont suffisamment secs et ouverts, c'est-à-dire rompus et brisés, on fait entrer dans le tonneau, au moyen d'un robinet n adapté à la chaudière, la quantité de suif que l'on juge nécessaire, puis l'on remet l'appareil en mouvement. Grâce à l'agitation continuelle dans laquelle ils se trouvent et à la facilité que l'on a de pouvoir régler la température du tonneau, à l'aide de l'air chaud, les cuirs se trouvent parfaitement et également chauffés, d'où il résulte que toutes leurs parties absorbent le corps gras de la manière la plus uniforme, ce qu'on ne peut pas obtenir avec l'ancienne méthode, à cause de l'inégalité du chauffage. En effet, dans la mise en suif, telle que nous l'avons décrite, les cuirs ont leurs différentes parties très inégalement chauffées, suivant qu'elles se trouvent plus ou moins distantes du calorifère. Ces mêmes cuirs sont, d'ailleurs, presque toujours pliés en quatre, et les plis sont à peine chauffés.

Les cuirs sortant du tambour ne reçoivent que la première façon des autres, c'est-à-dire qu'on les colle pour leur donner la forme, rentrer et sortir les parties, attendu qu'ils ont été travaillés et mis en suif. Dans ce dernier cas, ils ont l'avantage d'être mieux finis, d'une qualité supérieure, et il en résulte une économie de main-d'œuvre des deux tiers au moins sur l'ancien travail, plus la différence de temps employé à faire sécher.

L'idée de Lepellay a fait son chemin, car, en 1872, M. Morel, pour mettre en suif, imagina aussi un tonneau tournant, mais ce tonneau est à doubles parois partout, ou plutôt l'appareil consiste en deux tonneaux placés l'un dans l'autre, en laissant entre eux un certain intervalle. En outre, un courant de vapeur remplace l'air chaud. Ce courant entre par l'un des tourillons, qui sont creux, se répand dans l'espace vide qui se trouve entre les deux tonneaux, puis s'échappe par le tourillon opposé.

Les cuirs se mettent naturellement dans le tonneau intérieur ; aussitôt qu'ils y sont placés, on fait arriver la vapeur. Par suite de la disposition et de la conduite de l'appareil, celui-ci reçoit la chaleur strictement nécessaire pour que le suif soit tiède, en sorte que les cuirs, en tournant avec lui, l'absorbent sans être exposés à se brûler, comme cela arrive si souvent dans le travail manuel.

En dessous, et vers le milieu de l'appareil, un robinet purgeur laisse échapper la vapeur condensée entre les deux tonneaux. Un autre robinet, placé tout auprès, communique avec le tonneau interne pour retirer le suif non absorbé.

Les tonneaux à mettre en suif qui se cons-
truisen: actuellement s'inspirent essentiellement du principe de Lepellay.

Mais cet industriel habile n'a pas arrêté à la
mise en suif ses idées de perfectionnements
dans le travail de la hongroierie et il a imaginé
aussi des appareils pour aluner les cuirs qui sont
appelés *cuves oscillantes, cuves à balancement,
balanceuses*. Ils consistent en une cuve carrée,
peu profonde, et portée par un axe horizontal
placé en dessous, soit au milieu, soit à une
extrémité, et à laquelle un mouvement d'oscillation est donné par des organes appropriés.

Pour travailler les cuirs, il suffit de les jeter
dans la cuve, de verser dans celle-ci la dissolution alunée et enfin de mettre en marche. Afin
que le liquide ne puisse jaillir au dehors,
quoique le mouvement se fasse avec lenteur, on
a soin de recouvrir partiellement les extrémités
de la cuve. Cette précaution est même d'autant
plus nécessaire que, pour augmenter le foulage,
on met dans la cuve de grosses boules ou un
gros rouleau en bois, qui, en roulant librement
dans un sens et dans l'autre, contribuent beaucoup à accélérer l'opération.

IV. PEAUX DIVERSES

Bien que, ainsi que nous l'avons dit, la
hongroierie ne traite en principe que les fortes
peaux, il lui arrive aussi, mais plus rarement,
d'avoir à en travailler d'autres, aussi nous
allons examiner comment on opère pour ces
dernières qui, en dehors des peaux de veaux,
restent encore des cuirs forts.

Vaches et veaux

Pour passer les vaches en façon de *Hongrie*, on ne les rase pas, comme nous l'avons vu, mais on les épile par le moyen des pelains. On les laisse dans ces pelains huit à dix jours, c'est-à-dire jusqu'à ce qu'on s'aperçoive que le poil s'arrache facilement. Au reste, le travail des vaches est absolument le même que celui des bœufs ; seulement, quand on les place sur les perches, dans l'étuve, avant de les mettre en suif pour les échauffer, on doit les y laisser moins que les grosses peaux, ce qui indique que, dans les procédés nouveaux, ces peaux exigent un traitement à une température moins forte.

L'effet naturel du pelain est de rendre les peaux creuses et spongieuses. Par conséquent, proportions gardées, les vaches prennent plus d'alun et de sel que les bœufs.

Les vaches passées en blanc ne peuvent servir que pour des ouvrages qui demandent peu de force.

On passe peu de veaux en blanc ; on les travaille comme les vaches ; ils prennent beaucoup moins de nourriture. Il ne faut pas, pour un gros veau, plus de 500 grammes d'alun, 250 grammes de sel et 500 grammes de suif. Les bourreliers ne s'en servent que pour la couture.

Peaux de chevaux et d'ânes

On appelle souvent les chevaux hongroyés *cuirs d'Allemagne*. Les peaux de cette espèce doivent être travaillées vertes et presque

aussitôt qu'elles ont été enlevées de dessus
l'animal. On ne les achète pas au poids, mais
au couple, et on est obligé d'y laisser de la chair
dans certains endroits, autrement il se trouverait beaucoup d'inégalités dans l'épaisseur.
Pour donner un peu de force aux parties faibles
et minces, on les écharne entre deux chairs et
on y laisse un peu de la substance membra-
neuse.

Quand on veut travailler des peaux de
chevaux, on les fend en deux et on les met dans
l'eau pour les dessaigner ; on les retire au bout
de douze heures, et on les écharne avec une
faux ; quand elles sont fortes, on les rase comme
celles de bœufs ; mais les peaux ordinaires
s'ébourrent à la chaux. Pour cela, on les met
dans un pelain mort où elles restent un jour ;
on les en retire pour les mettre en pile ; après
qu'elles ont resté deux jours en cet état, on les
met pendant deux ou trois autres jours dans
un second pelain ; après cela elles sont mises
en retraite pendant cinq à six jours ; on les
passe ensuite dans un troisième pelain qui est
ordinairement la liqueur du second, si elle n'est
pas trop affaiblie.

La meilleure méthode est de les mettre dans
les pelains et de les y laisser jusqu'à ce qu'elles
puissent être débourrées, ayant soin de les lever et de les rabattre comme les autres peaux.

Quand les peaux ont été épilées, on les met à
l'eau, pendant douze heures en été et pendant
vingt-quatre heures en hiver. On les remue de
deux heures en deux heures afin d'en dégager
la chaux. Quand elles sont bien nettoyées, on
les queurse, on les recoule ; c'est-à-dire qu'on

leur donne sur la fleur avec le couteau rond une façon bien serrée ; ensuite on les roule de tête en queue, et on les met égoutter pendant six heures.

Quand les chevaux ont été travaillés de rivière, on les met dans les cuves et on les alune comme les autres peaux. Il faut, pour un cheval fort, 2 kilog. 1/2 d'alun et 1 kilog. 250 de sel ; pour une peau de grandeur commune, 1 kilog. 1/2 d'alun et 750 grammes de sel suffisent. On a soin de fouler plus longtemps et avec plus de force les crinières et les culées, qui sont les parties les plus épaisses. On ne donne que trois eaux aux peaux de chevaux.

Après avoir été alunés, les cuirs sont mis dans des baquets comme les autres, et y restent de deux à huit jours ; après ce temps, on les repasse avec les mêmes eaux.

Ce travail terminé, on place les peaux sur une cuve pour les faire égoutter : quand elles ne rendent plus d'eau, on les met au séchoir, ce qu'on appelle *mettre à l'essui*. On les étend avec la main, parce qu'en séchant, les chairs se crispent et font retirer le cuir. Quand les cuirs sont à moitié secs, on les redresse s'ils sont plissés, et on les remet au séchoir. Quand ils sont secs, on les travaille de grenier comme les peaux de bœufs.

Si, après le travail de grenier, les cuirs sont bien secs, on les laisse dans l'étuve, à la chaleur, un quart d'heure seulement, mais, quand ils conservent encore de l'humidité, ils doivent y rester une demi-heure. On doit saisir avec attention le moment où ils ont acquis le degré de sécheresse nécessaire ; car si on les laissait à la chaleur trop longtemps, ils se détérioreraient d'une manière sensible.

Les cuirs de chevaux jettent en général beaucoup plus d'*humeur* que les cuirs de bœufs, et cette humeur produit une vapeur si infecte qu'elle est à peine supportable.

On met les chevaux en suif de la même manière que les bœufs ; mais la dépense est moindre de moitié. Il ne faut en effet pour un cuir de cheval que la moitié du suif nécessaire pour la confection d'un cuir de bœuf, attendu qu'il est beaucoup plus mince.

Certains hongroyeurs mêlent et vendent les cuirs de chevaux forts avec ceux de bœufs. En effet, quand les premiers n'ont pas été faits au pelain, mais qu'ils ont été rasés à la chaux comme ces derniers, ils ont beaucoup d'analogie. Il est cependant bien démontré que, quel que soit le mode de fabrication des peaux de chevaux, on ne saurait les confondre avec celles de bœufs. En effet, le cuir de cheval est sujet à se retirer et à se racornir. Il est au moins aussi fort que celui du bœuf : c'est pour ces raisons que les carrossiers et les bourreliers ne l'emploient, ni seul ni même uni à celui du bœuf, pour en faire des soupentes.

On passe aussi en blanc quelques peaux d'ânes ; mais elles font un mauvais cuir, cassant, dur, corneux et difficile à travailler.

On travaille ces peaux dans leur entier ; elles prennent peu de suif. Au reste, leur préparation est la même que celle des autres cuirs.

Cuirs de Hongrie en façon de cuirs noirs

Les cuirs de Hongrie sont blancs ; cependant, dès 1836, on a cherché à les faire noirs et voici le brevet pris à cette époque par Kresse pour un procédé propre à les obtenir noirs :

« Les cuirs destinés à être mis en noir doivent être pris frais ; on met de l'orpin délayé avec de l'eau sur le côté de la chair, on la laisse ainsi deux heures ; au bout de ce temps, on ôte le poil, on les purge au travail de rivière et on les passe à l'alun et au sel. Après plusieurs jours passés dans ce tannage, on les met sécher ; à moitié secs, on les retire, on les ouvre et on les sèche à fond.

« Une fois entièrement secs, on met du suif tout bouillant sur chair et sur fleur ; on les remet à l'eau pour les faire revenir, on les redresse bien sur une table, et l'on étend sur la fleur la couleur composée ainsi qu'il suit :

« Les deux premières couches sont faites avec de l'urine ; la troisième et la quatrième, avec une couleur obtenue par deux tiers de bois de campêche et un tiers de bois jaune. Pour les cinquième et sixième couches, on met un noir fait avec de l'écorce d'aulne, du fer rouillé et des noix de galle, le tout fermenté avec du jus de citron. Après ces opérations, on laisse sécher les cuirs ; à mesure qu'ils sèchent, on les redresse sur des tables pour les rendre bien unis.

« Le noir, pour les cinquième et sixième couches, est fait comme il suit : on prend un cent de citrons presque pourris ou gâtés, que l'on presse pour en obtenir le jus ; l'on remplit un seau avec de l'écorce d'aulne un peu cassée, avec laquelle on mêle 5 kilogrammes de fer rouillé et 500 grammes de noix de galle pilées ; on laisse tout cela fermenter ensemble pendant quinze jours. Mais comme les cuirs sont ensuite sujets à pousser au moisi en magasin ou dans un endroit humide, on obvie à ce grave inconvénient par le procédé suivant :

« Quand les cuirs ont subi le travail de rivière, avant de les passer à l'alun, on les met en confit ; pour cette opération, on prend de l'eau chaude où l'on puisse tenir la main : il doit y avoir assez d'eau pour couvrir les peaux ; on prend 14 litres de son et 125 grammes de levure pour chaque peau que l'on mêle dans l'eau ; on laisse les peaux deux ou trois jours dans cette préparation, en ayant soin de les enfoncer, car elles tendent toujours à remonter : après on les retire pour les passer à l'alun et les mettre à la sèche. Mais avant cette dernière opération, on les foule successivement dans trois eaux tièdes pour leur faire rendre le sel qui les ferait moisir.

« Cette opération du lavage à l'eau tiède, ajoutée à toutes celles décrites avant, rend le cuir plus ouvert et plus souple ; car, comme on en retire tout le sel et l'alun, le cuir viendrait trop ferme sans cela ; de cette manière, il se conserve sans altération dans la chaleur comme dans l'humidité.

« En outre, afin d'obtenir la chair brune, on les trempe, comme les cuirs noirs tannés en écorce, pour les faire revenir, après les avoir mis en suif, dans un jus de tan pendant quelques jours, ce qui permet de noircir les cuirs avec de la couperose seule, simplement fondue

avec de l'eau chaude et employée en place du
noir au jus de citron pour les cinquième et
sixième couches, le résultat ne se trouvant plus
contrarié par le sel et l'alun, comme dans la
première manière d'opérer ».

Ce brevet que nous avons résumé n'offre,
dans le procédé qu'il décrit, qu'un intérêt tout à
fait relatif, car il montre que depuis très longtemps on a cherché à obtenir le cuir façon de
Hongrie en noir. Quant au procédé de teinture,
car ce n'est pas autre chose, il est évidemment
très compliqué, assez empirique et montre bien
que la question était parfaitement ignorée à
l'époque. Aujourd'hui la teinture des cuirs et
peaux est, nous pourrions presque dire, un art
et une science. Un art en ce sens qu'elle tend à
donner de très belles colorations, une science
parce qu'elle fait appel à la chimie ; aussi tous
les hongroyeurs ne sauraient-ils être teinturiers
en cuirs, cette partie tendant à faire l'objet
d'une industrie particulière exigeant des connaissances spéciales que le cadre limité de ce
Manuel ne nous permet pas d'aborder ; mais le
hongroyeur désireux de s'initier à cette partie,
consultera avec fruit le *Manuel du Chamoiseur* de
l'ENCYCLOPÉDIE RORET, dans lequel le regretté
chimiste Villon a consacré un chapitre spécial
particulièrement bien fait et bien documenté.

V. DÉFAUTS DES CUIRS HONGROYÉS ET PERFECTIONNEMENTS

Les défauts des cuirs de Hongrie tiennent à
plusieurs causes qu'il n'est pas inutile de passer
en revue.

En général, une peau mauvaise de sa nature ne peut jamais faire un bon cuir, de quelque manière qu'elle soit travaillée. Nous avons indiqué, dans la partie de cet ouvrage consacrée à la tannerie, les signes auxquels on reconnaît les peaux de mauvaise qualité; nous nous bornerons à dire ici que, pour les cuirs de Hongrie, les coutelures faites par les bouchers en déshabillant les peaux, sont ce qui leur nuit davantage.

Nous venons de voir qu'il faut prendre la peau de cheval presqu'aussitôt que la bête a été écorchée. Cette précaution est indispensable, car si les peaux s'échauffaient, et s'il s'y établissait un commencement de fermentation, la fleur perdrait sa consistance et pourrait être endommagée et enlevée avec la faux au moment où on les rascrait.

Le cuir qui n'a pas été bien foulé dans l'alunage, qui n'a reçu que deux ou trois eaux, ne peut pas se travailler bien de grenier ; il ne prend pas autant de suif qu'il en a besoin, il conserve des endroits durs qu'on appelle des *cornes*, et il n'a ni la force ni la souplesse qui lui sont nécessaires. On y aperçoit des taches de sang extravasé, qu'on nomme ecchymoses. Ce genre de cuir est faible, de mauvaise qualité, et de peu de durée.

Le travail de grenier contribue aussi à la qualité du cuir, car, si celui-ci n'a pas été assez ouvert, il ne prendra pas bien le suif, et par là même il manquera de souplesse.

La mise en suif est incontestablement l'opération la plus délicate du hongroyeur. Quand la fleur est saisie par la chaleur dans l'étuve, le cuir est cassant, et si on l'ôte de dessus les

perches avant qu'il soit assez ouvert, il ne
prend pas bien le suif. Le suif trop chaud
brûle la fleur, le suif trop froid ne pénètre pas.
La grande difficulté en cela est donc de saisir
un juste milieu, et il faut nécessairement beaucoup d'intelligence ou beaucoup d'exercice
pour atteindre ce milieu.

La mise en suif est d'autant plus importante,
que, si elle est manquée, c'est un mal sans
remède. En vain, chercherait-on à recommencer l'opération ; non seulement le suif prendrait
mal, mais le cuir, au lieu de l'absorber, acquer-
rait une couleur noirâtre.

Quant aux perfectionnements apportés à la
préparation des cuirs hongroyés, il nous faut
signaler les curieuses recherches faites par le
chimiste Curaudeau. C'est principalement sur
la composition du bain d'alun et de sel qu'il a
fixé son attention. Présumant, d'après quelques
expériences particulières, que les changements
que les peaux éprouvent en séjournant dans la
liqueur saline, composée d'alun et de sel
(sulfate d'alumine et de potasse, et chlorure de
sodium), ne doivent être attribués, en grande
partie, qu'à l'excès de sulfate d'alumine, ce
savant a essayé de substituer de l'acide sulfurique à ce sel. En conséquence, il a fait dissoudre dans :

Eau. . . . .   100 litres.
Chlorure de sodium (sel de cuisine) .   10 kilog.

Et il a ajouté à cette solution :

Acide sulfurique à 66 degrés . . . . .   2 kilog.

C'est dans ce bain qu'il a fait macérer les peaux qui avaient déjà subi les premières opérations d'usage. Après vingt-quatre heures de séjour dans ce liquide, il les en a retirées, et les a fait sécher ; dans ce court espace de temps, il s'est convaincu qu'elles avaient fait autant de progrès que d'autres qui avaient été traitées avec de l'alun. Il a remarqué aussi que son nouveau bain, après qu'on en avait retiré les peaux, pouvait encore servir à plusieurs opérations ; qu'il fallait seulement vérifier son degré, afin de le tenir au premier niveau, en y ajoutant des doses d'acide sulfurique et de chlorure de sodium égales à celles qui, dans chaque opération, sont absorbées ou décomposées. M. Curaudeau assure que ce procédé est devenu si avantageux, qu'il n'en emploie plus d'autre, et que les peaux qu'il fabrique ainsi réunissent toutes les qualités désirées.

Indépendamment de ces avantages, il y en aurait encore d'autres dignes de remarque :

1º Il ne faut que deux parties d'acide sulfurique, dont le prix même est bien plus modique que celui du sulfate d'alumine et de potasse (alun) ;

2º On n'a pas besoin de faire chauffer ce bain, comme par l'ancien procédé ;

3º L'on ne recourt plus à ces longues manipulations qui se pratiquaient dans plusieurs fabriques pour favoriser la combinaison des substances salines (alun et sel) avec la peau.

La hongroierie est redevable à M. Lepellay de très grands perfectionnements. Nous avons déjà signalé ce qu'il a fait quant à l'outillage, mais ses travaux se sont également portés, et avec succès, sur le traitement proprement dit des peaux.

On sait que les cuirs de Hongrie sont bon marché, qu'ils s'usent uniformément et ne cassent pas, mais qu'ils ont l'inconvénient de rester toujours gras et salissants au toucher, parce que, sous les influences de la température et de l'humidité de l'air, le sel et l'alun repoussent ; dès lors, le suif exsudant, graisse et salit la surface.

Il serait cependant possible de faire disparaître cet inconvénient. Il suffirait pour cela, d'après M. Lepellay, d'appliquer à la fabrication de ces produits, les moyens qu'on emploie pour obtenir les peaux mégissées, noires ou de couleurs mates ou brillantes, dont l'usage est généralement répandu pour la confection des gants, des chaussures de femmes, des articles de maroquinerie, etc.

« Ces peaux, dit l'éminent praticien (1875), qui sont, les unes en veau mat, les autres en chèvre, chevreau, agneau ou mouton, sont travaillées, comme on sait, au sel, à l'alun, aux œufs, à la farine, et ensuite mises en couleur. En traitant de la même manière les peaux qui, jusqu'à présent, ont fourni le cuir de Hongrie, puis y adjoignant, pour le finir, un travail de corroierie qui ne se fait ordinairement, ni pour le cuir de Hongrie, ni pour les peaux mégissées, on obtient de nouveaux cuirs classés de Hongrie, qui ne sont ni gras ni sales, ne cassent pas comme le cuir tanné, peuvent être teints de toutes les couleurs, recevoir les ornements imprimés les plus délicats, et servir pour faire des tentures, des gants, des chaussures, aussi bien que des articles de carrosserie et de bourrellerie. En outre, les peaux de toute espèce, bœuf, vache, cheval, veau, etc., sont propres à leur fabrication ».

Au lieu de procéder comme il vient d'être dit, on peut obtenir ces nouveaux cuirs de Hongrie par un autre moyen, découvert également par M. Lepellay. Voici comment il le décrit :

« Je prends les peaux et les mets à l'eau de dessaignage durant vingt-quatre à trente-six heures ; je les mets en chaux pendant six à huit jours ; je les ébourre et les écharne ; je les mets à l'eau durant quarante-huit heures et autant en confit, si je le juge à propos ; enfin, je leur fais subir ma double façon de rivière, sur fleur et sur chair, puis j'opère la mise en alun.

« Pour la mise en alun, j'emploie 6 à 8 kilogrammes d'alun, 1 kilogramme 1/2 de sel, 1 kilogramme 1/2 de farine, et une demi-douzaine d'œufs par cuir de 50 kilogrammes environ.

« Je fais fondre préalablement, dans une chaudière, l'alun et le sel délayés avec la farine et les œufs, puis je foule le cuir dans ce mélange, pendant une heure, au foulon mécanique, et je balance pendant six heures, avec les balanceuses de mon invention.

« Je laisse reposer trois ou quatre jours ; je monte les cuirs à l'air dans les séchoirs ; je les foule, commençant avec le foulon, et finissant dans le tonneau à chevilles ; je les mets en suif ou en nourriture dans le double tonneau Lepellay, dit *metteur en suif*, chauffé par l'échappement de vapeur ; je les laisse refroidir et, quelques jours après, je les foule à nouveau, comme pour le cuir noir, je les prépare de chair, je les colle, je les retiens et je les finis de fleur et de chair, comme le cuir demi-façon.

« Il m'est également possible de faire ces cuirs comme le cuir demi-façon, en appliquant la nourriture sur le cuir et en le faisant sécher ; je puis aussi les faire sans la mise en nourriture, ni suif, en les prenant après les aluns, les faisant sécher et les mettant au vent en les collant sur une table pour les purger et leur faire reprendre une nourriture d'œuf, qui peut remplacer la nourriture des matières grasses indiquées ci-dessus ; je puis encore faire prendre la teinture aux cuirs et les pénétrer dans les aluns ; je puis teindre le suif ou la nourriture ; je puis teindre le cuir sur le mettage au vent ou le remettage. Je ferai observer à ce propos que, pour teindre le cuir de Hongrie et l'empêcher de repousser son sel et son alun, il faut employer des couleurs d'aniline dissoutes dans la glycérine.

« En résumé, au moyen de mon procédé, on obtient un cuir de bonne qualité, de la couleur qu'on désire, et d'un fini aussi beau et aussi propre que le cuir demi-façon. Ce cuir est appelé à rendre de très grands services dans la confection des courroies et des harnais ; il en rendra également comme cuir scié pour voitures et chaussures, et remplacera avantageusement celui dont on s'est servi jusqu'à présent pour cette destination. Enfin, son prix de revient est de 50 0/0 inférieur à celui du cuir tanné, et il permet de faire en un ou deux mois ce qui demande un an en fabrication de tannerie ».

Comme tous les novateurs, M. Lepellay n'a pas vu ses procédés de travail jouir de suite de la faveur qu'ils méritaient, mais ils ont fini par s'imposer, s'améliorer encore et les hongroyeurs qui prennent leur profession à cœur s'inspirent encore des principes émis par M. Lepellay.

Nous terminerons cette partie du Manuel par quelques observations qui ne manquent pas d'utilité.

Il est dans les départements un grand nombre de bourreliers qui fabriquent eux-mêmes des cuirs de Hongrie, et qui sont loin de suivre les différentes opérations que nous venons de décrire. Ils prennent de petites peaux qu'ils commencent par dresser ; ils les foulent ensuite séparément dans de l'eau chaude où ils font dissoudre de l'alun ; à chaque fois, ils les brassent pendant quelques minutes, et les mettent ensuite dans l'alun, où elles restent pendant vingt jours tout au plus. Pendant ces vingt jours, ils lèvent les peaux, deux, trois, et même quatre fois, et les foulent avec la bigorne. Au sortir de l'alun, ces peaux sont roulées avec les pieds et tirées à la paumelle et au liège. On fait rarement de bons cuirs par cette méthode.

CINQUIÈME PARTIE

—

CHAPITRE XIV
Fabrication des courroies

—

SOMMAIRE. — I. Usage des courroies. — II. Fabrication manuelle des courroies. — III. Fabrication mécanique.

I. USAGE DES COURROIES

Sous la désignation de courroies, nous ne voulons étudier, dans ce chapitre, que les courroies utilisées dans la mécanique, laissant de côté tout ce qu'on nomme communément courroies et qui ne sont que des bandes de cuir plus ou moins longues, plus ou moins larges, généralement percées de trous dans lesquels pénètre l'ardillon d'une boucle, et dont les emplois sont excessivement variés. Ce genre de courroies n'est autre chose que du cuir corroyé, de nature appropriée aux usages auxquels elles doivent répondre.

Les courroies utilisées en mécanique servent à transmettre le mouvement et la puissance à distance, distance relativement faible et qui ne se chiffre que par quelques mètres. Or, pour transmettre ce mouvement avec le moins de perte possible, la courroie doit présenter une série de propriétés qu'on ne trouve guère que dans le cuir. En effet, il faut qu'une courroie présente une très grande résistance sous le plus faible volume possible, qu'elle soit très souple, de façon à embrasser la plus grande surface des poulies qu'elle actionne, enfin qu'elle ne soit pas sujette à s'allonger ou à se raccourcir par les changements de température ou d'état hygrométrique du milieu dans lequel elle fonctionne et qui est précisément un milieu dans lequel ces variations sont très fréquentes.

Ce sont là toutes qualités que l'on trouve dans le cuir, dans le bon cuir, bien entendu.

La longueur des courroies dépend naturellement de la distance qui sépare les transmissions à faire fonctionner ; en outre, comme il est reconnu mécaniquement que cette distance ne peut pas descendre au-dessous d'une limite déterminée, les courroies mécaniques ont toujours une longueur supérieure à celle des lanières que l'on peut tirer d'un cuir, d'où nécessité de joindre entre elles plusieurs bandes de cuir pour obtenir la longueur voulue. Cette jonction est une opération importante de la fabrication des courroies et que nous examinerons.

Pour qu'une courroie fonctionne bien et transmette convenablement toute la puissance qu'elle reçoit, il est important qu'elle soit très droite et, comme elle est, ainsi que nous venons de le dire, composée de plusieurs morceaux réunis bout à bout, il est indispensable que chaque morceau soit coupé très droit ; le découpage de ces bandes exige donc également certains soins spéciaux pour arriver au but qu'on se propose.

Quant à la largeur des courroies, elle doit être, pour un même enroulement sur poulies, en raison directe de la puissance à transmettre et en raison inverse des vitesses avec lesquelles il faut qu'elles se meuvent pour transmettre une même quantité de travail. Mais comme la largeur à donner aux courroies de cuir est limitée par la largeur de la peau elle-même, on voit qu'on ne peut pas augmenter indéfiniment la largeur des courroies de cuir. Cependant, en pratique, c'est surtout en augmentant la vitesse qu'on accroît la quantité de travail transmis par une courroie, il en résulte que l'on peut ainsi arriver à compenser la largeur par une augmentation de vitesse. Néanmoins, quand les limites pratiques de diminution du diamètre d'une des poulies sont atteintes et insuffisantes pour compenser la largeur de courroie, on est obligé de renoncer à la courroie de cuir, et l'on utilise alors des courroies que nous pourrions appeler factices et qui, parmi les premières créées, sont les courroies de caoutchouc, composées de toiles assemblées entre elles par du caoutchouc. Aujourd'hui, les courroies autres que celles de cuir sont très nombreuses : il y en a qui sont faites en tissu de coton aggloméré par des compositions spéciales et qui fournissent un très bon service ; d'autres sont faites en poil de chameau tissé et présentent une très grande résistance. Ces courroies ont, en outre, le grand avantage de coûter beaucoup moins cher que les courroies de cuir ; cependant, aucune d'elles ne vaut, comme résistance, comme qualité d'agent de transmission de force et comme souplesse, la courroie de cuir.

La puissance à transmettre, ainsi que nous venons de le dire, régit la largeur de la courroie, mais jamais son épaisseur. On a cherché à donner plus de résistance aux courroies de cuir en les formant de deux couches superposées et reliées entre elles par des coutures ; l'expérience a montré que cette disposition, dite *courroie double*, ne présentait aucun avantage. Les deux couches superposées de cuir, si bien reliées qu'elles soient, présentent toujours un certain glissement l'une sur l'autre, d'où usure par suite du frottement qui se produit en même temps qu'inégalité dans l'effort de traction et, par conséquent, inégalité dans la transmission de la puissance. C'est donc une erreur de croire que l'on renforce une courroie de cuir en la constituant par deux épaisseurs de cuir.

II. FABRICATION MANUELLE DES COURROIES

Les courroies peuvent se fabriquer à la main ou avec le concours de machines appropriées. Nous examinerons d'abord la fabrication manuelle, mais en ajoutant que, dans tous les cas, il faut faire usage de cuir de qualité supérieure, tanné et corroyé avec le plus grand soin. Dans les bandes ou moitiés de peau, on réserve les parties les plus fortes, le *noyau*, comme on les appelle, pour les courroies destinées à transmettre de grandes puissances et que l'on désigne sous le nom de courroies principales, tandis que les parties les plus faibles, le *ventre*, comme on les nomme dans le métier, servent à

faire les courroies transmettant de faibles
puissances.

La fabrication manuelle des courroies est,
en somme, fort simple, elle comprend les opérations suivantes :

1° La *tension des croupons* ;
2° Le *découpage des croupons en bandes* ;
3° L'*égalisage des bandes* ;
4° La *jonction des bandes* ;
5° La *tension des courroies.*

Tension des croupons

Après avoir visité les moitiés de peaux, les
croupons, on les tend fortement, afin de détruire les plis et les poches qui existent presque
toujours, malgré les soins que le corroyeur a
apportés dans son travail. Cette opération
consiste à les attacher par l'un des petits côtés
à un crochet fixé dans un poteau et, par le côté
opposé au tambour d'un treuil à manivelle,
puis à les tendre fortement en faisant tourner
le tambour, et, quand elles sont suffisamment
tendues, à les laisser dans cet état jusqu'à ce
que l'effet voulu se trouve produit.

Découpage des croupons

Les croupons, ayant été suffisamment tendus, sont placés sur une longue table et dé-
coupés, au moyen d'une serpette, en bandes
d'une largeur convenable.

Le cuir, et nécessairement les bandes, n'ont
pas partout une épaisseur égale. On ne cherche
pas à régulariser complètement cette épaisseur,

ce qui conduirait à affaiblir les meilleures parties ; on se contente d'enlever au couteau à revers, sur la table, les irrégularités les plus fortes, puis on soumet le tout à l'action d'un laminoir.

Ces opérations terminées, on passe à la jonction, laquelle transforme ces bandes en courroies sans fin.

Jonction des bandes

Pour joindre les bouts des courroies, on commence par les appointir, c'est-à-dire les amincir, après quoi on les place l'un sur l'autre et on les réunit.

Il existe un grand nombre de moyens de réunion, et l'on en propose chaque jour de nouveaux.

Les plus simples et les plus usités consistent dans une couture faite avec du fil ciré très solide, ou avec des lanières, ou dans l'emploi de vis ou de rivets. On leur reproche de ne pouvoir se prêter facilement à une diminution de longueur de la courroie, lorsque celle-ci s'allonge par le travail.

On peut éviter cet inconvénient en se servant de boucles, mais ce système, produisant une épaisseur sur une face, ne peut être appliqué aux courroies croisées, puisque les faces opposées de la courroie sont successivement en contact avec l'un des tambours.

Quelquefois, on se contente de coller les deux pièces, que l'on maintient ensuite serrées dans une presse jusqu'à ce que la colle soit bien sèche, mais ce procédé ne peut être utilisé pour les courroies de fatigue, parce que, malgré toutes les affirmations des inventeurs, il n'existe encore aucune colle qui présente une résistance complètement suffisante.

Tension des courroies

Après la jonction, les courroies doivent être soumises à une traction rationnelle afin, d'une part, de redresser les courbures produites par les jonctions et, d'autre part, de les allonger le plus possible, sans toutefois nuire à leur qualité, pour qu'elles augmentent peu de longueur pendant le travail.

Cette tension s'effectue par le même moyen qu'on a employé pour les croupons.

III. FABRICATION MÉCANIQUE

Si l'on veut bien examiner de près toutes les opérations que nous venons d'énumérer, on se rendra facilement compte qu'elles n'exigent aucun savoir spécial, mais simplement une sorte de précision permettant d'obtenir une parfaite uniformité dans les produits obtenus. Il était donc très rationnel de substituer à la main-d'œuvre humaine le travail purement mécanique qui présente précisément la grande qualité d'être toujours accompli de la même façon et par conséquent de donner constamment un produit identique à lui-même.

Machines à découper les croupons

La première machine qui ait été créée pour accomplir ce travail a cherché à reproduire

aussi exactement que possible le travail à la
main fait à l'aide de la serpette ; elle était assez
compliquée, car elle consistait en un double
chariot manœuvrant au-dessus d'une table sur
laquelle on étendait le cuir.

Deux bâtis en fonte, placés en regard l'un de
l'autre, à une distance de 2^m.50, sont entretoisés entre eux : en bas, par des poutres en bois
ou en fonte qui servent de support à la table de
coupe ; en haut, par deux tringles en fer rond,
guides des coulisseaux du chariot principal.

Au milieu et à la partie supérieure, les bâtis
reçoivent dans des coussinets une forte vis à
filets carrés rapides, commandée à la main
par une manivelle placée en dehors.

Cette vis porte le chariot principal, lequel se
compose, outre l'écrou et les coulisseaux glissant sur les tringles-guides, d'un long support
transversal portant en avant les glissières du
deuxième chariot, et sa vis à courts filets
actionnée à la main par une petite manivelle.
Le mouvement de cette vis fait avancer transversalement le deuxième chariot qui porte le
couteau ou outil tranchant.

Enfin, sur ce deuxième chariot est attachée
une aiguille indicatrice, dont la pointe se promène sur les traits d'une règle en cuivre divisée
en millimètres et fixée sur le chariot principal.

Pour diviser un croupon en bandes, on
l'étend sur la table, sur le bord de laquelle on
saisit l'extrémité de l'un de ses petits côtés au
moyen d'une pince.

On fait avancer le petit chariot jusqu'à ce que
l'aiguille indicatrice soit au zéro de la règle
graduée, et l'on dispose le couteau de manière

que, dans cette situation, il suive le bord du croupon pendant le mouvement de marche du chariot principal. Si le bord du croupon n'était pas bien droit, on commencerait par faire une coupe franche en faisant une passe au couteau.

On fait alors avancer le chariot transversal jusqu'à ce que l'aiguille indicatrice marque sur la règle graduée la largeur qu'on veut donner à la courroie, et, à l'aide du chariot principal, on donne une passe au couteau.

On recommence cette opération jusqu'à ce que le croupon soit entièrement divisé, en prenant sur la règle graduée deux ou trois fois la largeur de la courroie pour la deuxième ou troisième bande.

On conçoit qu'il faut que le porte-couteau puisse se relever à volonté, pour ne pas entailler le cuir pendant les manœuvres transversales ; pour cela, il peut être monté à charnière ou sur un petit chariot vertical.

En outre, la plus grande précision doit exister dans le chariot transversal.

Quant au chariot longitudinal, il suffit qu'il soit bien guidé, de telle sorte que l'outil trace des lignes bien parallèles. La vis peut donc être remplacée par une crémaillère, une chaîne galle ou tout autre moyen d'entraînemnt.

Dans les fabriques modernes de courroies la machine à découper les croupons s'est beaucoup simplifiée.

C'est ainsi que nous en fournissons un modèle très répandu et représenté par notre dessin figure 84, tiré de l'album de la maison G. Lutz et G. Krempp : c'est la machine à couper les courroies à *couteau circulaire rotatif.*

Cet appareil se compose, comme on le voit, d'une table en fonte au-dessus de laquelle tourne à grande vitesse un arbre que nous représentons mû au moteur par l'intermédiaire de poulies, mais qui pourrait être également mû à bras. L'arbre se termine par un disque qui

Fig. 84. — Machine à couper les bandes, à couteau circulaire rotatif.

présente sur son côté une partie très tranchante, c'est le couteau. On comprend que, si l'on présente un cuir devant cette lame qui tourne avec rapidité, et qu'on le pousse devant soi contre le couteau, ce dernier le tranche sur toute sa longueur.

Afin que ce découpage se fasse régulièrement, c'est-à-dire que les bandes débitées aient une largeur bien égale sur toute leur étendue, la table porte un guide qui n'est autre chose qu'une règle régnant sur toute sa largeur et que l'on peut faire avancer près du couteau ou l'en éloigner comme on veut et avec une précision très grande à l'aide d'un jeu d'engrenages commandé par une roue dentée munie d'une poignée et que l'on voit sur la droite du dessin.

La manœuvre de cet outil se comprend facilement. Etant donné que l'on doit découper des bandes d'une largeur déterminée, on amène le guide ou la règle de façon à ce qu'entre elle et le biseau du couteau il y ait la largeur en question, puis on présente le cuir à la lame et l'on s'assure que la largeur que l'on va donner à la bande est bien celle qui est demandée. Ceci obtenu, il suffit de mettre la machine en marche et de pousser uniformément le cuir sur le couteau, mis en rotation, en même temps que l'on appuie bien la tranche de cuir contre la règle guide.

Cet appareil ne nécessite, de la part de l'ouvrier, que l'attention nécessaire pour conduire le cuir avec une vitesse uniforme et bien appliqué contre la règle.

Telle que nous venons de décrire l'opération, elle suppose qu'on l'effectue sur un cuir présentant un côté parfaitement rectiligne, ce qui n'est pas le cas pour une peau que l'on commence à couper et dont la tranche n'est pas droite. Dans ce cas, on commence par couper une bande qui amène la tranche bien droite, ou même on se sert comme guide de la partie du croupon qui est droite. Une fois la première bande tirée, toutes les autres sont coupées

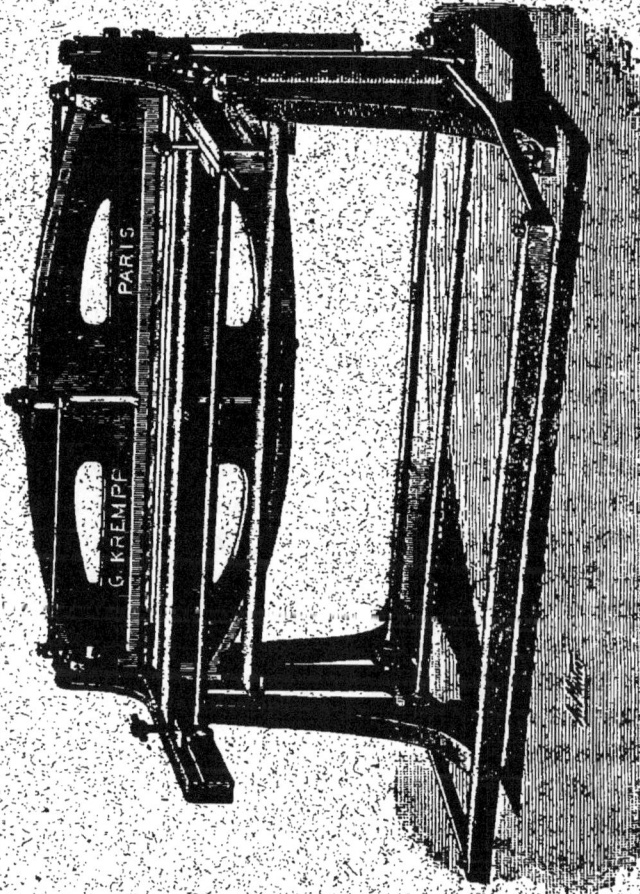

Fig. 85. — Machine à couper les bandes, dite à guillotine.

d'une façon en quelque sorte automatique, à la même largeur.

A cette machine on préfère la machine à couper, dite à guillotine, dont nous donnons une vue d'ensemble figure 85. Elle se compose en principe d'une table au-dessus de laquelle peut s'élever et s'abaisser une lourde pièce de fonte guidée dans son mouvement par les bâtis latéraux soutenant la table. Cette pièce de fonte porte à sa partie inférieure une lame bien coupante.

Quand il s'agit de couper une bande, on peut tracer sur le cuir une ligne qui indique la coupure à faire, on présente le cuir sous la lame qui peut être descendue presque jusqu'à toucher le cuir ; on peut ainsi rectifier, à volonté, la position du cuir et l'amener de manière à ce que la lame coïncide exactement avec la ligne que l'on a tracée. Ceci obtenu, il suffit de donner un coup sur la pédale qui règne sur toute la largeur de la machine pour que le couteau descende brusquement et coupe le cuir.

L'opération, comme nous venons de la décrire, suppose qu'on ait à faire la coupure d'une bande quelconque, mais s'il fallait opérer la coupure d'une série de bandes, toutes pareilles, on se servirait d'un guide que porte l'appareil et qui se compose d'une règle mobile parallèle à la lame du couteau et que l'on peut amener à une distance quelconque de ce dernier et peut encore être fixée dans cette position, d'une façon invariable à l'aide de deux vis. Il suffit donc d'appuyer la tranche de cuir contre la règle et de faire tomber le couteau pour que, à chaque chute, on débite une bande de cuir d'une largeur toujours la même.

Ces deux dernières machines, on le voit, sont plus simples que la première décrite ; elles ont également l'avantage de pouvoir être conduites très facilement et avec un peu d'attention et de soins, l'ouvrier le plus inexpérimenté accomplit avec elles un travail parfait.

Machine à égaliser les courroies

Le cuir, et, par suite, les bandes de courroies n'ont pas partout la même épaisseur. Sans chercher à régulariser complètement cette épaisseur, ce qui conduirait, comme nous l'avons déjà dit, à affaiblir les meilleures parties, on peut du moins enlever au couteau les plus fortes irrégularités et soumettre l'ensemble à un laminage par compression.

Ces opérations peuvent être effectuées par une *machine à refendre* de petite dimension, construite sur le principe de celle que nous avons donnée (fig. 49), et convenablement modifiée, laquelle peut également servir à préparer les jonctions.

Cette machine se compose de deux bâtis transversaux bien entretoisés, d'un couteau fixe, d'un rouleau entraîneur, d'un rouleau libre, d'une table flexible pour la coupe, et de la commande.

Le couteau, à biseau aigu bien affûté, est attaché horizontalement, au moyen de boulons, sur son support, qu'il dépasse de 15 millimètres environ.

Le rouleau entraîneur, placé en avant du porte-couteau, est en fonte et présente une grosse rainure longitudinale qui le traverse de part en part. On passe la bande de cuir à travailler dans cette rainure, on lui fait faire un demi-tour autour du rouleau et on la maintient à la main pour qu'elle ne glisse pas.

Tanneur.   18

Le rouleau entraîneur est commandé, soit à la main par un engrenage d'angle dont le pignon est fixé sur un petit arbre portant manivelle, soit à la vapeur par un engrenage droit à débrayage facultatif, dont le pignon est fixé sur un arbre muni de poulies de commande.

Le rouleau libre est en cuivre et formé de plusieurs bagues juxtaposées. Son axe, en fer, tourne librement dans un support en fonte évidé qui peut lui-même osciller autour d'un axe supérieur à celui du rouleau. Il résulte de cette disposition que l'on peut, au moyen d'une manette, relever ou abaisser à volonté le support, et par suite le rouleau libre. En outre, les coussinets des tourillons du support sont à coulisses dans leurs guides et peuvent monter ou descendre, de manière à régler, comme il convient, l'écartement entre le rouleau libre et le biseau du couteau, écartement qui correspond à l'épaisseur à laisser à la fleur du cuir.

La table flexible est en fonte, garnie de cuivre dans la partie voisine de la coupe, où elle se termine par une arête arrondie qui doit se trouver dans le plan vertical de l'axe du cylindre et du biseau du couteau.

On donne à cette table une certaine flexibilité en lui permettant d'osciller autour d'un axe horizontal situé environ au tiers de sa largeur, à partir de l'arête de coupe.

Cette oscillation, nécessaire pour faciliter le passage des parties plus fortes en chair, est produite par l'action d'un arbre horizontal armé de cames agissant sur l'arrière de la table. Cet arbre est commandé, à droite ou à gauche, par un levier à manette que l'on arrête dans la position convenable, au moyen d'un guide à crans.

Lorsque l'on veut égaliser des bandes de courroie avec la machine que nous venons de décrire, on règle le cylindre libre à l'épaisseur voulue, au moyen de vis appuyant sur les coussinets de son support, et on le relève. On passe la bande en laissant la fleur en dessus, on l'enroule sur l'entraîneur, on la maintient à la main, et l'on met en marche. Il est évident que le couteau ne travaille que dans les parties les plus fortes et que l'on veut diminuer.

Quand on veut laminer des bandes de cuir, on doit avoir une machine d'une largeur double de celle des plus larges courroies en fabrication, et réserver sur un des côtés un espace dans lequel le couteau est remplacé par un deuxième cylindre libre placé en regard et en dessus du premier, que l'on règle encore à l'épaisseur convenable.

On comprend alors que pour laminer les bandes, il suffit de les enrouler sur l'entraîneur et de les faire passer entre les deux cylindres libres qui les compriment. Toutefois, il serait préférable d'avoir, pour effectuer cette opération, une machine spéciale sans entraîneur, composée, comme tout laminoir, de deux rouleaux lisses, en cuivre, tournant en sens contraire, et dont l'écartement serait variable à volonté.

Machine à préparer les jonctions

Pour amincir en pointe les cuirs ou préparer les jonctions, on peut employer la machine ci-dessus avec les modifications suivantes :

Il faut remplacer les vis de butée des coussinets du cylindre fixe, par deux leviers articulés, dont l'une des extrémités appuie sur ces coussinets, et dont l'autre est soulevée par une came venue de fonte ou rapportée aux deux extrémités du rouleau entraîneur. En effet, dans le mouvement de rotation de ce rouleau, les cames venant soulever les leviers, ceux-ci abaissent graduellement les coussinets et le cylindre libre et par suite les bandes de cuirs sont amincies en pointe par le couteau.

Machines à découper les lanières

Pour découper le cuir en lanières qui doivent servir ensuite à faire la jonction des bandes entre elles pour former des courroies de longueur voulue, on peut se servir de la machine à couper à couteau circulaire rotatif. Cette machine cependant, pour ce cas particulier, reçoit quelquefois plusieurs lames circulaires de façon à découper plusieurs lanières à la fois et gagner ainsi en production. Les lames coupantes peuvent, bien entendu, varier d'écartement entre elles de manière à fournir des lanières de largeur différente.

Il est des cas où il faut tirer des lanières très longues d'un morceau de cuir peu long et peu large, d'un morceau carré par exemple ; dans ce cas, on enlève au milieu du croupon, au moyen d'un emporte-pièce, un trou rond de 18 millimètres de diamètre environ ; on étend ensuite le cuir sur une table, de manière que le trou vienne entourer un petit pivot faisant saillie, et au-dessus duquel, dans la même verticale, se trouve un deuxième pivot porté par une arcade.

Le couteau mobile est monté sur un chariot à vis porté par un bras horizontal, terminé par un axe vertical dont les deux pointes sont engagées dans les deux pivots, en sorte que, si l'on fait tourner le bras autour de son axe, le couteau décrit une circonférence de cercle, à la condition que sa distance au centre de rotation ne change pas ; mais, comme la vis du chariot est actionnée par deux petits engrenages dont la roue de commande est montée fixe sur le pivot supérieur, ce couteau décrit, non pas une circonférence, mais une spirale dont le pas est variable à volonté par le simple changement des engrenages ; le couteau découpera donc en tournant une lanière plus ou moins forte.

Les lanières une fois découpées sont posées dans un laminoir à section circulaire qui les arrondit et les égalise ; puis elles sont appointées aux deux extrémités.

La couture avec lanière se fait en perçant, avec un emporte-pièce, dans les bandes de cuir, de petits trous ronds équidistants et formant, suivant la largeur de la courroie, un plus ou moins grand nombre de rangées parallèles. C'est dans ces trous qu'on passe les lanières, soit directement, soit en les chevauchant.

Machines à coudre les courroies

Ces machines ne diffèrent pas, comme principe, de celles qu'on emploie pour la couture ordinaire ; mais leurs organes doivent être plus

solides et elles peuvent être commandées à la
vapeur.

La courroie, placée sur une table horizontale,
est guidée latéralement par une réglette à talon
qui peut s'écarter plus ou moins de l'aiguille
suivant les écartements mêmes des rangs de
piqûres. Elle est poussée à la main ou par deux
petits ameneurs en forme de roues dentées.

Il est bon de faire avant la couture, à l'endroit des piqûres, un sillon obtenu par pression,
soit à l'aide d'une machine à estamper, soit au
moyen de deux petits galets comprimeurs,
placés sur la machine à coudre elle-même, en
avant de l'aiguille.

Les coutures une fois faites doivent être abat-
tues au marteau à main, ou même au laminoir.

Machines à visser les courroies

Pour visser les courroies, on commence par
fixer la jonction aux quatre coins au moyen de
rivets en cuivre dont la tête est rabattue sur de
petites rondelles en tôle de fer galvanisée.

Les machines à visser employées pour les
courroies sont les mêmes qui servent pour la
chaussure ; seulement le support, appelé
bigorne, y est remplacé par une table plane en
fonte portant latéralement un guide à talon, qui
peut s'écarter plus ou moins de l'outil et qui
sert à guider la courroie.

Machines à tendre les croupons

Les machines à tendre les croupons consistent en un grand bâti en bois très fortement

relié par des tirants en fer et en deux pinces ou mâchoires de 1 mètre de longueur environ, l'une pouvant se fixer dans diverses positions sur le bâti, l'autre mobile sous l'action de deux fortes vis parallèles.

Le dessus du bâti est un cadre rectangulaire dont les quatre côtés sont formés par des longrines en chêne de fort équarrissage.

Sur les deux longrines on fixe, au moyen d'encoches et de boulons, la première pince, de telle sorte que la distance entre elle et la deuxième soit à peu près égale à la longueur du croupon. Celui-ci est saisi à chacune de ses extrémités par ces deux mâchoires et tendu par le recul donné à la pince mobile, par les deux vis parallèles dont il a été question, vis qui sont commandées par deux engrenages multiplicateurs de la force, et dont l'un, le premier, est mis en mouvement par un arbre à manivelle.

On doit laisser le croupon tendu pendant un certain temps. On peut disposer en dessous un ou deux rouleaux parallèles aux pinces, rouleaux dont les coussinets à coulisse peuvent remonter au moyen de deux vis verticales, en soulevant le cuir et lui donnant ainsi une plus grande tension.

Machines à tendre les courroies

Lorsqu'une courroie est destinée à la transmission de la puissance, la première qualité qu'on en réclame en dehors de la solidité, c'est d'être inextensible. En effet, toute courroie en fonction qui s'étend, qui s'allonge, glisse sur les poulies auxquelles elle est chargée de transmettre le mouvement, d'où il résulte une perte très notable de la force transmise, en même temps qu'une usure très rapide de la courroie ; le fabricant est donc tenu de prendre toutes les mesures pour que les courroies qu'il fabrique soient inextensibles ou à peu près. Nous ajoutons ou à peu près, car il est impossible d'arriver à l'inextensibilité complète.

Bien que les croupons aient été eux-mêmes tendus avant d'avoir servi, par leur jonction, à former une courroie, leur ensemble reste encore extensible ; il faut donc y remédier, d'où la nécessité de tendre les courroies, une fois finies, avant de les livrer à la consommation.

Pour effectuer cette opération, on peut se servir d'un tendeur à mouvement rotatif composé de cinq poulies parallèles montées sur un même bâti ; la première de ces poulies est fixée sur un arbre tournant dans des coussinets fixes et portant, pour la commande du mouvement, deux poulies, une fixe et une folle. Les quatre autres poulies sont folles autour de leurs axes, et ceux-ci peuvent varier au moyen de fortes vis de rappel.

D'après cette disposition, si l'on fait passer une courroie sur ces diverses poulies, soit sur deux, trois, quatre ou cinq, suivant sa longueur, en la tendant au moyen de vis de rappel, et qu'on fasse tourner tout en tendant de nouveau pendant la marche, s'il est nécessaire et à mesure de l'allongement, on comprend que l'on aura en cet appareil une bonne machine à tendre les courroies, puisque celles-ci y sont soumises au même travail que celui qui leur sera demandé plus tard. Mais les tendeurs tour-

nants ont l'inconvénient de coûter plus cher
que les treuils ordinaires et de brunir les courroies, ce qui peut nuire à la vente.

Pour éviter cet inconvénient, on peut employer des tendeurs qui sont généralement formés d'un treuil mobile, de rouleaux mobiles et
d'une pince ou mâchoire fixe.

La pince fixe est attachée horizontalement
sur un gros mur, un peu au-dessus du plancher
du premier étage de l'atelier.

Le treuil mobile est attaché, en face de la
pince, sur les poutres du plancher, au moyen
de quatre boulons et de traverses, à une distance
variable suivant la longueur des courroies. On
fait faire aux longues courroies plusieurs allées et
venues en les passant autour de rouleaux mobiles fixés sur les poutres comme le treuil. Pour
tendre une courroie, il suffit de la saisir dans la
pince et sur le tambour du treuil et de faire
tourner celui-ci jusqu'à ce que la tension soit
suffisante.

Lorsque l'on n'a pas à sa disposition des
poutres de plancher assez solides, on peut disposer les organes tendeurs sur un bâti en bois
composé de quatre longues poutrelles parallèles,
entretoisées et réunies, à chaque extrémité et
en leur milieu, par un bâti transversal.

On peut aussi supprimer le treuil et le remplacer par une pince mobile actionnée par des
vis de rappel et des engrenages.

Dans les divers appareils que nous venons de
décrire, on ne connaît pas la tension qui est
donnée au cuir, et cependant il est nécessaire de
ne pas dépasser une certaine limite, au delà de
laquelle les qualités de la peau seraient compro-

mises. C'est afin d'obvier à cet inconvénient
que M. Damourette a construit, le premier, un
tendeur à courroies dans lequel le treuil est
actionné, au moyen d'engrenages multiplicateurs, par un levier horizontal à crochets sur
lequel agit un curseur chargé d'une masse dont
le poids est connu. Le curseur peut être placé
sur le levier en différents points, près desquels
sont inscrites les forces correspondantes à
cette position et à des poids de 10, 20, 30 kilogrammes.

Grâce à cette disposition, on sait donc exactement l'effort de traction auquel sont soumises
les courroies.

En outre, le levier horizontal permet de
laisser agir la traction pendant un certain
temps, jusqu'à ce que l'allongement ne se
produise plus sensiblement, tandis que, dans
les treuils ordinaires, la tension diminue à
mesure de l'allongement.

C'est sur ce principe que sont établis aujour-
d'hui les tendeurs de courroies ; les dispositions
adoptées par les différents constructeurs peuvent varier, mais le principe reste le même.
Celui-ci s'accorde en effet très bien avec la
connaissance plus étendue que nous possédons
sur les propriétés mécaniques des courroies.

Nous avons dit, au début de ce chapitre, que
la force à transmettre par une courroie n'affec-
tait pas son épaisseur, mais bien sa largeur.
Cette largeur se calcule d'ailleurs assez exactement pour les cuirs de qualité connue, de sorte
que, quand le fabricant a établi une courroie
d'une largeur déterminée, il sait d'avance la
force maximum qu'elle pourra transmettre,

autrement dit l'effort maximum auquel elle sera soumise. Il lui est donc facile, partant de cette donnée, de soumettre sa courroie à une tension telle qu'elle représentera fidèlement la valeur de l'effort qu'elle aura à subir en service. Grâce au curseur à poids du tendeur, il arrivera à réaliser l'effort à un kilogramme près.

Le fabricant de courroies a-t-il intérêt à soumettre ses courroies au tendeur ? Oui, certainement, et ceci pour deux raisons d'ordre tout à fait différent. La première est d'ordre purement commercial, en effet : la mise au tendeur d'une courroie en provoque l'allongement, et comme les courroies sont vendues au mètre, le fabricant profite ainsi du supplément de longueur que lui a procuré le tendeur.

La seconde raison est d'ordre technique, car, malgré tout le soin apporté au choix des croupons, et malgré la connaissance que peut en posséder le fabricant, il peut très bien se faire qu'il rencontre dans une courroie finie une ou plusieurs bandes qui, faites d'un cuir de qualité inférieure, ne résisteraient pas à l'effort auquel elles seraient soumises en pratique. En faisant la tension à son atelier, avec l'effort correspondant, il obtient la rupture de la ou des bandes défectueuses ; il les supprime et les remplace par d'autres. Il est ainsi assuré que son produit répond bien aux qualités requises et que, s'il avait des défauts, il les a réparés, ce qui est pour lui éviter des reproches si l'accident s'était produit chez son client. Enfin il trouve, en soumettant ses courroies au tendeur, une garantie morale et matérielle, puisque sa courroie s'est trouvée essayée et, si un accident de rupture se produit pendant l'usage de sa courroie, il a toutes les preuves en mains lui permettant de croire que la courroie a été soumise à un effort supérieur à celui pour lequel elle avait été demandée et commandée.

Ces observations sont loin d'être vaines, car la rupture d'une courroie, dans un atelier, peut entraîner des accidents très graves, et il n'est pas sans intérêt que les responsabilités soient bien établies ; or, celle du fabricant sera mise hors de cause s'il peut prouver que la courroie qu'il a livrée a subi des épreuves permettant de lui accorder toutes les qualités qu'on en exigeait.

On complète souvent les tendeurs du genre que nous venons de donner par un appareil qui permet de rouler la courroie au fur et à mesure qu'elle est passée au tendeur. De plus, la courroie ainsi roulée est fixée sur elle-même à l'aide de pointes qui maintiennent la longueur fournie par le tendeur. De la sorte, le fabricant met ses courroies en véritables rouleaux faciles à emmagasiner et avec l'assurance qu'elles ne se contracteront plus, par conséquent que le bénéfice de l'allongement, dont nous parlions plus haut, lui reste acquis même au bout d'un temps assez long de magasinage.

APPENDICE

CHAPITRE XV

Sommaire. — I. Matières grasses. — II. Nourriture des cuirs. — III. Les ennemis du cuir.

Nous nous proposons de traiter, dans ce chapitre, quelques questions qui sont de nature à intéresser le tanneur, le corroyeur ou le hongroyeur. Nous ne disons pas que nous comptons faire l'étude de ces diverses questions, le mot serait trop prétentieux, car étude signifie examen approfondi et telle n'est pas notre intention. Notre but est plus modeste, et si nous ne faisons qu'effleurer certains sujets, c'est que leur étude est souvent très complexe, qu'elle nécessite des connaissances particulières dans des branches toutes spéciales de l'industrie, enfin qu'elle nous entraînerait beaucoup au delà du cadre de la simple pratique que nous nous sommes tracée comme programme en écrivant ce Manuel.

En signalant seulement les divers sujets qui font l'objet de ce chapitre, notre but est d'attirer l'attention des hommes du métier sur des points dont ils peuvent, avec fruit pour leur industrie, pousser l'étude à fond, ou s'ils ne veulent pas faire de science proprement dite, pour leur montrer qu'ils ont, dans leur métier, des auxiliaires plus ou moins précieux, des ennemis plus ou moins redoutables, et qu'il est utile qu'ils les connaissent.

I. MATIÈRES GRASSES

Ainsi que nous l'avons vu dans les chapitres consacrés à la corroierie et à la hongroierie, ces deux industries mettent en œuvre quelques matières grasses que nous n'avons signalées que par leur nom générique, mais qui toutes comportent des qualités ou sortes plus ou moins nombreuses et que nous nous proposons de signaler aussi brièvement que possible.

Suifs

On est disposé, généralement, à donner le nom de suif, à la graisse de mouton seule ; c'est une erreur car, commercialement et industriellement, on désigne sous le nom de suif la graisse extraite des animaux herbivores, moutons, bœufs, vaches, veaux, taureaux, chèvres, boucs.

Les suifs doivent leurs propriétés particulières et leurs caractères spéciaux à l'espèce, le sexe, l'âge, l'alimentation, voire même le pays d'origine des animaux qui les ont fournis.

Quant à la valeur marchande des suifs, elle dépend de leur blancheur, de leur dureté, de leur odeur et de leur *titre*, nous verrons plus loin ce que veut dire ce terme. Le suif des taureaux a plus de consistance que celui des bœufs ; celui des béliers et des brebis est plus consistant que celui des moutons.

Le suif qui entoure les reins est plus ferme que celui qu'on trouve dans le tissu cellulaire, lequel est lui-même plus solide que celui emprisonné dans les chairs. Le suif des mâles est plus solide que celui des femelles Le suif des animaux entiers est aussi plus solide que celui des animaux châtrés. Les animaux des pays chauds produisent des suifs plus consistants que ceux des pays froids en raison, très certainement, que les premiers sont plus riches en stéarine que les seconds. Les animaux abattus en été donnent un suif moins bon que ceux abattus en hiver. Plus la nourriture des herbivores est constituée par des aliments solides et plus le suif qu'ils produisent possède de consistance.

On voit par ces quelques indications les variations que peuvent fournir les suifs provenant d'animaux d'espèces différentes et même d'animaux de même espèce.

La graisse retirée des animaux est enveloppée dans des membranes, on l'appelle alors *suif en branches* ou *suif en rames*. La graisse adhérente à la viande et que les bouchers séparent seulement au moment du débit est désignée sous le nom de *dégraisse*. Pour isoler le suif et le débarrasser des tissus qui l'accompagnent, on emploie généralement trois procédés : la fonte *aux cretons*, la fonte *à l'acide*, et la fonte *à l'alcali*.

Fonte aux cretons. — On commence par découper le suif en branches en petits fragments que l'on met dans une chaudière en cuivre chauffée en dessous par un foyer quelconque. Au fur et à mesure que la chaleur se développe, les membranes qui entourent la graisse se crèvent, le suif fond et vient surnager à l'état liquide à la partie supérieure de la chaudière ; on le puise à cet état à l'aide de poches et on le verse dans des tonneaux ou des cuves tronconiques où il se refroidit et se prend en masse. Au fur et à mesure de la fonte, on recharge la chaudière de suif découpé et l'opération se continue jusqu'à la fin.

Dans les cretons ou membranes il reste encore beaucoup de graisse que l'on extrait en les refondant et en les soumettant à la presse. Le résidu forme alors la *boulée* ou *creton*.

Tel est le procédé le plus anciennement employé mais perfectionné aujourd'hui en ce sens que le chauffage s'opère à la vapeur, ce qui a l'avantage : 1º de rendre l'opération moins dangereuse ; 2º de donner un suif plus blanc. En effet, par le chauffage à feu direct, on brûle toujours un peu le suif qui se colore et colore ensuite toute une opération.

Fonte à l'acide. — Dans une chaudière en cuivre qui peut être fermée hermétiquement, on place le suif en contact avec de l'eau acidifiée par de l'acide sulfurique ; pour 1,200 kilos de suif en branches on met 300 à 400 litres d'eau avec 12 kilos d'acide sulfurique à 66º. La chaudière est ensuite fermée puis chauffée à la vapeur jusqu'à 110º. Au bout du temps voulu le suif est retiré et mis en fûts comme plus haut. L'acide a pour but de dissoudre les membranes et de laisser le suif se séparer.

Fonte à l'alcali. — La fonte à l'alcali se fait à peu près comme la fonte à l'acide. Dans une chaudière en tôle, pouvant être hermétiquement close, on met du suif en branches, une lessive de soude, très faible, à 1° 2 Baumé et l'on chauffe à l'aide d'un serpentin de vapeur. Au bout de trois heures l'opération est terminée et le suif fondu est soutiré.

On peut encore produire le suif par le procédé dit par extraction qui consiste à mettre le suif en branches en présence d'un dissolvant des matières grasses tel que : sulfure de carbone, éther de pétrole, benzine, etc., l'opération se fait à basse température et même à froid. Le suif est dissous. On filtre le liquide, l'on sépare ainsi les membranes. Il suffit après de soumettre le liquide à la distillation pour séparer le dissolvant que l'on recueille et qui sert à une autre opération, tandis que le suif seul reste dans l'appareil de distillation.

Dans les industries du cuir, l'on ne doit employer que le suif provenant de la fonte au creton, fonte faite à feu nu ou de préférence à la vapeur. La fonte à l'acide, outre qu'elle donne un suif moins bon et moins consistant, laisse souvent dans ce dernier des traces d'acide qui peuvent détériorer ou tacher le cuir. Il en est de même de la fonte à l'alcali. Quant aux suifs produits à l'aide d'extractifs on leur reproche souvent de contenir des matières étrangères. En effet, les extractifs ne dissolvent pas uniquement le suif proprement dit, mais ils dissolvent également en partie la membrane qui se trouve ainsi mêlée au suif.

Nous avons dit que la valeur marchande d'un suif dépend de son *titre*, or on désigne sous ce terme le degré auquel se solidifie le suif qui a été fondu. Nous donnons ci-après le titre des différents suifs que l'on trouve dans le commerce.

Suif de la place de Paris	43.5
— de bœuf ordinaire	44.0
— de bœuf (rognons purs)	45.5
— de mouton ordinaire	46.0
— de mouton (rognons)	48.0
— d'os	12.5
— de boyaux	41.0
— de Saint-Pétersbourg	43.5
— d'Odessa (bœuf)	44.5
— d'Odessa (mouton)	45.0
— de New-York (association des bouchers)	43.5
— de New-York (Prime-City)	44.0
— Western	45
— de Buenos-Ayres (bœuf)	45
— de Buenos-Ayres (mouton)	43
— de mouton d'Australie	44.8
— de bœuf et mouton	44.5
— de Florence	44.5
— de Vienne	44.5

Enfin comme l'on cherche toujours à créer des produits à bon marché, on a fait quelques suifs artificiels, mais dont les qualités restent encore fort problématiques, et dont on ne saurait recommander l'emploi dans le traitement des cuirs. En voici un que l'on obtient en faisant bouillir pendant 30 minutes, par un chauffage à la vapeur un mélange composé comme suit :

Huile de ricin	60	kilogrammes
Suif animal	10	—
Huile végétale (colza, navette, coton)	10	—
Farine de blé	20	—

Moellon et dégras

Le *dégras* résulte de la transformation de l'huile de poisson pendant le chamoisage. Le chamoisage est le tannage à l'huile (1). Les peaux ayant été huilées et mises en échauffe, on les jette dans une chaudière d'eau chaude, puis on les tord ; on termine à la presse hydraulique. Le liquide qui s'écoule constitue le *moellon*.

On met les peaux au sortir de la presse dans une lessive chaude de potasse à 2° B. ; on les y laisse une heure à 35 degrés et on les tord. On sépare l'huile de la solution alcaline, en ajoutant peu à peu de l'acide sulfurique étendu, pour neutraliser l'alcali, on décante l'huile qui surnage et, comme elle renferme beaucoup d'eau, on la cuit dans une chaudière à feu nu ou à la vapeur surchauffée, pour en chasser la plus grande partie, en remuant constamment. Le corps gras ainsi obtenu s'appelle *dégras*.

Le moellon s'émulsionne facilement dans l'eau ; cela provient de matières résinoïdes formées pendant les opérations multiples de la chamoiserie, aussi l'huile que l'on retire du moellon a-t-elle une densité plus considérable que celle de l'huile de poisson dont on s'est servi. Le moellon a pour composition :

Eau 12
Huile de poisson 75
Matières organiques (fibres de la peau) . . 35
Matières résinoïdes 8

---

(1) Voir le *Manuel du Chamoiseur*, de l'ENCYCLO-PÉDIE-RORET.

Le dégras proprement dit est un mélange de matières grasses animales avec le moellon. On mélange ensemble du moellon, du dégras provenant du lavage des peaux dans les bains alcalins, de l'huile de poisson et du suif.

Dans le *moellon-dégras*, on mélange le moellon dans la proportion de 20 0/0 ; dans le dégras il n'y entre que dans la proportion de 5 0/0.

Un bon dégras présente la composition suivante :

Matière grasse neutre	70
Acide gras	12
Matières organiques	1
Matières résinoïdes	5
Eau	12
Cendres	0.25

Comme le dégras, ou plutôt le moellon, ne doit ses qualités qu'à la présence des matières résinoïdes qui se forment par oxydation des huiles employées dans le chamoisage, on a donc cherché à obtenir un corps possédant les propriétés du moellon et moins cher, en opérant artificiellement l'oxydation des huiles de poisson ou autres. Les recherches ont abouti à des résultats satisfaisants exploités sur une grande échelle.

En dehors des huiles oxydées directement, on emploie pour fabriquer les dégras artificiels les matières grasses suivantes : graisse de suint, huile de vaseline, huile de résine, résine, huiles minérales diverses, etc.

D'après Simand voici deux compositions de dégras artificiels donnant de bons résultats :

1º	Eau.	15.80
	Graisse de suint	20
	Huile de vaseline.	9.71
	Résine.	10
	Huile de poisson.	44.60
2º	Eau.	17.69
	Graisse de suint.	35
	Vaseline.	10
	Moellon.	25
	Huile de poisson	12.31

On a aussi proposé de substituer au dégras de
la glycérine émulsionnée avec un corps gras
ou du blanc d'œuf en poudre très fine ; on a
même remplacé cette dernière par de la
dextrine en solution. D'autres praticiens ajoutent à la glycérine un extrait d'écorce de
chêne et émulsionnent cette préparation avec
de l'huile de poisson et du suif.

Corps gras divers

De ce que nous venons de dire sur les différentes compositions des dégras, nous voyons
que l'industrie du cuir utilise des corps gras
assez variés. Nous donnons ci-dessous ceux qui
sont le plus généralement employés, sans
avoir la prétention de les signaler tous, car
bien des industriels portent leur choix sur des
matières, qu'après étude, ils sont arrivés à
utiliser judicieusement ; d'autres se servent de
corps gras qu'ils peuvent se procurer plus
facilement que ceux dont nous allons parler ;
d'autres, enfin, emploient tel ou tel corps gras
en raison de son bon marché. Il y a, dans la
famille des corps gras, un nombre suffisant de

variétés pour que chacun prenne celui qui lui convient le mieux pour l'une des raisons données plus haut.

Nous nous bornerons à dire quelques mots des corps gras, en quelque sorte fondamentaux, utilisés dans le travail du cuir.

Suintine. — La *suintine*, que l'on appelle encore *graisse de suint*, provient des usines de délainage. La laine, en effet, contient une assez forte quantité d'une matière grasse spéciale, qu'on est obligé de lui enlever pour la rendre propre à la fabrication des tissus. C'est ce qu'on appelle le *désuintage* des laines, opération qui se fait en lavant la laine à grande eau avec le concours de savons spéciaux ; ces eaux de lavages traitées ensuite d'une façon spéciale produisent un corps gras, qui est la suintine.

La suintine se présente sous forme d'une masse d'une couleur brun noir, à odeur caractéristique, et qui est ni solide, ni liquide, mais plutôt pâteuse à la température ordinaire ; elle devient liquide à la température de 44°. Cette matière a fait l'objet d'études nombreuses, et l'on y a trouvé des produits gras assez divers, des produits saponifiables et d'autres qui ne le sont pas. La suintine sert principalement à la fabrication du dégras des corroyeurs en raison de la facilité avec laquelle on peut l'émulsionner avec l'eau ; en outre, comme c'est un produit résiduaire, son prix est souvent assez bas.

Huile de lin. — Cette huile, tirée de la graine du même nom, appartient à la famille des huiles siccatives, c'est même le type de ce genre d'huile. Si la siccativité constitue une qualité très appréciable dans certains cas,

comme dans la peinture, par exemple, elle la
fait rejeter en général dans l'industrie du cuir
en tant que matière grasse. Néanmoins, étant
donné que cette huile est souvent le meilleur
marché de toutes les huiles, on l'emploie alors
en mélange avec d'autres corps gras. Son plus
grand usage, dans le travail du cuir, réside
dans la fabrication des cuirs vernis. L'huile
de lin, en effet, convenablement traitée, fournit
des vernis très brillants et très souples.

Huile de ricin. — L'huile de ricin est extraite
des graines ; cette extraction se fait d'abord à
froid et donne une huile presque incolore,
épaisse et d'une densité élevée ; les résidus de
l'extraction à froid sont traités ensuite à
chaud, et l'on obtient alors une huile de couleur jaune plus ou moins foncée. Cette huile se
saponifie facilement et s'émulsionne assez bien.
Son emploi dans l'industrie du cuir est très
limité, en France du moins, car, en Angleterre,
on l'utilise en assez grande quantité ; elle jouit
d'une propriété remarquable, celle de devenir
soluble dans l'eau après un traitement spécial
à l'acide sulfurique. A cet état, l'huile de ricin
prend le nom d'huile pour rouge turc et devient
alors très précieuse dans la teinture des cuirs.

Huile de pied de bœuf. — On l'obtient en
faisant bouillir dans l'eau les pieds de bœuf et
de vaches débarrassés de la chair et des nerfs ;
au bout d'un certain temps d'ébullition et
après repos, l'huile surnage l'eau et on la
recueille. Elle est presque incolore, quand elle
a été bien préparée, ou à peine jaune ; son
odeur est faible et elle se conserve longtemps
sans rancir ; sa densité varie de 0,915 à 0,917.

L'huile de pied de bœuf est très employée dans le finissage d'un grand nombre de sortes de cuirs corroyés, mais comme son prix est relativement élevé, on la trouve souvent falsifiée avec les huiles les plus diverses.

Huiles de poisson. — Les huiles de poisson servent surtout en chamoiserie, et on ne les retrouve guère, en corroierie, que dans le moellon et le dégras ou, pour mieux dire, on ne devrait les retrouver que dans ces deux produits, où elles doivent exister naturellement. Cependant, elles servent à falsifier ou à abaisser le prix de bien des matières grasses utilisées en corroierie et hongroierie. Sous le nom d'huile de poisson, il ne faudrait entendre que celle provenant du traitement des déchets de sardines et d'anchois ; sa couleur varie du jaune pâle au brun foncé ; elle a une odeur désagréable et présente une densité comprise entre 0,925 et 0,930.

En dehors de cette huile, on se sert encore des suivantes, extraites également des poissons.

L'huile de Menhaden, qui nous vient de l'Amérique du Nord et extraite d'une espèce de poisson dite *Alosa Menhaden,* très employée en chamoiserie, que l'on retrouve par conséquent dans le dégras, dans lequel on la fait entrer souvent aussi quand il est fait artificiellement.

L'huile du Japon, tirée d'une sorte particulière de sardine ; sa densité varie de 0,928 à 0,931 ; c'est une des huiles très utilisées en chamoiserie à cause de son bas prix.

L'huile de foie de morue, que tout le monde connaît, et dont la plus fine et la plus blonde est prise par la pharmacie, alors que la plus

commune et la plus foncée passe à la chamoi-
erie et à la fabrication du dégras.

Nous n'avons signalé que les huiles, sinon les
plus employées, du moins les plus appréciées,
mais il y a d'autres huiles de poisson qui peuvent leur être substituées ; c'est ainsi que l'on
peut signaler : l'huile de baleine, l'huile de foie
de raie, l'huile de cachalot, l'huile de phoque,
l'huile de squale ou de requin, l'huile de thon,
etc. Et encore nous bornons notre énumération
aux huiles pures, car, dans la fabrication des
dégras, on fait intervenir, ainsi que nous l'avons
vu plus haut, des mélanges très complexes des
matières grasses les plus diverses.

Sans méconnaître la qualité de certains dégras, fabriqués par des maisons consciencieuses,
et surtout connaissant bien les qualités à obtenir pour les différents usages auxquels ils
sont destinés, nous devons conseiller aux corroyeurs d'user de ces produits avec la plus
grande prudence et de s'assurer des bonnes marques, car le dégras, plus que tout autre produit peut-être, se prête on ne peut plus facilement à toutes les sophistications, car son analyse est très délicate, très difficile et rarement
absolument convaincante quant aux produits
contenus.

II. NOURRITURE DES CUIRS

Nous n'avons pas à revenir sur ce que signifie
cette expression ; nous avons vu, dans le cours
des chapitres précédents, en quoi consiste
l'opération désignée d'une façon générale sous

le terme de *mise en suif* ou *mise en huile*. C'est
ici qu'intervient la qualité et la nature de la
matière grasse employée ; il est difficile de
donner des règles bien précises sur les qualités à
utiliser, étant donné que chaque corroyeur
travaille à sa façon, façon qui lui est dictée non
seulement par son expérience personnelle, mais
encore par les exigences de sa clientèle et la
qualité spéciale du cuir qu'il doit préparer.
Nous ne pouvons donc donner que des indications d'ordre tout à fait général, que chacun
peut appliquer en y apportant les variantes
nécessitées par le mode de travail auquel il se
livre.

Cuirs à courroies. — La nourriture des cuirs
de cette qualité se fait généralement au suif,
mais il faut ajouter que l'on se sert rarement du
suif pur ou du suif d'une qualité déterminée.
C'est ainsi que l'on peut nourrir le cuir à courroies avec de très bons suifs, ou qu'on peut
mélanger à ces derniers des suifs d'os. L'avantage de ce mélange réside dans le titre du suif
d'os, qui, étant beaucoup plus bas que celui des
suifs proprement dits, reste plus fluide par
lui-même, fluidifie en outre le suif à titre plus
élevé et dans la mise en suif offre l'avantage de
pénétrer plus facilement dans l'intérieur du cuir.

Au suif, on ajoute souvent de la suintine, de
la résine, de la paraffine, etc. L'addition de la
suintine est avantageuse car elle facilite gran-
dement la pénétration du suif dans le cuir.
Quant à la résine, si elle peut il est vrai former
une certaine combinaison avec les matières
grasses et la peau, nous n'envisageons guère sa
présence que comme moyen d'abaisser le

prix de la matière grasse employée. La paraffine qui est un corps gras minéral solide à la température ordinaire, semble elle aussi destinée à abaisser le prix de la nourriture. C'est un produit considéré comme une huile minérale, son action dans le cuir reste totalement inconnue, car la fixité de sa composition la rend assez impropre aux combinaisons, soit avec les matières grasses, soit avec les tissus de la peau. Ainsi l'on peut voir que la matière grasse employée peut varier à l'infini et que s'il y a des mélanges qui ne s'expliquent pas, ou s'expliquent mal, il en est d'autres qui sont très rationnels et qui ne peuvent en rien diminuer la valeur du corps gras fondamental. Dans cet ordre d'idées, les fabricants de courroies peuvent tenter tous les essais du moment qu'ils n'emploieront que des matières grasses de bonne qualité.

Nous ne reviendrons pas sur le mode opératoire qui reste un de ceux que nous avons indiqués dans la mise en suif ou en huile.

Cuirs à empeignes. — La nourriture des cuirs à empeignes se fait exclusivement avec le dégras. Quant à la sorte de dégras à employer, il est plus difficile de la spécifier. Il est évident, et en cela nous semblons dire une naïveté, que ce sont les meilleurs dégras qui sont surtout à recommander. Cependant il faut tenir compte aussi des sortes et des qualités de cuirs que doit obtenir le corroyeur. Il est surtout indispensable de savoir que la nourriture au dégras n'a pas seulement pour effet de donner plus de souplesse et plus d'imperméabilité au cuir, elle forme un véritable tannage complémentaire ou, pour mieux dire, elle forme un chamoisage partiel du cuir ; il y a donc là une opération en quelque sorte chimique et non plus seulement un effet mécanique par lequel le corps gras agit en quelque sorte comme ennemi de l'eau et par l'onctuosité qu'il communique au cuir. Mais, comme nous l'avons dit très brièvement, le chamoisage ou tannage à l'huile, s'effectue grâce à la transformation par oxydation de l'huile mise en œuvre ; la nourriture du cuir d'empeigne devant faire un chamoisage partiel, le corps gras employé doit donc répondre aux conditions qu'il remplit dans ce dernier travail. Ceci justifie notre observation naïve faite plus haut que nous pouvons maintenant fixer d'une manière moins indéterminée en disant que le dégras pour nourriture des empeignes doit toujours, pour être bon, se trouver fait à base de moellon.

L'emploi seul du meilleur suif ne donnerait pas de bons résultats, il a été démontré en effet par des analyses chimiques très scrupuleuses, que du cuir nourri uniquement au suif abandonnait totalement ce dernier sous l'action de dissolvants appropriés, alors que le même cuir nourri au dégras et traité par les mêmes dissolvants retenait encore une dose très appréciable de matière grasse, d'où l'on est en droit de dire que le dégras ou tout au moins l'une de ses parties se combine intimement aux fibres du cuir.

Nourriture des cuirs tannés au chrome. — Les cuirs tannés au chrome contiennent *toujours* une certaine quantité d'acide qui se trouve fixé dans les fibres de la peau ; avant de procéder à leur nourriture, il faut enlever cet acide, ce que l'on fait en passant les cuirs dans un foulon avec addition d'une eau rendue légèrement alcaline, soit par du borax, à raison de 3 kilogrammes de borax par 100 kilogrammes de cuir, soit par du carbonate de soude ; on recommande également le carbonate de chaux, ou blanc de Meudon, ou craie en poudre, en émulsion dans l'eau. Ces différents produits neutralisent l'acide en donnant lieu à des sels qui restent dissous dans l'eau. Le blanc de Meudon cependant peut présenter l'inconvénient de rester emprisonné dans la peau et nuire ainsi à la pénétration de la nourriture. Cette élimination de l'acide exige d'être très complète, car l'acide qui resterait réagirait sur le corps gras et donnerait lieu à des accidents.

Bien qu'il faille nourrir les cuirs tannés au chrome à l'état humide, ceux-ci doivent passer à l'étire pour leur enlever l'excès d'eau.

La nourriture du cuir au chrome doit être assez liquide, aussi est-elle généralement faite à base d'huiles telles que l'huile de ricin, l'huile de morue, l'huile d'olive, l'huile de pied de bœuf, etc., leur émulsion est produite à l'aide de savon. Voici par exemple la formule d'une nourriture à base d'huile de ricin très employée dans les corroieries anglaises :

Savon d'huile de ricin.	. .	3 livres	=	1 kil. 359
Glycérine commerciale.	. 2 liv. 5		=	1 kil. 132
Huile de ricin	. . . . .	1 liv. 5	=	0 kil. 679
Eau chaude	. . . . . .	5 gallons	=	18 lit. 925

Le savon est dissous en premier dans l'eau, puis on y incorpore les autres éléments et l'on bat énergiquement le tout pour faire une émulsion parfaite. Il peut arriver que l'émulsion se fasse difficilement et que les éléments constitutifs tendent à se séparer ; on obvie à cet inconvénient en ajoutant un peu d'oléine ou acide oléique.

Pour la nourriture des peaux de chèvres tannées au chrome, on recommande la formule suivante :

```
Savon mou............  10 livres  =  4 kil. 530
Eau chaude. ........  40 à 50 litres.
Huile de pied de bœuf.   4 gallons — 15 lit. 140
```

On fait cette préparation de la façon suivante : le savon est mis dans l'eau et l'on fait passer la vapeur jusqu'à ébullition de la masse et jusqu'à ce que tout le savon soit bien dissous. On verse ensuite l'huile de pied de bœuf, que l'on choisit de bonne qualité et que l'on coupe avec un peu de borax ou de sel de soude et l'on remue bien le tout pour former une émulsion complète, puis on ajoute une quantité d'eau suffisante pour faire une valeur totale de 50 gallons (189 lit. 250) ce qui refroidit l'émulsion. Finalement, on ajoute dix livres de jaune d'œufs (4 kil. 530), et on applique cette nourriture sur le cuir à une température qui ne doit pas être inférieure à 35°.

On peut faire usage aussi de nourriture à base de dégras. Voici, par exemple, une formule assez usitée.

```
Savon mou ..................  1 à 2 kil.
Dégras ....................  1 kil.
Huile de pied de bœuf. ......  2 à 3 kil.
Carbonate de soude ........  1 kil.
Eau ......................  100 litres.
```

On commence par dissoudre le carbonate de soude dans l'eau, puis on y dissout le savon, on ajoute ensuite le dégras et l'huile en ayant soin de faire un battage énergique de toute la masse afin de produire une émulsion complète.

Lamb recommande pour les peaux de veaux la nourriture suivante :

Savon d'huile d'olive	6 livres	=	2 kil. 718
Huile de ricin	1 liv. 1/4	=	0 kil. 666
Dégras	1/2 liv.	=	0 kil. 226
Huile pour rouge turc	1/4 liv.	=	0 kil. 113
Glycérine commerciale	7 livres	=	3 kil. 171
Eau	quantité suffisante		

Pour préparer cette composition, on commence par réduire le savon en particules très fines, soit en le râpant, soit en l'écrasant, et on le dissout dans deux gallons (7 litres 570) d'eau bouillante et, la dissolution étant complète, on ajoute les autres matières, puis on opère un bon battage pour former l'émulsion.

Quant à la manière de faire la nourriture du cuir, on peut prendre un des procédés que nous avons indiqués pour la mise en huile, c'est-à-dire en opérant sur table en étuve à la température de 35 à 40°, soit au tonneau foulon chauffé, étant entendu que, dans ce cas, la nourriture est elle-même préalablement chauffée avant d'être introduite dans le foulon. En ce qui concerne cet appareil, on le construit ainsi que nous l'avons dit, mais on se trouve bien de le munir d'un agencement qui lui permet d'accomplir la rotation tantôt dans un sens, tantôt dans l'autre, à volonté. De cette façon, les cuirs se présentent alternativement sur les deux faces à l'action de la nourriture ; en outre, lorsque le tonneau tourne toujours dans le même sens, les cuirs tendent à se mettre en boule, en pelote, et à ne plus offrir toute leur surface au contact de la matière grasse.

On voit, d'après ce que nous venons de résumer brièvement, que la nourriture des cuirs constitue une opération qui, pour ne pas être complexe par elle-même, l'est beaucoup par le choix de la matière grasse ou mieux *du* mélange des matières grasses employées. Nous avons essayé de faire ressortir le principe de la nourriture, mais on ne saurait donner de règles absolument générales sur les mélanges à faire, et, ici, c'est au corroyeur comme au hongroyeur à faire ses recherches personnellement. Nous devons cependant ajouter qu'il existe de nombreuses fabriques de ces matières ; qu'elles prennent le nom général de dégras ou des noms dont chaque fabricant désigne son produit. Ces matières sont faites pour répondre à des besoins bien déterminés ; par conséquent, avant d'acheter une nourriture, le corroyeur devra toujours indiquer la qualité du cuir qu'il veut obtenir et surtout la nature et la sorte de cuir qu'il a l'intention de traiter, de même qu'il doit toujours indiquer le mode de tannage subi par le cuir. Avec ces indications, les fabriques réputées fournissent toujours un bon produit. Malgré cela, on ne saurait trop engager le corroyeur à étudier les effets de la nourriture qu'il emploie, même si elle lui convient parfaitement, afin de se rendre un compte exact de son action, qu'il pourra ensuite modérer ou, au contraire, exagérer par l'addition en quantité plus ou moins forte d'un des éléments constitutifs de la nourriture qui lui est fournie, ou même par l'adjonction d'un corps différent dont il aura étudié les propriétés.

Toutes les nourritures, nous l'avons vu, sont des émulsions, c'est-à-dire des mélanges de matières grasses avec de l'eau. Or, les émulsions de ce genre sont pour la plupart excessivement instables, c'est-à-dire qu'elles tendent à laisser les différents éléments se séparer, et, dans cet état, le liquide est difficilement absorbé par le cuir ; il est donc bon de se servir de l'émulsion dès qu'elle vient d'être faite, c'est-à-dire au moment où le mélange est très intime. Si l'émulsion est séparée, il faut la refaire à l'aide d'un battage bien conduit. A cet effet, chacun peut facilement se créer un appareil très simple faisant parfaitement l'émulsion. Voici en quoi consiste cet appareil : on prend deux disques en bois d'un diamètre légèrement inférieur à celui du récipient qui contient les matières à émulsionner et qui peut être un simple fût en bois mis debout avec le fond supérieur enlevé. Ces deux disques sont percés de trous et emmanchés sur un long bâton, de façon à se trouver à une distance de quelques centimètres l'un de l'autre. Le bâton dépasse de toute sa longueur le disque le plus haut placé et sert de manche. En prenant ce manche dans les mains et en donnant au tout un mouvement assez lent de haut en bas, puis de bas en haut, sans que les disques sortent du liquide, on opère un mélange des plus intimes et l'on obtient rapidement l'émulsion parfaite, prête à être utilisée.

Tanneur.

19

III. LES ENNEMIS DU CUIR

Le cuir a forcément bien des ennemis, c'est-à-dire des causes qui entraînent sa perte ou seulement sa détérioration ; tout le monde sait qu'une trop grande chaleur, sans être même celle qui arrive à brûler le cuir, lui est nuisible, elle le dessèche et le rend cassant, c'est un fait que constatent souvent les personnes qui ont le défaut de se chauffer les pieds à un poêle ou à un foyer quelconque ; si, par un froid rigoureux, les pieds s'en trouvent bien, il n'en est plus de même des chaussures qui les abritent. De l'acide répandu sur le cuir le corrode, il en est de même des alcalis énergiques comme la soude ou la potasse. Ce sont là ce que nous appellerons les ennemis accidentels du cuir et qui sont, en somme, les ennemis de toutes les matières organiques. Mais les ennemis du cuir que nous voulons signaler ici sont ceux que nous désignerons sous le terme d'ennemis naturels, parce qu'ils se créent en lui, vivent et se développent à son détriment.

Les ennemis naturels du cuir sont de deux genres : ceux qui appartiennent au règne animal et ceux d'origine végétale.

Les premiers appartiennent en grande partie au genre *dermestes*, mot qui signifie rongeur de peaux. Les espèces en sont assez nombreuses, et c'est lorsqu'elles sont à l'état de larves ou de vers qu'elles commettent les dégâts les plus profonds dans le cuir. A signaler, parmi ces animaux nuisibles, le *dermestes lardarius*, sorte de ver marqué d'une bande transversale d'un brun clair et qui creuse le cuir vert en y formant dans l'épaisseur de véritables tunnels, tels qu'en font les vers de terre dans le sol. Le *dermestes vulpinus*, larve d'un beau noir et qui s'attaque de préférence aux peaux de chèvres. Le *dermestes des peaux*, dont la larve est très reconnaissable à un petit pinceau de poils fins qu'elle porte à l'extrémité postérieure de son corps. L'*anobium paniceum*, petit coléoptère de 3 millimètres de longueur d'une couleur marron fauve ; sa larve, qui est blanche, renflée en avant et entièrement couverte de poils fins, perce le cuir tanné dans tous les sens.

Il n'est pas jusqu'au vulgaire papillon, que nous connaissons tous sous le nom de *mite*, dont la larve s'attaque très énergiquement au cuir.

Ces ennemis du cuir sont d'autant plus redoutables qu'ils sont plus petits et, par conséquent, plus difficiles à atteindre. Bien des moyens ont été proposés pour les faire disparaître et, certainement, le plus efficace est celui qui consiste à soumettre les cuirs à l'action de vapeurs spéciales, comme la vapeur du sulfure de carbone, d'acide sulfureux, de benzine, de pétrole, etc. Ce procédé, qui paraît le plus énergique, ne donne cependant pas toujours de bons résultats, en ce sens qu'il détruit rarement tous les parasites qui se dissimulent dans le cuir.

Parmi les méthodes de préservation qui sont à la portée de tout le monde, la plus simple dans son application consiste à remuer souvent les cuirs emmagasinés, au besoin même à les battre, mais surtout à tenir les cuirs dans des magasins bien aérés et bien éclairés ; il est à remarquer, en effet, que tous ces êtres nuisibles ont horreur de la lumière, de l'air et du mouvement.

Les ennemis du cuir appartenant au règne végétal sont certainement nombreux, mais tous manifestent leur présence par une moisissure qui se développe plus ou moins sur la surface du cuir. Un simple frottement suffit, la plupart du temps, à faire disparaître la moisissure, mais on n'a ni fait disparaître, ni guéri le mal qu'elle a produit. Si le cuir, à la vérité, ne présente pas trace de détérioration, il ne faut pas en conclure que la végétation dont il a été couvert ne l'a pas atteint. Le développement des moisissures se fait aux dépens du cuir, et l'on a même reconnu que celles-ci s'étaient surtout emparées de la partie acide que contient le cuir, préparant ainsi ce dernier à devenir l'habitat de prédilection d'autres végétations, qui terminent l'œuvre de décomposition entamée par les premiers.

De tous les remèdes préconisés, celui qui semble le plus efficace consiste à passer sur les cuirs une solution au $\frac{3}{1000}$ de biiodure de mercure ; on a proposé encore des solutions à $\frac{1}{1000}$ de phénol à $\frac{1}{1000}$ et à $\frac{2}{1000}$ de formol et aussi l'huile de camphrier, mais tous ces antiseptiques n'ont pas la même énergie que le biiodure de mercure.

Il est à remarquer que les végétations, dont on peut constater la formation sur les cuirs, se produisent de préférence quand ces derniers sont mis en des magasins humides ou dont l'état hygrométrique est favorable. Il y a donc là une indication pour la prise de mesures préventives en soignant le choix de l'aération du local. Dans ce cas encore, la visite fréquente des peaux, leur secouage, voire même leur battage, peut éviter les végétations pernicieuses par l'aération, la sorte de ventilation et, par suite, de séchage que procurent ces opérations.

En résumé, nous croyons pouvoir dire que les soins comme la propreté sont d'excellents préventifs contre les ennemis du cuir, qu'ils appartiennent au règne animal ou au règne végétal ; ces organismes ne travaillent que dans l'ombre et la tranquillité, nous pourrions presque dire qu'ils n'aiment pas à être dérangés. C'est donc en les dérangeant par des visites fréquentes aux cuirs où ils veulent élire domicile qu'on a les plus grandes chances de les voir disparaître et abandonner la place.

FIN

TABLE DES MATIÈRES

DEUXIÈME PARTIE

TROISIÈME PARTIE

QUATRIÈME PARTIE

CINQUIÈME PARTIE

APPENDICE

FIN DE LA TABLE DES MATIÈRES

BAR-SUR-SEINE, ANC⁶ IMP. SAILLARD. — P. BROST, SUCC⁶

DERNIÈRES NOUVEAUTÉS

— **La Coupe par soi-même des vêtements pour Dames**, méthode universelle, théorique et pratique de travail sur table, développée en 30 leçons progressives, par Mme Th. Del Favero-Thévoz, professeur de coupe. 1 vol. de 200 pages, grand format 33 × 23, avec 200 dessins.   50 fr.

— **Pratique de la Soudure autogène**, par Franche et Seferian, le plus récent et le plus complet. 1 vol. de 250 pages 12 × 19, avec de très nombreuses figures.   20 fr.

— **Tanneur, Corroyeur et Hongroyeur**, contenant toutes les découvertes et les perfectionnements faits en France et à l'Étranger dans ces différentes industries, suivi de la fabrication des Courroies, par Maigne, nouvelle édition, entièrement refondue, par G. Petit, ingénieur civil. 1 vol. orné de 85 figures.   30 fr.

— **Confiseur et Chocolatier**, contenant les derniers perfectionnements apportés à ces Arts, par MM. Cardelli, Lionnet-Clémandot et Villon. Nouvelle édition complètement refondue, par H. Blin. 1 vol. orné de 100 fig. dans le texte.   20 fr.

— **Parfumeur**, ou Traité complet de toutes les branches de la Parfumerie, contenant les procédés nouveaux employés en France, en Angleterre et en Amérique, à l'usage des chimistes-fabricants et des ménages, par MM. Pradal, F. Malepeyre et A. Villon. Nouvelle édition corrigée, augmentée et entièrement refondue, par J. Broders, ingénieur-chimiste. 1 vol. orné de fig.   30 fr.

— **Ajusteur-Mécanicien**, Apprenti, Ouvrier, Contremaître, contenant : rudiments mathématiques, notions de mécanique, ajustage complet, procédés et recettes d'ajustage, organisation, hygiène et sécurité, par Paul Blancarnoux, ingénieur des Arts et Métiers. 1 vol. orné de 230 figures dans le texte.   20 fr.

— **Tissage mécanique**, contenant l'étude des divers textiles, les préparations du tissage, la description, montage et réglage des métiers à tisser, etc., par R. Larivière ✠ A., ingénieur civil, directeur de tissage, et F. Jacobs, ancien élève de l'École polytechnique, sous le patronage de M. A. Scrive-Loyer, président du Comité de filature et tissage de la Société industrielle du Nord de la France. 1 vol. orné de 106 fig. dans le texte. 20 fr.

— **Vannerie (Fabrication de la)**, Cannage et Paillage des Sièges, par A. Audiger. 1 volume orné de 134 figures.   20 fr.

DERNIÈRES NOUVEAUTÉS

— **T. S. F. Amateur Radiophoniste.** Nouveau Manuel complet contenant les plans et descriptions de tous les postes les plus récents, la manière de les construire soi-même, de s'en servir et de les réparer, par Jean DEFONTAINE. 1 vol. avec de nomb. desslns.   12 fr.

— **Conducteur d'automobiles.** Code de la route expliqué, circulaires, lettres, arrêtés ministériels, Jurisprudence, commentaires, conseils aux chauffeurs pour éviter les ennuis, les accidents et se mettre en règle dans toutes les éventualités, par René RANSSON. 1 volume de 160 pages 12 × 19.   7 fr. 50

— **Traité de la Table,** par Maurice DES OMBIAUX. Cuisine, ornementation de la table, vins, etc.   12 fr.

— **Cordier,** contenant la culture des Plantes textiles, l'extraction de la Filasse, et la fabrication de toutes sortes de cordes et câbles, applications, essais, nœuds, par G. LAURENT, ingénieur des Arts et Manufactures. 1 vol. orné de 115 figures.   20 fr.

— **Electriques particulières** (Installations), contenant : sonneries, lumière, ventilateurs, téléphones d'intérieur et la manière de faire soi-même ces installations, par F. LAPEYRE. 1 vol. orné de 25 figures.   4 fr. 50

— **Oiseleur,** ou Secrets anciens et modernes de la Chasse aux Oiseaux, traitant de la Fabrication et de l'emploi des Filets et des Pièges, par J. G. et CONRARD. 1 vol. orné de planches et de 48 figures dans le texte. Nouvelle édition.   20 fr.

— **Luthier,** ou Traité de la construction des Instruments à cordes et à archet, tels que le Violon, l'Alto, le Violoncelle, la Contrebasse, la Guitare, la Mandoline, la Harpe, les Monocordes, la Vielle, etc., traitant de la Fabrication des Cordes harmoniques en boyau et en métal, par MM. MAUGIN et MAIGNE. Nouvelle édition suivie du mémoire sur la construction des instruments à cordes et à archet, par F. SAVART. 1 vol. avec fig. et pl.   20 fr.

— **Marqueteur et Ivoirier,** traitant de la fabrication des meubles et des objets meublants en marqueterie et en incrustation, de la Tabletterie-Ivoirerie, du travail de l'Ivoire, de l'Os, de la Corne, de la Baleine, de la Nacre, de l'Ambre, etc., par MM. MAIGNE et ROBICHON. 1 vol. orné de figures.   20 fr.

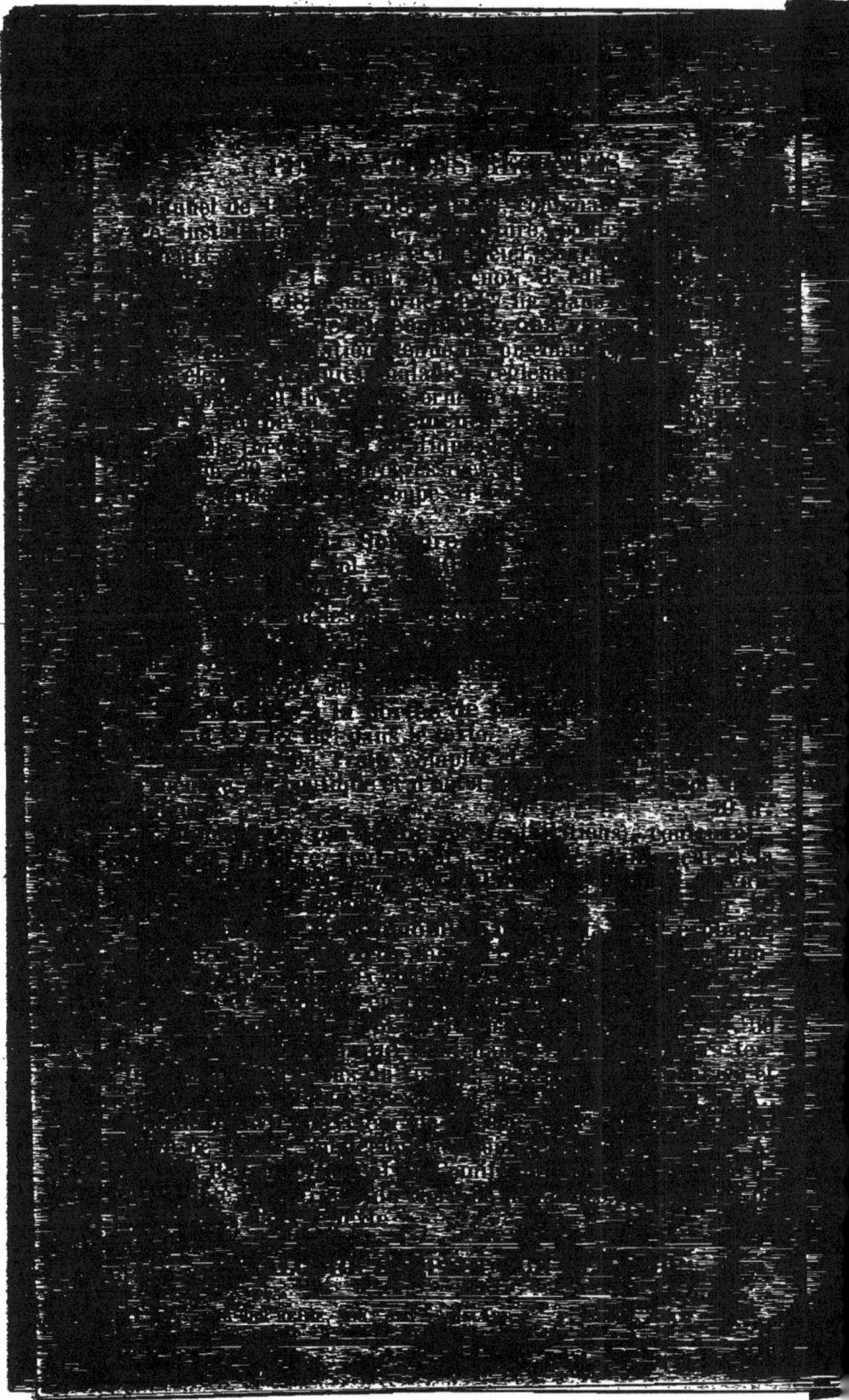

www.ingramcontent.com/pod-product-compliance
Lightning Source LLC
Chambersburg PA
CBHW071946040426
42447CB00009B/1277